奈 良 県

〈収録内容〉

■ 2019年度は、弊社ホームページで公開しております。
本ページの下方に掲載しておりますQRコードよりアクセスし、デー[illegible]。
■2019～2023年度特色選抜の理科・社会は実施がありませんでした。

2023 年度 ……………… 特色選抜（数・英・国）
一般選抜（数・英・理・社・国）

2022 年度 ……………… 特色選抜（数・英・国）
一般選抜（数・英・理・社・国）

2021 年度 ……………… 特色選抜（数・英・国）
一般選抜（数・英・理・社・国）

2020 年度 ……………… 特色選抜（数・英・国）
一般選抜（数・英・理・社・国）

2019 年度 ……………… 特色選抜（数・英）
一般選抜（数・英・理・社）

解答用紙・音声データ配信ページへスマホでアクセス！ ⇒

※データのダウンロードは 2024 年 3 月末日まで。
※データへのアクセスには、右記のパスワードの入力が必要となります。 ⇒ 924865
※リスニング問題については最終ページをご覧ください。

〈各教科の平均点〉

	全受検者						合格者
	数学	英語	理科	社会	国語	総合平均点	総合平均点
2023年度	24.4	32.7	27.5	28.8	33.5	147.2	152.2
2022年度	26.3	31.4	31.5	30.7	38.6	159.4	159.9
2021年度	27.6	34.9	32.3	34.7	34.4	164.7	164.4
2020年度	25.4	31.1	32.9	33.3	33.3	156.7	156.4
2019年度	27.2	33.6	27.9	31.2	32.2	152.9	155.0

※各50点満点。
※一般選抜の結果。特色選抜は本書発行の時点で公表されていないため未掲載。

本書の特長

POINT 1　解答は全問を掲載、解説は全問に対応！

POINT 2　英語の長文は全訳を掲載！

POINT 3　リスニング音声の台本、英文の和訳を完全掲載！

POINT 4　出題傾向が一目でわかる「年度別出題分類表」は、約 10 年分を掲載！

実戦力がつく入試過去問題集

- ▶ 問題 …………… 実際の入試問題を見やすく再編集。
- ▶ 解答用紙 …… 実戦対応仕様で収録。
- ▶ 解答解説 …… 重要事項が太字で示された、詳しくわかりやすい解説。
※採点に便利な配点も掲載。

合格への対策、実力錬成のための内容が充実

- ▶ 各科目の出題傾向の分析、最新年度の出題状況の確認で、入試対策を強化！
- ▶ その他、志願状況、公立高校難易度一覧など、学習意欲を高める要素が満載！

解答用紙 ダウンロード	解答用紙はプリントアウトしてご利用いただけます。弊社ＨＰの商品詳細ページよりダウンロードしてください。トビラのＱＲコードからアクセス可。
リスニング音声 ダウンロード	英語のリスニング問題については、弊社オリジナル作成により音声を再現。弊社ＨＰの商品詳細ページで全収録年度分を配信対応しております。トビラのＱＲコードからアクセス可。
famima PRINT	原本とほぼ同じサイズの解答用紙は、全国のファミリーマートに設置しているマルチコピー機のファミマプリントで購入いただけます。※一部の店舗で取り扱いがない場合がございます。詳細はファミマプリント（http://fp.famima.com/）をご確認ください。
UD FONT	見やすく読みまちがえにくいユニバーサルデザインフォントを採用しています。

～2024年度奈良県公立高校入試の日程（予定）～

☆特色選抜

願書受付	2／13
	↓
学力検査等	2／16 ※17日も検査を行う学校あり。
	↓
合格発表	2／22

☆一般選抜

願書受付	3／4
	↓
学力検査等	3／8
	↓
合格発表	3／15 ※特色選抜で合格者数が募集人員に満たなかった学科（コース）の合格発表は3/14

☆二次募集

願書受付	3／21
	↓
検　査	3／25
	↓
合格発表	3／26

※募集および選抜に関する最新の情報は奈良県教育委員会のホームページなどで必ずご確認ください。

2023年度/奈良県公立高校出願状況(全日制)

【特色選抜】

学校名・学科(コース)名	募集人員	出願者数	競争倍率	前年度競争倍率
奈良商工 機械工学	74	89	1.20	1.00
情報工学	37	49	1.32	1.38
建築工学	37	58	1.57	0.95
総合ビジネス	80	114	1.43	1.10
情報ビジネス	40	67	1.68	1.38
観光	40	44	1.10	1.15
国際 (国際科plus)	32	39	1.22	1.20
国際(国際科plus以外)	80	114	1.43	1.00
山辺 (スポーツ探究)	40	24	0.60	0.50
(キャリア探究)	40	10	0.25	0.20
生物科学探究	20	13	0.65	1.00
自立支援農業	20	8	0.40	0.70
高円芸術 音楽	35	26	0.74	0.63
美術	35	39	1.11	0.94
デザイン	35	41	1.17	1.20
添上 (人文探究)	40	23	0.58	0.63
スポーツサイエンス	40	31	0.78	1.13
二階堂 キャリアデザイン	200	109	0.55	0.67
商業 商業	200	211	1.06	1.14
桜井 (書芸)	35	37	1.06	1.00
(英語)	40	26	0.65	1.15
五條 (まなびの森)	40	12	0.30	0.60
商業	40	51	1.28	1.10
御所実業 環境緑地	37	32	0.86	1.03
機械工学	74	76	1.03	0.91
電気工学	37	30	0.81	0.92
都市工学	37	28	0.76	0.92
薬品科学	37	43	1.16	0.97
宇陀 普通	80	57	0.71	0.68
情報科学	40	31	0.78	0.55
こども・福祉	80	36	0.45	0.48
法隆寺国際 歴史文化	40	51	1.28	1.25
総合英語	75	91	1.21	0.96
磯城野 (食料生産)	18	17	0.94	1.22
(動物活用)	19	32	1.68	1.53
(施設野菜)	19	20	1.05	0.95
(施設草花)	18	17	0.94	1.00
(生物未来)	18	19	1.06	0.61
(食品科学)	19	21	1.11	1.79
(造園緑化)	19	27	1.42	0.53
(緑化デザイン)	18	19	1.06	1.00
(シェフ)	20	28	1.40	1.30
(パティシエ)	20	27	1.35	2.40
ファッションクリエイト	40	44	1.10	-
ヒューマンライフ	40	44	1.10	1.03
高取国際 国際英語	40	22	0.55	0.43
国際コミュニケーション	75	98	1.31	0.68
王寺工業 機械工学	74	80	1.08	0.99
電気工学	74	43	0.58	0.54
情報電子工学	74	65	0.88	0.84
大和広陵 生涯スポーツ	40	33	0.83	0.85
奈良南 普通	40	29	0.73	0.68
情報科学	40	25	0.63	0.85
総合	111	53	0.48	0.50
十津川 総合	40	23	0.58	-
高田商業 商業	200	196	0.98	1.08
西吉野農業 農業	30	19	0.63	0.63

【一般選抜】

学校名・学科(コース)名		募集人員	出願者数	競争倍率	前年度競争倍率
奈良	普通	378	418	1.11	1.17
高円芸術	普通	120	172	1.43	1.18
高田	普通	378	433	1.15	1.15
郡山	普通	378	450	1.19	1.33
添上	普通※	160	171	1.07	0.81
橿原	普通	320	369	1.15	1.09
畝傍	普通	378	400	1.06	1.06
桜井	(一般)	240	285	1.19	0.98
五條	普通※	200	178	0.89	0.92
生駒	普通	320	412	1.29	1.20
奈良北	普通	280	333	1.19	1.09
	数理情報	80	71	0.89	1.06
香芝	(表現探究)	40	54	1.35	1.00
	普通※	280	337	1.20	1.15

学校名・学科(コース)名		募集人員	出願者数	競争倍率	前年度競争倍率
西和清陵	普通	200	204	1.02	0.97
法隆寺国際	普通	200	256	1.28	1.11
高取国際	普通	120	156	1.30	0.93
大和広陵	普通	160	77	0.48	0.41
一条	普通	200	286	1.43	1.59

※第１志望の出願者数を示している。

※添上高校普通科は人文探究コース以外。

※五條高校普通科はまなびの森コース以外。

※香芝高校普通科は表現探究コース以外。

数学 ●●●●● 出題傾向の分析と合格への対策 ●●●●●

出題傾向とその内容

〈最新年度の出題状況〉

今年度の出題数は，特色選抜(A)が，大問で3題，小問数にして18問，一般選抜(B)は，大問で4題，小問数にして24問であった。問題のレベルは主に標準で，数問応用が出題されている。知識の習得および技能の習熟の度合いが判断できるように，出題は基礎的・基本的な事項が中心である。

今年度の出題内容は，Aについては大問1が数・式の計算，式の展開，平方根，二次方程式，文字を使った式，確率，ねじれの位置，角度，作図，箱ひげ図の12問の小問群，大問2は図形と関数・グラフの融合問題，大問3は線分の長さ，相似の証明，面積比の計量問題であり，Bは大問1が数・式の計算，式の展開，二次方程式，平方根，2次方程式，式の値，体積比，確率，作図，資料の散らばり・代表値の11問の小問群，大問2は角度，角の二等分線，円，面積，大問3は図形と関数・グラフの融合問題，大問4は相似の証明と角度，面積，線分の長さであった。　今年も昨年度同様に，大問レベルの空間図形の総合問題は出題されなかった。

〈出題傾向〉

問題の出題数は，ここ数年，Aが大問で3題，小問で18問前後，Bは大問で4～5題，小問で21問前後が定着している。解答時間にはそれほど余裕はなさそうである。

出題傾向に関して，A，Bとも大問1が小問構成になっている。4～5問の数・式，平方根に関する基本的計算問題を含み，中学数学全領域から10問程度の小問がまんべんなく出題されている。これらの小問群は，日頃の授業に対する予習・復習をしっかり行い，確実に得点できるようにしよう。A，Bとも大問2以降では，式による証明，図形と関数・グラフの融合問題，平面図形の総合問題，場合の数と確率，規則性など，方程式，関数，図形，資料の活用に関する総合的な数学能力を問う問題が，大問としてAでは2題，Bでは3～4題出題されている。中学数学全般の基礎力がしっかり身についたら，図形の総合問題や図形と関数・グラフの融合問題への対策を立てよう。

来年度の予想と対策

来年度も，出題の量・形式ともに変わりはないと思われる。標準レベルの問題が中心であるため，教科書で基礎をしっかり固めること，わからないところは何度も反復学習し，苦手分野を残さないことが大切である。記述問題に備え，計算問題から図形の証明まで，途中の過程をていねいにノートに書く習慣も身につけたい。

基礎が身についたなら，入試問題集等を用いて，基礎～標準のレベルの問題を解いてみよう。関数とグラフは数多くの問題にあたり，解き方のパターンを身に付けておきたい。図形は，平面図形を中心に，相似，三平方の定理，円の性質を自在にこなせるようにし，一つの問題をいろいろな側面からとらえられるような応用力を身につけよう。特に，線分の長さや面積を求めるときは，かなりの思考力が必要となる場合もあると考えておこう。

⇨学習のポイント

- どの単元からも出題されていいように，基礎的な練習問題はまんべんなくこなしておこう。
- 過去問や問題集による学習を通して，新傾向の問題へも柔軟に対応できるようにしよう。

年度別出題内容の分析表　数学

※Aは特色選抜，Bは一般選抜／（網掛け）は特色，（太枠）は一般で出題範囲縮小の影響がみられた内容

出題内容			26年	27年	28年	29年	30年	2019年	2020年	2021年	2022年	2023年
数と式		数の性質		A			B		B	B		
		数・式の計算	AB	AB	AB	AB	AB	AB	AB	AB	AB	AB
		因数分解			A							
		平方根	AB	AB	AB	AB	AB	AB	AB	AB	AB	AB
方程式・不等式		一次方程式	B	AB	B	B		B	B	B	B	
		二次方程式	AB	B	AB	AB	B	AB	AB	AB	AB	AB
		不等式	A	B	AB			A		A		
		方程式の応用	B	A	AB		B		B	B	B	
関数		一次関数	AB	AB	AB	AB	AB	AB	AB	AB	AB	AB
		関数 $y = ax^2$	AB	AB	AB	B	B	A	B	B	AB	B
		比例関数	AB	A	AB	A		B	B	A	B	A
		関数とグラフ	AB	AB	AB	AB	AB	AB	AB	AB	AB	AB
		グラフの作成		A			A					
図形	平面図形	角度	AB	B	AB	AB	AB	AB	AB	AB	AB	AB
		合同・相似	AB	B	AB	AB	AB	A	AB	AB	AB	AB
		三平方の定理	A	AB	AB	AB	AB	A	AB	B		A
		円の性質	AB	AB	AB	B	AB	AB	B	AB	AB	AB
	空間図形	合同・相似										
		三平方の定理				B						
		切断										
	計量	長さ	B	AB	AB	B	AB	A	AB	AB	AB	AB
		面積	AB	AB	AB	AB	AB	AB	AB	AB	AB	AB
		体積	B	AB	A	B	B	A	AB		B	AB
		証明	AB	B	AB	AB	AB	A	AB	AB	AB	AB
		作図	AB	AB	AB	AB	AB	A	AB	AB	AB	AB
		動点		A		B						
データの活用		場合の数										
		確率	B	AB	AB	A	AB	AB	AB	AB	AB	AB
		資料の散らばり・代表値(箱ひげ図を含む)	B	AB	B		A	AB	AB	AB	AB	AB
		標本調査	A			B		B				
融合問題		図形と関数・グラフ	AB	B	AB	AB	B	AB	AB	AB	AB	AB
		図形と確率	B									
		関数・グラフと確率										
		その他	B									
その他									B			

英語　出題傾向の分析と合格への対策

出題傾向とその内容

〈最新年度の出題状況〉

本年度の大問構成は，一般選抜は聞き取り問題，資料を用いた読解問題，会話文読解，長文読解，特色選抜は，聞き取り問題，会話文読解問題，短文の読解，長文読解，条件英作文の構成であった。各入試に条件英作文や英問英答問題が出題された。

聞き取り問題は，絵の内容と合うものを選ぶ問題や質問に対する正しい答えを選ぶ問題を中心に，一般選抜では内容一致問題，次に来る文を答える問題も出題された。配点は特色選抜では40点満点中の12点(30%)，一般選抜では50点満点中の14点(28%)となっていて，比重はほぼ等しい。

読解問題の設問は，文法に関するものよりも内容に関するものの比率が高い。

英作文については，特色選抜では「15語程度」が1題と，英問英答問題が出題された。一般選抜では，「15語程度」と「20語程度」がそれぞれ1題と英問英答問題が出題された。

全体として，読解力と表現力を重視した出題と言える。

〈出題傾向〉

出題形式は語句・文法問題に属する小問が少なく，内容に関する設問の比率が高い傾向がある。

聞き取り・読解ともに特色選抜のほうが英文はやや短い。なお，問題の分量と試験時間の短さ(特色：30分，一般：50分)を考えると，どちらの入試でもある程度のスピードが要求されるであろう。

来年度の予想と対策

少なくとも，聞き取り問題と読解問題を中心とした出題は今後も続くと思われる。

聞き取り問題はCD教材などを利用して，英語を聞き慣れるのが一番の対策である。ただし，比較的長い英文が読まれることがあり，また細かな内容まで把握する必要のある問題も存在する(特に一般選抜)ため，聞きながらメモを取る練習も必要であろう。

読解問題が試験の中心となるので，英文を読む練習に最も力を入れるべきである。その前提として教科書で扱われている文法事項と語いはしっかりと身につけておく必要がある。最初は教科書などの比較的短い英文から始めて，次第に長い英文の練習へと移っていけばよい。英作文は条件はついていても自由作文に近い形式が出題されることがあるので，「自分が思うこと」を書けるよう，自分が身につけた構文，単語，熟語を使って，実際に書いてみることが重要である。その際，誰かに英文をチェックしてもらうと良い。

⇨学習のポイント

・聞き取り問題は，一部難度の高いものも出題されるので，事前に練習しておくこと。
・正確な語い力・文法力を土台にして，読解問題中心の学習を進めよう。

年度別出題内容の分析表　英語

※Aは特色選抜，Bは一般選抜

		出題内容	26年	27年	28年	29年	30年	2019年	2020年	2021年	2022年	2023年
設問形式	リスニング	絵・図・表・グラフなどを用いた問題	AB	AB	AB	AB	AB	AB	AB	AB	AB	AB
		適文の挿入					B		B	B		B
		英語の質問に答える問題	AB	AB	AB	AB	AB	AB	AB	AB	AB	AB
		英語によるメモ・要約文の完成										
		日本語で答える問題										B
		書き取り										
	語い	単語の発音										
		文の区切り・強勢										
		語句の問題		B								
	読解	語句補充・選択（読解）	AB	AB	AB	AB	AB	AB	AB	AB	AB	AB
		文の挿入・文の並べ換え	A	B	A		A	A	B	B	B	AB
		語句の解釈・指示語	AB	AB	AB	B	AB	AB		A		A
		英問英答（選択・記述）	AB	AB	AB	AB	AB	AB	AB	AB	AB	AB
		日本語で答える問題										
		内容真偽	AB	AB	AB	AB	AB	AB	AB	AB	AB	AB
		絵・図・表・グラフなどを用いた問題	B					B	A	A	AB	AB
		広告・メール・メモ・手紙・要約文などを用いた問題	B			A	A	A	AB	AB	A	B
	文法	語句補充・選択（文法）	A									
		語形変化	A		A	B	B		AB			
		語句の並べ換え	A	AB	AB	B	AB	A				
		言い換え・書き換え		AB								
		英文和訳										
		和文英訳										
		自由・条件英作文	AB	AB	AB	AB	AB	AB	AB	AB	AB	AB
文法事項		現在・過去・未来と進行形	A	A		AB	A	B	AB	AB	AB	AB
		助動詞	B	B	A	AB	A	B	AB	AB	A	AB
		名詞・冠詞・代名詞				A	B		A	A		
		形容詞・副詞						AB	B	AB	AB	AB
		不定詞	AB	AB	B	AB	AB	AB	AB	AB	AB	AB
		動名詞	B	B	A	B	A		AB	AB	AB	AB
		文の構造（目的語と補語）	A			B	A		AB	B	A	
		比較	B	AB		A	AB	B	AB	AB	AB	B
		受け身	A	B	B	AB	AB	AB	AB	AB	AB	B
		現在完了		AB	A		A	AB	AB	B	B	AB
		付加疑問文										
		間接疑問文		A	B	AB	B	AB	A		AB	B
		前置詞	AB			A		A	A	B	B	
		接続詞	A		A	AB	AB	AB	A	B	B	AB
		分詞の形容詞的用法	A	A		AB	AB	AB	AB		B	B
		関係代名詞	B	AB	A	AB	AB	AB	AB	AB	AB	AB
		感嘆文										
		仮定法										A

理科 ●●●●● 出題傾向の分析と合格への対策 ●●●●

出題傾向とその内容

〈最新年度の出題状況〉

大問は6題であった。垂直抗力の作図，仕事やエネルギーの計算，化学反応式，金属のイオン化傾向の考察，植物の分類のしかた，空気中の水蒸気量，等圧線などで，基礎・基本が試された。斜面を下る小球に衝突する木片の移動距離のグラフの考察，ダニエル電池の銅板をマグネシウム板に硫酸銅水溶液を硫酸マグネシウムに変えたときに起きる現象，ホウセンカの葉の表側と裏側からの蒸散量の合計，雲画像からの考察で，科学的思考力が試された。力学的エネルギー保存の考察，しょう油から食塩を取り出す方法，蒸散量と気孔の分布の考察，寒冷前線通過時刻の設定理由など文章記述が7問あり，表現力が試された。脱炭素社会に関連した出題がありバイオマス発電では文章記述があった。

〈出題傾向〉

毎年，教科書の物理・化学・生物・地学の各分野から大問が1，2題ずつ出題される。探究の道すじ重視の複数単元からの出題で，実験・観察の操作とその理由，実験・観察データや資料を考察する問題が多い。出題形式は，記号選択，語句・文章の記述，化学反応式・イオンの化学式の記述，作図や図解，グラフ化，計算問題など多彩で，文章記述が3問から8問で長い文章での表現力も試される。

物理的領域　大問の中心は，5年は斜面を下る小球に衝突する木片の移動距離の考察，力学的エネルギーの保存，4年は電熱線の発熱量の実験・並列接続での電力と発熱，モノコードの弦の振動，3年は焦点距離が異なる凸レンズによる像の考察，作図，磁界の向きと磁力，2年は斜張橋のケーブルにかかる分力，フックの法則と圧力，熱量，エネルギーの移りかわりであった。

化学的領域　大問の中心は，5年はダニエル電池・イオン化傾向・金属のイオンから原子への化学反応式，電離，混合物から純物質の分離，4年は気体の発生と捕集方法，酸化銀の熱分解と質量比，3年はHClとNaOHの中和実験とイオン数の変化，pH，電気分解，金属の見分け方，2年は質量保存の法則と化学反応式，反応する物質の質量比でグラフ作成，中和と塩であった。

生物的領域　大問の中心は，5年は蒸散実験と気孔の分布，生育環境や殖え方・葉脈と分類，4年は体細胞分裂の顕微鏡観察と成長・減数分裂，脊椎動物の体の特徴，3年は恒温動物，相同器官の図解，進化，脳での判断や命令にかかる時間の計算，手羽先の骨格と筋肉，2年はメンデルの実験から遺伝子の組み合わせの特定，ルーペの使い方，裸子植物，土の中の分解者であった。

地学的領域　大問の中心は，5年は等圧線・空気中の水蒸気量・寒冷前線の通過，日本付近の冬の大気の動きと雲画像，天気図記号，4年は月と金星の動きと見え方，高気圧付近の大気の動き，3年は金属コップでの露点の実験と湿度・真空容器による空気の膨張と温度変化の実験・空気の体積変化と雲のでき方の実験から考察，2年は地震のゆれ・規模・地震発生時刻の計算・プレートの動きと地震の分布・津波・緊急地震速報であった。

来年度の予想と対策

実験・観察を扱った問題を中心に，基礎的理解力と並んで，実験・観察の考察を記述させたり，図やグラフを書かせたりして，科学的思考力・判断力・表現力を試す問題の出題が予想される。実験1，実験2…と探究の道すじを読み解いていく力を試す問題や，教科書の発展応用問題も予想される。

教科書を丁寧に復習し，基礎的な用語は正しく理解し押さえておこう。日頃の授業では，探究の道すじを意識して，実験や観察に参加しよう。実験装置は図を描き操作の理由を記録し，結果は図や表，グラフ化など分かり易く表現しよう。考察は結果に基づいて自分で文章を書く習慣を身につけよう。資料から情報を読み取る学習では，日常生活や身近な現象，環境問題にも視野を広げて考察しよう。

⇨学習のポイント

・過去問を解き，「何を問われるのか，どんな答え方をすればよいのか」を把握しておこう。
・教科書の図，表，応用発展，資料が全てテスト範囲。確かな基礎・基本と応用問題への挑戦!!

年度別出題内容の分析表　理科

※Aは特色選抜，Bは一般選抜。★・□は大問の中心となった単元／　　は出題範囲縮小の影響がみられた内容

分野	学年	出題内容	26年	27年	28年	29年	30年	2019年	2020年	2021年	2022年	2023年
第一分野	第1学年	身のまわりの物質とその性質			B					★		○
		気体の発生とその性質	AB	[A]B	A	A		○			★	
		水溶液		B		B		★				★
		状態変化			[B]		○					
		力のはたらき(2力のつり合いを含む)	B		[B]	B	○		○			○
		光と音	[A]			[A]	★			★	★	
	第2学年	物質の成り立ち	AB	AB		[A]					○	
		化学変化，酸化と還元，発熱・吸熱反応	A	[B]	A		○	○	○		○	○
		化学変化と物質の質量			[A]		★		★		○	
		電流(電力，熱量，静電気，放電，放射線を含む)		A	[A]B	[B]		○	○		★	
		電流と磁界		[A]		B		★		★		
	第3学年	水溶液とイオン，原子の成り立ちとイオン	[A]	A	[B]	AB		○		○		○
		酸・アルカリとイオン，中和と塩	[B]	A					○	★		
		化学変化と電池，金属イオン				[B]						★
		力のつり合いと合成・分解(水圧，浮力を含む)	[B]	B		[B]			★			
		力と物体の運動(慣性の法則を含む)		B				★				★
		力学的エネルギー，仕事とエネルギー		[B]		[B]	★					○
		エネルギーとその変換，エネルギー資源		B		B			○			
第二分野	第1学年	生物の観察と分類のしかた	B	A					★			○
		植物の特徴と分類		[A]		B		○			○	○
		動物の特徴と分類									○	
		身近な地形や地層，岩石の観察										
		火山活動と火成岩				B						
		地震と地球内部のはたらき		[B]					★			
		地層の重なりと過去の様子	[A]			[B]				○		○
	第2学年	生物と細胞(顕微鏡観察のしかたを含む)					○				○	
		植物の体のつくりとはたらき		A	[A]		★	★	○			★
		動物の体のつくりとはたらき		[B]	[B]			○		○	○	
		気象要素の観測，大気圧と圧力		A	B			○	○			○
		天気の変化	[B]	[A]	[A]		★	○		★	★	★
		日本の気象	B	A				★				○
	第3学年	生物の成長と生殖	[A]			[B]			○		★	
		遺伝の規則性と遺伝子	A		A				★			
		生物の種類の多様性と進化								★		
		天体の動きと地球の自転・公転		[B]	[B]	[A]	★					
		太陽系と恒星，月や金星の運動と見え方				A	○				★	
		自然界のつり合い	[B]			[A]		★	○			
自然の環境調査と環境保全，自然災害			B	B				○	○			★
科学技術の発展，様々な物質とその利用					A	B		○	★			
探究の過程を重視した出題			○	○	○	○	○	○	○	○	○	○

―奈良県公立高校―

社会　出題傾向の分析と合格への対策

出題傾向とその内容

〈最新年度の出題状況〉

出題数は大問5題であった。小問数は31問であった。語句記入が7問，記号選択が13問，短文記述が11問の出題となっている。大問は，地理1題，歴史2題，公民1題，総合問題1題となっている。全体的には内容は基本的なものが中心であるが，文章記述問題が数多く出題されており，思考力・判断力・表現力が求められている。

地理的分野では，略地図やグラフなどの資料を用いて答えさせる問題が出題された。

歴史的分野では，古代から近代までの広範囲の時代の政治経済，社会や外交などについて出題されている。

公民的分野では，人権や地方自治，金融や財政などが出題された。

また，三分野とも文章記述問題が多くみられた。

〈出題傾向〉

地理的分野では，地図・統計資料などをもとにして，諸地域の自然や産業などを問う問題が出されている。

歴史的分野では，写真・史料などをもとにして，社会・政治経済・外交など，各時代の特色を問う問題が出題されている。

公民的分野では，表やグラフなどが用いられ，国の政治や経済のしくみをテーマにした出題がされている。

三分野の出題形式として，授業の学習課題やレポート等が題材となっており，受験生の関心を高めようとする工夫が見られる。

来年度の予想と対策

来年度も基本的事項を問う問題が中心と思われるので，教科書の重要事項の習得を中心にした学習が求められる。記述式問題が多いため，用語・語句などは漢字で書けるようにし，文章で正確にまとめる練習もしておこう。

地理的分野では，各国・各地域の地形や気候・産業などについて把握しておこう。その際は，地図帳で位置を確認し，資料集等の写真や表などにも目を通しておこう。

歴史的分野では，各時代の政治経済・文化について整理しておこう。資料を使った問題が多いので，教科書や資料集で，写真や表，グラフなどに目を通しておこう。

公民的分野では，基本的事項のほか，国民生活や国際関係のみならず，環境問題など，時事的な事項について新聞やテレビやインターネットなどの報道で確認しておこう。

⇨学習のポイント

- 地理では，統計資料の見方に慣れ，諸地域の特色を読みとる力をつけておこう！
- 歴史では，教科書で基本的事項を整理し，テーマ別の問題に慣れておこう！
- 公民では，憲法・政治の仕組み・経済などを中心に，ニュースにも注目しておこう！

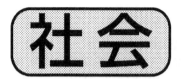

年度別出題内容の分析表　社会

※Aは特色選抜，Bは一般選抜／　　は出題範囲縮小の影響がみられた内容

出題内容			26年	27年	28年	29年	30年	2019年	2020年	2021年	2022年	2023年
地理的分野	日本	地形図の見方	B	A			B	○		○		
		日本の国土・地形・気候	B		A	B	AB				○	
		人口・都市				B			○	○		○
		農林水産業	B	A	AB	B	B	○	○		○	
		工業				B				○		
		交通・通信				B			○			
		資源・エネルギー						○				
		貿易			B			○				
	世界	人々のくらし・宗教		B		A		○	○		○	○
		地形・気候	A	A	A	A	AB	○	○	○	○	○
		人口・都市	AB	B			A					
		産業	A	B	B	A	A			○	○	○
		交通・貿易	A	A	A	A	A	○	○			○
		資源・エネルギー			B					○		
	地理総合				A							
歴史的分野	日本史―時代別	旧石器時代から弥生時代		AB	B	AB	B			○		
		古墳時代から平安時代	AB	AB	AB	AB	AB	○	○	○	○	○
		鎌倉・室町時代	AB	AB	AB	AB	AB	○	○	○		○
		安土桃山・江戸時代	AB	AB	AB	AB	AB	○	○	○	○	○
		明治時代から現代		AB	AB	AB	AB	○	○	○	○	○
	日本史―テーマ別	政治・法律	AB	B	AB	AB	AB	○	○	○	○	○
		経済・社会・技術	AB	B	AB	AB	AB		○	○	○	○
		文化・宗教・教育	AB	B	A	AB	AB		○	○	○	
		外交	AB	B	A	A		○		○	○	○
	世界史	政治・社会・経済史		B			AB	○	○		○	○
		文化史		B							○	
		世界史総合										
	歴史総合											
公民的分野	憲法・基本的人権				B		B		○			○
	国の政治の仕組み・裁判		A		B	A	AB	○	○		○	
	民主主義											
	地方自治		B	A	A		A					○
	国民生活・社会保障		B	A			B			○		
	経済一般			AB		AB	AB	○	○	○	○	○
	財政・消費生活			AB		AB	AB	○	○	○	○	○
	公害・環境問題		B			B						○
	国際社会との関わり		B	B		B		○				
時事問題												
その他												

―奈良県公立高校―

国語　出題傾向の分析と合格への対策

出題傾向とその内容

〈最新年度の出題状況〉

特色選抜(以下，A)と一般選抜(以下，B)のそれぞれについて，出題内容を見ると，本年度は次の内容であった。

A：随筆1題，会話・議論・発表から1題，古文1題という構成だった。随筆では内容の読み取りのほか楷書での書き取り問題や80字程度の記述も出題された。古文は，内容の読み取りや仮名遣いの問題であった。

B：随筆1題，古文1題，論説文1題，書写1題，作文1題という構成であった。古文は大意・要旨や内容を問う問題であった。また作文は，示された資料を参考にして意見を述べるものであった。長文の大問において漢字の読み書きも出題された。

ひねった問題ではないので，1つ1つの設問は解きやすい。だからこそ，少しのミスが減点につながり，合否を分けることになる。丁寧に解くことが必要である。

〈出題傾向〉

現代文の読解問題は，随筆，説明文ともに，内容の読み取りが中心に構成される。細部の読み取り，文章全体の要旨，表現の工夫や段落構成に関する問いなど，さまざまな形で問いが見られる。読み取れる筆者の考えを書くなどという記述問題もあり，読解力とともに論点を的確にまとめる力が求められている。

古文・漢文の読解問題は，原文から正確に内容を把握することが重要になる。歴史的仮名遣い，返り点など，基礎知識を問うものも見られる。

漢字の読みと書き取りは必出。語句問題は，熟語，慣用句なども扱いが多い。組み立てや意味など，あらゆる要素が問いとなる可能性がある。文法問題は，文節相互の関係，単語分け，用言の活用，品詞・用法の識別，敬語などの出題が見られる。また，今回はなかったが和語や漢語，外来語に関する出題に対しても準備しておきたい。

作文は，Bでは毎年出題されているが，Aでも年によって出題が見られる。読解問題の文章に関連した内容などテーマが与えられる。作文に関する大問では，作文だけでなく構成や文法の知識を問う設問も含まれている。特徴的な問題は，書写である。A，Bいずれかに指定された一文を楷書で書くという出題が毎年ある。

来年度の予想と対策

説明的文章と随筆の読解問題，古文もしくは漢文の読解問題，作文などの出題が予想される。

説明的文章では，指示語や接続語，キーワードに注意して文脈を把握した上で，筆者の主張を読み取ることが大切である。

また，随筆では，筆者が体験・見聞したできごとをとらえ，それに対する筆者の思いを読み取ることが大切である。問題集を活用して，なるべく多くの文章や問題に接することで，読解力を深めたい。

古文では，古語や仮名遣いなど，漢文では読み方の規則などの基本的知識を身につけ，教科書程度の文章が読みこなせるようにしておく。

作文は，150～200字を目安に日々のできごとに対する自分の意見を書くなどの練習をしておきたい。新聞などを読む機会を増やし，何を主張しているのかを読み取る練習も必要である。

漢字や文法などは，教科書を用いてまんべんなく復習するとよい。

⇨学習のポイント

- 過去問を解いて，出題形式に慣れよう。
- テーマを設定して，作文の練習をしよう。
- 教科書を使って，漢字や語句，文法の学習をしよう。

年度別出題内容の分析表　国語

※Aは特色選抜，Bは一般選抜

		出題内容	26年	27年	28年	29年	30年	2019年	2020年	2021年	2022年	2023年
内容の分類	読解	主題・表題	B							A	A	A
		大意・要旨	B	A		B	B	B	B		B	B
		情景・心情	B	B	B	B	B	B	B	B		
		内容吟味	AB	AB	AB	AB	AB	AB	AB	AB	AB	AB
		文脈把握	AB		AB	AB	AB	AB	AB	AB	AB	AB
		段落・文章構成		B	B	A	B		A	B	B	B
		指示語の問題	A	A	A			AB	A			
		接続語の問題							B		B	
		脱文・脱語補充	A		B		AB	A	B			B
	漢字・語句	漢字の読み書き	AB	AB	AB	AB	AB	AB	AB	AB	AB	AB
		筆順・画数・部首										
		語句の意味		AB	B	AB	A	A	AB	AB	B	B
		同義語・対義語									B	
		熟語	AB			AB						A
		ことわざ・慣用句		A			A	AB	B			
		仮名遣い		B	A	A		A	A	AB	A	AB
	表現	短文作成		B	AB	B						
		作文(自由・課題)	AB	AB	AB	AB	AB	AB	AB	AB	AB	AB
		その他										
	文法	文と文節	B					B			B	
		品詞・用法	AB	AB	AB	AB	AB			AB	A	
		敬語・その他	B					A	B			
	古文の口語訳				B		A			B		
	表現技法・形式		AB	AB	A	B	A		B	A	B	
	文学史			B								
	書写		AB	AB	AB	AB	B	AB	A	AB	AB	AB
問題文の種類	散文	論説文・説明文	B	AB	AB	AB	AB	B	B	B	B	B
		記録文・報告文										
		小説・物語・伝記										
		随筆・紀行・日記	AB	B	B	B	B	B	AB	AB	AB	AB
	韻文	詩										
		和歌(短歌)		B								
		俳句・川柳										
	古文		A	AB	AB	AB	A	AB	AB	AB	A	AB
	漢文・漢詩		B				B				B	
	会話・議論・発表				AB			A	A	A	AB	A
	聞き取り											

奈良県公立高校難易度一覧

目安となる偏差値	公立高校名
75～73	
72～70	
	奈良
69～67	
	畝傍
	郡山
66～64	
63～61	市一条（外国語）
	高田
60～58	奈良北（数理情報）
	市一条
	国際（国際科plus），奈良北，奈良県立大学附属（探究）
57～55	橿原
	生駒，国際（国際）
	桜井（英語）
54～51	桜井（一般）
	桜井（書芸）
	市高田商業（商業）
50～47	
	香芝，高円芸術（美術）
	香芝（表現探究），高取国際（国際英語），高円芸術（デザイン）
	高取国際（普／国際コミュニケーション），高円芸術（音楽），法隆寺国際（歴史文化／総合英語）
46～43	高円芸術，法隆寺国際
	五條（まなびの森／商業）
	五條，奈良商工（総合ビジネス／観光）
	磯城野（シェフ／パティシエ），商業（商業），奈良商工（情報ビジネス）
42～38	奈良商工（機械工学／情報工学／建築工学）
	王寺工業（機械工学／電気工学／情報電子工学），磯城野（ファッションクリエイト／ヒューマンライフ）
	磯城野（食品科学），西和清陵，添上（人文探究／スポーツサイエンス）
	添上，奈良南
	御所実業（機械工学／電気工学／都市工学／薬品科学），磯城野（食料生産／動物活用／生物未来／造園緑化／緑化デザイン），奈良南（情報科学／総合），大和広陵（生涯スポーツ）
37～	御所実業（環境緑地），磯城野（施設野菜／施設草花），二階堂（キャリアデザイン）
	宇陀（普／情報科学／こども・福祉），十津川（総合），大和広陵，山辺（スポーツ探究／キャリア探究／生物科学探究／自立支援農業）

＊（　）内は学科・コースを示します。特に示していないものは普通科（普通・一般コース），または全学科（全コース）を表します。市は市立を表します。

＊データが不足している高校，または学科・コースなどにつきましては掲載していない場合があります。

＊公立高校の入学者は，「学力検査の得点」のほかに，「調査書点」や「面接点」などが大きく加味されて選抜されます。上記の内容は想定した目安ですので，ご注意ください。

＊公立高校入学者の選抜方法や制度は変更される場合があります。また，統廃合による閉校や学校名の変更，学科の変更などが行われる場合もあります。教育委員会などの関係機関が発表する最新の情報を確認してください。

不安という人なつっこい怪物。

曽我部恵一｜ミュージシャン

受験を前に不安を抱えている人も多いのではないでしょうか。今回はミュージシャンであり，３人の子どもたちを育てるシングルファーザーでもある曽我部恵一さんにご自身のお子さんに対して思うことをまじえながら，“不安”について思うことを聞いた。

曽我部恵一
'90年代初頭よりサニーデイ・サービスのヴォーカリスト／ギタリストとして活動を始める。2004年，自主レーベルROSE RECORDSを設立し，インディペンデント／DIYを基軸とした活動を開始する。以後，サニーデイ・サービス／ソロと並行し，プロデュース・楽曲提供・映画音楽・CM音楽・執筆・俳優など，形態にとらわれない表現を続ける。

── 子どもの人生を途中まで一緒に生きてやろうっていうのが，何だかおこがましいような気がしてしまう。

子どもが志望校に受かったらそれは喜ばしいことだし，落ちたら落ちたで仕方がない。基本的に僕は子どもにこの学校に行ってほしいとか調べたことがない。長女が高校や大学を受験した時は，彼女自身が行きたい学校を選んで，自分で申し込んで，受かったからそこに通った。子どもに「こういう生き方が幸せなんだよ」っていうのを教えようとは全く思わないし，勝手につかむっていうか，勝手に探すだろうなと思っているかな。

僕は子どもより自分の方が大事。子どもに興味が無いんじゃないかと言われたら，本当に無いのかもしれない。子どもと仲良いし，好きだけど，やっぱり自分の幸せの方が大事。自分の方が大事っていうのは，あなたの人生の面倒は見られないですよって意味でね。あなたの人生はあなたにしか生きられない。自分の人生って，設計して実際動かせるのは自分しかいないから，自分のことを責任持ってやるのがみんなにとっての幸せなんだと思う。

うちの子にはこの学校に入ってもらわないと困るんですって言っても，だいたい親は途中で死ぬから子どもの将来って最後まで見られないでしょう。顔を合わせている時，あのご飯がうまかったとか，風呂入るねとか，こんなテレビやってたよ，とかっていう表面的な会話はしても，子どもの性格とか一緒にいない時の子どもの表情とか本当はちゃんとは知らないんじゃないかな。子どもの人生を途中まで一緒に生きてやろうっていうのが，何だかおこがましいような気がしてしまう。

── 不安も自分の能力の一部だって思う。

一生懸命何かをやってる人，僕らみたいな芸能をやっている人もそうだけど，みんな常に不安を抱えて生きていると思う。僕も自分のコンサートの前はすごく不安だし，それが解消されることはない。もっと自分に自信を持てるように練習して不安を軽減させようとするけど，無くなるということは絶対にない。アマチュアの時はなんとなくライブをやって，なんとなく人前で歌っていたから，不安はなかったけど，今はすごく不安。それは，お金をもらっているからというプロフェッショナルな気持ちや，お客さんを満足させないとというエンターテイナーとしての意地なのだろうけど，本質的な部分は“このステージに立つほど自分の能力があるのだろうか”っていう不安だから，そこは受験をする中学生と同じかもしれない。これは不安を抱えながらぶつかるしかない。それで，ぶつかってみた結果，ライブがイマイチだった時は，僕は今でも人生終わったなって気持ちになる。だから，不安を抱えている人に対して不安を解消するための言葉を僕はかけることができない。受験生の中には高校受験に失敗したら人生終わると思ってる人もいるだろうし，僕は一つのステージを失敗したら人生終わると思ってる。物理的に終わらなくても，その人の中では終わる。それに対して「人生終わらないよ」っていうのは勝手すぎる意見。僕たちの中では一回の失敗でそれは終わっちゃうんだ。でも，失敗しても相変わらずまた明日はあるし，明後日もある。生きていかなきゃいけない。失敗を繰り返していくことで，人生は続くってことがわかってくる。子どもたちの中には，そこで人生を本当に終わらそうっていう人が出てくるかもしれないけど，それは大間違い。同じような失敗は生きてるうちに何度もあって，大人になっている人は失敗を忘れたり，見ないようにしたりするのをただ単に繰り返して生きてるだけなんだと思う。失敗したからこそできるものがあるから，僕は失敗するっていうことは良いことだと思う。挫折が多い方が絶対良い。若い頃に挫折とか苦い経験っていうのはもう財産だから。

例えば，「雨が降ってきたから，カフェに入った。そしたら偶然友達と会って嬉しかった」。これって，雨が降る，晴れるとか，天気みたいなもうどうしようもないことに身を委ねて，自然に乗っかっていったら，結局はいい出来事があったということ。僕は，無理せずにそういう風に生きていきたいなと思う。失敗しても，それが何かにつながっていくから，失敗したことをねじ曲げて成功に持っていく必要はないんじゃないかな。

不安を感じてそれに打ち勝つ自信がないのなら，逃げたらいい。無理して努力することが一番すごいとも思わない。人間，普通に生きると 70 年とか 80 年とか生きるわけで，逃げてもどこかで絶対勝負しなきゃいけない瞬間っていうのがあるから，その時にちゃんと勝負すればいいんじゃないかな。受験がどうなるか，受かるだろうか，落ちるだろうか，その不安を抱えている人は，少なからず，勝負に立ち向かっていってるから不安を抱えているわけで。それは素晴らしいこと。不安っていうのは自分の中の形のない何かで自分の中の一つの要素だから，不安も自分の能力の一部だって思う。不安を抱えたまま勝負に挑むのもいいし，努力して不安を軽減させて挑むのもいい。または，不安が大きいから勝負をやめてもいいし，あくまでも全部自分の中のものだから。そう思えば，わけのわからない不安に押しつぶされるってことはないんじゃないかな。

ダウンロードコンテンツのご利用方法

※弊社 HP 内の各書籍ページより，解答用紙などのデータダウンロードが可能です。

※巻頭「収録内容」ページの下部 QR コードを読み取ると，書籍ページにアクセスが出来ます。（Step 4 からスタート）

Step 1 東京学参 HP（https://www.gakusan.co.jp/）にアクセス

Step 2 下へスクロール『フリーワード検索』に書籍名を入力

Step 3 検索結果から購入された書籍の表紙画像をクリックし，書籍ページにアクセス

Step 4 書籍ページ内の表紙画像下にある『ダウンロードページ』をクリックし，ダウンロードページにアクセス

Step 5 巻頭「収録内容」ページの下部に記載されているパスワードを入力し，『送信』をクリック

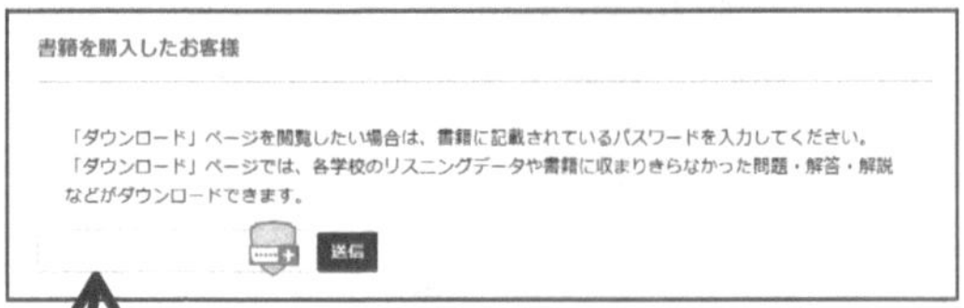

解答用紙・+αデータ配信ページへスマホでアクセス！ ⇒

＊データのダウンロードは 2024 年 3 月末日まで。

＊データへのアクセスには，右記のパスワードの入力が必要となります。 ⇒ ●●●●●●

Step 6 使用したいコンテンツをクリック

※ PC ではマウス操作で保存が可能です。

奈良県公立高等学校（特色選抜）

2023年度

★★★★★★★★★★★★★★★★★★★★★★★★

入　試　問　題

●くわしい解説……15ページ

＜数学＞

時間　30分　　満点　40点

1 次の各問いに答えよ。

(1) 次の①～⑤を計算せよ。

① $4-10$　　② $(3x-1)-(2x-4)$　　③ $6a^2b \div 2a \times 3b$

④ $(2x-3)(2x+5)$　　⑤ $(3\sqrt{2})^2$

(2) 2次方程式 $x^2+2x-8=0$ を解け。

(3) 家から学校まで行くのに，はじめは分速80mの速さで x 分歩き，途中から分速160mの速さで走ったところ，全体で15分かかった。分速160mの速さで走った道のりを表す式を書け。

(4) 大小2個のさいころを同時に投げるとき，少なくとも1個は2以下の目が出る確率を求めよ。

(5) 図1の直方体において，辺ABとねじれの位置にある辺は何本か。

図1

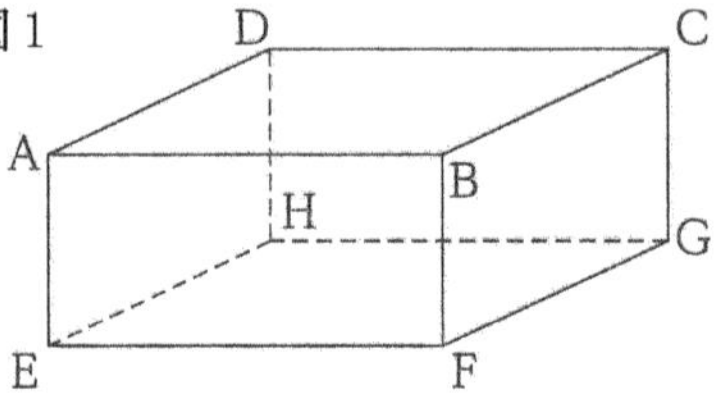

(6) 図2で，5点A，B，C，D，Eは円Oの周上にある。$\angle x$ の大きさを求めよ。

図2

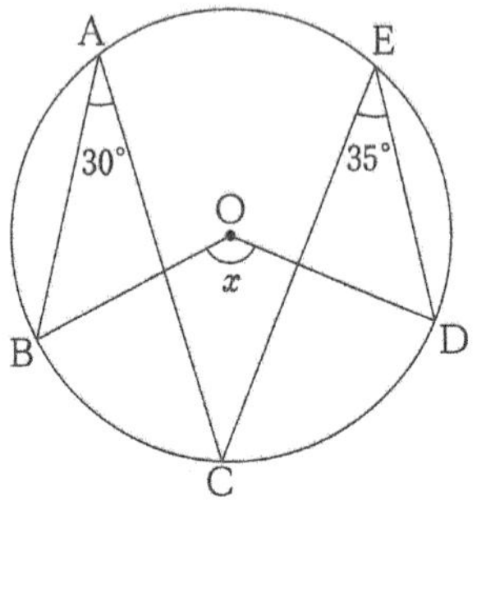

(7) 図3のように，線分ABと点Cがある。次の条件①，②を満たす円の中心Oを，定規とコンパスを使って解答欄の枠内に作図せよ。なお，作図に使った線は消さずに残しておくこと。

［条件］
① 線分ABは円Oの弦である。
② 円Oは点Cを通る。

図3

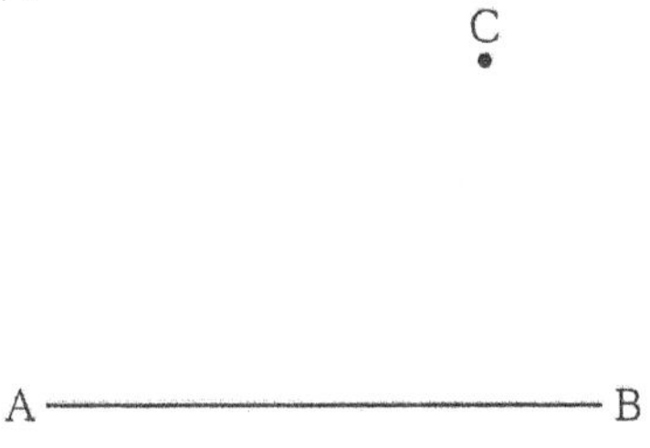

(8) 図4は，ある中学校の3年1組の生徒22人と3年2組の生徒21人のハンドボール投げの記録を，それぞれ箱ひげ図に表したものである。図4の2つの箱ひげ図から読み取ることができることがらとして適切なものを，後の**ア**～**オ**から全て選び，その記号を書け。ただし，ハンドボール投げの記録は，メートルを単位とし，メートル未満は切り捨てるものとする。

図4

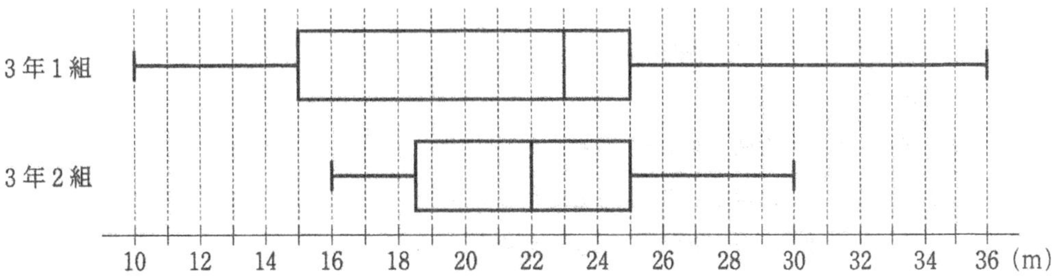

ア　ハンドボール投げの記録の範囲は，1組よりも2組の方が大きい。

イ　1組のハンドボール投げの記録の四分位範囲は，10mである。

ウ　ハンドボール投げの記録の第3四分位数は，1組よりも2組の方が小さい。

エ　1組で，ハンドボール投げの記録が15m以上25m以下である生徒は，11人いる。

オ　2組で，ハンドボール投げの記録が22mである生徒は，少なくとも1人はいる。

2 右の図で，直線ℓは関数$y=6x$のグラフであり，直線mは関数$y=-2x+8$のグラフである。2点A，Bは，それぞれ直線mとx軸，y軸との交点であり，点Cは，2直線ℓ，mの交点である。また，直線nは関数$y=ax$のグラフであり，点Dは，2直線m，nの交点である。原点をOとして，各問いに答えよ。

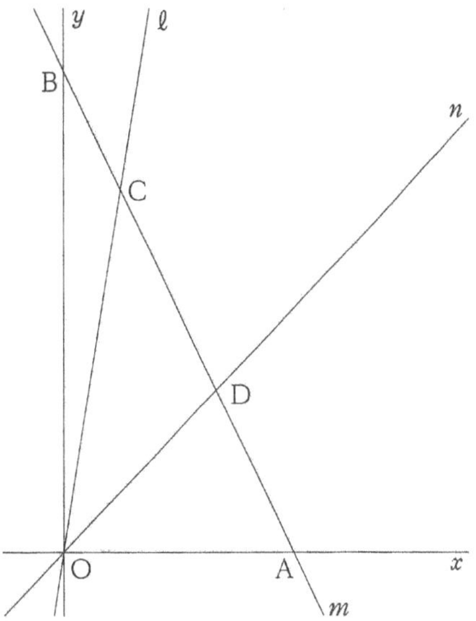

(1) 点Cの座標を求めよ。

(2) aの値をいろいろな値に変えて，直線nを右の図にかき入れるとき，直線nが線分ACと交わるaの値を，次の**ア**～**オ**から全て選び，その記号を書け。

ア　$a=7$　　**イ**　$a=3$　　**ウ**　$a=1$

エ　$a=-2$　　**オ**　$a=-6$

(3) $a=2$のとき，△OADを，x軸を軸として1回転させてできる立体の体積を求めよ。ただし，円周率はπとする。

3 右の図で，4点A，B，C，Dは円周上にある。AB=10cm，AD=6cm，∠ADB=90°であり，$\overset{\frown}{BC}=\overset{\frown}{CD}$である。点Eは線分ACと線分BDとの交点であり，点Fは点Dを通り線分ACに平行な直線と直線ABとの交点である。各問いに答えよ。

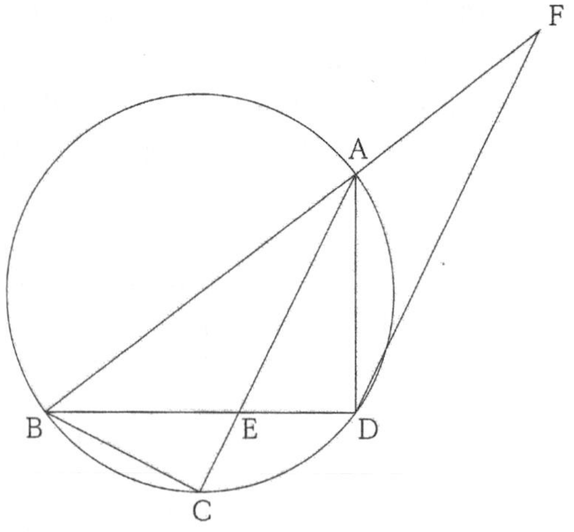

(1) 線分BDの長さを求めよ。

(2) △ADE∽△BCEを証明せよ。

(3) △ADFの面積は△ABEの面積の何倍か。

＜英語＞

時間　30分　　満点　40点

1　放送を聞いて，各問いに答えよ。

(1)　①，②の英語の内容に合うものを，それぞれア～エから１つずつ選び，その記号を書け。なお，英語はそれぞれ１回ずつ流れる。

①

ア

イ

ウ

エ

②

ア

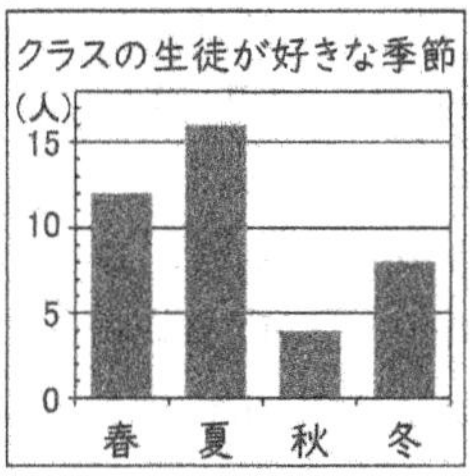

イ

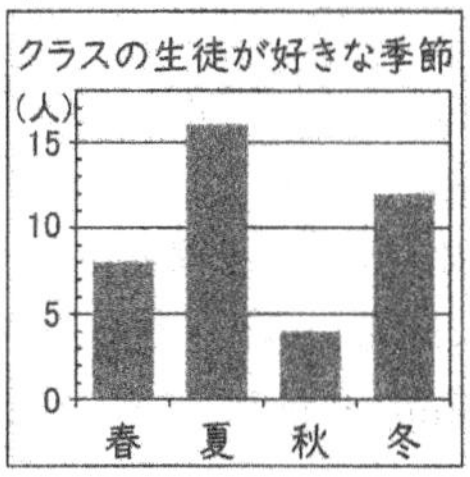

ウ

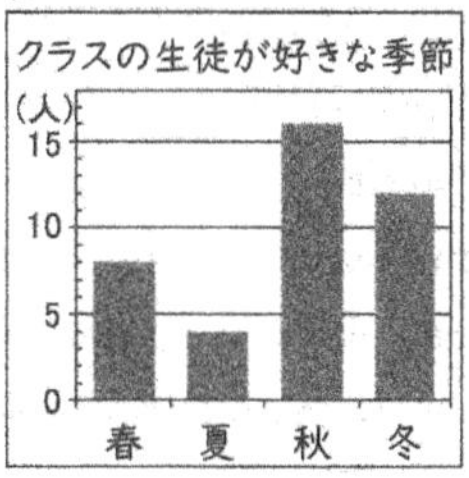

エ

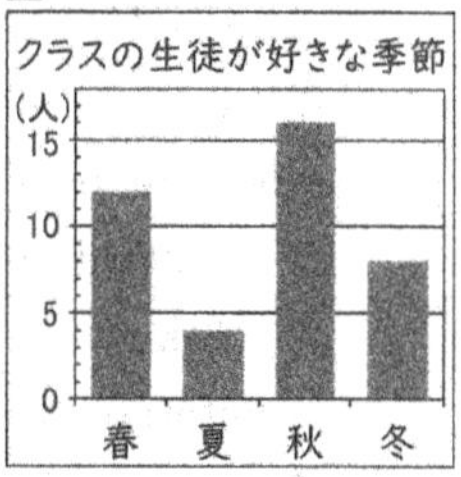

(2)　①，②の会話の内容についての質問に対する答えとして最も適切なものを，それぞれア～エから１つずつ選び，その記号を書け。なお，会話と質問はそれぞれ１回ずつ行う。

①　ア　Two.　　イ　Four.　　ウ　Ten.　　エ　Twelve.

②　ア　On Saturday morning.　　イ　On Saturday afternoon.

　　ウ　On Sunday morning.　　エ　On Sunday afternoon.

(3)　英語の内容についての質問①，②に対する答えとして最も適切なものを，それぞれア～エから１つずつ選び，その記号を書け。なお，英語が２回流れた後，質問をそれぞれ２回ずつ行う。

①　ア　He rides a bike.

　　イ　He studies Japanese.

　　ウ　He reads manga.

　　エ　He sees many kinds of birds.

②　ア　He wants them to go to a bookstore.

　　イ　He wants them to enjoy Nara Park.

　　ウ　He wants them to learn about Canada.

　　エ　He wants them to tell him about their favorite words.

2 次の英文を読んで，下の【 】内の英語が入る最も適切な箇所を，英文中の ア ～ ウ から1つ選び，その記号を書け。

Yuri and Ken are junior high school students. They are talking in the classroom after school.

Yuri: Ken, you have a friend in a foreign country, right?

Ken: Yes. I have a friend in Singapore. We often exchange e-mails. I sent him an e-mail yesterday, so I'm waiting for his e-mail. ア

Yuri: That's good. イ

Ken: Oh, he says he wants more friends who live in Japan. Can I introduce you to him? ウ

Yuri: Sounds nice. Thank you!

（注） exchange：やり取りする

【I wish I had a friend in a foreign country.】

3 次の英文の内容を下の □ 内のようにまとめたとき，（①）～（③）に入る最も適切な英語を，それぞれア～エから1つずつ選び，その記号を書け。

Coffee is loved by many people in Australia. They have their own coffee culture. There are big coffee chains, but many small local cafes are everywhere in the country. Why are local cafes very popular?

Each local cafe in Australia is unique. For example, in some cafes, professional baristas serve special coffee which they want people to try. Some cafes serve not only high-quality coffee but also delicious food. Some have stylish interior decorations. People enjoy coffee and the unique atmosphere. Local cafes are also important places for communication in each community in Australia. People enjoy talking with other people over a cup of coffee.

Many people in Australia find cafes that they like, and they enjoy their special time there. Some people visit cafes for breakfast or lunch, and others visit them before or after work. Just five minutes for a cup of coffee in the busy morning is a happy time for some people. People in Australia are proud of their own coffee culture.

（注） chain：（カフェなどの）チェーン店　barista：バリスタ（コーヒー専門店でコーヒーをいれる人）
high-quality：質の高い　stylish：おしゃれな　interior decoration：室内装飾
atmosphere：雰囲気　communication：コミュニケーション　community：地域社会
over a cup of coffee：コーヒーを飲みながら

There are many local cafes in Australia, and they are very popular there. They are （ ① ）, and people enjoy each cafe's special coffee and atmosphere. They also enjoy (②) with other people while they are drinking coffee. They have a good time at their (③) cafes. The coffee culture is very important for many people in Australia.

① ア big　イ delicious　ウ new　エ unique
② ア cooking　イ communicating　ウ walking　エ learning
③ ア busy　イ favorite　ウ traditional　エ free

4 次の英文を読んで，各問いに答えよ。

Takeshi is a high school student. He studied in the US for one year. He came back to Japan one month ago, and he wrote about his experiences in the US in the school newspaper.

I studied in California. Why did I decide to study abroad? I wanted to communicate with a lot of people in other countries and expand my way of thinking. I learned a lot through my experiences in the US. So, I want to share some of them with you.

From Japan to California, it took about ten hours. My host family met me at the airport. After that, we had dinner together at a restaurant. It was a delicious dish, but it was *karai* for me, and I could not stop sweating. At that time, I did not know the English word for *karai*, so I could not explain my situation well to my host family. My host mother said, "Your face is bright red, and you're sweating a lot. You must be tired." I made my host mother very worried.

A few months later, I talked about it with my host family, and we laughed together. My host mother taught me that I could use gestures. Now, I know the word hot, and I can explain the situation. It was a good experience, and I learned that gestures help us communicate even if we cannot speak English well. It is one of my good memories.

I had another experience. On the second day of my stay in the US, we talked about ourselves and the house rules. My host family asked me questions about myself and my school life in Japan. I understood their questions, but I could not answer them well because I was afraid of making mistakes.

One day, my host mother said to me, "The English in the letter I received in advance was perfect, so I thought you could communicate in English without any problems." Before leaving Japan, I wrote a letter to my host family. I wrote it by using only the phrases in reference materials. My host mother continued, "Now, you can communicate well in English." We laughed together on that day, too. It is also one of my good memories. I think it is important to try to communicate without being afraid of making mistakes.

These are just two of my many experiences in the US, and these are not happy experiences. However, I can tell you that we can learn a lot from any kind of experiences.

(注) California：カルフォルニア（アメリカの州の１つ） expand：広げる
host：留学生などを受け入れる(家庭など) sweat：汗をかく at that time：その時は
gesture：身ぶり even if：たとえ～でも ourselves：私たち自身
in advance：前もって phrase：表現 reference materials：参考資料

(1) 英文のタイトルとして最も適切なものを，次のア～エから１つ選び，その記号を書け。
ア Experiences Teach Us a Lot
イ Studying Abroad Helps Us Use Gestures
ウ Letters Show the Writer's Way of Thinking
エ Each Country Has a Different Culture

(2) 英文中の下線部と同じ意味で用いられている hot を含む英語を，次のア～エから１つ選び，その記号を書け。
ア Can I have a hot milk?
イ It is hot in Japan in summer.
ウ This curry is very hot, so I need something to drink.
エ It is cold outside today, but running in the park has made me hot.

(3) 英文の内容について，次の①，②の問いにそれぞれ３語以上の英語で答えよ。ただし，コンマやピリオドなどは語数に含めないこと。
① Has Takeshi been to the US?
② When did Takeshi and his host family talk about the house rules?

(4) 英文の内容と合っているものを，次のア～オから２つ選び，その記号を書け。
ア Takeshi went to the US to communicate with a lot of people in other countries and to expand his way of thinking.
イ Takeshi could not eat a lot of food at a restaurant on the first day of his stay in the US because he was so tired.
ウ Takeshi communicated in English without any problems when he arrived in the US.
エ Takeshi is good at writing letters in English, so he did not need to use reference materials when he wrote a letter to his host family.
オ Some of Takeshi's experiences in the US are not happy ones, but they are good memories.

5　あなたは日本に来たばかりの留学生のEmilyと次の日曜日に出かけることにした。あなたなら彼女と一緒にA，Bのどちらに行きたいか。その理由も含めて15語程度の英語で書け。ただし，1文または2文で書き，コンマやピリオドなどは語数に含めないこと。なお，選んだものをA，Bと表してよい。

A

B

(一) ――線①を適切な敬語に直して書け。

(二) 【話し合いの一部】における発言についての説明として最も適切なものを、次の**ア**～**エ**から一つ選び、その記号を書け。

ア 春香さんは、計画的に話し合うために、検討する事柄の順序を確認してから考えを述べている。

イ 春香さんは、話し合いの目的に沿って、それた話題を戻したり発言を促したりしている。

ウ 若菜さんは、これまでに出された意見を整理した上で、異なる視点から新たな提案をしている。

エ 若菜さんは、話し合いをより深めるために、自分とは異なる意見に対して質問している。

(三) 次の□内は、――線②に対する陽一さんの発言である。陽一さんの考えのまとめ方を説明したものとして最も適切なものを、後の**ア**～**エ**から一つ選び、その記号を書け。

> 春香さんと若菜さんの意見を聞いて、私は自分が伝えたいことばかり考えていたけれど、動画を見る側の立場に立って考えることも大切だと気づきました。ですから、私たちがぜひ伝えたいことと、六年生の皆さんが知りたいであろうことをバランスよく盛り込んではどうでしょうか。

ア 春香さんや若菜さんの意見の問題点を探りながら聞き、その解決を図るために二人とは異なる観点から考えをまとめた。

イ 春香さんの意見と若菜さんの意見との共通点に注意しながら聞き、二人の意見と合致するように考えをまとめた。

ウ 自分の意見と、春香さんや若菜さんの意見とを比較しながら聞き、自分の意見と二人の意見との両方を生かして考えをまとめた。

エ 自分の意見と、春香さんや若菜さんの意見との異なる部分に注意しながら聞き、二人を説得することを重視して考えをまとめた。

(四) あなたは、文化祭での発表内容を決める話し合いをクラスでする際に、司会をすることになった。あなたなら、どのようなことを心がけて進行するか。理由を含めて八十字以内で書け。

見に参りつるなりと②いひければ、酒など勧めて遊びけるに、大納言かくなむ、

春きてぞ人もとひけるやまざとは花こそやどのあるじなりけれ

と。

（『今昔物語集』による）

（注）公任＝平安時代の歌人　　大納言＝大臣に次ぐ高官
白川＝京都にある地名
殿上人＝帝《みかど》が日常を過ごす御殿への出入りを許された人
さぶらへば＝ございますので

(一) ――線①を現代仮名遣いに直して書け。

(二) ――線②とあるが、「殿上人」が言ったことを文章中から抜き出し、その初めと終わりの三字をそれぞれ書け。

(三) 文章中の歌の意味として最も適切なものを、次の**ア**～**エ**から一つ選び、その記号を書け。

ア　春がきて山里の様子について人から尋ねられるのは、私が山荘の主人として花に囲まれて暮らしているからであろう。
イ　春がきて山里で暮らし始めたわけを人から尋ねられたら、私は花を育てるために山荘の主人となったのだと答えよう。
ウ　春がきて山里に住む人のもとを訪れたところ、花の世話をして暮らす姿はまさに山荘の主人であることよ。
エ　春がきてようやく山里に人が訪れたということは、この山里では私ではなく花が山荘の主人なのであろう。

三　春香さんの中学校では、来年度入学予定の地域の小学六年生に中学校の魅力を伝えるため、紹介動画を作ることになった。次は、生徒会役員の【話し合いの一部】である。これを読み、各問いに答えよ。

【話し合いの一部】

春香　今日は動画の内容について話し合いましょう。意見がある人はいますか。

若菜　私は、行事の紹介がいいと思います。文化祭などの行事を楽しみにしている六年生は多いはずですから、きっと喜んでくれるだろうと思います。

陽一　来年度の文化祭は、地域の人を招いたらどうでしょう。

春香　それはいいアイデアですね。来年度の文化祭実行委員会で検討しましょう。では、今日の議題に話題を戻します。意見がある人はいますか。

陽一　はい。議題は動画の内容でしたね。私は、今年度の生徒会スローガンを盛り込んではどうかと考えます。私たちの目指す学校のイメージを伝えることができると思うからです。

若菜　なるほど。陽一さんは、目指す学校像を伝えたいのですね。その気持ちには共感しますが、生徒会スローガンは毎年変わります。六年生にとって、入学前のスローガンが必要な情報なのか少し疑問を感じました。

春香　私の意見も話していいですか。私は六年生のとき、中学校での学習に対して不安を抱いていたことを覚えています。ですから、教科の種類や、教科ごとに異なる先生が授業を担当して①くれることなどを動画に盛り込みたいと思います。

若菜　それはいいですね。六年生の不安を解消できそうです。

春香　ここまで様々な意見が出ましたが、②陽一さんはどう思いますか。

るかもしれないし、見つからないかもしれない。あるいは混乱するだけかもしれない。ただ、それはそれほど重要でない。おそらく答えは人の数だけあるだろう。つまり、その思考の過程こそが重要だと私は考える。写真と自分との間に思考の反復が生まれるからだ。

（小林紀晴『写真はわからない　撮る・読む・伝える――「体験的」写真論』による）

（注）キュレーター＝博物館・美術館で展覧会の企画などを行う専門職員
ファインダー＝撮影範囲を見定めるためにカメラに取り付けられたのぞき窓
SNS＝登録された利用者同士が交流し、写真や動画の投稿などもできるウェブサイトの会員制サービス
セルフポートレート＝自分で自分の姿を撮影した写真

㈠ □Aの漢字の読みを平仮名で書き、□Bの片仮名を漢字で書け。

㈡ ――線①と熟語の構成が同じものを、次のア～エから一つ選び、その記号を書け。

ア　新春　イ　永久　ウ　氷解　エ　乗船

㈢ ――線②とは、それぞれ誰にとっての「窓」か。文章中からそれぞれ三字で抜き出して書け。

㈣ ――線③とは、どのような「意味合い」か。最も適切なものを次のア～エから一つ選び、その記号を書け。

ア　鏡面に映った自分の像を撮影するという意味合い
イ　自分の心情を他者が映すという意味合い
ウ　自分自身の心情を映すという意味合い
エ　他者の姿を撮影するという意味合い

㈤ ――線④とはどういうことか。その説明として最も適切なものを、次のア～エから一つ選び、その記号を書け。

ア　すべての写真が「窓」か「鏡」かに当てはまるわけではないという考え方は、写真の鑑賞には有益だということ。
イ　写真が「窓」なのか「鏡」なのかを考えることは、写真を観ることにおいて役立つということ。
ウ　写真を「窓」か「鏡」かのどちらで撮影するかを考えることは、写真の鑑賞に慣れることにも効果があるということ。
エ　写真を通して世界を知ろうとする考え方は、積極的に写真を観ることにつながるということ。

㈥ この文章の述べ方の特色として最も適切なものを、次のア～エから一つ選び、その記号を書け。

ア　冒頭の問いが普遍的なものであることを示すために、様々な例を挙げて具体的に述べている。
イ　冒頭の問いの答えを模索する中で、筆者の論と複数の論とを比較しながら述べている。
ウ　冒頭の問いの内容について詳しく説明しながら、筆者の考えを論理的に述べている。
エ　冒頭の問いの答えを述べた後、資料を用いて読者に解説するように述べている。

㈦ この文章における筆者の主張を、文章中の言葉を用いて三十五字以内で書け。

㈧ ＝＝線部を全体の調和を考え、楷書で、一行で丁寧に書け。

二

次の文章を読み、各問いに答えよ。

今は昔、公任大納言《きむたふのだいなごん》、春の①ころほひ、白川の家に居たまひける時、しかるべき殿上人《てんじやうびと》四五人ばかり行きて、花のおもしろくさぶらへば、

＜国語＞

時間　三〇分　　満点　四〇点

一　次の文章を読み、各問いに答えよ。

写真は「窓」か、それとも「鏡」か――。

写真について語るとき、こんな問いが発せられることがある。アメリカ・ニューヨークにあるニューヨーク近代美術館（ＭｏＭＡ）の写真部門のキュレーターを①長年していたジョン・シャーカフスキーによる有名な言葉だ。これはシャーカフスキー自身が１９７８年にＭｏＭＡで企画して開催された「Mirrors and Windows」（鏡と窓）展に由来する。

まず、「窓」とは何か。簡潔にいえば、写真を通して外の世界を見ることを指している。ファインダーの向こうが窓の外と考えるとわかりやすいだろう。カメラは外界を見るため、体験するための窓ということになる。

カメラは当然、部屋の外に連れ出すことが可能だから、撮影された写真も鑑賞者にとっての「窓」となる。遠くへ出かけることなく、自分の知らない世界を文字通り「窓」の向こうに見ることができる。つまりファインダー、写真という②二つの意味での「窓」がここにある。

おそらく写真の発明直後、この「窓」の機能が人々を魅了したはずだ。そして、現在もそれが最大の魅力であることに変わりはないだろう。ＳＮＳにとっても、この「窓」の役割が最も一般的なはずだ。現在ではスマートフォンの登場によって、すべての人が窓を携帯しているともいえる。

それに対して「鏡」はどうだろう。こちらは少し複雑だ。鏡の機能を確認してみよう。鏡は光を忠実に反射させる。そのことによって鏡面に像を映す。もちろん、その機能はカメラにはない。だから少し抽象的、象徴的になる。自分の姿を投影する、あるいは心情を映すという比喩的な意味合いになる。実際、鏡に反射した自分の姿を映すなら、あきらかに「鏡」、つまりセルフポートレートということになる。だが、むしろ③それ以外の意味合いで用いられることの方が圧倒的に多い。

ここで冒頭の「問い」を整理すると、果たして写真は撮影者、鑑賞者が外の世界を知るための「窓」としてあるのか、あるいは撮影者自身の姿や心を映す「鏡」としてあるのかというものになる。ただし、すべての写真が当てはまるわけではない。また、その必要もないだろう。ただ、「写真を鑑賞する」という観点から考えると、④この考え方は有効だ。少なくとも、写真を観《み》ることにあまり慣れていない者にとっては、写真を観る・読む上で活用できるだろう。

一枚の写真を目にしながら、これは作者にとっての「窓」だろうか、それとも「鏡」だろうか、そのどちらなのだろうかと考えながら鑑賞することで、気づきを得られたり、大きなヒントを得られたりする。言い方を換えれば、それまで一枚の写真をただ漠然とＡ眺めていた場合とは違った見方を得ることができる。なぜなら、写真を「窓」か「鏡」かに分類しようとすることは、写真に対して能動的な姿勢を持つことにつながるからだ。

もう少し具体的にいうと、ある写真を見て「鏡」だと感じたとしよう。すると、自分はなぜ、その写真に対してそう感じたのかを自問することになる。答えを求める過程で、写真の裏側にあるＢハイケイについて考えることになる。あるいは、撮影者が撮影したときの状況などが気になってくる。そのことによって、自分なりの回答が見つか

MEMO

大切なことはメモしておこうネ！

T.G

2023年度

解　答　と　解　説

《2023年度の配点は解答用紙集に掲載してあります。》

<数学解答>

1 (1) ① -6　② $x+3$　③ $9ab^2$
④ $4x^2+4x-15$　⑤ 18
(2) $x=-4,\ x=2$　(3) $160(15-x)$(m)
(4) $\frac{5}{9}$　(5) 4本　(6) 130度
(7) 右図　(8) イ，オ

2 (1) (1，6)　(2) イ，ウ　(3) $\frac{64}{3}\pi$

3 (1) 8cm　(2) 解説参照　(3) $\frac{24}{25}$倍

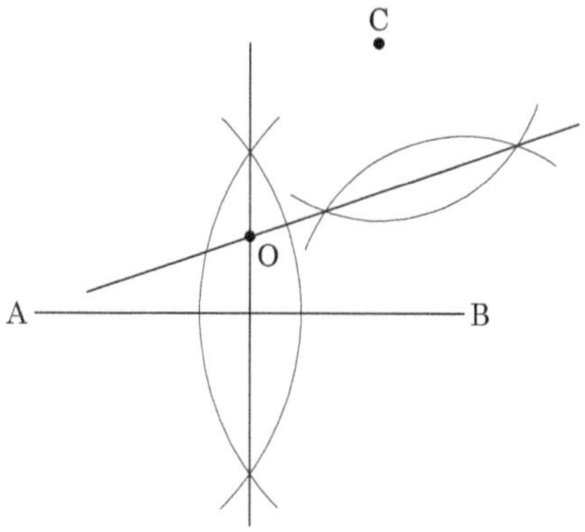

<数学解説>

1 (数・式の計算，式の展開，平方根，二次方程式，文字を使った式，確率，ねじれの位置，角度，作図，箱ひげ図)

(1) ① $4-10=-(10-4)=-6$

② **カッコのついた文字式の計算**はカッコを外してから計算する。$(3x-1)-(2x-4)=3x-1-2x+4=x+3$

③ $6a^2b\div2a\times3b=6a^2b\times\frac{1}{2a}\times3b=\frac{6a^2b\times3b}{2a}=9ab^2$

④ **乗法公式$(x+a)(x+b)=x^2+(a+b)x+ab$**より，$2x=$Aとおくと，$(2x-3)(2x+5)=(\mathrm{A}-3)(\mathrm{A}+5)=\mathrm{A}^2+(-3+5)\mathrm{A}+(-3)\times5=\mathrm{A}^2+2\mathrm{A}-15=(2x)^2+2\times2x-15=4x^2+4x-15$

⑤ $3\sqrt{2}=\sqrt{2\times3^2}=\sqrt{18}$だから，$(3\sqrt{2})^2=(\sqrt{18})^2=(5-2)\sqrt{2}=18$

(2) $x^2+2x-8=0$　左辺を**因数分解**して，$(x+4)(x-2)=0$　$x=-4,\ x=2$

(3) 分速160mで走ったときにかかった時間は$(15-x)$分と表される。(道のり)=(速さ)×(時間)で求められるので，分速160mで走った道のりは$160\times(15-x)=160(15-x)$(m)となる。

(4) 大小2個のさいころを同時に投げるときの出る目の総数は$6\times6=36$(通り)。少なくとも1個は2以下の目がでる確率は，1−(2個とも2以下の目が出ない確率)で求めることができる。2以下の目がでない場合の大小2個のさいころの出る目は，(大きいさいころの出る目，小さいさいころの出る目)=(3，3)，(3，4)，(3，5)，(3，6)，(4，3)，(4，4)，(4，5)，(4，6)，(5，3)，(5，4)，(5，5)，(5，6)，(6，3)，(6，4)，(6，5)，(6，6)の16通りとなるので，2個とも2以下の目が出ない確率は$\frac{16}{36}=\frac{4}{9}$となる。よって，$1-\frac{4}{9}=\frac{5}{9}$となる。

(5) **ねじれの位置にある辺とは，平行で交わらない辺のこと**である。よって，辺ABとねじれの位置にある辺は辺DH，辺CG，辺EH，辺FGの4本である。

(6) $\overset{\frown}{\mathrm{BC}}$に対する**中心角と円周角の関係**から，$\angle\mathrm{BOC}=2\angle\mathrm{BAC}=2\times30^\circ=60^\circ$となり，$\overset{\frown}{\mathrm{CD}}$に対

する**中心角と円周角の関係**から，$\angle COD=2\angle CED=2\times35°=70°$となる。よって，$\angle x=\angle BOC+\angle COD=60°+70°=130°$となる。

(7)　(着眼点)　条件①，条件②より，点A，B，Cは円Oの周上にある。**2点A，Bからの距離が等しい点は，線分ABの垂直二等分線上にある**から，中心Oは線分ABの垂直二等分線上にある。また，**2点B，Cからの距離が等しい点は，線分BCの垂直二等分線上にある**から，中心Oは線分BCの垂直二等分線上にある。よって，**線分ABの垂直二等分線と線分BCの垂直二等分線**の交点が中心Oとなる。

(作図手順)　次の①～③の手順で作図する。　①　点A，Bをそれぞれ中心として，交わるように半径の等しい円を描き，2つの円の交点を通る直線(線分ABの垂直二等分線)を引く。　②　点B，Cをそれぞれ中心として，交わるように半径の等しい円を描き，2つの円の交点を通る直線(線分BCの垂直二等分線)を引く。　③　①と②で引いた直線の交点をOとする。

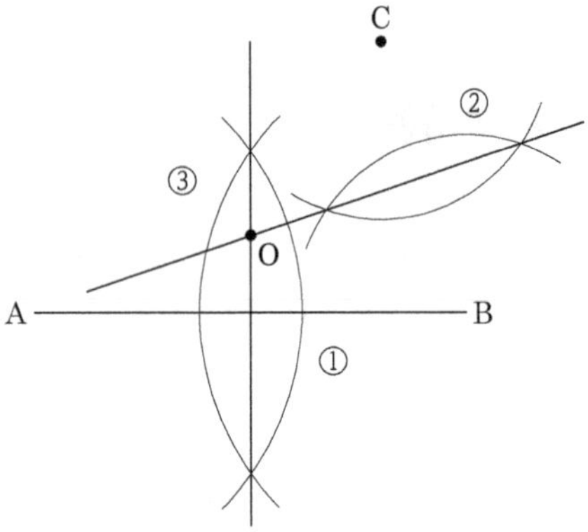

(8)　ア　記録の最大の値と最小の値の差が**記録の範囲**。1組の記録の範囲は$36-10=26$(m)であり，2組の記録の範囲は$30-16=14$(m)より，1組よりも2組の方が小さい。アは適切ではない。　イ　記録の第3四分位数と第1四分位数の差が**四分位範囲**。1組の記録の四分位範囲は$25-15=10$(m)であり，イは適切である。　ウ　1組も2組も第3四分位数の値は同じであるから，ウは適切でない。　エ　1組の生徒は22人いるため，小さい方から6番目の生徒の記録が第1四分位数になり，小さい方から17番目の生徒の記録が第3四分位数になる。よって，記録が15m以上25m以下の生徒は，小さい方から6番目の生徒から17番目の生徒までの12人いることになる。エは適切ではない。　オ　**中央値**は資料の値を大きさの順に並べたときの中央の値。2組の生徒の人数は21人で奇数だから，小さい方から11番目の生徒の記録が中央値となる。オは適切である。

2　**(図形と関数・グラフ)**

(1)　点Cは$y=6x$と$y=-2x+8$の交点なので，x座標は，$6x=-2x+8$　$8x=8$　$x=1$となり，y座標は$x=1$を$y=6x$に代入して$y=6\times1=6$となる。よってC(1，6)となる。

(2)　直線nが線分ACと点Aで交わるとき，aの値は最小になり，直線nが線分ACと点Cで交わるとき，aの値は最大になる。点Aのy座標は$y=0$であり，点Aは$y=-2x+8$上にあるため，x座標は$y=0$を$y=-2x+8$に代入して$0=-2x+8$　$x=4$となり，A(4，0)となる。これより，直線nが線分ACと点Aで交わるときのaの値は，A(4，0)を$y=ax$に代入して$0=4a$　$a=0$となる。また，直線nが線分ACと点Cで交わるときのaの値は，C(1，6)を$y=ax$に代入して$6=a\times1$　$a=6$となる。よって，直線nが線分ACと交わるときのaの変域は$0\leqq a\leqq6$となるため，イとウが適切である。

(3)　点Dは$y=2x$と$y=-2x+8$の交点なので，x座標は，$2x=-2x+8$　$4x=8$　$x=2$となり，y座標は$x=2$を$y=2x$に代入して$y=2\times2=4$となる。よってD(2，4)となる。点Dから辺OAに垂線を下ろし，辺OAとの交点をHとすると$DH=4$となる。△OADをx軸を軸として1回転させると，右図のような円錐を2つ組み合わせた立体ができる。よって，その体積は$\frac{1}{3}\times\pi\times$

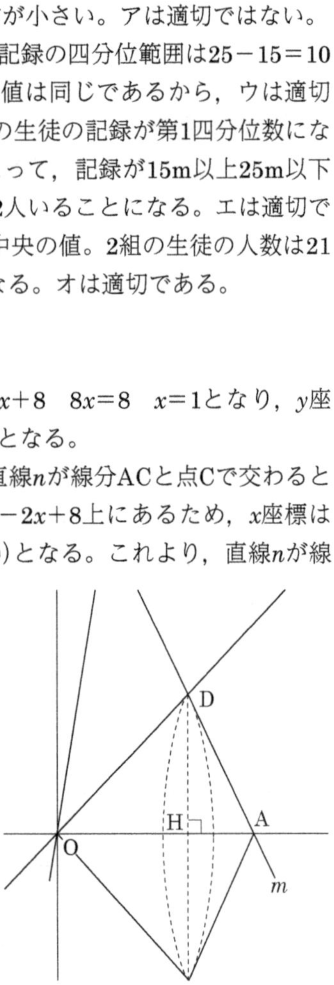

$DH^2\times AH+\frac{1}{3}\times\pi\times DH^2\times HO=\frac{1}{3}\times\pi\times DH^2\times(AH+HO)=\frac{1}{3}\times\pi\times DH^2\times AO=\frac{1}{3}\times\pi\times4^2\times4=\frac{64}{3}\pi$となる。

3　(平面図形，線分の長さ，相似の証明，面積比)

(1)　△ABDにおいて，三平方の定理より$AD^2+BD^2=AB^2$　$6^2+BD^2=10^2$　$BD^2=100-36$　$BD^2=64$　BD＞0より，BD＝8(cm)となる。

(2)　(証明)　(例)△ADEと△BCEにおいて，対頂角は等しいから∠AED＝∠BEC…①　1つの弧に対する円周角は等しいから∠DAE＝∠CBE…②　①，②より2組の角がそれぞれ等しいから△ADE∽△BCE

(3)　等しい弧に対する円周角は等しいから∠BAC＝∠CAD…①　AC//FDで，平行な直線の錯角は等しいから∠CAD＝∠ADF…②　また，AC//FDで，平行な直線の同位角は等しいから∠BAC＝∠AFD…③　①，②，③より，∠ADF＝∠AFDとなり，底角が等しいので△ADFはAD＝AF＝6(cm)の二等辺三角形であることがわかる。高さが同じ三角形の面積の比は，底辺の比と等しくなることより，△ABD：△ADF＝AB：AF＝10：6　よって，$\triangle ADF=\frac{6}{10}\triangle ABD=\frac{6}{10}\times\frac{1}{2}\times AD\times BD=\frac{6}{10}\times\frac{1}{2}\times6\times8=\frac{72}{5}$(cm²)となる。また，①より角の二等分線の性質が成り立ち，AB：AD＝BE：ED＝10：6となる。高さが同じ三角形の面積の比は，底辺の比と等しくなることより，△ABD：△ABE＝BD：BE＝16：10，よって，$\triangle ABE=\frac{10}{16}\triangle ABD=\frac{10}{16}\times\frac{1}{2}\times AD\times BD=\frac{10}{16}\times\frac{1}{2}\times6\times8=15$(cm²)となる。よって，△ADF：△ABE＝$\frac{72}{5}$：15＝24：25となり，△ADFの面積は△ABEの面積の$\frac{24}{25}$倍となる。

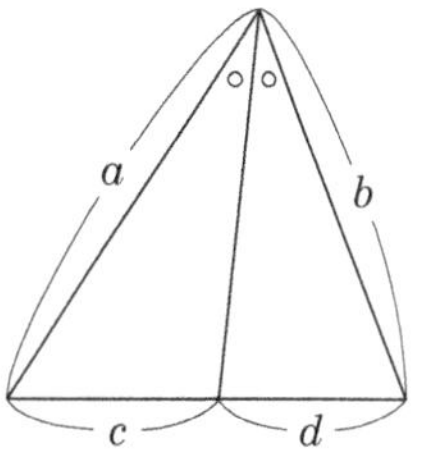

$a:b=c:d$

(追加説明)角の二等分線があるとき，右図のような性質が成り立つ。

<英語解答>

1　(1)　①　イ　②　ア　(2)　①　ア　②　ウ　(3)　①　ウ　②　エ

2　イ

3　①　エ　②　イ　③　イ

4　(1)　ア　(2)　ウ　(3)　①　Yes, he has.　②　On the second day of his stay in the US.　(4)　ア，オ

5　(例)I want to go to B with her because she can learn about Japanese history.

<英語解説>

1　(リスニング)

放送台本の和訳は，20ページに掲載。

2　(会話文：文の挿入，現在・過去・未来と進行形，仮定法，関係代名詞)

(全訳)　Yuri と Ken は中学生です。放課後，彼らは教室で話しています。

Yuri：Ken，外国に友だちがいるんだよね？／Ken：そうだよ。シンガポールに友だちがいる。ぼくたちはよくEメールのやりとりをしてるんだ。昨日彼にEメールを送ったから，彼のEメールを待ってる。［ア］／Yuri：それはいいね。イ［私も外国に友だちがいたらいいのに。］／Ken：ああ，彼は日本に住んでいる友だちがもっとほしいって言ってるんだ。君を彼に紹介してもいい？［ウ］／Yuri：いいね。ありがとう！　(問題文の訳)私も外国に友だちがいたらいいのに。空欄の前後と問題文の意味を検討して，適当な空欄を選びたい。空欄を埋める問題の文は，I wish+仮定法の文であり「現実には外国に友だちがいないが，外国に友だちがほしい」という気持ちを表している。

[3]　(読解問題：語句補充・選択，動名詞，形容詞・副詞，現在・過去・未来と進行形)

(全訳)　オーストラリアでは，コーヒーが多くの人々に愛されています。彼らには独自のコーヒー文化があります。大きなコーヒーチェーン店がありますが，国中に多くの小さな地元カフェがあります。なぜ地元カフェがとても人気があるのでしょうか？

オーストラリアの各地元カフェは独特です。例えば，あるカフェではプロのバリスタが，他の人々に試してほしい特別なコーヒーを提供しています。あるカフェでは高品質なコーヒーだけでなくおいしい食事を提供しています。あるカフェにはオシャレな室内装飾があります。人々はコーヒーと個性的な雰囲気を楽しんでいます。地元カフェは，オーストラリアのそれぞれのコミュニティでコミュニケーションの場としても大切です。人々はコーヒーを飲みながら他の人々と話すことを楽しんでいます。

オーストラリアでは，多くの人々が自分の好きなカフェを見つけ，そこで特別な時間を楽しんでいます。朝食やランチのためにカフェに行く人もいれば，仕事前や仕事後に行く人もいます。忙しい朝の1杯のコーヒーのためのほんの5分間だけでも，ある人々にとって幸せな時間なのです。オーストラリアの人々は，自分たちのコーヒー文化に誇りを持っています。

オーストラリアにはたくさんの地元カフェがあり，そこではとても人気があります。それぞれが①(独特)で，人々はカフェごとに特別なコーヒーや雰囲気を楽しみます。彼らはまた，コーヒーを飲みながら他の人と②(コミュニケーションすること)も楽しみます。彼らは，③(お気に入りの)カフェで楽しい時間を過ごします。コーヒー文化は，多くのオーストラリアの人々にとってとても大切です。

① ア　大きい　イ　おいしい　ウ　新しい　エ　独特の(○)　問題本文の第2段落最初の文 Each local cafe~では「オーストラリアの各地元カフェは独特で，例えば…」とオーストラリアのカフェの特徴を説明していることから，空欄には unique(独特な)が適当。

② ア　料理を作ること　イ　コミュニケーションすること(○)　ウ　歩くこと　エ　学ぶこと　問題本文第2段落最後の文 People enjoy talking~では「人々はコーヒーを飲みながら他の人々と話すことを楽しんでいる」とあるので「話すこと」の意味に近い communicating(コミュニケーションすること)が適当。問題文は enjoy＋<動詞の ing 形>であり ing 形は動名詞で「~することを楽しむ」という表現になる。

③ ア　忙しい　イ　お気に入りの(○)　ウ　伝統的な　エ　自由な　問題本文第3段落最初の文 Many people in~には，「オーストラリアでは多くの人々が自分の好きなカフェを見つけ，特別な時間を楽しむ」とあることから「自分の好きな」の意味に近い favoriteが適当。

[4]　(長文読解：内容真偽，語句の解釈・指示語，英問英答，動名詞，不定詞，助動詞，形容詞・副詞，現在完了，接続詞)

(全訳)　Takeshi は高校生です。彼はアメリカで1年間勉強しました。彼は1か月前に日本に帰り，学校の新聞にアメリカでの経験を書きました。

私はカリフォルニアで勉強しました。私がなぜ留学を決めたのでしょうか？　私は外国の多くの人々とコミュニケーションをとり，自分の考え方を広げたかったからです。私はアメリカでの経験から多くを学びました。そして，それらの一部をみなさんと共有したいです。

日本からカリフォルニアまでは約10時間かかりました。ホストファミリーが空港で出迎えてくれました。その後，私たちは一緒にレストランで夕食をとりました。料理は美味しかったのですが，私にとっては辛くて汗が止まりませんでした。その時，私は辛いという英単語を知らなかったので，ホストファミリーに自分の状況をうまく説明できませんでした。ホストマザーは「あなたの顔が真っ赤になって，たくさん汗をかいている。疲れているのね。」と言いました。私はホストマザーをとても心配させました。

数か月後，私はホストファミリーとその話題について話し，私たちは一緒に笑いました。ホストマザーは私に，身振りを使うことができると教えてくれました。今では hot いう単語を知っているので，状況を説明できます。それはよい経験で，もし私たちが英語をうまく話せなくても，身振りが私たちのコミュニケーションを助けるのだと学びました。それは私の良い思い出の一つです。

もう一つの経験もしました。アメリカ滞在の2日目，私たちはお互いに自己紹介と家のルールについて話しました。ホストファミリーは私に，私自身や日本の私の学校生活について質問しました。私は彼らの質問を理解していたのですが，間違えるのを恐れうまく答えられませんでした。ある日，ホストマザーは「事前に受け取ったあなたの手紙の英語は完全なものだったので，あなたは問題なく英語でコミュニケーションができると思っていました」と私に言いました。日本を出発する前に，私はホストファミリーに手紙を書きました。参考資料の表現だけを使って書きました。ホストマザーは「今ではあなたは英語でうまくコミュニケーションができるようになりました」と続けました。その日も私たちは一緒に笑いました。それもまた，私の良い思い出の一つです。私たちは失敗を恐れずにコミュニケーションを試みることが大切だと思います。

これらは私のアメリカでの数多くの経験のうちの2つで，楽しい経験ではありませんでした。しかし，私たちはどんな経験からでも多くのことを学ぶことができると，私はみなさんへ伝えることができます。

(1)　ア　経験は多くのことを教えてくれる(○)　イ　留学することは私たちが身振りを使うことの助けになる　ウ　手紙は書き手の考え方を示す　エ　各国には異なる文化がある　問題文では，アメリカで勉強した時の経験を2つ述べ，最後の文 However, I can～では「どんな経験でも多くのことを学ぶことができる」とあり，これが主張したい点と考えられることから，英文のタイトルには選択肢アが適当。

(2)　ア　温かいミルクをもらえますか？　イ　日本の夏は暑い。　ウ　このカレーはとても辛いので，私は何か飲む物が必要です。(○)　エ　今日は外は寒いですが，公園で走って私は暑くなりました。　下線部の文では「今は hot の意味を知っている」とある。hot の意味を知らなかった時のことは，問題本文第3段落第5文 At the time,～「当時，私は辛いという英単語を知らなかった」にある。したがって，hot の意味は「辛い」だと考えられる。問題文の中で hot を「辛い」という意味で使っているのは選択肢ウになる。選択肢エの running in the park has made me hot. の running は動名詞形で「走ること」。また made me hot は make A B(AをBにする)で「私を暑くする」。さらに has made は現在完了形の表現で，running in the park has made me hot では「公園で走ることは私を暑くした」という意味になる。

(3)　①　Yes, he has.　(問題と正答訳)Takeshi はアメリカに行ったことがありますか？　はい，あります。　問題本文の第2段落最初の文では，I studied in~「カリフォルニアで勉強した」とあり，同じ段落の第4文 I learned a~「アメリカでの経験から多くを学び~」とあり，Takeshi はアメリカへ行ったことがあるので，正答の内容が適当。問題文は Has Takeshi been to the US? なので Yes he has/No he hasn't で答える。また，問題文は現在完了形の疑問文の形式になっている。　②　On the second day of his stay in the US. (問題と正答訳)Takeshi とホストファミリーは，家のルールについていつ話しましたか？　アメリカ滞在の二日目に。　問題本文第5段落第2文 On the second~に「アメリカに滞在した2日目，私たちはお互いに自己紹介と家のルールについて話した」とあるので，この文を参考に解答の英文を書きたい。

(4)　ア　Takeshi は，他の国の人々とコミュニケーションをとり，自分の考え方を広げるためにアメリカに行った。(○)　イ　Takeshi はとても疲れていたため，アメリカに滞在した最初の日にレストランでたくさん食べることができなかった。　ウ　Takeshi は，アメリカに到着した時，何も問題なく英語でコミュニケーションした。　エ　Takeshi は英語で手紙を書くのが得意なので，ホストファミリーに手紙を書く際に参考資料を使う必要がなかった。　オ　アメリカでの Takeshi の経験の中には，楽しくないものもあるが，それらは良い思い出だ。(○)　Takeshi がアメリカへ行った理由は，第2段落第3文 I wanted to~にあり「留学の理由は，外国の人々とコミュニケーションをとり，自分の考え方を広げたかったから」なので，選択肢アが適当。また，最後の段落最初の文 These are just~には，「アメリカでの二つ経験は楽しいことではないが」とあり，一つ目の楽しくない経験は第4段落(hot という言葉を知らなかった)に書かれていて，最後の文 It is one~にあるように「よい思い出」で，二つ目の経験は第6段落(英語がわかると誤解されていた)に書かれていて，第6文 It is also~にあるように「これもよい思い出」とある。したがって，これらの楽しくない経験は良い思い出なので，選択肢オが適当。選択肢エの writing letters の writing は動名詞で「手紙を書くこと」という表現になる。

5　(英作文：絵・図・表・グラフなどを用いた問題，自由・条件英作文，不定詞，接続詞)

(例)I want to go to B with her because she can learn about Japanese history.
(彼女が日本の歴史を学ぶことができるから，私は彼女と一緒にBへ行きたい。)

2023年度英語　聞き取り検査

〔放送台本〕

これから，英語の聞き取り検査を行います。放送中に問題用紙の空いているところに，メモを取ってもかまいません。それでは，問題用紙の1を見なさい。1には，(1)～(3)の問題があります。

まず，(1)を見なさい。(1)では，①，②の英語が流れます。英語の内容に合うものを，それぞれ問題用紙のア～エのうちから1つずつ選び，その記号を書きなさい。なお，英語はそれぞれ1回ずつ流れます。それでは，始めます。

①　A woman is washing the car.

②　In my class, summer is the most popular season.　Spring is more popular than winter.

〔英文の訳〕

① 女性が車を洗っています。

答え　イ

② 私のクラスでは，夏が最も人気のある季節です。春は冬よりも人気があります。

答え　ア

〔放送台本〕

次に，(2)に移ります。(2)では，①，②の2つの会話が行われます。それぞれの会話の後で会話の内容について質問を1つずつします。質問に対する答えとして最も適切なものを，それぞれ問題用紙のア～エのうちから1つずつ選び，その記号を書きなさい。なお，会話と質問はそれぞれ1回ずつ行います。それでは，始めます。

① Emma: Mike, we need to take soccer balls for the game tomorrow.

Mike: We have two here, Emma.

Emma: OK, but we need more. We have to take twelve.

Mike: Oh, we have to find ten balls. Let's find them.

質問　How many balls do Emma and Mike have?

② Tom: Lisa, I want to go to the library this weekend. How will the weather be this Saturday?

Lisa: It'll be rainy all day, Tom.

Tom: I'll go there by bike, so I think it's not a good idea to go on Saturday. How about Sunday?

Lisa: It'll be cloudy in the morning, and rainy in the afternoon.

Tom: I'll go in the morning on that day.

質問　When will Tom go to the library?

〔英文の訳〕

① エマ：マイク，私たちは明日の試合のためにサッカーボールを持って行かなければならないの。

マイク：ここに2つあるよ，エマ。

エマ：わかったけど，もっと必要なの。私たちは12個持っていく必要がある。

マイク：ああ，10個のボールを見つけなくてはならない。探そうよ。

質問：エマとマイクは何個のボールを持っていますか？

ア　2(○)　　イ　4　　ウ　10　　エ　12

② トム：リサ，ぼくは今週末に図書館に行きたい。この土曜日の天気はどうかな？

リサ：一日中雨になるよ，トム。

トム：自転車でそこへ行くから，土曜日に行くのはいい考えではないと思う。日曜日はどうかな？

リサ：午前中が曇りで，午後は雨ね。

トム：じゃあ，その日の午前中に行くよ。

質問：トムはいつ図書館に行きますか？

ア　土曜日の午前中　　イ　土曜日の午後　　ウ　日曜日の午前中(○)　　エ　日曜日の午後

〔放送台本〕

次に，(3)に移ります。(3)では，カナダのトロント出身のブラウン先生が行った自己紹介のスピーチが2回流れます。その後で，その内容について2つ質問をします。質問に対する答えとして最も適切なものを，それぞれ問題用紙のア～エのうちから1つずつ選び，その記号を書きなさい。それでは，始めます。

Hello. I'm Mark Brown.

I'm from Toronto, Canada. Toronto is the biggest city in Canada, and there are a lot of beautiful parks. There is a big and nice park near my house. I enjoy riding a bike there. I also like watching many kinds of birds and reading a book under the tree. I have a good time there.

You have Nara Park. It's one of my favorite places in Nara. I sometimes go there and enjoy reading manga. Manga is part of Japanese culture, right? When I was a high school student, I often bought manga at a bookstore in Canada. I think Japanese manga has wonderful stories. They often make me cry. I like manga very much.

I have studied Japanese for four years. My favorite Japanese word is "*mottainai*". What is your favorite word? I'll be happy if you can tell me about it after class.

それでは，質問をそれぞれ2回ずつ行います。

質問①　What does Mr. Brown sometimes do in Nara Park?

質問②　What does Mr. Brown want his students to do after class?

これで，英語の聞き取り検査の放送を終わります。

〔英文の訳〕

こんにちは。私はマーク・ブラウンです。

私はカナダのトロント出身です。トロントはカナダで最も大きな都市で，美しい公園がたくさんあります。私の家の近くには大きくてすてきな公園があります。私はそこで自転車に乗ることを楽しんでいます。また，たくさんの鳥を見たり，木の下で本を読んだりするのが好きです。私はそこで良い時間を過ごします。

みなさんには奈良公園がありますね。私が奈良で気に入っている場所の一つです。私は時々そこに行ってマンガを読み楽しんでいます。マンガは日本文化の一部ですね？　私が高校生の時，カナダの本屋でよくマンガを買いました。私は日本のマンガには素晴らしいストーリーがあると思います。それらは私をしばしば泣かせます。私はマンガがとても好きです。

私は日本語を4年間勉強しています。私の好きな日本語の言葉は「もったいない」です。あなたのお気に入りの言葉は何ですか？　授業の後に，私にそのことを教えていただけるとうれしいです。

質問①：ブラウン先生は奈良公園で時々何をしますか？

ア　彼は自転車に乗ります。　イ　彼は日本語を勉強します。　ウ　彼はマンガを読みます。(○)　エ　彼はたくさんの種類の鳥を見ます。

質問②：ブラウン先生は授業の後に，生徒に何をしてほしいですか？

ア　彼は彼らに本屋に行ってほしい。　イ　彼は彼らに奈良公園を楽しんでほしい。　ウ　彼は彼らにカナダについて学んでほしい。　エ　彼は彼らにお気に入りの言葉について教えてほしい。(○)

＜国語解答＞

一 (一) A　なが　B　背景　(二) ア　(三) 撮影者　鑑賞者　(四) ウ
(五) イ　(六) ウ　(七) (例)写真の鑑賞においては，対象とする写真について思考する過程が重要だ。　(八) (例)部屋の外に連れ出す

二 (一) ころおい　(二) (初め) 花のお　(終わり) るなり　(三) エ

三 (一) (例)くださる　(二) イ　(三) ウ　(四) (例)私は，意見とともに理由や意図も聞くようにしたい。一見異なる意見でも理由には共通点があることがあり，それを話し合うことで，よりよい結論を導き出せると考えるからだ。

＜国語解説＞

一 (随筆─主題・表題，内容吟味，文脈把握，漢字の読み書き，熟語，書写，作文)

(一) A　送り仮名に気をつける。なが・める。　B「背」は，下の部分が「月」。体に関わるからだ。

(二) 「長年」は上の字が下の字を修飾する組み合わせ。アは「新春」が同じ構成だ。イは同じ意味の字の組み合わせ。ウは主語・述語の組み合わせ。エは下の字が上の字の目的語になる組み合わせ。

(三) カメラは外界を見るための窓だから，この場合**撮影者にとっての窓**だと言うことになる。さらに，**鑑賞者にとっても撮影された世界を見るための窓**でもあると述べてある。

(四) 「鏡」の機能は，「自分の姿を投影する，あるいは心情を映すという比喩的な意味合い」の二つが挙げられている。傍線③の前で**「自分の姿を映す」ことを述べた上で，傍線③「それ以外の意味合い」と言うのだから，「自分自身の心情を映す」という意味合い**だと導く。

(五) 指示語「この」があるから，傍線④の**すぐ前あたり**を読み込もう。すると「果たして写真は～『鏡』としてあるのかという」問いがある。この思考(考え方)が，写真の鑑賞には役立つのである。

(六) 冒頭に写真は「窓」か「鏡」かという問いを置き，「窓」と称する意味や「鏡」と称する意味を順序立てて考え，最後に筆者の考えを示している。

(七) **一枚の写真を鑑賞するときには，**作者にとってこれが「窓」か「鏡」かを考えたり，その写真の背景を考えたりといった，**写真について思考する過程こそが重要だ**と主張している。「～と私は考える」とあることからも，筆者の主張の箇所は見つけやすい。これを軸にして，指定字数でまとめよう。

(八) 漢字とひらがなの大きさに注意したい。ひらがなはやや小ぶりになる。また中心線から外れないように書く。

二 (古文─主題・表題，文脈把握，仮名遣い)

【現代語訳】　今となっては昔のことだが，公任大納言が春の頃に，白川の家にいらっしゃった時，身分の高い殿上人が四，五人ほどそこに行き，「花が見事に咲いてございますので，見に参上いたしました」と言ったので，酒などを勧めて遊んでいたところ，大納言はこのように歌をお読みになった。春が来て，ようやく山里に人が訪れたということは，この山里では私ではなく花が山荘の主人なのであろう。

(一) 語中・語尾の「は・ひ・ふ・へ・ほ」は，現代仮名遣いでは「ワ・イ・ウ・エ・オ」とな

る。

(二)　殿上人が山荘で語ったことだから，「行きて」のあとから，**引用の助詞「と」の前**までだ。

(三)　「こそ」は前の語を強調する。花こそが山荘の主人であるいう歌を選ぶ。

三　(会話・議論・発表―主題・表題，内容吟味，文脈把握)

(一)　「くれる」の尊敬語は「くださる」。

(二)　春香さんは「**話題を戻します**」や「意見がある人はいますか」「どう思いますか」などの声かけをしながら話し合いの進行をしている。

(三)　陽一さんは「自分が伝えたいことばかり考えていた」という点に気づき，「動画を見る側の立場に立って考える」ことの大切さを発見した。**両者の要望をバランスよく盛り込みたい**と考えているのだ。

(四)　クラスでの話し合いでは**様々な意見が出るだろうから，それらをどのようにまとめていくのがよいか**を考えよう。クラスの誰もが合意しうる内容を導き出すために，どうすれば**公平で客観的でよりよい結論が導ける**か，についての方法を挙げるのだ。構成は，**初めにその方法を簡潔に書いてしまう**といい。そして，**次にそう考えた理由を説明する**とまとまりある文章になるだろう。

奈良県公立高等学校(一般選抜)

2023年度

★★★★★★★★★★★★★★★★★★★★★★★★

入 試 問 題

2023
年
度

●くわしい解説……35ページ

＜数学＞

時間　50分　　満点　50点

1　次の各問いに答えよ。

(1)　次の①～④を計算せよ。

①　$7-(-6)$　　②　$15+(-4)^2\div(-2)$

③　$(x+2)(x-5)-2(x-1)$　　④　$\sqrt{2}\times\sqrt{6}-\sqrt{27}$

(2)　連立方程式 $\begin{cases} x+4y=5 \\ 4x+7y=-16 \end{cases}$ を解け。

(3)　2次方程式 $x^2+5x+1=0$ を解け。

(4)　$a<0$, $b<0$ のとき，$a+b$, $a-b$, ab, $\dfrac{a}{b}$ のうちで，式の値が最も小さいものはどれか。

(5)　図1の2つの三角すいA，Bは相似であり，その相似比は2：3である。三角すいAの体積が24cm³であるとき，三角すいBの体積を求めよ。

図1

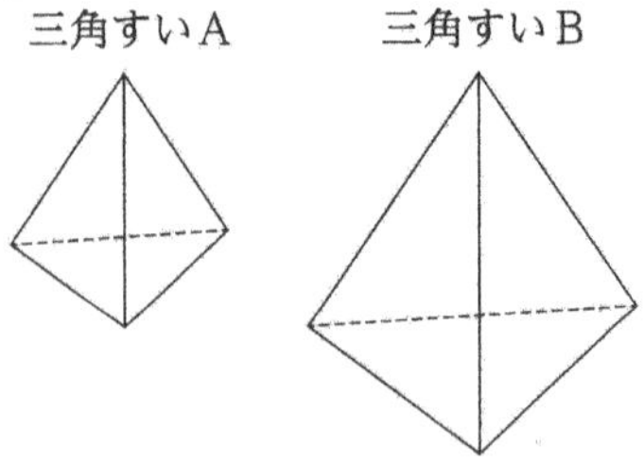

(6)　図2で，数直線上を動く点Pは，最初，原点Oにある。点Pは，1枚の硬貨を1回投げるごとに，表が出れば正の方向に1だけ移動し，裏が出れば負の方向に2だけ移動する。硬貨を3回投げて移動した結果，点Pが原点Oにある確率を求めよ。

図2

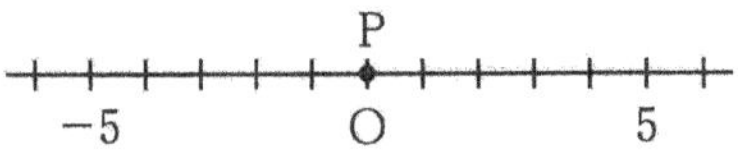

(7)　図3のように，3点A，B，Cがある。次の条件①，②を満たす点Pを，定規とコンパスを使って解答欄の枠内に作図せよ。なお，作図に使った線は消さずに残しておくこと。

[条件]
①　△PABは，線分ABを底辺とする二等辺三角形である。
②　直線ABと直線PCは平行である。

図3

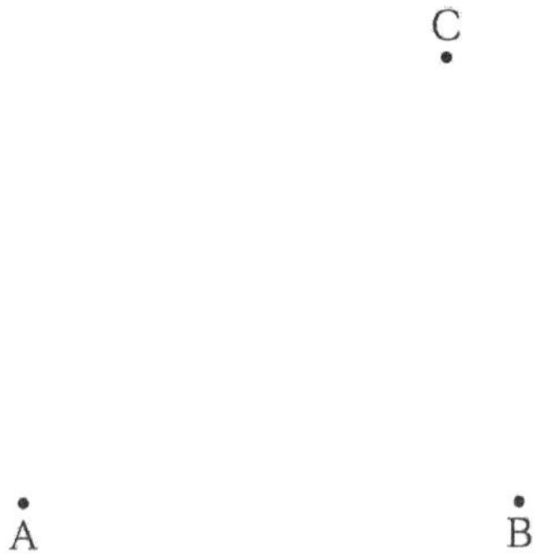

(8)　A中学校の1年生75人と3年生90人に，通学時間についてアンケートをした。図4は，その結果について，累積相対度数を折れ線グラフに表したものである。例えば，このグラフから，1年生では，通学時間が10分未満の生徒が，1年生全体の42%であることを読み取ることができる。図4から読み取ることができることがらとして適切なものを，次のア～オから全て選び，その記号を書け。

ア　通学時間の中央値は，1年生の方が3年生よりも大きい。

イ　通学時間が20分未満の生徒は，1年生も3年生も半分以上いる。

ウ　通学時間が25分未満の生徒の人数は，1年生も3年生も同じである。

エ　通学時間が25分以上30分未満の生徒の人数は，3年生の方が1年生よりも多い。

オ　全体の傾向としては，1年生の方が3年生よりも通学時間が短いといえる。

図4

A中学校の1年生と3年生の通学時間の累積相対度数

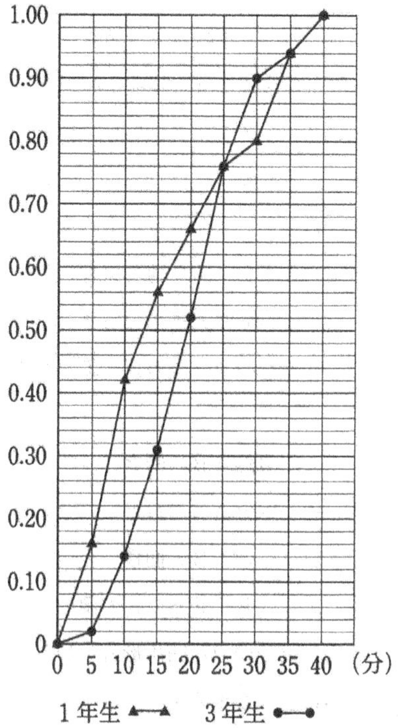

2　太郎さんと花子さんは，ロボット掃除機が部屋を走行する様子を見て，動く図形について興味をもった。次の□内は，いろいろな図形の内部を円や正方形が動くとき，円や正方形が通過する部分について考えている，太郎さんと花子さんの会話である。

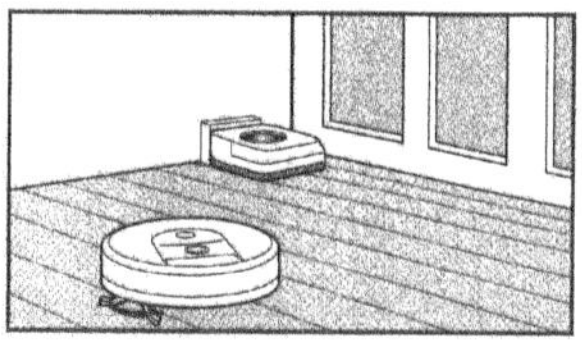

花子：長方形の内部を円や正方形が動くとき，正方形は，長方形の内部をくまなく通過できるね。でも，円は，長方形の内部で通過できないところがあるよ。正方形は，どんな図形の内部でも，くまなく通過できるのかな。

太郎：どうかな。三角形の内部では，円も正方形も通過できないところがあるよ。いろいろな図形の内部を円や正方形が動く場合，通過できるところに違いがあるね。

花子：直角二等辺三角形の内部を円や正方形が動くときについて，真上から見た図をかいて考えてみよう。

XZ＝YZ，∠XZY＝90°の直角二等辺三角形XYZの内部を，円O，正方形ABCDが動くとき，各問いに答えよ。ただし，円周率はπとする。

(1)　次のページの図1で，円Oは辺XY，XZに接しており，2点P，Qはその接点である。また，点Rは直線XOと辺YZとの交点である。①～③の問いに答えよ。

①　∠POQの大きさを求めよ。

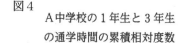

② 線分XR上にある点はどのような点か。「辺」と「距離」の語を用いて簡潔に説明せよ。

③ 円Oの半径が2cmであるとき，線分XPの長さを求めよ。

図1

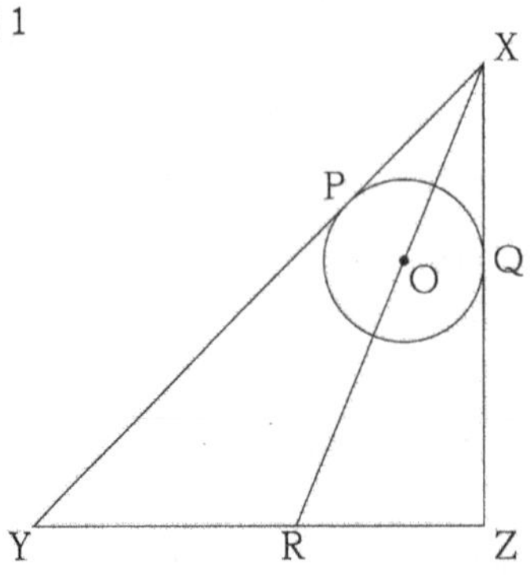

(2) 次の［　　］内は，△XYZの内部を，正方形ABCDが動く場合について考えている，太郎さんと花子さんの会話である。①，②の問いに答えよ。

図2

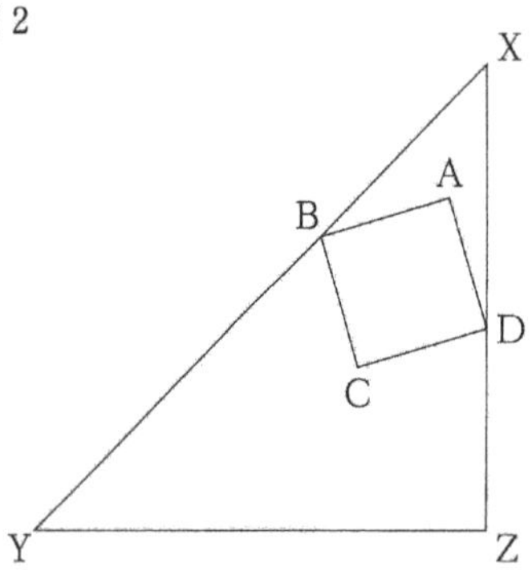

花子：図2のように，正方形ABCDが，点Xに最も近づくように，正方形ABCDの2点B，Dがそれぞれ辺XY，XZ上にある図をかいたよ。

太郎：図2の正方形ABCDで，点Xに最も近いのは，点Aだね。

花子：そうだね。2点X，A間の距離はどのくらいの長さになっているのかな。図2からわかることは何だろう。

太郎：点Aを中心として2点B，Dを通る円をかくと，点Xも円Aの周上にありそうだね。

花子：円Aで，$\overset{\frown}{BD}$に対する中心角は∠BADになるね。∠BAD＝90°で，∠BXD＝45°だから，∠BXDは$\overset{\frown}{BD}$に対する円周角になっているね。点Xは円Aの周上にあるといえるよ。

太郎：2点X，A間の距離は［ あ ］と等しいといえるね。

花子：正方形ABCDが動いて，辺XY，XZ上の2点B，Dの位置が変わっても，2点X，A間の距離について同じことがいえるから，正方形ABCDが，△XYZの内部をくまなく動くとき，正方形ABCDが通過した部分の面積もわかるね。

① ［あ］に当てはまる語句を，次のア～エから1つ選び，その記号を書け。

ア　正方形ABCDの対角線の長さ

イ　正方形ABCDの1辺の長さ

ウ　正方形ABCDの対角線の長さの半分

エ　正方形ABCDの1辺の長さの半分

② 図3のように，正方形ABCDが，△XYZの内部をくまなく動くとき，正方形ABCDが通過した部分の面積を求めよ。ただし，XZ＝10cm，AB＝3cmとする。

図3

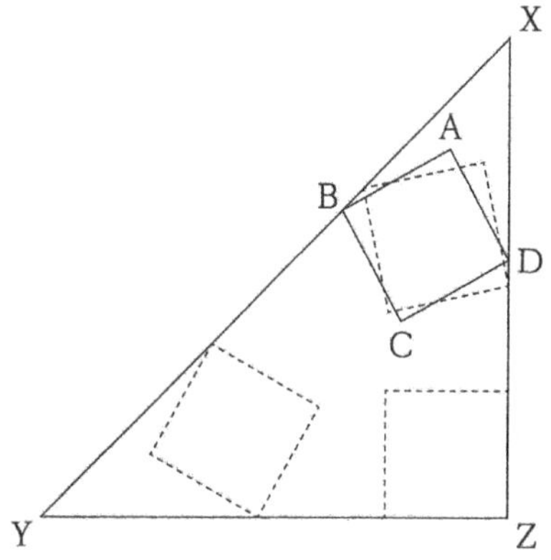

3 右の図のように，関数$y=ax^2(a>0)$のグラフ上に，2点A，Bがあり，関数$y=-\frac{1}{2}x^2$のグラフ上に，2点C，Dがある。2点A，Cのx座標は-4であり，2点B，Dのx座標は2である。2点A，Bを通る直線とy軸との交点をEとする。原点をOとして，各問いに答えよ。

(1) 関数$y=-\frac{1}{2}x^2$について，xの変域が$-4\leqq x\leqq 2$のときのyの変域を求めよ。

(2) 2点C，Dを通る直線の式を求めよ。

(3) aの値が大きくなるとき，それにともなって小さくなるものを，次の**ア**～**エ**から1つ選び，その記号を書け。

ア 直線ABの傾き

イ 線分ABの長さ

ウ △OABの面積

エ AE：EBの比の値

(4) 直線ODが四角形ACDBの面積を2等分するとき，aの値を求めよ。

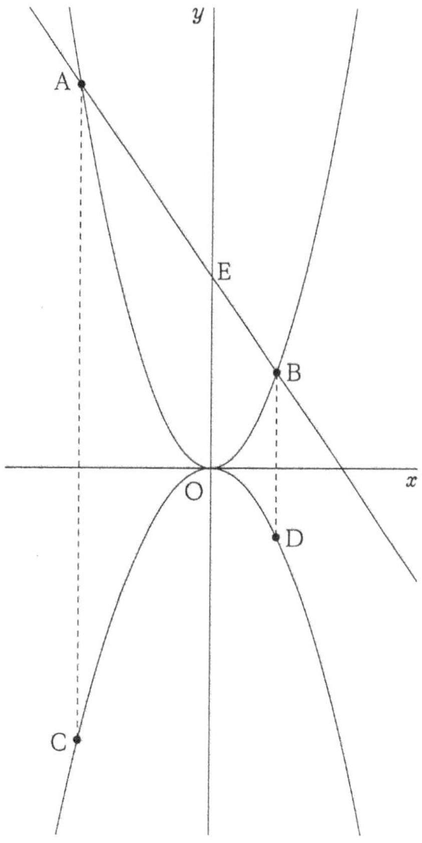

4 次のページの図で，4点A，B，C，Dは円Oの周上にある。点Eは線分ACと線分BDとの交点でAC⊥BDであり，点Fは線分AD上の点でEF⊥ADである。点Gは直線EFと線分BCとの交点である。各問いに答えよ。

(1)　△AEF∽△BCEを証明せよ。

(2)　∠DAE＝a°とするとき，∠BGEの大きさをaを用いて表せ。

(3)　DE＝3㎝，AE＝4㎝，BE＝8㎝のとき，①，②の問いに答えよ。

①　△CEGの面積を求めよ。

②　円Oの半径を求めよ。

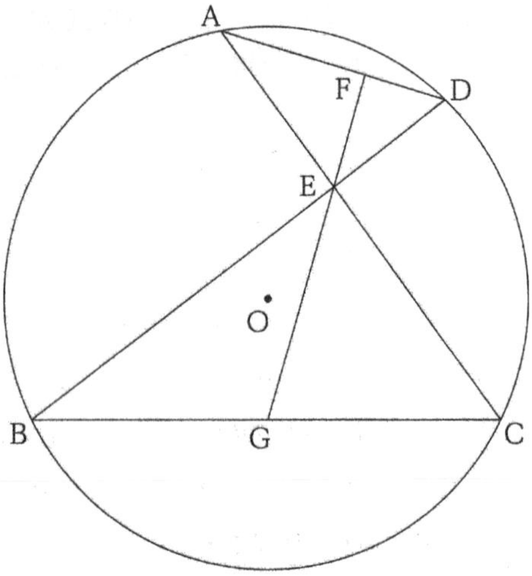

＜英語＞　時間　50分　　満点　50点

1　放送を聞いて，各問いに答えよ。

(1)　①，②の英語の内容に合うものを，それぞれア～エから１つずつ選び，その記号を書け。なお，英語はそれぞれ1回ずつ流れる。

①

ア

イ

ウ

エ

②

ア

イ

ウ

エ

(2)　①，②のそれぞれの会話の最後の応答にあたる部分に入る英語として最も適切なものを，それぞれア～エから１つずつ選び，その記号を書け。なお，会話はそれぞれ1回ずつ流れる。

①　〈夜，自宅での母親と息子の会話〉

ア　Yes.　I watched it one hour ago.
イ　Yes.　I don’t have to go to school tomorrow.
ウ　Yes.　I’ll go to bed now.
エ　Yes.　I’ll go to school in the afternoon tomorrow.

②　〈放課後の教室での会話〉

ア　At five in the afternoon.
イ　For one hour.
ウ　Because I have a lot of things to do.
エ　By studying history.

(3)　会話の内容についての質問に対する答えとして最も適切なものを，後のア～エから１つ選び，その記号を書け。なお，会話と質問はそれぞれ2回ずつ行う。

ア　On March 25.　　イ　On March 26.
ウ　On March 29.　　エ　On March 31.

3月						
日	月	火	水	木	金	土
			1	2	3	4
5	6	7	8	9	10	11
12	13	14	15	16	17	18
19	20	21	22	23	24	25
26	27	28	29	30	31	

(4) 聞き取った英語の中で述べられていないものを，次のア～カから２つ選び，その記号を書け。なお，英語は２回流れる。

ア　校外学習で京都を訪ねる目的　　イ　朝の集合時刻

ウ　京都への交通手段　　エ　京都までの交通費

オ　荒天時の学校からの連絡方法　　カ　午後の解散時刻

2　次の資料１は，せんと博物館（Sento Museum）の利用案内の一部である。また，資料２は，まほろば駅（Mahoroba Station）から，せんと博物館への行き方を【A】～【D】の４通り示したものである。各問いに答えよ。

資料１

Museum Hours

The museum is open from 10:00 a.m. to 6:00 p.m. Last admission is 30 minutes before closing time.

Holidays

The museum is closed from December 28 to January 1.

Special Exhibition

The "*Kano Eitoku*" Special Exhibition will be held from April 1 to October 31, 2023.

Others

The restaurant is on the second floor, and it is open from 11:00 a.m. to 2:00 p.m.

Eating and drinking is allowed in the garden.

資料２

【A】
Take a train from Mahoroba Station to Sento Station. [about 7 minutes]
Take bus number 1 in front of the East Exit of the station and get off at the "Sento Museum" bus stop. [about 9 minutes]
Then, walk to the museum. [about 3 minutes]

【B】
Take a train from Mahoroba Station to Sento Station. [about 7 minutes]
Use the East Exit of the station and walk to the museum. [about 27 minutes]

【C】
Take bus number 2 in front of the East Exit of Mahoroba Station and get off at the "Sento Museum" bus stop. [about 42 minutes]
Then, walk to the museum. [about 3 minutes]

【D】
Take a taxi in front of the West Exit of Mahoroba Station to the museum. [about 25 minutes]

（注） open：（店などが）開いている　admission：入館　closing：閉館の
closed：（店などが）閉まっている　exhibition：展示　allow：許す　exit：出口

(1) 資料1，2の内容と合っているものを，次のア～オから２つ選び，その記号を書け。

ア If you go to the museum on September 1, 2023, you can see the "*Kano Eitoku*" Special Exhibition.

イ There is no place to have lunch in the museum.

ウ You should use the East Exit of Mahoroba Station if you want to take a taxi to the museum at the station.

エ If you choose【B】to visit the museum from Mahoroba Station, you need more than thirty minutes to get to the museum.

オ If you are at Mahoroba Station at 5:00 p.m. and choose【C】to visit the museum, you can enter the museum on that day.

(2) あなたは，まほろば駅から，せんと博物館へ一人で行くことにした。【A】～【D】のうち，どの行き方を選ぶか。あなたの考えを，その理由も含めて15語程度の英語で書け。ただし，1文または２文で書き，コンマやピリオドなどは語数に含めないこと。なお，選んだものを，それぞれA，B，C，Dと表してよい。

3 次の英文を読んで，各問いに答えよ。

Haruka, Mai, Tatsuya, Ken, and Ichiro are high school students. They are members of the school's English club. After school, they are talking in the English club room.

Haruka: Last week we mainly talked about the school festival in September and decided to make a club T-shirt. I hope we can wear the T-shirts at the school festival. Today, let's talk about the design.

Mai: How about putting the names of all the club members on the T-shirt?

Tatsuya: I like that idea. That shows we are a team, and I think it's good to put our first names on the T-shirt.

Haruka: Yes. We always use first names when we call each other. What do you think, Ken?

Ken: Well, we can wear our T-shirts in school, but I don't want to wear the T-shirt outside of school if our names are on it. So, I don't think it's a good idea to put our names on the T-shirt.

Haruka: I see. It may be difficult to wear the T-shirt with printed names outside of school, but we can keep it as a memorable item. So, I agree with the idea of putting names on the T-shirt. Anyway, that is just one idea. Do you have any other ideas for the design, Ichiro?

Ichiro: ［　　］

（注）mainly：主に　design：デザイン　first name：名前　outside of：～の外で
memorable：記憶に残る　item：品物

(1) 英文の内容について，次の問いに対する答えとして最も適切なものを，後の**ア**～**エ**から１つ選び，その記号を書け。

What are the English club members mainly talking about?

ア They are mainly talking about the school festival in September.
イ They are mainly talking about the design for their club T-shirt.
ウ They are mainly talking about the club members' first names.
エ They are mainly talking about the club members' memorable items.

(2) Mai の提案に賛同している人を，次の**ア**～**ウ**からすべて選び，その記号を書け。

ア Haruka　**イ** Tatsuya　**ウ** Ken

(3) あなたが Ichiro なら，Haruka の質問にどのように答えるか。［　　］に入る英語を20語程度で書け。ただし，２文または３文で書き，コンマやピリオドなどは語数に含めないこと。

4 次の英文を読んで，各問いに答えよ。なお，英文の左側の［１］～［５］は各段落の番号を示している。

［１］ When too many people visit a place on holiday, the place is affected a lot, and many people living there face serious problems. This is called "overtourism". When too many people come, a lot of garbage is left behind. Noise and traffic accidents increase when too many visitors come by car or by bus. The natural environment is also destroyed. People who live there suffer from these problems. Overtourism is happening in many places around the world. It is also happening in some places in Japan.

［２］ In Kamakura, overtourism is happening. It is a very famous city for sightseeing and has a lot of places to visit. Kamakura was visited by more than 20,000,000 people in one year at its peak. The local train called *Enoden* is very popular. On some holidays, it takes about one hour to enter a station and ride the trains because so many visitors come to ride them. This makes the lives of the people who live near the stations inconvenient. Kamakura City is trying hard to solve this problem. For example, the city carried out a social experiment which allowed the local people to ride the trains without waiting. However, overtourism is still a big problem in Kamakura.

[3] Overtourism is happening at Mt. Fuji, too. Mt. Fuji is the highest mountain in Japan. Many people from all over the world visit Mt. Fuji. More than 8,000 people climbed the mountain in one day at its peak. The trails are sometimes very crowded, so it takes more time to reach the top. There are no garbage boxes on the trails to protect the environment. Visitors have to take their garbage home, but some of them do not know about it and leave their garbage on the mountain. Shizuoka Prefecture is trying hard to reduce garbage on Mt. Fuji. Visitors can get a garbage bag at some starting points of the trails. The message "Please take your garbage home." is written in many different languages on the bag, so visitors can learn about the garbage problem happening at Mt. Fuji. However, overtourism is still a serious problem there.

[4] Some places in Kyoto are also suffering from overtourism, but one of the places has been working on it. It is Saihoji. It is a temple which has a beautiful garden, and visitors have a peaceful time there. In the past, the people who lived around the temple suffered from too much noise because so many people visited it from all over the world to see the garden. The noise destroyed their peaceful lives. Saihoji and its neighbors tried to solve the problem. They discussed it many times and tried various ways. Finally, Saihoji decided to reduce the number of visitors and started to ask them to make reservations and come in small groups. Thanks to this system, the neighbors' peaceful lives are back again. Now, visitors and the neighbors are sharing the peaceful time.

[5] It is not easy to solve overtourism when it happens in a wide area such as Kamakura and Mt. Fuji. The example of Saihoji shows us one of the solutions to keep a balance between tourism and the environment.

（注）face：直面する　leave behind：置き去りにする　accident：事故
suffer from：～に苦しむ　at one's peak：最も多い時には
Enoden：江ノ電（江ノ島電鉄の略称）　inconvenient：不便な　carry out：実施する
social experiment：社会実験　allow：許す　trail：登山道　work on：～に取り組む
in the past：かつては　discuss：話し合う　make a reservation：予約を取る
balance：バランス　tourism：観光事業

(1) 英文の段落ごとの見出しを下の表のようにつけるとき，表中の A ， B ， C に入る最も適切な英語を，後のア～カから1つずつ選び，その記号を書け。

段落	見　出　し
[1]	What is overtourism?
[2]	A in Kamakura
[3]	B at Mt. Fuji
[4]	C around Saihoji
[5]	One solution to overtourism

ア The problem of garbage
イ The problem of noise
ウ The problem of language
エ The problem of traffic
オ The problem of social experiment
カ The problem of a small-group visiting system

(2) 英文の内容について，次の問いにそれぞれ3語以上の英語で答えよ。ただし，コンマやピリオドなどは語数に含めないこと。

① What do people who visit Mt. Fuji have to do to protect its environment?
② Do people need to make reservations when they visit Saihoji?

(3) 英文の内容と合っているものを，次のア～カから2つ選び，その記号を書け。

ア People who live in some places in Japan are suffering from overtourism.
イ In Kamakura, it is sometimes difficult for visitors to ride the trains because they are used by so many local people.
ウ The message written on the garbage bag tells visitors how many people climb Mt. Fuji in one day at its peak.
エ Some places suffering from overtourism in Kyoto give visitors garbage bags to solve the problem.
オ Saihoji and its neighbors discussed various ways to keep the garden beautiful.
カ The system to reduce the number of visitors has been working well around Saihoji.

＜理科＞

時間　50分　　満点　50点

1　真理さんは，地球温暖化の原因となる二酸化炭素などの温室効果ガスの実質的な排出量をゼロにする脱炭素社会の実現に向けてさまざまな取り組みが行われていることに興味をもち，調べることにした。次の□内は，真理さんが調べたことをまとめたものの一部である。各問いに答えよ。

> 日本のさまざまな研究機関や企業では，工場などから排出される二酸化炭素を回収し，地中深くの地層にためる技術の研究開発が進められている。①この技術では，粒が比較的大きくすき間の多い岩石からなる層を貯留層（二酸化炭素をためる層）として，その上をおおっている，粒が比較的小さくすき間のほとんどない岩石からなる層を遮へい層（二酸化炭素の漏えいを防ぐ層）として利用している。他にも，回収した②二酸化炭素を水素と反応させ，天然ガスの代替となるメタンを製造する技術の研究開発や，これらの技術を③バイオマス発電と組み合わせることで大気中の二酸化炭素を削減する取り組みも進められている。

(1)　下線部①について，次のア～エのうち，貯留層と遮へい層に利用する地層として最も適切なものを1つ選び，その記号を書け。

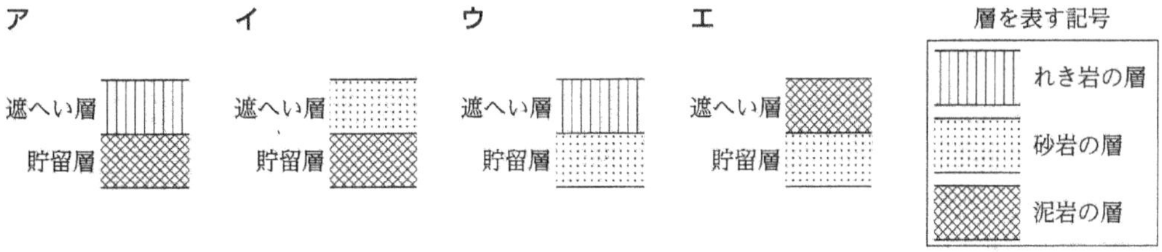

(2)　下線部②について，二酸化炭素と水素が反応してメタンと水ができる化学変化を化学反応式で書け。ただし，メタンの化学式はCH_4である。

(3)　下線部③において，植物を燃料として燃やしても，大気中の二酸化炭素の増加の原因とはならないと考えられている。それは，植物を燃やしたときに大気中に排出する二酸化炭素の量と，何の量とがほぼ等しいからか。簡潔に書け。

2　研一さんと花奈さんは，日本の季節ごとの天気の特徴に興味をもち，調べることにした。図1，2，3は，それぞれ夏，冬，春のある日の9時における日本付近の天気図であり，それぞれの季節の特徴的な気圧配置を表している。また，次のページの□内は，二人の会話である。各問いに答えよ。

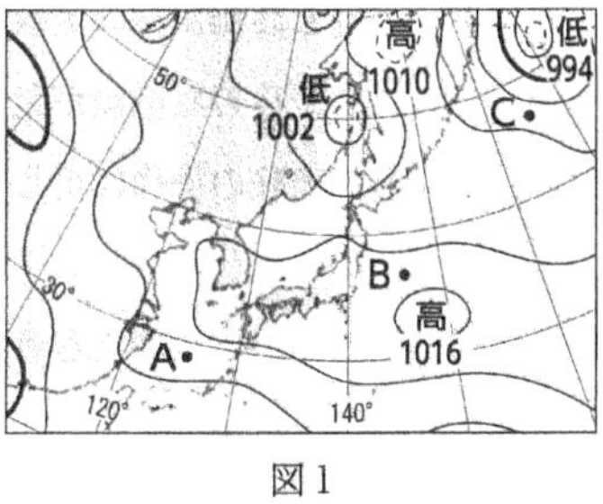

図1

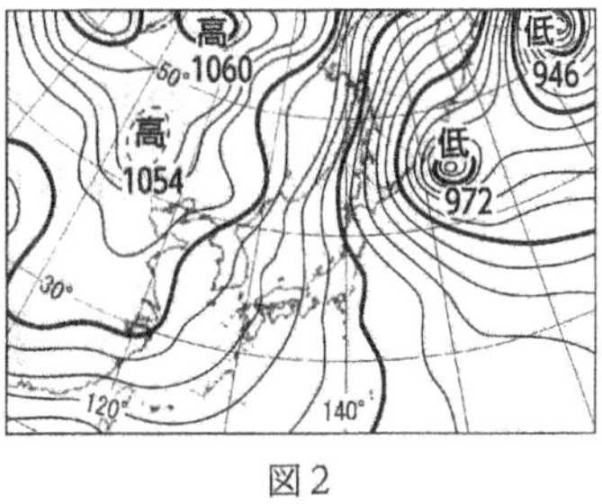

図2

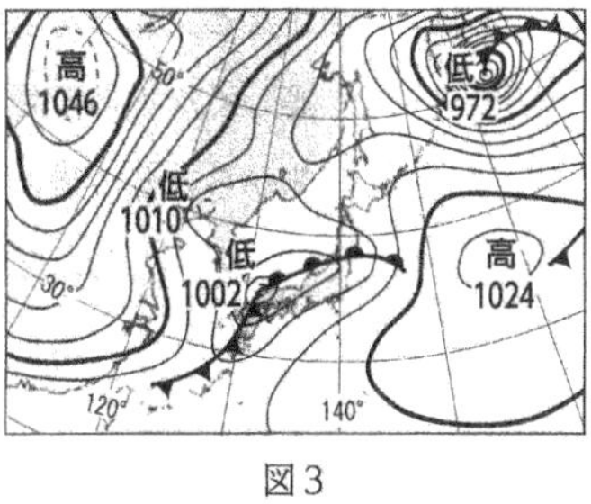

図3

研一：夏は太平洋上で高気圧が発達し，冬はユーラシア大陸上で高気圧が発達しているね。
花奈：そのような気圧配置は，①大陸と海洋のあたたまり方や冷え方のちがいが関係しているよ。
研一：そうだね。それによって，日本付近では，夏と冬で，地表付近に風向の異なる風がふくね。②冬の雲画像では，この風に沿ったすじ状の雲が見られる場合があるよ。
花奈：春は③中緯度地域の上空をふく風の影響を受けて，日本付近を高気圧と低気圧が交互に通過していくね。
研一：それなら，図3の日に寒冷前線が奈良市を通過したのではないかな。
花奈：そうかもしれないね。この日の9時以降の奈良市の気象データを調べてみよう。

(1) 図1のA，B，Cの3地点を，気圧の高い順に左から並べて，その記号を書け。

(2) 下線部①によって生じる，冬の日本付近におけるユーラシア大陸上の大気の動きについて述べた文として最も適切なものを，次のア～エから1つ選び，その記号を書け。

ア ユーラシア大陸は太平洋より冷えるため，ユーラシア大陸上で上昇気流が生じる。
イ ユーラシア大陸は太平洋より冷えるため，ユーラシア大陸上で下降気流が生じる。
ウ 太平洋はユーラシア大陸より冷えるため，ユーラシア大陸上で上昇気流が生じる。
エ 太平洋はユーラシア大陸より冷えるため，ユーラシア大陸上で下降気流が生じる。

(3) 下線部②について，図4は，図2の日の12時における日本付近の雲画像である。図4では，ユーラシア大陸上で発達した高気圧からふき出した大気が日本海上を通過する間に海面から水蒸気が供給されることで，日本海上に雲ができているが，大陸沿岸の日本海上には雲ができていない。大陸沿岸の日本海上で雲ができていない理由を，高気圧からふき出す大気の性質に触れながら，「飽和水蒸気量」の語を用いて簡潔に書け。

図4

(4) 下線部③の名称を書け。

(5) 表は，研一さんと花奈さんが，奈良市のある地点Xにおける，図3の日の9時から24時までの気象データを調べてまとめたものである。

時刻〔時〕	9	12	15	18	21	24
気温〔℃〕	17.7	22.2	20.2	18.8	13.2	11.9
湿度〔%〕	72	54	68	79	96	88
風向	南南東	南	南南西	南	北西	南西
風力	2	2	3	2	2	1

① 地点Xにおける15時の空気 $1\,m^3$ 中に含まれる水蒸気量は何gであったと考えられるか。その値を書け。なお，気温20.2℃の空気の飽和水蒸気量は，$17.5\,g/m^3$ である。

② 地点Xにおける21時の天気は雨であった。21時の風向，風力，天気を天気図記号で表せ。

③ 地点Xでは，この日のうちに寒冷前線が通過した。表から，寒冷前線は何時から何時の間に通過したと考えられるか。最も適切なものを，次のア～エから1つ選び，その記号を書け。また，そのように判断した理由を，気温と風向の変化に触れながら，簡潔に書け。

ア 12時から15時　**イ** 15時から18時　**ウ** 18時から21時　**エ** 21時から24時

3　春香さんは，理科の授業で，金属のイオンへのなりやすさと電池のしくみについて調べるために，次の実験1，2を行った。各問いに答えよ。

実験1　図1のように，マイクロプレートの縦の列に同じ種類の金属片を，横の列に同じ種類の水溶液をそれぞれ入れ，金属片の表面に固体が付着するかどうかを観察した。表は，その結果をまとめたものであり，固体が付着した場合を○，付着しなかった場合を×として記している。

実験2　図2のようなダニエル電池をつくり，プロペラ付きモーターをつないだところ，プロペラが回転した。

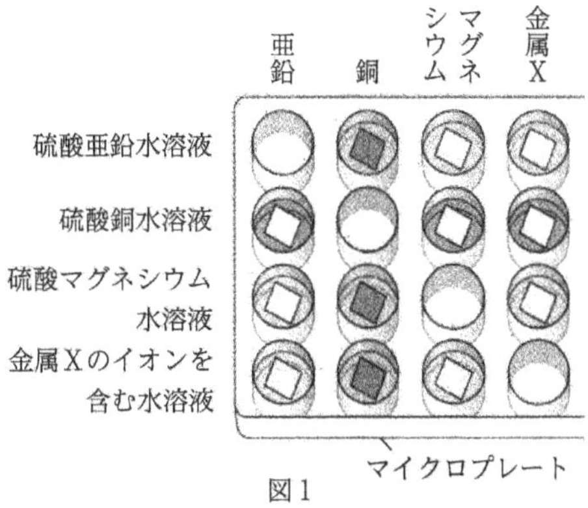

図1

	亜鉛	銅	マグネシウム	金属X
硫酸亜鉛水溶液		×	○	×
硫酸銅水溶液	○		○	○
硫酸マグネシウム水溶液	×	×		×
金属Xのイオンを含む水溶液	○	×	○	

(1)　実験1で，マグネシウム片に硫酸銅水溶液を入れたとき，付着した固体は赤色であった。赤色の固体が付着した化学変化を，電子をe^-として化学反応式で書け。

(2)　実験1の結果から，実験で用いた4種類の金属をイオンになりやすい順に並べたとき，金属Xは何番目になると考えられるか。その数を書け。

(3)　実験2で，電流が流れ続けたときに起こると考えられる現象を，次の**ア**～**エ**からすべて選び，その記号を書け。

ア　亜鉛板の質量が増える。

イ　銅板の質量が増える。

ウ　硫酸銅水溶液の青色がうすくなる。

エ　硫酸イオンのみが，両方の水溶液の間を，セロハンを通って移動する。

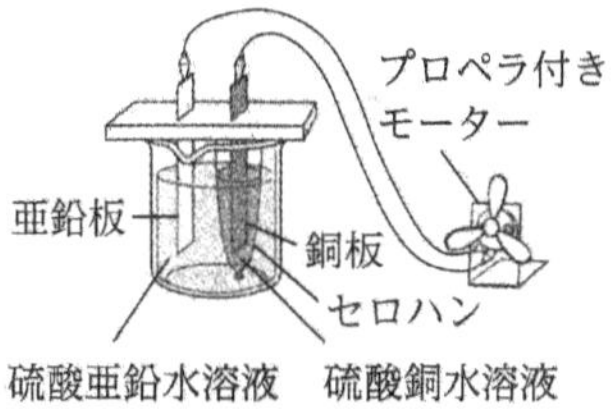

図2

(4)　次の［　　］内は，春香さんが，実験2のダニエル電池の銅板をマグネシウム板に，硫酸銅水溶液を硫酸マグネシウム水溶液に変えて，実験2と同様の操作を行った結果をまとめたものである。①，②について，それぞれ**ア**，**イ**のいずれか適する語を選び，その記号を書け。

> 亜鉛板は①(**ア**　＋極　　**イ**　－極）であり，プロペラは実験2と②(**ア**　同じ　　**イ**　逆）向きに回転した。

4　物体がもつエネルギーについて調べるために，次の実験1，2を行った。各問いに答えよ。ただし，いずれの実験においても，レールはなめらかにつながっており，空気の抵抗や小球とレールの間の摩擦はないものとする。また，質量100gの物体にはたらく重力の大きさを1Nとする。

実験1　水平な台の上に図1のような装置をつくった。質量10gの小球を高さが4cmになるレール上に置き，静かに手をはなして小球を木片に衝突させ，木片が移動した距離を測定した。同様の操作を，小球を置く高さを 8 cm，12cmと変えて行った。さらに質量10 g の小球で行った操作を，質量20 g，30 g の小球でも同様に行った。なお，小球と木片は，それぞれ図 2 のように置くものとする。また，図 3 はこの実験の結果をグラフに表したものである。

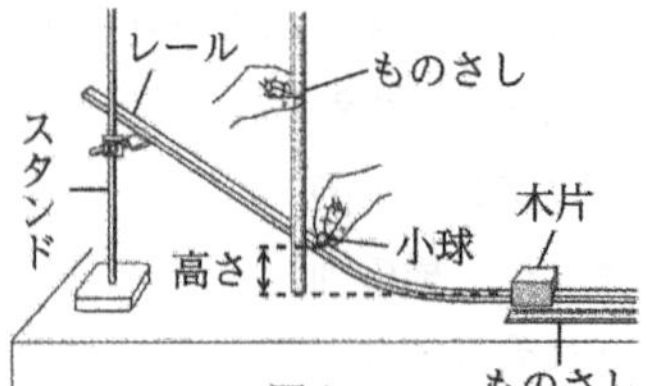

図 1

図 2

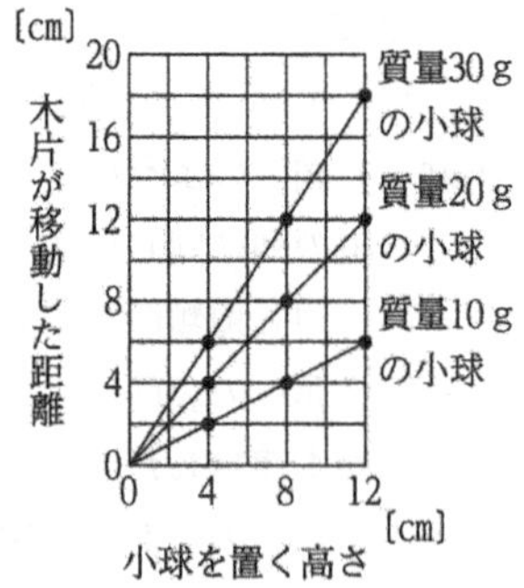

図 3

実験 2　水平な台の上に図 4 のような装置をつくった。点A～Fはレール上のそれぞれの位置を示している。これとは別に，水平な台の上に，図 4 の装置の点Cと点Eの間のレールをつなぎ替えた図 5 のような装置をつくった。図 4，5 の装置の点Aに質量30 g の小球を置き，静かに手をはなしてから小球が点Fを通過するまでの時間をそれぞれ計測したところ，図 5 の装置で計測した時間の方が長くなった。

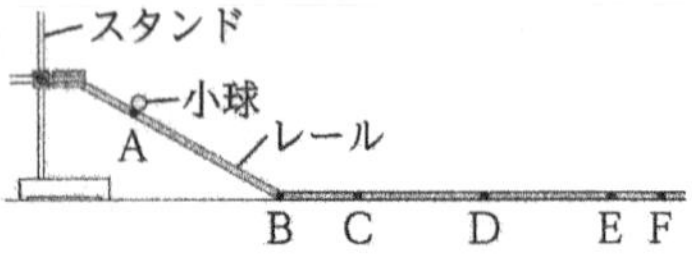

図 4

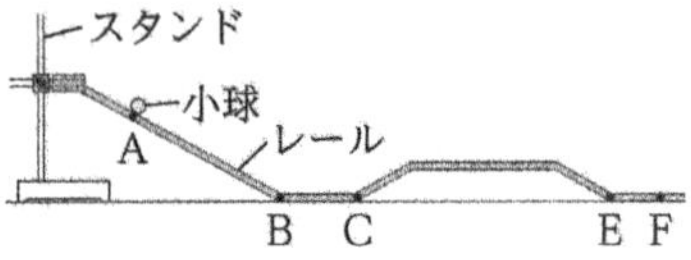

図 5

(1)　質量20 g の小球を，高さ 0 cmの位置から12cmの位置まで一定の速さで真上に持ち上げたとき，小球を持ち上げた力がした仕事は何 J か。その値を書け。

(2)　次の ⬚ 内は，実験 1 の結果からわかることについて述べたものである。①，②について，それぞれ**ア**，**イ**のいずれか適する語を選び，その記号を書け。

> 小球を置いた位置で小球がもつ位置エネルギーの大きさは，小球の質量が同じとき，小球を置く高さが高いほど①(**ア**　大きく　　**イ**　小さく）なり，小球を置く高さが同じとき，小球の質量が大きいほど②(**ア**　大きく　　**イ**　小さく）なる。

(3)　実験 1 の装置で，質量15 g の小球をある高さのレール上に置き，静かに手をはなして小球を木片に衝突させたところ，木片が移動した距離は 9 cmであった。このとき，小球を置いた高さは何cmであったと考えられるか。その値を書け。

(4)　実験 2 で，図 4 と図 5 の装置の点Fをそれぞれ小球が通過したときの速さを比べると，どのようになっていると考えられるか。最も適切なものを，次の**ア**～**ウ**から 1 つ選び，その記号を書け。

ア　図 4 の小球の方が速い　　**イ**　図 5 の小球の方が速い　　**ウ**　どちらも同じ

(5)　実験 2 で，質量30 g の小球が図 4 の装置の点Dを通過するとき，重力以外に小球にはたらいている力を解答欄に矢印で表せ。ただし，方眼の 1 目盛りを0.1Nとし，力の作用点を●で示すこと。

(6)　図４の装置の点Ｂから先のレールをつなぎ替えて図６のような装置をつくり，点Ａから質量30ｇの小球を静かにはなしたところ，小球はレールを飛び出し，点Ｐで最高点に達した後，落ちていった。このとき，点Ｐの高さは点Ａより低かった。その理由を，「運動エネルギー」，「位置エネルギー」の語を用いて簡潔に書け。

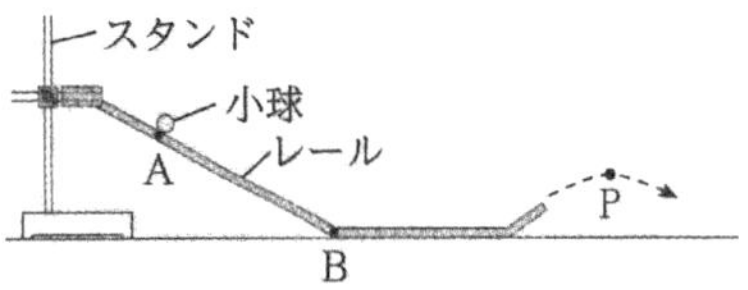

図６

5　春香さんは，大さじ１杯（15㎤）のしょうゆに含まれる食塩の質量を調べるために，しょうゆから食塩を取り出す実験を行った。各問いに答えよ。ただし，しょうゆには有機物と食塩のみが含まれるものとする。

(1)　次の[　　]内は，春香さんが行った実験である。食塩のみを固体として取り出すには（　）でどのような操作を行えばよいか。（　）に適する言葉を，「ろ過」の語を用いて簡潔に書け。

図のように，しょうゆ15㎤を蒸発皿に入れ，しょうゆに含まれる有機物がすべて炭になるまで十分に加熱した。加熱後，蒸発皿に水30㎤を加えてかき混ぜたところ，炭は水にとけずに残っていた。その後，蒸発皿に入っている炭の混ざった液体を（　　　）ことにより，食塩のみを固体として取り出した。

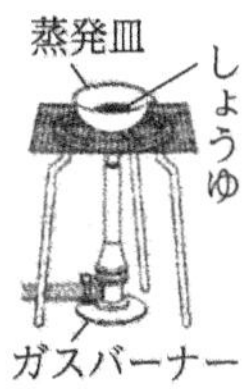

(2)　(1)の実験により得られた食塩の質量は2.5ｇであった。この実験でしょうゆに含まれる食塩をすべて取り出したとすると，実験に用いたしょうゆに含まれる食塩の質量の割合は何％であると考えられるか。小数第１位を四捨五入して整数で書け。ただし，しょうゆの密度は1.2ｇ/㎤とする。

6　花奈さんと良太さんは，タブレット端末を使って撮影した植物について調べ，共通する特徴に着目して分類した。図１は撮影した植物の写真であり，図２は花奈さんが，図３は良太さんが考えた分類を表したものである。また，次のページの[　　]内は，分類した後の二人の会話である。各問いに答えよ。

図１

グループＡ：タンポポ，ホウセンカ，トウモロコシ
グループＢ：ゼニゴケ，ドクダミ，イヌワラビ

図２

グループＣ：ドクダミ，タンポポ，ホウセンカ，トウモロコシ
グループＤ：ゼニゴケ，イヌワラビ

図３

花奈：(　①　) のちがいで，図2のように分類したよ。良太さんの分類のしかたは，私とはちがうね。
良太：(　②　) のちがいで考えたら，図3のように分類できたよ。グループCは，葉脈のちがいによってさらに分類できそうだよ。
花奈：そうだね。着目する特徴によって，いろいろな分類のしかたがあるね。

(1) 花奈さんと良太さんは，それぞれ次の**ア**～**エ**のいずれかに着目して植物を分類した。□内について，会話の内容が正しくなるように，(①)，(②) に適する言葉を，それぞれ次の**ア**～**エ**から1つずつ選び，その記号を書け。

ア　種子をつくるかつくらないか
イ　維管束があるかないか
ウ　葉緑体があるかないか
エ　主に日当たりのよいところで生育しているか主に日当たりの悪いところで生育しているか

(2) 下線部について，図4は，グループCの植物の葉を拡大したものである。グループCの植物を双子葉類と単子葉類に正しく分類しているものを，次の**ア**～**エ**から1つ選び，その記号を書け。

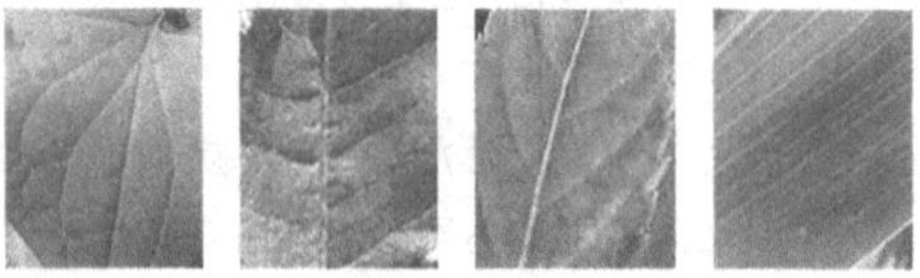
ドクダミ　タンポポ　ホウセンカ　トウモロコシ
図4

ア　双子葉類：ドクダミ，トウモロコシ　　単子葉類：タンポポ，ホウセンカ
イ　双子葉類：タンポポ，ホウセンカ　　単子葉類：ドクダミ，トウモロコシ
ウ　双子葉類：トウモロコシ　　単子葉類：ドクダミ，タンポポ，ホウセンカ
エ　双子葉類：ドクダミ，タンポポ，ホウセンカ　　単子葉類：トウモロコシ

(3) 花奈さんと良太さんは，ホウセンカとトウモロコシを比べたところ，ホウセンカの葉の色は表側が裏側より濃いが，トウモロコシの葉の色は表側と裏側で濃さがほとんど同じであることに気づき，蒸散のはたらきにもちがいがあるのではないかと考えた。そこで，ホウセンカとトウモロコシの蒸散について調べるために，次の□内の実験を行った。

　葉の数と大きさ，茎の太さがほぼ同じ3本のホウセンカP，Q，Rと，葉の数と大きさ，茎の太さがほぼ同じ3本のトウモロコシX，Y，Zを用意した。P，Xは何も処理をせず，Q，Yは葉の表側に，R，Zは葉の裏側にワセリンをぬった。次に，6本のメスシリンダーに同量の水を入れて，P～Rを図5のように，X～Zを図6のように1本ずつさした後，水面からの水の蒸発を防ぐために，少量の油を注いだ。

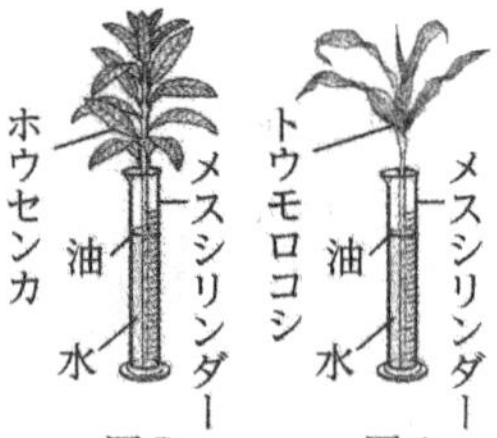

図5　図6

　それぞれ全体の質量を電子てんびんではかった後，明るく風通しのよい場所に置いた。数時間後，それぞれについて再び全体の質量をはかり，水の減少量を調べた。次のページの表は，その結果をまとめたものである。ただし，ワセリンは水や水蒸気をまったく通さないものとし，水の減少量は植物からの蒸散量と等しいものとする。

	ホウセンカ			トウモロコシ		
	P	Q	R	X	Y	Z
水の減少量〔g〕	5.4	3.9	1.7	4.2	2.3	2.1

① 花奈さんと良太さんは，ホウセンカについて，Ｐからの蒸散量は葉の表側と裏側からの蒸散量の合計と等しくなると予想したが，実験の結果はそのようにならなかった。Ｐからの蒸散量が葉の表側と裏側からの蒸散量の合計と等しくならない理由を簡潔に書け。ただし，実験の操作は正しく行われていたものとし，誤差は考えないものとする。

② 実験の結果から，ホウセンカの葉の表側と裏側からの蒸散量の合計は何ｇであると考えられるか。その値を書け。

③ 実験の結果をもとに考えると，ホウセンカとトウモロコシでは，葉の表側と裏側のつくりにどのようなちがいがあるといえるか。そのちがいについて，ホウセンカとトウモロコシの葉のつくりをそれぞれ示して，簡潔に書け。

＜社会＞　時間　50分　　満点　50点

1 次の□内は，太郎さんがドイツ出身のエマさんと，日本やドイツの歴史について話した会話の一部である。各問いに答えよ。

> エマ：私は世界の国々の歴史に興味があります。日本の歴史についてもさらに深く学びたいです。
>
> 太郎：歴史を学ぶことは，面白いですね。日本では，古代の政治は天皇やA貴族を中心に行われ，中世以降は政権の移り変わりが激しく，政治は大きく変化しました。江戸時代に，新井白石という人物が，日本の歴史についてB武家政権の変遷を中心に記しました。このことについて調べてみてはどうですか。
>
> エマ：ありがとう。太郎さんはCドイツの歴史は知っていますか。ドイツは，時代によって国名や国境が変わりました。第二次世界大戦後には，D国際情勢の変化を象徴するような出来事がありました。

(1) 下線部Aである藤原氏を中心に摂関政治が行われた頃の社会の様子に関して述べた次の文X，Yについて，その正誤の組み合わせとして適切なものを，後の**ア**～**エ**から１つ選び，その記号を書け。

X　国司の中には，現地に行かずに代理を送り，収入だけを得る者が多くなり，地方の政治は乱れた。

Y　牛や馬を使用した耕作や，米と麦などの二毛作が広まり，農業の生産力が高まった。

ア　X・正　Y・正　　**イ**　X・正　Y・誤　　**ウ**　X・誤　Y・正　　**エ**　X・誤　Y・誤

(2) 新井白石は，下線部Bにおける五度の変化について記している。エマさんは，その変化を下のメモにまとめた。

> 【武家政権の変遷】
> （第一の変化）源頼朝が鎌倉幕府を開く。
> （第二の変化）北条氏がa執権として実権をにぎる。
> （第三の変化）足利尊氏が京都に幕府を開く。
> （第四の変化）織田信長，b豊臣秀吉が力をもつ。
> （第五の変化）徳川家康が江戸幕府を開く。

① 各変化の間に起こった出来事として正しいものを，次の**ア**～**エ**から１つ選び，その記号を書け。

ア　第一の変化と第二の変化の間に，保元の乱が起こった。

イ　第二の変化と第三の変化の間に，建武の新政が行われた。

ウ　第三の変化と第四の変化の間に，元が襲来した。

エ　第四の変化と第五の変化の間に，応仁の乱が起こった。

② 資料Ⅰは，波線部ａとなった人物が，武士のきまりを制定する目的について書いた手紙を要約したものの一部である。守護の職務なども定めている，このきまりとは何か。その名称を書け。

［資料Ⅰ］

> これといった原典にもとづいているわけではないのですが，ただ道理のさし示すことをまとめたのです。（略）あらかじめ，裁定の方法について定めて，人の身分の高い低いに関わらず，不公平なく判決を出すために細かく記録しておくのです。

（「中世法制史料集」より作成）

③ エマさんは，波線部ｂが行った政策により，中世社会から近世社会への変化が生み出されたことを知り，この政策について調べたことを次のメモにまとめた。この政策によって，土地に関する権利はどのように変化したか。「検地帳」，「荘園領主」の語を用いて簡潔に書け。

> ・ますやものさしを統一し，役人を派遣して田畑の面積をはかり，収穫量を石高で表す。
> ・武士に，石高に応じた軍役を負担することを義務づけ，農民には，石高に応じた年貢を村ごとに，領主である武士へ納めることを義務づける。

(3) 下線部Ｃに関して，19世紀から20世紀における出来事について述べた次の**ア**～**エ**を，年代の古いものから順に並べたときに３番目になるものはどれか。その記号を書け。

ア ワイマール憲法を制定した。

イ 独ソ不可侵条約を結び，ポーランドに侵攻した。

ウ ビスマルクがドイツの統一を実現した。

エ オーストリア，イタリアと三国同盟を結んだ。

(4) 太郎さんは，下線部Ｄについて調べる中で，資料Ⅱを見つけた。資料Ⅱはドイツのある都市で起こった出来事の写真である。太郎さんは，この出来事が起こった頃の世界の様子を下のメモにまとめた。資料Ⅱとメモからわかる国際情勢の大きな変化とは何か。簡潔に書け。

［資料Ⅱ］

> ・東ヨーロッパで民主化運動が高まり，社会主義政権が次々に倒れる。
> ・マルタ島で会談が行われる。
> ・東西ドイツが統一する。
> ・ソ連が解体する。

2 令子さんは，大正時代の日本の様子について興味をもち，調べることにした。各問いに答えよ。

(1) 令子さんは，大正時代に起こった民衆の政治運動について右のメモにまとめた。（Ｘ），（Ｙ）に当てはまる言葉の組み合わせとして適切なものを，次の**ア**～**エ**から１つ選び，その記号を書け。

> 藩閥や軍部の支持を受け成立した（　Ｘ　）内閣に対して，（　Ｙ　）ことを求める人々が国会議事堂を取り囲み，退陣を要求した。

ア　Ｘ　加藤高明　　Ｙ　憲法にもとづく政治を守る

イ　Ｘ　加藤高明　　Ｙ　憲法を制定する

ウ　Ｘ　桂太郎　　Ｙ　憲法にもとづく政治を守る

エ　Ｘ　桂太郎　　Ｙ　憲法を制定する

(2) 1920年代，農村では小作争議が急増した。資料Ⅰは，その頃の小作人による収入と支出の報告を要約したものの一部である。小作争議により，小作人が地主に求めたことは何か。資料Ⅰを参考にして，簡潔に書け。

［資料Ⅰ］

・収入 85円　・支出 111円
<支出の内訳>
（小作料）　46円
（肥料・苗代）　18円
（農具・その他）　47円
※1反歩（約1000㎡）当たり

（「福井県史」より作成）

(3) 資料Ⅱは，第一次世界大戦中に，日本が中国に対して示した要求を要約したものの一部である。中国は，パリ講和会議でこの要求の取り消しを求めたが，認められなかった。これに対する不満から北京で反対運動が起こり，中国国内に広まった。この民族運動は何か。その名称を書け。

［資料Ⅱ］

一　中国政府は，ドイツが山東省にもっている一切の権益を日本にゆずる。

（外務省Webサイトより作成）

(4) 日本が行ったシベリア出兵のきっかけとなった出来事について述べた文として最も適切なものを，次の**ア**～**エ**から1つ選び，その記号を書け。

ア　労働者や兵士の代表会議が，レーニンの指導で政府をつくった。
イ　日本は，ロシアの南下に対抗してイギリスと同盟を結んだ。
ウ　関東軍が南満州鉄道の線路を爆破し，満州を占領した。
エ　ロシアは，遼東半島を清に返還するよう日本にせまった。

(5) 令子さんは，民主主義を求める動きを背景に内閣を組織した原敬に着目し，「本格的な政党内閣」とよばれる原内閣について調べた。資料Ⅲは，原内閣と，その前の内閣である寺内内閣の構成を示したものである。資料Ⅳは，原内閣発足時における衆議院の政党別議員数を示したものである。原内閣が「本格的な政党内閣」とよばれるのはなぜか。その理由を，資料Ⅲ，資料Ⅳを参考にして，簡潔に書け。

［資料Ⅲ］

職名	寺内内閣	原内閣
内閣総理大臣	軍人	立憲政友会
陸・海軍大臣	軍人２名	軍人２名
外務大臣	官僚	官僚
その他大臣	官僚６名	立憲政友会６名

（「内閣制度百年史」より作成）

［資料Ⅳ］

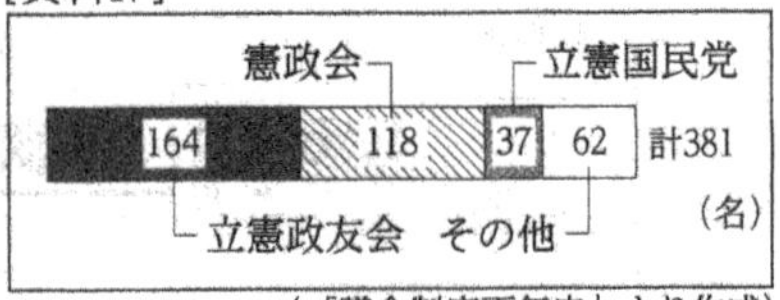

（「議会制度百年史」より作成）

3　夏美さんのクラスでは，世界の各州の地域的特色をまとめることになり，夏美さんは，アフリカ州について調べることにした。各問いに答えよ。

(1) 略地図中のXの海洋は，三大洋のひとつである。Xの名称を書け。

［略地図］

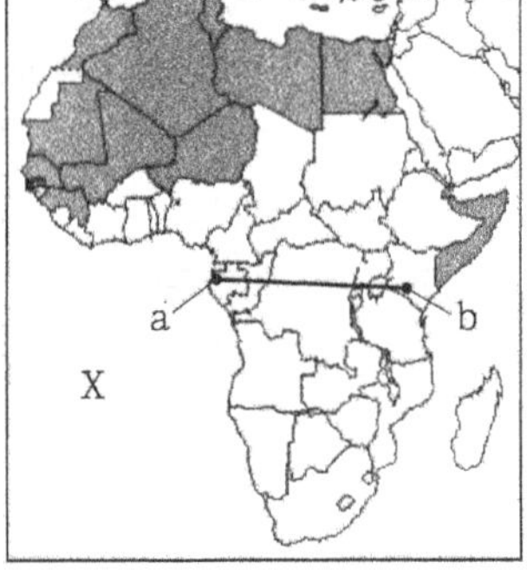

(2) 略地図中のアフリカ州における▒で示した国々で，人口の8割以上が信仰している宗教について述べた文として最も適切なものを，後の**ア**～**エ**から1つ選び，その記号を書け。

ア　インドでおこり，東南アジアや東アジアで信仰され，日本には，朝鮮半島から伝わった。
イ　パレスチナでおこり，ヨーロッパ州で信仰され，その後，移民や布教によって各地に広まった。

ウ　南アジアにおいて特定の民族や地域と結びつき，信仰されるようになった。

エ　アラビア半島のメッカでおこり，主に交易や領土の拡大を通して各地に広まった。

(3)　資料Ⅰは，略地図中のａ――ｂの断面図である。資料Ⅱは，略地図中のａ，ｂそれぞれの地点における月別平均気温を示したものである。略地図中のｂ地点における月別平均気温は，資料Ⅱ中の**Y**，**Z**のどちらか。その記号を書け。また，その記号を選んだ理由を，資料Ⅰ，資料Ⅱを参考にして，簡潔に書け。

[資料Ⅰ]

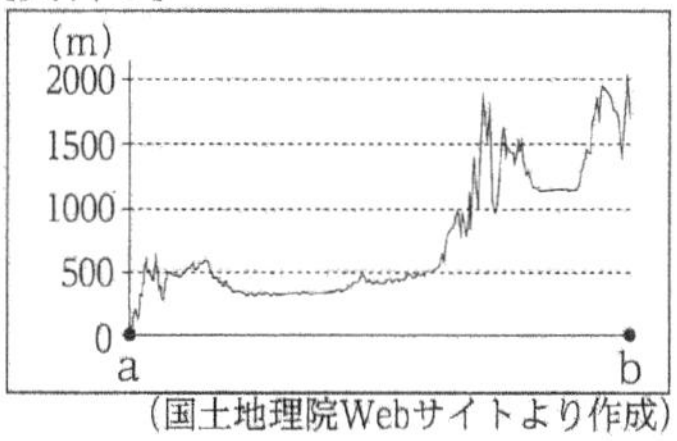

（国土地理院Webサイトより作成）

[資料Ⅱ]

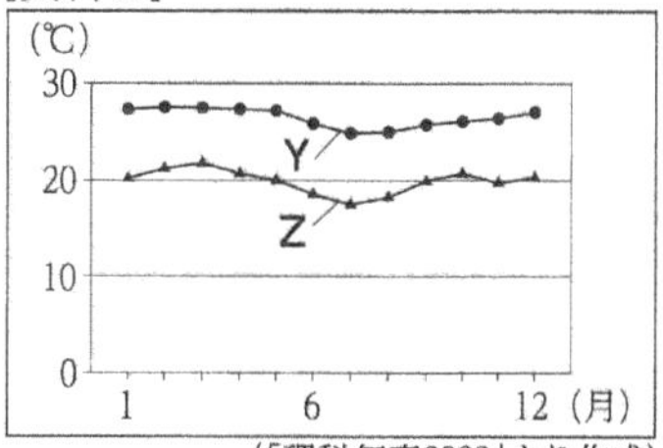

（「理科年表2023」より作成）

(4)　次の□内は，夏美さんが，アフリカ州の産業の特色についてまとめたメモである。

・P植民地時代にひらかれた大規模な農園で栽培されていた商品作物が，現在でも栽培されている。
・植民地時代から，金や銅などの鉱産資源が開発されてきた。その後，石油が注目されるようになると，産油国のひとつであるQナイジェリアでは，経済成長が進んだ。

[資料Ⅲ]

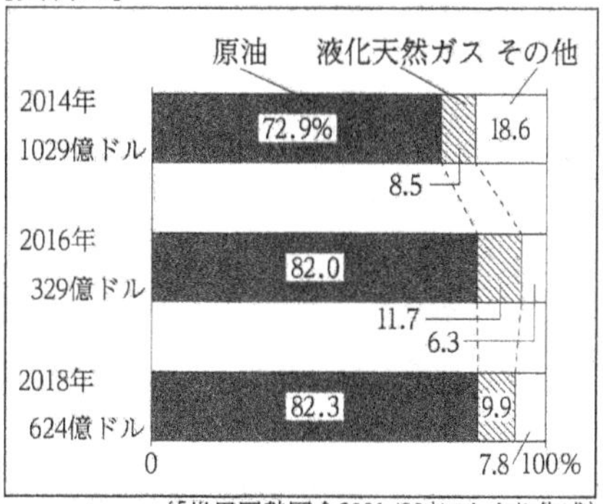

（「世界国勢図会2021/22」ほかより作成）

①　下線部Pは主に熱帯の地域にみられる。このような農園を何というか。その名称を書け。

②　下線部Qは，アフリカ州有数の産油国であるが，輸出による収入は安定していない。資料Ⅲは，ナイジェリアの各年の輸出総額と主な輸出品の輸出総額に占める割合を示したものである。資料Ⅳは，１バレル当たりの原油価格の推移を示したものである。輸出による収入が安定しない理由を，資料Ⅲ，資料Ⅳを参考にして，「価格」の語を用いて簡潔に書け。

[資料Ⅳ]

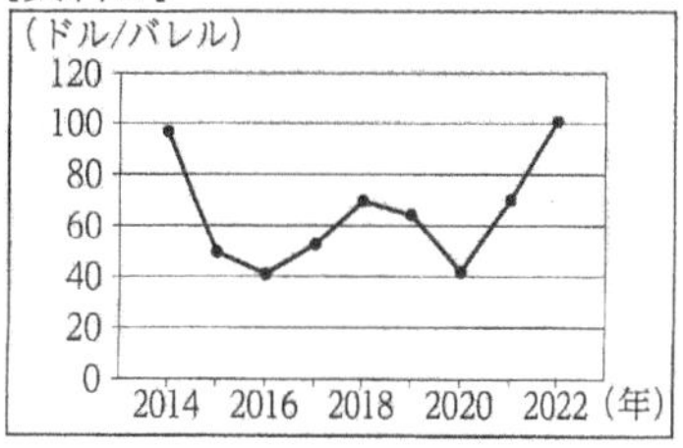

（注）1バレル＝約159リットル
（ＯＰＥＣWebサイトより作成）

(5)　アフリカ州では，21世紀初頭に地域統合を目指した国際組織をつくり，政治的，経済的な結びつきを強化している。この組織の名称を書け。

(6)　夏美さんは，アフリカ州の課題の解決に向けて，日本の政府開発援助による様々な支援が行われていることを知った。次のページの□内は，夏美さんが着目した支援についてまとめたメモである。資料Ⅴは，地域別人口の推移と予測を示したものである。【A】の支援だけではなく，【B】の支援が行われているのはなぜか。その理由を，メモと資料Ⅴから読み取れるアフリカ州の課題に触れながら，簡潔に書け。

【A】 自然災害や紛争などにより，深刻な危機に直面しているアフリカ州の国に対し，食料事情や栄養状態の改善を目的として，食料等の援助を行っている。

【B】 農業の専門家を相手国に派遣し，アフリカ州各地の自然条件に適合するように開発された，収穫量が多く，干ばつに強い等の特長がある稲の栽培指導を行っている。また，各国からの研修員を日本国内で受け入れることで，栽培技術の普及に努めている。

[資料Ｖ]

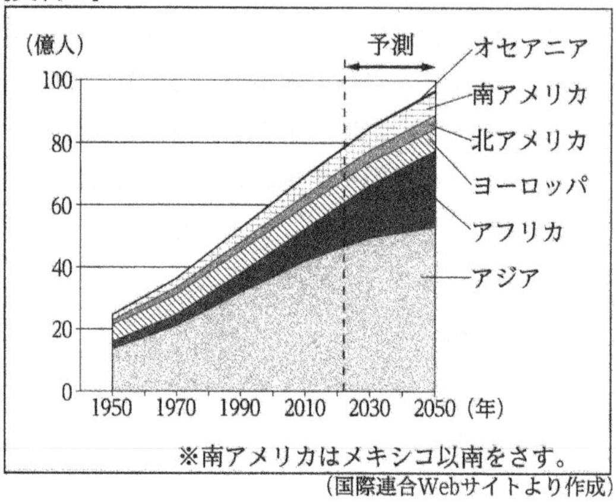

（国際連合Webサイトより作成）

4　健太さんは，「安心して暮らせる社会の実現と政治」というテーマで，公民的分野で学習したことをまとめた。次の □ 内は，健太さんがまとめたメモである。各問いに答えよ。

○私たちが自由で人間らしい豊かな生活を送れるように，日本国憲法は A基本的人権を保障している。

○私たちが住む地域の政治は，B地方公共団体によって行われており，住民の意見を取り入れるため，様々な C住民参加の制度がある。

○政府や D日本銀行は，E財政政策や金融政策を行うことで景気の安定を図り，国民の生活を安定させることに努めている。

○社会の活性化に向けて，すべての人々がいきいきと働くことができる環境を整えるため，F各省庁は様々な取り組みを進めている。

(1) 下線部Aは，日本国憲法において最大限尊重されているが，人権と人権との対立を調整した結果，一方の人権が制限されることがある。次の □ 内は，その事例を説明したものである。（P），（Q）に当てはまる言葉として正しいものを，後のア～エからそれぞれ１つずつ選び，その記号を書け。

ある芸能事務所所属のタレントが，書籍に自分の私生活に関する情報を書かれたことで，（　P　）を侵害されたとして，出版の差し止めを裁判所に訴えた。これに対し，出版社は，「出版の差し止めは（　Q　）を制限するものである。」と主張し法廷で争った。判決では，タレントの訴えが認められ，出版の差し止めが命じられた。

ア　表現の自由　　**イ**　請願権　　**ウ**　プライバシーの権利　　**エ**　学問の自由

(2) 健太さんは，下線部Bの財政について調べる中で，次のページの資料Ⅰを見つけた。資料Ⅰは，2020年度における鳥取県，奈良県，東京都の歳入額とその内訳を示したものである。次のページの □ 内は，健太さんが，資料Ⅰを見て気付いたことをまとめたメモである。（R）に当てはまる言葉を簡潔に書け。

地方公共団体によって，地方交付税交付金の額に違いがあることがわかった。これは，地方交付税交付金が，地方公共団体間の（　R　）ために国から配分されるものだからである。

[資料Ⅰ]

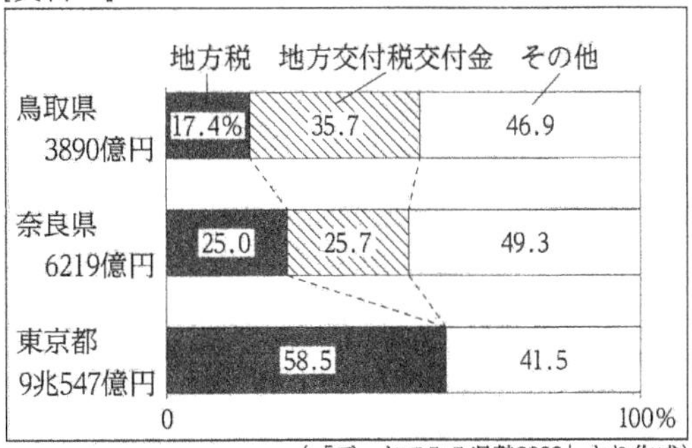

（「データでみる県勢2023」より作成）

(3)　資料Ⅱは，下線部Cのひとつで，地域の重要な問題について，住民の意思を問うために行われる制度の実施事例を示したものである。この制度の名称を漢字4字で書け。

[資料Ⅱ]

地方公共団体	問われた事項	投票結果
新潟県旧巻町	原子力発電所の建設	反対多数
長野県平谷村	市町村合併	賛成多数
大阪府大阪市	特別区の設置	反対多数

(4)　下線部Dの役割について述べた文として適切でないものを，次のア～エから1つ選び，その記号を書け。

ア　千円札，一万円札などの紙幣を発行する。　**イ**　税金などの国の収入を預かる。
ウ　一般の銀行に対してお金の貸し出しを行う。　**エ**　家計や企業からの預金を受け入れる。

(5)　右の表は，好景気のときと不景気のときにおける，下線部Eについて整理したものである。表中のW，Zに当てはまるものとして適切なものを，次の**ア**～**エ**からそれぞれ1つずつ選び，その記号を書け。ただし，W～Zには，**ア**～**エ**が重複せず1つずつ入るものとする。

	財政政策	金融政策
好景気のとき	W	Y
不景気のとき	X	Z

ア　公共事業を減らしたり増税を行ったりする。
イ　公共事業を増やしたり減税を行ったりする。
ウ　国債などを一般の銀行から買う。
エ　国債などを一般の銀行へ売る。

(6)　健太さんは，下線部Fのうち，国土交通省が推進する取り組みを調べた。資料Ⅲは，その取り組みにもとづく，H社がG社から原料を購入する際の輸送方法の転換を示した図である。資料Ⅳは，2021年におけるトラック運転者と全産業従事者の平均年間労働時間を比較したものである。資料Ⅲに示す輸送方法の転換が，働き方改革の観点から注目されているのはなぜか。その理由を，資料Ⅲ，資料Ⅳを参考にして，簡潔に書け。

[資料Ⅲ]

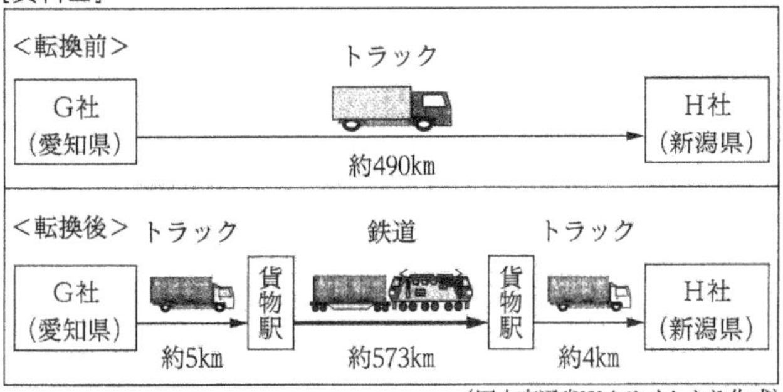

（国土交通省Webサイトより作成）

[資料Ⅳ]

	平均年間労働時間
トラック運転者	2,512時間
全産業従事者	2,112時間

（厚生労働省Webサイトより作成）

5　環境問題に興味をもった次郎さんは，様々な視点から環境問題について調べた。各問いに答えよ。

(1)　資料Ⅰは，環境省のWebサイトに掲載されている環境保全に関する制度について説明したものの一部である。この制度の名称を書け。

[資料Ⅰ]

開発事業の内容を決めるに当たって，それが環境にどのような影響を及ぼすかについて，あらかじめ事業者自らが調査，予測，評価を行い，その結果を公表して一般の方々，地方公共団体などから意見を聴き，それらを踏まえて環境の保全の観点からよりよい事業計画を作り上げていこうという制度です。

（環境省Webサイトより作成）

(2)　都市化の進展の中で起きている問題として，ヒートアイランド現象がある。これはどのような現象か。簡潔に書け。

(3)　明治時代以降の近代化の中で公害が問題化し，やがて大きな社会問題となった。明治時代以降の公害について述べた文X，Yと，それらに関係の深いa～dの場所や地域との組み合わせとして適切なものを，後の**ア**～**エ**から１つ選び，その記号を書け。

X　河川に鉱毒が流れ出し，下流域で深刻な被害が広がり，田中正造が鉱山の操業停止を求めた。

Y　工場の排煙による大気汚染を原因とする公害問題が生じ，被害を受けた住民が裁判を起こした。

a　別子銅山　　b　足尾銅山　　c　四日市市　　d　水俣市

ア　X－a　Y－c　　**イ**　X－a　Y－d　　**ウ**　X－b　Y－c　　**エ**　X－b　Y－d

(4)　次郎さんは，温室効果ガスのひとつである二酸化炭素の排出量について調べた。資料Ⅱは，主な国と世界全体の1990年と2018年における二酸化炭素総排出量と一人当たりの二酸化炭素排出量を示したものである。資料Ⅱにおける各年の数値の比較から読み取ることができる内容として適切なものを，次の**ア**～**エ**からすべて選び，その記号を書け。

ア　アメリカと日本の二酸化炭素総排出量はどちらも増加しているが，世界全体に占める割合はどちらも減少している。

イ　中国とインドの一人当たりの二酸化炭素排出量は，どちらも３倍以上に増加している。

ウ　二酸化炭素総排出量と一人当たりの二酸化炭素排出量とがどちらも減少している国は，ドイツだけである。

エ　世界全体の二酸化炭素総排出量は増加しているが，一人当たりの二酸化炭素排出量は減少している。

[資料Ⅱ]

	二酸化炭素総排出量（百万t-CO_2）		一人当たりの二酸化炭素排出量（t-CO_2）	
	1990年	2018年	1990年	2018年
アメリカ	4,803	4,921	19.20	15.03
中国	2,089	9,528	1.84	6.84
日本	1,054	1,081	8.53	8.55
ドイツ	940	696	11.84	8.40
インド	530	2,308	0.61	1.71
世界全体	20,516	33,513	3.88	4.42

（「世界国勢図会2021/22」より作成）

[資料Ⅲ]

奈良県リサイクル認定製品

<認定製品の例>
・間伐材を活用した下足箱
・廃プラスチックを活用したポリ袋

（奈良県Webサイトより作成）

(5) 次郎さんは，奈良県も環境問題への取り組みを積極的に行っていることを知った。資料Ⅲは，奈良県が認定した製品に表示されているマークと，その製品の例である。資料Ⅳは，その認定数の推移を示したものである。奈良県がこの取り組みを行う目的は何か。資料Ⅲ，資料Ⅳを参考にして，「資源」，「負荷」の語を用いて簡潔に書け。

[資料Ⅳ]

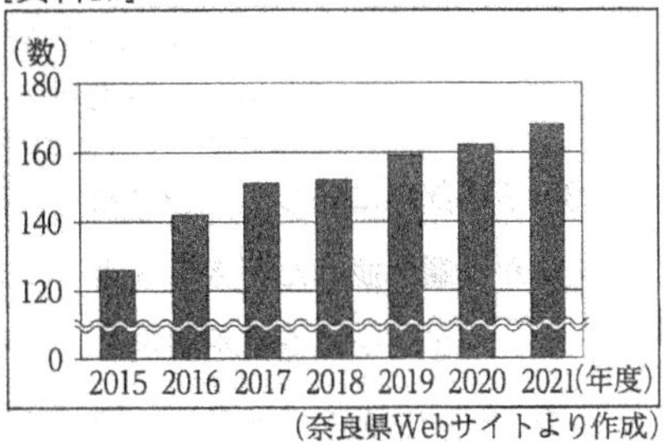

(奈良県Webサイトより作成)

㈠ 春香さんが【批評文】で取り上げた、ポスターを分析する際の観点として最も適切なものを、次の**ア**～**エ**から一つ選び、その記号を書け。

ア 改善すべきところ　**イ** 全体の構図
ウ 絵の効果　**エ** 作成者の思い

㈡ 【批評文】からわかる春香さんの述べ方の工夫として最も適切なものを、次の**ア**～**エ**から一つ選び、その記号を書け。

ア 初めと終わりに考えを置き、根拠を示して具体的に述べている。
イ 読み手に繰り返し問いかけ、関心をもたせるように述べている。
ウ 自分の考えに客観的なデータを加えながら、論理的に述べている。
エ 複数の具体例と比較し、題材の特徴を強調するように述べている。

㈢ 【題材のポスター】は、図書館の利用や読書を呼びかけている。読書の意義についてのあなたの考えを、次の①、②の条件に従って書け。

条件① 二段落構成で書くこと。第一段落では、あなたが考える読書の意義を、第二段落では、そのように考える理由を書くこと。
条件② 原稿用紙の使い方に従って、百字以上百五十字以内で書くこと。

ア　雨とも雪ともわからないものがずっと降り続く中で、雲間から大きな星が一つだけ輝いている様子。
イ　曇っていた夜空が時間の経過とともにすっかり晴れて、強い光を放つ大きな星が一面に輝いている様子。
ウ　夜空一面を覆っている雲の切れ間から、数えきれないほど多くの星が華やかに輝いている様子。
エ　空を覆う雲がいつの間にかすっかり晴れて、大きな一つの星がひときわまぶしく輝いている様子。

四　次の行書で書いた①～④の漢字を楷書で書いたとき、画数が同じ漢字の組み合わせとして適切なものを、後のア～エから一つ選び、その記号を書け。

①　桜　　②　閉　　③　祖　　④　浴

ア　①と②　　イ　②と③　　ウ　③と④　　エ　①と④

五　春香さんは、国語科の授業で批評文を書く学習をしている。次は、【題材のポスター】と、春香さんが書いた【批評文】である。これらを読み、各問いに答えよ。

【批評文】

私は、このポスターのよさは、「図書館をもっと身近に暮らしのなかに」というキャッチコピーに調和した絵にあると考える。

ポスターとは、見る人の視覚に訴えかけるものであるので、短くて印象的な言葉や絵、写真などを効果的に用いることが大切である。題材のポスターには、本を読む動物たちや人物がかわいらしく描かれ、絵がかもし出すあたたかい雰囲気が、五音と七音を生かしたリズム感のある親しみやすいキャッチコピーにぴったりと合っている。見る人は、キャッチコピーだけでなく絵も捉えることで、ポスターが呼びかける「図書館を身近なものとして利用し、本に親しんでほしい」というメッセージを容易に受け取ることができる。

このように、題材のポスターは、キャッチコピーを魅力的に描き出した絵があることで、より効果的に図書館の利用や読書を促していると言える。

【題材のポスター】

（日本図書館協会のウェブサイトから）

(三)　——線③とはどういうことか。その説明として最も適切なものを、次の**ア**～**エ**から一つ選び、その記号を書け。

ア　地球が変化してきた過程は検証すべきではないということ。

イ　地球を研究してきた過程は他には想定できないということ。

ウ　地球が変化してきた過程に仮定を挟み込む余地はないということ。

エ　地球を研究してきた過程に絶対的な正解は存在しないということ。

(四)　【Ⅱ】の段落は【文章A】においてどのような働きをしているか。その説明として最も適切なものを、次の**ア**～**エ**から一つ選び、その記号を書け。

ア　前の段落の根拠を示し、内容の正しさを強調している。

イ　前の段落に疑問を投げかけ、新たな考えを示している。

ウ　前の段落の具体例を示し、内容理解の手助けとしている。

エ　前の段落を深め、これから展開する内容につなげている。

(五)　【文章A】で筆者が述べている内容と合っているものを、次の**ア**～**エ**から一つ選び、その記号を書け。

ア　「過去は未来を解く鍵」という言葉は、ミクロの視座による考え方を根拠としている。

イ　地球上のすべての現象について勉強することで、様々な視座を身につけることができる。

ウ　地球科学には、非可逆性の他に、他の分野からの質問には回答できないという制約もある。

エ　地球科学を学ぶには、地球の歴史には思わぬ事件が頻発することを知っておくことが重要である。

(六)　筆者は【文章B】で、日本人と自然との関わりについて述べている。

(1)　——線④とあるが、日本人が「『しなやかさ』を身につけてきた」のは、日本列島にどのような特徴があるからか。簡潔に書け。

(2)　「しなやかさ」を身につけてきた日本人が自然現象と上手に付き合うとは、どうすることだと筆者は考えているか。【文章A】中の言葉を用いて四十字以内で書け。

三

次の文章を読み、各問いに答えよ。

十二月一日ごろなりしやらむ、夜に入りて、雨とも雪ともなくうち散りて、むら雲騒がしく、①ひとへに曇りはてぬものから、むらむら星うち消えしたり。引き被《かづ》き臥《ふ》したる衣《きぬ》を、更《ふ》けぬるほど、丑《うし》二つばかりにやと思ふほどに、②引き退《の》けて、空を見上げたれば、ことに晴れて、浅葱色《あさぎいろ》なるに、光ことごとしき星の大きなるが、むらもなく出《い》でたる、なのめならず③おもしろくて、花の紙に、箔《はく》をうち散らしたるによう似たり。今宵《こよひ》初めて見そめたる心地す。

（『建礼門院右京大夫集』による）

(注)　むら雲＝集まりむらがっている雲　ものから＝けれども
むらむら＝まだらに　引き被き＝頭からかぶって
丑二つばかり＝午前二時ごろ　浅葱色＝薄い藍色
むらもなく＝一面に　なのめならず＝並々でなく
花の紙＝藍色の紙　箔＝金・銀・銅などの金属を薄く延ばしたもの

(一)　——線①を現代仮名遣いに直して書け。

(二)　——線②とあるが、何を引き退けたのか。文章中から一字で抜き出して書け。

(三)　——線③について、筆者が「おもしろく」感じていることとして最も適切なものを、次のページの**ア**～**エ**から一つ選び、その記号を書け。

る。一九世紀以来の地質学の蓄積によって、記述と体系化はかなりできるようになった。しかし、それがなぜ起きたのかという根源的な質問に答えられる場合は実に少ない。

いつも非常に歯がゆい思いをするのだが、他の分野から寄せられる「因果関係」の質問にほとんど回答できないのが現状だ。一方で、おもしろい事実は次から次へと見つかるので、その発見と記述作業に没頭しているのも大多数の地球科学者である。

いつしか大陸移動説を提唱したウェゲナーのように、あるいは自分がプレート・テクトニクスの発見者となる日を夢見て、眼前に展開する新知見に取り組んでいる。

【Ⅱ】

ここには「例外や想定外に出会ってもうろたえない」という興味深い性格が現出するように思う。言わば、想定外の現場で発揮できる「知的な強靱《きょうじん》さ」である。

具体的には、近年の日本列島は「大地変動の時代」に入り、地震、火山噴火、異常気象など地球にまつわる想定外の現象が頻発している。ここでは例外や想定外に出会ってもうろたえず、事実を冷静にマクロに分析し「長尺の目」で次の予測を立てる必要がある。

思わぬ事件が突然起きることが当たり前の世界史や日本史と同じく、非可逆の現象にあふれた地球の歴史も「壮大な想定外」として知っていただきたい。地球科学を学ぶ上で大事な視座の一つとなるだろう。

【文章B】

日本では、地面が揺れ、火山が噴火し、台風がやってくるのは当たり前の「現象」である。そして巨視的にみると、日本人にはこうした「天災」に対処する能力があるのだと思う。つまり、日本では変化すること自体が「常態」になっている。おそらく日本列島で一〇万年以上もまれつつ適応した結果、④私たちはある種の「しなやかさ」を身につけてきたともいえるだろう。このしなやかさを維持するために、地球科学の知識が役に立つ。

地球の壮大な姿を知ると、自然に対する畏敬の念が生まれてくる。私は日本人全員が地球科学の最先端の知識を持ち、人間の力をはるかに超える自然現象と上手に付き合っていただきたいと願っている。

（鎌田浩毅『知っておきたい地球科学』による）

（注）スケール＝規模
キーフレーズ＝問題を考えるための重要な手がかりとなる言葉
プロセス＝過程
大陸移動説＝現在地球上にある大陸は、時代とともに移動して分裂・接合し、現在の位置に至ったという説
ウェゲナー＝ドイツの気象・地球物理学者
プレート・テクトニクス＝大陸や大洋底の相互の位置の変動を、プレートの水平運動によって理解する考え方
強靱＝しなやかで強いさま

㈠ ――線①の「わたる」と同じ意味で使われているものを、次の**ア**～**エ**から一つ選び、その記号を書け。

ア　木々の間をわたる風　　**イ**　連日にわたる会議
ウ　巧みに世をわたる人　　**エ**　大海をわたる船

㈡ ――線②とあるが、「視座が違う」とは、地球史上起こる現象について考える際、何にどのような違いがあるということか。それを説明した次の文の（　）に当てはまる言葉を、【Ⅰ】の部分から三字で抜き出して書け。

（　　　）の捉え方に長短の違いがあるということ。

が強くなるということ。

イ　農家の人から聞く生きた知恵は、暮らしの中での自分の気づきと共通するということ。

ウ　作物を育て収穫することが暮らしに溶け込み、日々の営みの一部となるということ。

エ　自ら畑を耕し育てた作物が、多くの人の手や店を介して食卓に上るということ。

(六)　幸田文の文章を引用した筆者のねらいについての説明として最も適切なものを、次のア〜エから一つ選び、その記号を書け。

ア　筆者と共通する考えを示し、伝えたいことの説得力を増すねらい。

イ　筆者の考えに沿った事例を示し、自説を学術的に裏づけるねらい。

ウ　筆者の考えに賛同する論を示し、筆者の着眼点を印象づけるねらい。

エ　筆者とは異なる価値観を示し、多様なものの見方を提案するねらい。

(七)　――線⑤とは、日々の経験を通して何を理解していくことか。簡潔に書け。

二　次の【文章A】は、『知っておきたい地球科学』という本の一部であり、【文章B】は、この本の「おわりに」の一部である。これらを読み、各問いに答えよ。

【文章A】

　地球科学は四六億年に①わたる地球の歴史を扱うが、それは環境が激変してきた歴史でもある。太陽系の誕生に伴う小惑星の衝突から始まり、幾度となく劇的な変化に見舞われつつも、そのたびに不安定な状態から回復し、何十億年もかかって現在の安定した状態へ移行したのである。

　地球史四六億年と生命史三八億年というスケールは、日常生活の時間軸をはるかに超えて長い。こうした視座を「長尺の目」と呼んできたが、この「目」は未来の予測にも威力を発揮する。何万年、何千万年というスケールで捉えることにより、長期的な予測が可能となる。【Ⅰ】「過去は未来を解く鍵」というキーフレーズのよりどころは、こうした長尺の目にある。

　たとえば、地球温暖化問題の理解もここにポイントがある。温暖化するのかしないのか、専門家の間でも意見が分かれている。これは②現象を捉える視座が違うからで、ある意味で両方とも正しい。

　数十年単位のミクロな時間軸で見れば、温室効果ガスによる温暖化は確かに起きている。一方、数万年単位のマクロの視座では、暖かい間氷期が終了してこれから氷河期へ向かう途上にある。こうした視座を意識して地球上のすべての現象を勉強するのも興味深いのではないだろうか。

　もう一つ、地球科学には重要な制約がある。

　地球は宇宙にたった一つしかなく、③経てきたプロセスに「もしも」がない。すなわち、時間を戻すことも、また物理学や化学や数学のように再現することもできない。これは一般的に「歴史の非可逆性」とも呼ばれている。

　そもそも非可逆な現象を多数扱うものだから、理論のとおりに進行することが少ない。言い換えれば地球科学は「例外にあふれている」という特徴を持つ。地球の歴史には思わぬ事件が多数登場するが、われわれ地球科学者は起きた現象をできるだけ正確に記述しようとす

だけれど、樹木の観察についてこんなことを書いている。

　去年の晩秋にも、ここへ檜《ひのき》を見にきているのだが、その時から夏にもぜひもう一度と思っていた。そういう思いかたは私に、抜きがたい家庭人の癖がついているからだとおもう。若い頃にしみこんだ、料理も衣服も住居も、最低一年をめぐって経験しないことには、話にならないのだ、と痛感したその思いが、今も時にふれて顔をだすのである。

（「ひのき」『木』収録、新潮社）

　筍《たけのこ》のあくは椿《つばき》の葉でも抜けるんでっせ。最近仲良くなった近所の爺《じい》さんは、そんな調子で生活の知恵を教えてくれる。山椒《さんしょう》の保存の仕方とか、山菜のこととか、昔の茶摘みの話とか、そんな生きた知恵を仕入れると、来年、同じ季節がやってくるのが待ち遠しくなる。山椒の実が取れたら今度はジンにD漬け込んでみようとか、そんなことを随分先のカレンダーに書き込んで忘れないようにしておく。そうやって、いろいろなおいしいものを知りながら、自分にとって④農業と生活が縫い目なくつながっていけばよい。

　幸田文が癖と呼んでいるものは、家事仕事から培《つちか》われたもので、冷蔵や流通の事情も違う、ひと昔前の家事は今よりもずっと季節に寄り添うものだったんだろうと思う。一年経《た》って、彼女の「一年めぐらないと確かではない。」という言葉の意味がよくわかる。例えば、ネムノキの花が咲く頃にオクラの花も咲くとか、雨が続くとカボチャがみんな腐るとか、それが今回だけの現象なのか、それとも毎年繰り返されるものなのか、季節がひとめぐりしてみないとわからない。春夏秋冬のそれぞれに景色があって、畑では毎日違うことが起きている。季節の移り変わりとともに生きて、だんだんと⑤野生の暦を学んでいく。

（鎌田裕樹「ポケットの種から」による）

（注）有機農業＝化学肥料や農薬の使用をひかえた農業
幸田文＝小説家　山椒＝芳香のある低木、果実は香辛料等にされる
ジン＝酒の一種

㈠ □A、Dの漢字の読みを平仮名で書き、□B、Cの片仮名を漢字で書け。

㈡ ――線①とは、筆者のどのような心の状態を表しているか。最も適切なものを次のア～エから一つ選び、その記号を書け。

ア おそれ　**イ** いつくしみ　**ウ** あせり　**エ** やすらぎ

㈢ ――線②は、どのようなことをたとえているか。最も適切なものを次のア～エから一つ選び、その記号を書け。

ア 農家を紹介されたことで、不意に農業への興味が生まれたこと。

イ 自分が理想とする農業の在り方を、図らずも見つけ出したこと。

ウ 思いがけず、知人が自分と同じく農業を志す人だとわかったこと。

エ たまたま、農家とつながりのある人に農業への思いを話したこと。

㈣ ――線③について、筆者の何が「変わった」のか。文章中から八字で抜き出して書け。

㈤ ――線④とあるが、農業と生活が縫い目なくつながるとはどういうことか。最も適切なものを後のア～エから一つ選び、その記号を書け。

ア 自分の力で丁寧に栽培した作物を食べることで、家族のきずな

＜国語＞

時間　五〇分　　満点　五〇点

一　次の文章を読み、各問いに答えよ。

たしか、三月の頭とか、朝晩がまだ冷える季節に、ナスの種をポケットに入れていたことがあった。夏の野菜の苗を種から育ててみようと思って調べていると、種に発芽のスイッチを入れるにはちょうど人肌くらいの温度を保つとよいと書いてあったので、名刺くらいの大きさの、A封ができるビニールに、湿らせたキッチンペーパーを入れて、それに種を包み、肌身離さずに持ち歩く方法を試していたのだった。①親鳥のような心境で、種から白い根が顔を出すのを待ちわびていた。

その日は、デザイナーのAさんが店を訪ねてきた。自作の絵本をつくったから感想を聞かせてほしいと言うので、ポケットからメモ帳を取り出そうとして、何気なく例の種が入ったビニールを机に並べた。

「なんですかそれ？　お薬？」

「ああ、これはナスの種で……。」

それまでにAさんと農業の話をしたことがなかったから、Bキュウに種の話になって驚かれた。それから本の話を聞いて、別れぎわに、いつか農業に携わってみたいと打ち明けた。後日、Aさんから連絡があった。

「友人夫婦が京都で有機農業をしているんですけど、ちょうど今、求人をしているらしくて、鎌田さんどうですか？」

ポケットの種が生んだ不思議な縁。何千、何万と並ぶ本の海から、今まさに読まねばならない本をぴたっと見つけ出すような、②偶然の嗅覚というか、そういう、技術や知識と無関係のところで、人生の分岐をいつも救われてきた。農家になったのもそんな偶然からだった。

あれから、色白だった肌が日に焼けたり、体重が落ちたり、ふと鏡を見て、少しずつ変わっていく自分に気がつくことがある。そうやって、仕事に見合った風貌になっていくのだろうし、体つき以外にも変化を感じることがあって、とくに距離や広さの感覚は農家らしくなってきたと思う。去年の日記を見ると、初日の感想に「畝が長くてビビった。」と一言だけ書いてあった。その日の仕事はズッキーニの収穫で、その畝はだいたい70メートルあるのだけど、最初はこれがとんでもなく長く見えた。慣れないうちは、ぬかるんだ畝の間を歩くことだって大変だ。今年の夏は、同じ場所にオクラが植わっている。いつから畑をすいすい歩けるようになったのか、よく覚えていない。

農作業は、自らの体を物差しに世界を見るCクンレンのようだ。親指から小指の先までちょうど20センチ。握り拳が10センチ。小股の一歩が50センチ。大股だと1メートル。畑でいちいちメジャーを使っていられないから、手足を使って距離を測る。慣れていくと、見ただけでなんとなくの長さがわかる。作物の株間や、畝の長さ、広さ、肥料の計量など、自分の体を規格に世界を観察すると、風景が具体化していって、最初はあんなに広く、途方もなく感じていた畑が、今は違って見える。

初めて歩いた時はやけに長く感じた道が、次に通る時にはなぜか短く思えたりする。③道や畑が縮んだわけではないから、変わったとすれば自分のほうなのだ。二年目の季節はそんなふうに過ぎていく。

農業の一年目を終えて、そんなことを考えていると友達に話したら、「そういえば幸《こう》田《だ》文《あや》もそんなことを書いてたよ。」と教えてくれた。彼女の文章を読んでいると、つくづく見る目がある人だなあと思うの

2023年度

解　答　と　解　説

《2023年度の配点は解答用紙集に掲載してあります。》

＜数学解答＞

1　(1)　①　13　　②　7　　③　x^2-5x-8　　④　$-\sqrt{3}$

(2)　$x=-11$，$y=4$　　(3)　$x=\dfrac{-5\pm\sqrt{21}}{2}$　　(4)　$a+b$

(5)　81cm^3　　(6)　$\dfrac{3}{8}$　　(7)　右図　　(8)　イ，エ，オ

2　(1)　①　135度　　②　2辺XY，XZから距離が等しい点。

③　$2+2\sqrt{2}$(cm)　　(2)　①　イ　　②　$50-\dfrac{9}{4}\pi$(cm^2)

3　(1)　$-8\leqq y\leqq 0$　　(2)　$y=x-4$　　(3)　ア　　(4)　$\dfrac{7}{10}$

4　(1)　解説参照　　(2)　$180°-2a°$　　(3)　①　12cm^2

②　$\dfrac{5\sqrt{5}}{2}$cm

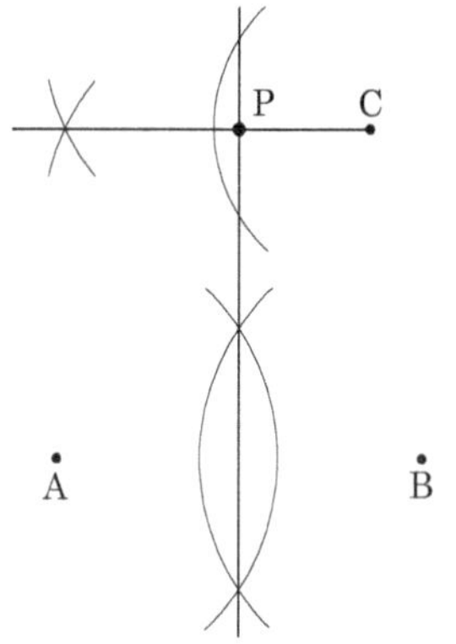

＜数学解説＞

1　(数・式の計算，式の展開，二次方程式，平方根，2次方程式，式の値，体積比，確率，作図，資料の散らばり・代表値)

(1)　①　$7-(-6)=7+(+6)=7+6=13$

②　$15+(-4)^2\div(-2)=15+16\div(-2)=15-8=7$

③　**乗法公式$(x+a)(x+b)=x^2+(a+b)x+ab$**より，$(x+2)(x-5)=x^2+(2-5)x+2\times(-5)=x^2-3x-10$，分配法則より，$-2(x-1)=-2x+2$だから，$(x+2)(x-5)-2(x-1)=x^2-3x-10-2x+2=x^2-3x-2x-10+2=x^2-5x-8$

④　$\sqrt{2}\times\sqrt{6}-\sqrt{27}=\sqrt{2}\times(\sqrt{2}\times\sqrt{3})-\sqrt{3^2\times3}=2\sqrt{3}-3\sqrt{3}=-\sqrt{3}$

(2)　連立方程式$\begin{cases}x+4y=5\cdots① \\ 4x+7y=-16\cdots②\end{cases}$　①×4して，$4x+16y=20\cdots③$　③－②　$(4x+16y)-(4x+7y)=20-(-16)$　$9y=36$　両辺を9で割って$y=4\cdots④$　④を①に代入して$x+4\times4=5$　$x=5-16$　$x=-11$　よって，連立方程式の解は$x=-11$，$y=4$

(3)　**2次方程式$ax^2+bx+c=0$の解は，$x=\dfrac{-b\pm\sqrt{b^2-4ac}}{2a}$**で求められる。問題の2次方程式は，$a=1$，$b=5$，$c=1$の場合だから，$x=\dfrac{-5\pm\sqrt{5^2-4\times1\times1}}{2\times1}=\dfrac{-5\pm\sqrt{25-4}}{2}=\dfrac{-5\pm\sqrt{21}}{2}$

(4)　$a<0$，$b<0$のとき，$a+b$は負の数，$a-b$は$a<b$ならば負の数で$a>b$ならば正の数，abは正の数，$\dfrac{a}{b}$は正の数になる。また，$a<b$のとき，$a+b<a-b$なので，式の値が最も小さいものは$a+b$となる。

(5)　**相似比が$a:b$である立体の体積比は$a^3:b^3$**となるため，三角すいAとBの体積比は$2^3:3^3=8:27$となる。よって，三角すいBの体積は$24\times\dfrac{27}{8}=81$(cm^3)である。

(6)　硬貨を3回投げるとき，全ての出方は$2\times2\times2=8$(通り)。このうち，硬貨を3回投げた結果，点Pが原点Oにある場合は，表が2回と裏が1回出たときであるので(表，表，裏)，(表，裏，表)，

(裏，表，表)の3通りになる。よって，$\frac{3}{8}$

(7)　(着眼点)　△PABは線分ABを底辺とする二等辺三角形であることから，点Pは線分ABの**垂直二等分線**上にあることがわかる。これより，AB//PCであることから，点Cから線分ABの**垂直二等分線**に**垂線**を下ろしたときの交点が点Pとなる。　(作図手順)　次の①～③の手順で作図する。　①　点A，Bを中心として，交わるように半径の等しい円を描き，その交点を通る直線(線分ABの**垂直二等分線**)を引く。　②　点Cを中心として，①で引いた直線と交わるように円を描き，その交点をD，Eとする。(ただし，解答用紙には点D，点Eの表記は不要である。)　③　点D，Eを中心として，交わるように半径の等しい円を描き，その交点と点Cを通る直線を引く。①で引いた直線と③で引いた直線の交点が点Pとなる。

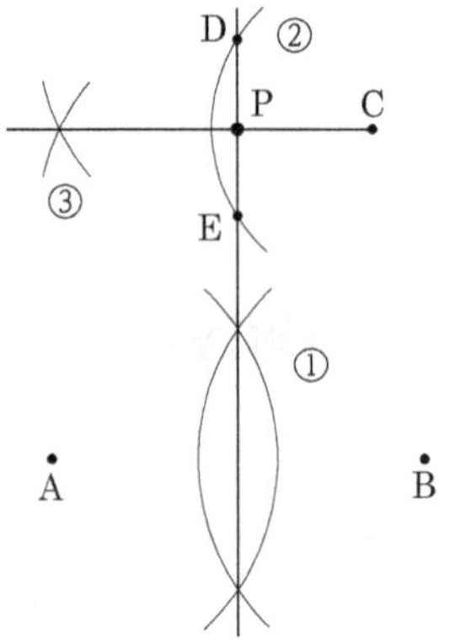

(8)　ア　図4からは通学時間の中央値は読み取ることができないため，当てはまらない。

イ　図4から，1年生では，通学時間が20分未満の生徒が全体の66％であることが読み取れる。また，3年生では，通学時間が20分未満の生徒が全体の52％であることが読み取れる。よって，当てはまる。

ウ　図4から，1年生も3年生も，通学時間が25分未満の生徒が全体の76％であることが読み取れる。しかし，1年生の全体の人数は75人，3年生の全体の人数は90人であることにより，通学時間が25分未満の生徒の人数は同じであるとはいえない。よって，当てはまらない。

エ　通学時間が25分以上30分未満の生徒の人数は，(通学時間が30分未満の生徒の人数)－(通学時間が25分未満の生徒の人数)で求めることができる。図4から，1年生では，通学時間が30分未満の生徒が全体の80％，通学時間が25分未満の生徒が全体の76％であることが読み取れるため，$75\times\frac{80}{100}-75\times\frac{76}{100}=75\left(\frac{80}{100}-\frac{76}{100}\right)=75\times\frac{4}{100}=3$(人)であることがわかる。同様にして，3年生では，通学時間が30分未満の生徒が全体の90％，通学時間が25分未満の生徒が全体の76％であることが読み取れるため，$90\times\frac{90}{100}-90\times\frac{76}{100}=90\left(\frac{90}{100}-\frac{76}{100}\right)=90\times\frac{14}{100}=12.6$(人)であることがわかる。よって，当てはまる。

オ　図4から，1年生と3年生の累積相対度数を比較する。通学時間が短いときは1年生の累積相対度数が高く，通学時間が長いときは，3年生の累積相対度数が高いことが読み取れる。よって、当てはまる。

2　**(角度，角の二等分線，円，面積)**

(1)　①　△XYZは直角二等辺三角形であるから，∠YXZ＝45°である。また，円Oは辺XY，XZに接しており，2点P，Qはその接点であることにより，∠XPO＝∠XQO＝90°となる。四角形XPOQの内角の和は360°であるから，∠POQ＝360°－(∠YXZ＋∠XPO＋∠XQO)＝360°－(45°＋90°＋90°)＝135°となる。

②　△XPOと△XQOにおいて∠XPO＝∠XQO＝90°　XOは共通，円の半径は等しいから，PO＝QO　直角三角形の斜辺と他の一辺がそれぞれ等しいから，△XPO≡△XQO　合同な図形の対応する角は等しいから，∠PXO＝∠QXO　よって，線分XRは∠YXZの二等分線であることがわかる。したがって，線分XR上の点は2辺XY，XZから距離が等しい点である。

③　半直線QOと線分XYの交点をSとする。∠XQS＝∠XZY＝90°より，SQ//YZとなる。また，△XQSと△XZYにおいて∠Xは共通　∠XQS＝∠XZY＝90°　2組の角がそれぞれ等しいので

△XQS∽△XZYとなり，△XQSは直角二等辺三角形であることがわかる。**角の二等分線の性質**より，XS：XQ＝SO：OQ　**45°，45°，90°の直角三角形の3辺の比は1：1：$\sqrt{2}$** であるため，XS：XQ＝SO：OQ＝$\sqrt{2}$：1　SO＝$\sqrt{2}$OQ＝$2\sqrt{2}$(cm)となる。△XPO≡△XQOより，XP＝XQ　△XQSは直角二等辺三角形であることより，XQ＝SQとなるため，XP＝SQ＝SO＋OQ＝$2+2\sqrt{2}$(cm)　(追加説明)　角の二等分線があるとき，図(b)のような性質が成り立つ。

図(a)

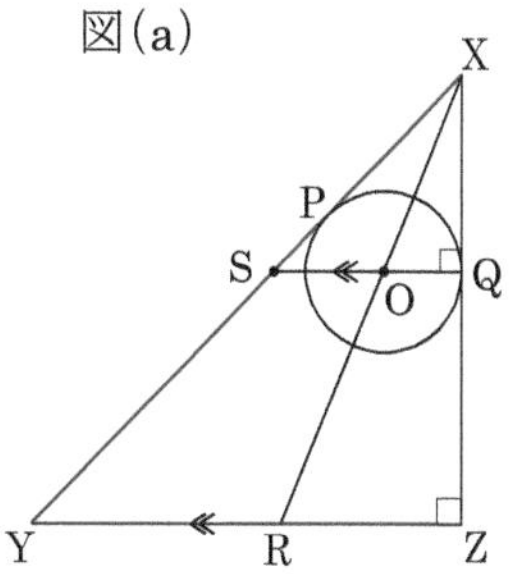

図(b)

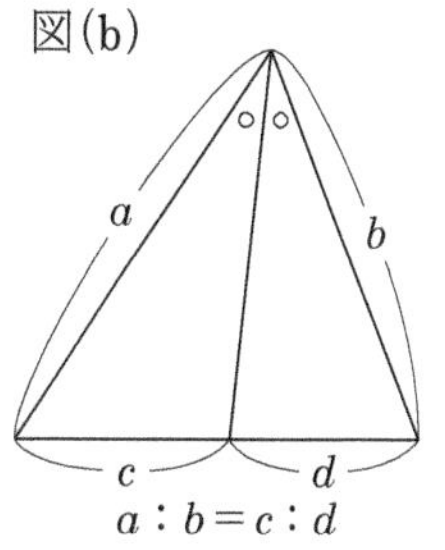

(2)　①　太郎さんと花子さんの会話より，点B，D，Xは円Aの周上の点であることが読み取れる。円Aの中心は点Aであり，円の半径が等しいことからAB＝AD＝AXが成り立つ。よって，2点X，Aの距離は正方形ABCDの1辺の長さと等しい。

②　①より，正方形ABCDが点Xに最も近づいたとき，正方形の点Xに最も近い頂点と点Xとの距離は3cm(正方形ABCDの1辺)になることがわかる。よって，正方形ABCDが，△XYZの内部をくまなく動くときの正方形ABCDの通過面積は右図のようになる。したがって，正方形ABCDの通過面積＝△XYZ－(半径3cmで中心角45°のおうぎ形)×2＝$\frac{1}{2}\times10\times10-3\times3\times\pi\times\frac{45°}{360°}\times2=50-\frac{9}{4}\pi$(cm²)

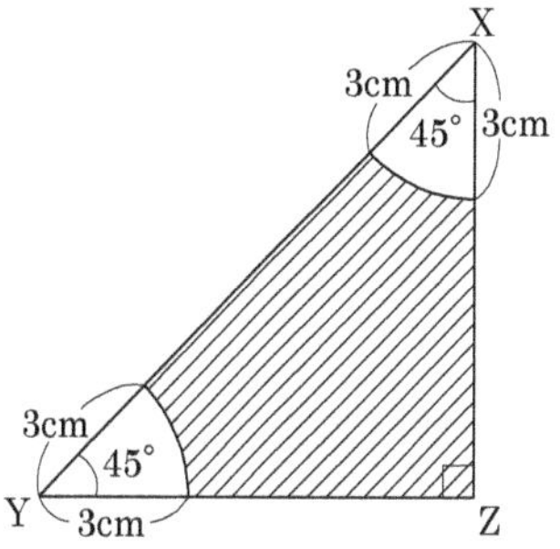

3 **(図形と関数・グラフ)**

(1)　$y=-\frac{1}{2}x^2$について，$x=-4$のときyの値は最小になり，$x=0$のときyの値は最大になる。$x=-4$のときyの値は$y=-\frac{1}{2}\times(-4)^2=-8$となり，$x=0$のとき$y$の値は，$y=-\frac{1}{2}\times0^2=0$となるので，$y$の変域は$-8\leqq y\leqq0$である。

(2)　点C，Dは$y=-\frac{1}{2}x^2$上にあるため，そのy座標はそれぞれ$y=-\frac{1}{2}\times(-4)^2=-8$，$y=-\frac{1}{2}\times2^2=-2$となりC$(-4,\ -8)$，D$(2,\ -2)$と求められる。直線CDの式を$y=mx+n$とおくと，点Cを通るから$-8=-4m+n$…①　点Dを通るから$-2=2m+n$…②　①，②より　$m=1$，$n=-4$　よって，直線CDの式は$y=x-4$である。

(3)　点A，Bは$y=ax^2$上にあるため，そのy座標はそれぞれ$y=a\times(-4)^2=16a$，$y=a\times2^2=4a$となりA$(-4,\ 16a)$，B$(2,\ 4a)$と求められる。

ア　直線ABの傾きは$\frac{4a-16a}{2-(-4)}=-\frac{12a}{6}=-2a$となり，$a$の値が大きくなるとき，それにともなって小さくなる。

イ　2点間の距離は，$\sqrt{(x座標の差)^2+(y座標の差)^2}$で表される。よって，線分ABの長さは$\sqrt{\{2-(-4)\}^2+(4a-16a)^2}=\sqrt{36+144a^2}$となり，$a$の値が大きくなるとき，それにともなって大きくなる。

ウ　直線ABの式を$y=-2ax+b$とおくと，点Bを通るから$4a=-2a\times2+b$　$b=8a$となり，$y=-2ax+8a$と求められる。△OAB＝△OAE＋△OBE＝$\frac{1}{2}$×OE×(点AからOEの距離)＋$\frac{1}{2}$×OE×(点BからOEの距離)＝$\frac{1}{2}\times8a\times4+\frac{1}{2}\times8a\times2=24a$となり，$a$の値が大きくなるとき，それにともなって大きくなる。

エ　点Aを通りy軸に平行な直線と，点Bを通りx軸に平行な直線の交点をFとする。また，y軸と点Bを通りx軸に平行な直線の交点をGとする。△ABFにおいて，AF//EGなので三角形と比の定理が成り立ち，AE：EB＝FG：GBとなる。よって，AE：EB＝FG：GB＝4：2＝2：1となり，aの値が大きくなっても，変わらない。

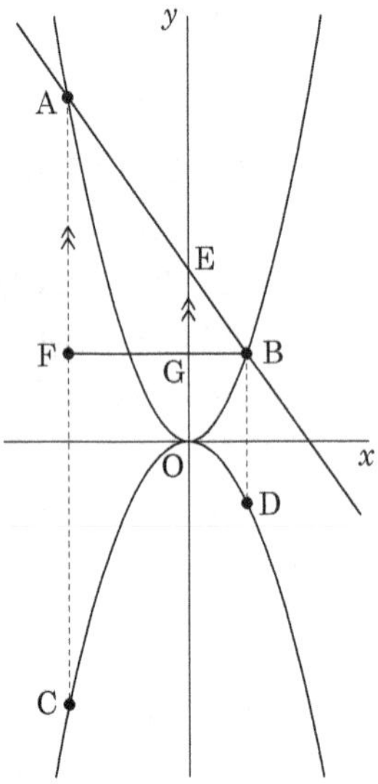

(4)　直線ODの式を$y=ax$とすると，点D(2，−2)を通るから$-2=2a$　$a=-1$となり，$y=-x$と求められる。直線ODと直線ACの交点をHとすると，x座標は−4なので，$y=-(-4)=4$となり，H(−4，4)だとわかる。直線ODが四角形ACDBを2等分するとき，四角形ACDB：△HCD＝2：1になる。これより，四角形ACDB：△HCD＝$\frac{1}{2}\times$(AC＋BD)×(底辺ACとしたときの高さ)：$\frac{1}{2}\times$HC×(底辺HCとしたときの高さ)＝(AC＋BD)：HC＝$\{16a-(-8)\}+\{4a-(-2)\}:\{4-(-8)\}=(20a+10):12$が成り立つので，$(20a+10)=12\times2$　$20a+10=24$　$a=\frac{7}{10}$となる。

4　**(平面図形，相似の証明，角度，面積，線分の長さ)**

(1)　(証明)　(例)△AEFと△BCEにおいて仮定から，∠AEF＝90°…①　∠BEC＝90°…②　①，②より∠AFE＝∠BEC…③　1つの弧に対する円周角は等しいから∠EAF＝∠CBE…④　③，④より2組の角がそれぞれ等しいから△AEF∽△BCE

(2)　1つの弧に対する円周角は等しいから，∠DAE＝∠CBE＝a°となる。三角形の内角の和は180°なので，∠AEF＝180°−∠DAE−∠AFE＝180°−a°−90°＝90°−a°とわかる。よって，∠BEG＝180°−∠AEF−∠AEB＝180°−(90°−a°)−90°＝a°　したがって，∠BGE＝180°−∠CBE−∠BEG＝180°−a°−a°＝180°−2a°

(3)　①　△AEDと△BECにおいて　∠AED＝∠BEC＝90°…①　1つの弧に対する円周角は等しいから　∠DAE＝∠CBE…②　①，②より,2組の角がそれぞれ等しいので，△AED∽△BEC よって，AE：BE＝DE：CE　4：8＝3：CE　CE＝6cmと求められる。また，対頂角は等しいので，∠BEG＝∠DEF＝a°であり，∠CBE＝∠BEG＝a°より，△BEGはBG＝EGの二等辺三角形である。△BCEは直角三角形であるので，点B，C，Eは同一円の周上にあり，BG＝EGより，点Gが円の中心であることがわかる。したがって，BG＝EG＝CGとなり，△CEG＝$\frac{1}{2}\times$△BCE＝$\frac{1}{2}\times\frac{1}{2}\times6\times8=12$(cm^2)

②　△ABCはAC＝BC＝10(cm)の二等辺三角形である。右図のように，半直線COと辺ABの交点をH，半直線COと円Oの交点をIとすると，半直線COは△ABCの対称の軸となる。よって，∠CHA＝∠CHB＝90°。また，CIは円の直径なので，∠CAI＝90°とわかる。ここで，△CHBと△CAIにおいて，1つの弧に対する円周角は等しいから∠CBH＝∠CIA　∠CHB＝∠CAI＝90°　2組の角がそれぞれ等しいので△CHB∽△CAI…①　△CHBと△BEAにおいて二等辺三角形の底角は等しいから∠CBH＝∠BAE　∠CHB＝∠BEA＝90°　2組の角がそれぞれ等しいので△CHB∽△BEA…②　①と②より　△CHB∽△CAI∽△BEA　したがって，

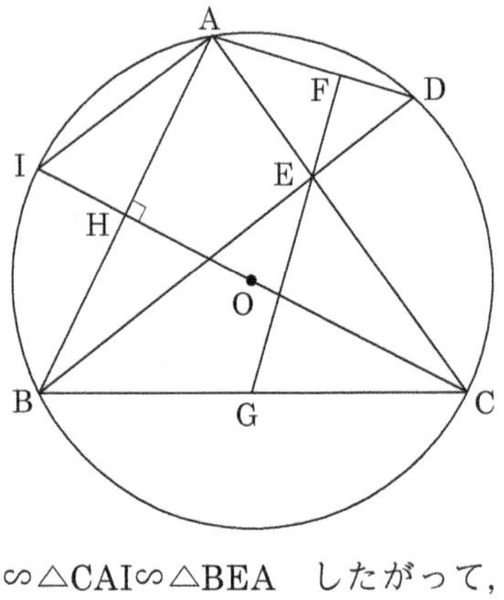

AE：IA＝BE：CA　4：IA＝8：10　IA＝5(cm)と求められる。△CAIにおいて，三平方の定理より$CA^2+IA^2=CI^2$　$10^2+5^2=CI^2$　$CI=5\sqrt{5}$ (cm)　ゆえに，円Oの半径は$\frac{5\sqrt{5}}{2}$cm。

＜英語解答＞

1　(1)　①　ア　　②　イ　　(2)　①　ウ　　②　イ　　(3)　ア　　(4)　エ，カ

2　(1)　ア，エ　　(2)　(例)I will choose A because it is the fastest way to get to the museum.

3　(1)　イ　　(2)　ア，イ　　(3)　(例)I'm good at drawing pictures, so I can draw pictures of our faces. How about putting them on the T-shirt?

4　(1)　A　エ　　B　ア　　C　イ　　(2)　①　They have to take their garbage home.　②　Yes, they do.　(3)　ア，カ

＜英語解説＞

1　(リスニング)

放送台本の和訳は，43ページに掲載。

2　(読解問題：広告・メール・メモ・手紙・要約文などを用いた問題，内容真偽，自由・条件英作文，不定詞，助動詞，比較，現在・過去・未来と進行形)

(全文訳)　資料1

博物館の営業時間

博物館は午前10時から午後6時まで開いています。最後の入館は閉館時間の30分前です。

休館日

博物館は12月28日から1月1日まで休みです。

特別展示

「加納永徳」特別展示が2023年4月1日から10月31日まで開催されます。

その他

レストランは2階にあり，午前11時から午後2時まで開いています。

庭園では飲食が許可されています。

資料2

[A]　まほろば駅からせんと駅まで電車に乗ります[約7分]。駅の東出口の前の1番バスに乗り，バス停せんと博物館で降ります[約9分]。その後，博物館まで歩きます[約3分]。

[B]　まほろば駅からせんと駅まで電車に乗ります[約7分]。駅の東出口を使い，博物館まで歩きます。[約27分]。

[C]　まほろば駅の東出口の前の2番バスに乗り，バス停せんと博物館で降ります[約42分]。その後，博物館まで歩きます[約3分]。

[D]　まほろば駅の西出口の前のタクシーに乗り，博物館まで行きます[約25分]。

(1)　ア　2023年9月1日に博物館に行くと，「加納永徳」特別展示を見ることができる。(○)　イ　博物館内に昼食を取る場所はない。　ウ　駅で博物館までのタクシーを利用したい場合，まほろば駅の東出口を使うべき。　エ　まほろば駅から博物館を訪れるために[B]を選ぶと，博物

館へ着くのに30分より多くかかる。(○) オ もし，午後5時にまほろば駅にいて博物館を訪れるために[C]を選ぶと，その日に博物館へ入ることができる。 資料1のSpecial Exhibition(特別展示)には，「『加納永徳』特別展示が2023年4月1日から10月31日まで開催される」とあるのでアが適当。また，資料2の[B]には，まほろば駅からせんと駅まで電車に乗り，それから博物館まで歩くと，約34分かかることがわかるので，選択肢エが適当。選択肢イの no place to have lunch の to have は不定詞の形容詞用法で，場所(place)を修飾し「昼食をとるための場所」という表現になる。

(2) (例)I will choose A because it is the fastest way to get to the museum. (博物館に一番早く着く方法だから，私はAを選ぶつもりです。)問題に示されている条件をよく確認して解答の英文を作成したい。解答例では「考え」と「理由」を because を使って述べ1文で表している。

3 (会話問題：英問英答，文の挿入，自由・条件英作文，動名詞，不定詞)

(全訳) *Haruka, Mai, Tatsuya, Ken と Ichiro は高校生です。彼らは，学校の英語クラブのメンバーです。放課後，彼らは英語クラブの部室で話をしています。*

Haruka： 先週，私たちは主に9月の学校祭について話をして，クラブのTシャツを作ることに決めたね。学校祭でTシャツを着ることができたらいいなと思う。今日は，そのデザインについて話しをしましょう。

Mai： クラブのメンバー全員の名前をTシャツに載せるのはどうかな？

Tatsuya： その考えはいいね。それはぼくたちがチームであることを示している，だからTシャツにぼくたちの名前を載せるのはいいと思う。

Haruka： そうね。私たちはいつもお互いを呼ぶときに名前を使うからね。どう思う，Ken？

Ken： ええと，ぼくたちは学校でTシャツを着ることができるけれども，名前がTシャツに載るなら，ぼくはTシャツを学校の外で着たくない。だから，Tシャツに名前を載せるのはいい考えだと思わない。

Haruka： わかった。名前が印刷されたTシャツを学校の外で着るのは難しいかもしれないけれども，私たちはそれを思い出の品物として残せるよ。だから，私は名前を載せるアイデアに賛成する。とにかく，それはただの一つのアイデア。他に何かデザインのアイデアはある，Ichiro？

Ichiro： ぼくは絵を描くのが得意なので，ぼくたちの顔の絵を描ける。それらをTシャツに載せるのはどうかな？

(1) (問題文訳)英語クラブのメンバーたちは，主に何について話しをしていますか？ ア 彼らは主に9月の学校祭について話している。 イ 彼らは主に，クラブのTシャツのデザインについて話している。(○) ウ 彼らは主に，クラブメンバーの名前について話している。
エ 彼らは主に，クラブメンバーの思い出の品について話している。 問題文の会話では，英語クラブのメンバーたちが主に9月の学校祭のためのクラブのTシャツのデザインについて話しているので，選択肢イが適当。

(2) ア Haruka(○) イ Tatsuya(○) ウ Ken 問題本文第2番目の Mai の発話 How about putting～では「メンバー全員の名前をTシャツに載せるのはどうか？」とあり，この Mai の提案に賛同しているのは，次の Tatsuya の発話 I like that～とその次の Harukaの発話 Yes. We always～なので，選択肢アとイが適当。

(3) (例)I'm good at drawing pictures, so I can draw pictures of our faces.

How about putting them on the T-shirt? (私は絵を描くのが得意なので，私たちの顔の絵を描ける。それらをTシャツに載せるのはどう？) 解答例の I'm good at~は be good at~で「~が得意」という表現。問題文にある条件を確認してから解答の英文を書きたい。

4 (長文読解：絵・図・表・グラフなどを用いた問題，内容真偽，英問英答，語句補充・選択，関係代名詞，不定詞，受け身，接続詞，動名詞，分詞の形容詞用法，間接疑問，形容詞・副詞，現在完了)

(全訳) 【1】 休日に過度に多くの人々が観光地を訪れると，その場所は大きな影響を受け，そこに住む多くの人々が深刻な問題に直面します。これは「オーバーツーリズム」と呼ばれます。過度に多くの人々が来ると，たくさんのごみが残されます。車やバスで過度に多くの訪問者が来た時，騒音や交通事故が増えます。また自然環境も破壊されます。そこに住む人々はこれらの問題に悩まされています。オーバーツーリズムは世界中の多くの場所で起こっています。日本の一部の場所でも起きています。

【2】 鎌倉では，オーバーツーリズムが起こっています。そこは観光でとても有名な町で，たくさんの訪れるべき場所があります。鎌倉は最も多い時には 1 年に2,000万人より多くの人々が訪れました。江ノ電というローカル電車はとても人気があります。休日には，駅に入るのに 1 時間ほどかかって電車に乗ります，これはとても多くの人々が電車に乗るために来るからです。これは駅の近くに住む人々の生活を不便なものにしています。鎌倉市はこの問題を解決するために努力しています。たとえば，市は地元の人々が列に並ばずに電車に乗れる社会実験を行いました。しかし，オーバーツーリズムは鎌倉でもまだ大きな問題です。

【3】 富士山でもオーバーツーリズムが起こっています。富士山は日本で最も高い山です。世界中から多くの人々が富士山を訪れます。最も多い時には1日に8,000人より多くの人々が山を登ります。登山道は時々とても混雑するので，頂上に着くためにより多くの時間がかかります。登山道には環境を保護するのためのごみ箱がありません。訪問者は自分たちのごみを家に持ち帰らなければなりませんが，それを知らない人々もいて，山にごみを捨てることがあります。静岡県は富士山のごみを減らすために努力しています。登山道のいくつかのスタート地点で，訪問者はごみ袋を受け取ることができます。袋には「自分のごみは家に持ち帰ってください」というメッセージが多くのさまざまな言語で書かれているので，訪問者は富士山で起こっているごみ問題について学ぶことができます。しかし，そこではオーバーツーリズムはまだ深刻な問題です。

【4】 京都の一部の場所でもオーバーツーリズムに悩まされていますが，一つの場所がそれに取り組んできました。それが西芳寺です。美しい庭園を持つお寺で，訪問者はそこで穏やかな時間を過ごします。かつて，世界中から庭園を見にとても多くの人々が訪れたので，お寺の周辺に住む人々はとても多くの騒音に悩まされました。騒音は彼らの平穏な生活を破壊しました。西芳寺とその周辺住民は問題を解決しようと努力しました。彼らは何度も話し合い，さまざまな方法を試しました。最終的に，西芳寺は訪問者数を減らすことを決めて，予約し少人数で来場するよう訪問者に呼びかけ始めました。このシステムのおかげで，再び周辺住民の平和な生活が戻りました。今では，訪問者と周辺住民が平和な時間を共有しています。

【5】 鎌倉や富士山のような広い範囲でオーバーツーリズムが起こった場合，解決するのは簡単ではありません。西芳寺の例は，私たちに観光事業と環境のバランスを保つための解決策の1つを示しています。

(1)

段落	見出し
[1]	オーバーツーリズムとは何か?
[2]	鎌倉の$_{\text{A}}$エ交通の問題
[3]	富士山の$_{\text{B}}$アごみの問題
[4]	西芳寺周辺の$_{\text{C}}$イ騒音の問題
[5]	オーバーツーリズムの1つの解決策

ア ごみの問題(B) イ 騒音の問題(C) ウ 言葉の問題 エ 交通の問題(A) オ 社会実験の問題 カ 少人数で訪問するシステムの問題 [2]段落の鎌倉での問題は，第5文 On some holidays~と次の第6文 This makes the~に「休日には電車に乗るのが困難だ。駅の近くに住む人々の生活が不便になっている」とあるので，選択肢エが適当。[3]段落の富士山での問題は，第6文 There are no~と次の第7文 Visitors have to~に「登山道にはごみ箱がなく，訪問者は自分たちのごみを持ち帰る必要があるが，それを知らない人々が山にごみを捨てる」とあるので，選択肢アが適当。[4]段落の西芳寺の問題は，第4文 In the past~と次の第5文 The noise destroyed~に「過去には多くの人々が訪れて，周辺に住む人々は騒音に悩まされ，騒音は平穏な生活を破壊した」とあるので，選択肢イが適当。

(2) ① They have to take their garbage home.(彼らは自分たちのごみを家へ持ち帰らなければならない)(問題文訳)富士山を訪れる人々は，その環境を守るために何をしなければならないのか? 問題本文第3段落第7文 Visitors have to~には，「訪問者は自分たちのごみを持ち帰る必要あり」とあるので，この文を参考に解答の英文を作成したい。 ② Yes, they do. (はい，そうです)(問題文訳)西芳寺を訪れる時には，人々は予約をする必要があるか? 問題本文第4段落第8文 Finally, Saihoji decided~には，「予約制にして少人数での来場を呼びかけた」とあるので，Yes~という解答文の内容が適当。問題は Do~という疑問文なので Yes/No~で答える。

(3) ア 日本の一部の地域に住む人々は，オーバーツーリズムに苦しんでいる。(○) イ 鎌倉では，とても多くの地元の人々が利用するため，時々訪問者が電車に乗るのが難しい。 ウ ごみ袋に書かれたメッセージは，最も多い時の1日に富士山へ登る人数を訪問者に伝えている。 エ 京都のオーバーツーリズムに悩む一部の場所は，問題を解決するために訪問者にごみ袋を提供している。 オ 西芳寺とその周辺の住民は，庭園を美しく保つためのさまざまな方法について話し合った。 カ 西芳寺周辺の来訪者数を減らすシステムはうまく機能している。(○) 問題本文の最初の段落最後の文 It is also~には，「(オーバーツーリズムは)日本の一部の場所でも起きている」とあるので，選択肢アが適当。また，問題本文第4段落第8文 Finally, Saihoji decided~と次の第9文 Thanks to this~には，「西芳寺は予約制にして少人数での来場を呼びかけ，このシステムのおかげで周辺住民の平和な生活が戻った」とあるので選択肢カが適当。選択肢アの people who live in~の who は**関係代名詞**で，「~に住む人々」という表現になる。また，選択肢ウの The message written on the garbage bag の written~は message を説明する形容詞用法で「ごみ袋に書かれたメッセージ」という意味になる。

2023年度　聞き取り検査

〔放送台本〕

これから，英語の聞き取り検査を行います。放送中に問題用紙の空いているところに，メモを取ってもかまいません。それでは，問題用紙の[1]を見なさい。[1]には，(1)～(4)の問題があります。まず(1)を見なさい。(1)では，①，②の英語が流れます。英語の内容に合うものを，それぞれ問題用紙のア～エのうちから1つずつ選び，その記号を書きなさい。なお，英語はそれぞれ1回ずつ流れます。それでは，始めます。

①　This is used for keeping food cool.

②　There is a cat under the chair, and there are two books on the table.

〔英文の訳〕

①　これは食べ物を冷たく保つために使われます。
　　選択肢アが適当。

②　椅子の下に一匹の猫がいて，テーブルの上には2冊の本があります。
　　選択肢イが適当。

〔放送台本〕

次に，(2)に移ります。(2)では，①，②のそれぞれの場面での2人の会話が流れます。それぞれの会話の最後の応答にあたる部分でチャイムが鳴ります。そのチャイムの部分に入る英語として最も適切なものを，それぞれ問題用紙のア～エのうちから1つずつ選び，その記号を書きなさい。なお，会話はそれぞれ1回ずつ流れます。それでは，始めます。

①　Mother: What are you doing, John? It's eleven now.
　　John: I know. I'm watching a soccer game of my favorite team.
　　Mother: You have to go to school early tomorrow morning, right?
　　John: ＜チャイム＞

②　Girl: Hi, Bob. Are you studying?
　　Bob: Yes, I'm writing a report for my history class.
　　Girl: How long have you been doing it?
　　Bob: ＜チャイム＞

〔英文の訳〕

①　母：何をしてるの，John？　今は11時だよ。
　　John：わかってるよ。ぼくの好きなチームのサッカーの試合を見てるんだ。
　　母　：あなたは明日の朝早く学校に行かなきゃいけないんだよね？
　　John：＜　ウ　＞
　　ア　はい。1時間前にそれを見た。　イ　はい。明日は学校に行かなくてもいい。　ウ　はい。今から寝る。(〇)　エ　はい。明日は午後に学校に行く。

②　女の子：こんにちは，Bob。勉強してるの？
　　Bob　：そう，歴史の授業のレポートを書いている。
　　女の子：どのくらいそれをやっているの？
　　Bob　：＜　イ　＞
　　ア　午後5時に。　イ　1時間。(〇)　ウ　なぜなら，私はたくさんのことをしなければならないから。 エ 歴史を勉強することによって。

〔放送台本〕

次に，(3)に移ります。(3)では，問題用紙に示されたカレンダーを見ながら2人が行った会話が流れます。その後，会話の内容についての質問をします。質問に対する答えとして最も適切なものを，問題用紙のア～エのうちから1つ選び，その記号を書きなさい。なお，会話と質問はそれぞれ2回ずつ行います。それでは，始めます。

Emma: Ken, how about going to see a movie during the spring vacation?
Ken: That's a good idea! When can we go?
Emma: Today is March 23. How about this Saturday?
Ken: Well, many people go to see a movie on weekends. So how about next Wednesday?
Emma: I'm going to visit my grandmother with my family, so I don't think I can go. How about the 31st?
Ken: Well, I'm going to have a baseball game on the 31st.
Emma: OK... Then I think this weekend is better.
Ken: I think so, too. Then let's use your first idea.
質問 When are they going to see a movie?

〔英文の訳〕

エマ：Ken，春休みに映画を見に行くのはどう？
ケン：いいアイデアだね！ いつ行けるかな？
エマ：今日は3月23日だよ。今週の土曜日はどうかな？
ケン：そうだね，週末にはたくさんの人が映画を見に行くんだよね。だから，来週の水曜日はどう？
エマ：私は家族と一緒におばあちゃんに会いに行くから，行けないと思う。31日はどうかな？
ケン：そうだね，ぼくは31日に野球の試合があるんだ。
エマ：わかった…じゃあ，やっぱり今週末がいいと思う。
ケン：ぼくもそう思う。それならきみの最初のアイデアにしよう。
質問 彼らはいつ映画を見に行きますか？
ア 3月25日(○) イ 3月26日 ウ 3月29日 エ 3月31日

〔放送台本〕

次に，(4)に移ります。(4)では，翌日に実施される校外学習について，先生が生徒に説明している英語が流れます。この英語の中で述べられていないものを，問題用紙のア～カのうちから2つ選び，その記号を書きなさい。なお，英語は2回流れます。それでは，始めます。

OK, everyone. Did you enjoy today's classes? Now I'll tell you about tomorrow's field trip to Kyoto.

Tomorrow you'll visit Kyoto to ask foreign visitors what they are enjoying in Kyoto.

Now, let's check some other points for tomorrow. We'll meet at Nara Station, not at school. Our meeting time is 8:30 in the morning. We'll take a train to Kyoto. You can use the map I gave you yesterday when you walk around in Kyoto, so don't forget to bring it.

It may be rainy tomorrow, so you should bring an umbrella. If we can't go because of the bad weather, you'll get an e-mail from the school at 7:00 tomorrow morning.

You can buy something to eat for lunch at the shops in Kyoto. Of course, you can bring lunch, too.

We'll meet at Kyoto Station again at 3:00 in the afternoon, and then we'll come back to Nara together.

I hope you'll have a good time in Kyoto!

If you have any questions, come and see me after this.

See you tomorrow, everyone!

〔英文の訳〕

はい，みなさん。今日の授業は楽しかったですか？　さて，明日の京都の校外学習について話します。

明日みなさんは，外国人訪問者に，彼らが京都で何を楽しんでいるかを聞くために京都を訪れます。

では，明日のためにいくつか別の点を確認しましょう。私たちは奈良駅に集合します，学校ではありません。集合時間は午前8時30分です。私たちは京都まで電車で行きます。京都を歩く時に，昨日みなさんへ渡した地図が使えますので，忘れずに持ってきてください。

明日は雨が降るかもしれないので，傘を持って行った方がいいでしょう。もし悪天候で行けない場合は，明日の朝7時に学校からメールが届きます。

京都の店で昼食に食べる物を買うことができます。もちろん，お弁当を持っていくこともできます。

私たちは午後3時に再び京都駅に集合し，一緒に奈良に戻ります。

皆さんが京都で楽しい時間を過ごせるといいですね！

もし質問があれば，このあと私に会いに来てください。

では，みなさん，明日会いましょう！

(答え)　エ，カ

＜理科解答＞

1　(1)　エ　(2)　$CO_2 + 4H_2 \rightarrow CH_4 + 2H_2O$　(3)　(例)植物が生育している間に大気中から取りこんだ二酸化炭素。

2　(1)　B，A，C　(2)　イ　(3)　(例)高気圧からふき出す大気は乾燥しているため，大気中の水蒸気の量が飽和水蒸気量に達していないから。　(4)　偏西風　(5)　①　11.9g　②　右図
③　(記号)　ウ　(理由)　(例)気温が急に下がり，風向が北寄りに変わったから。

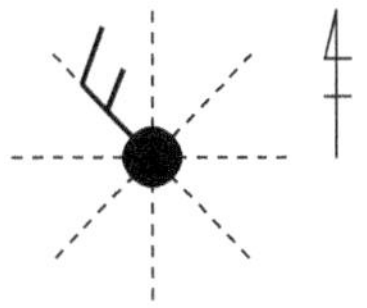

3　(1)　$Cu^{2+} + 2e^- \rightarrow Cu$　(2)　3番目　(3)　イ，ウ
(4)　①　ア　②　イ

4　(1)　0.024J　(2)　①　ア　②　ア　(3)　12cm
(4)　ウ　(5)　右図　(6)　(例)点Pにある小球は，運動エネルギーをもつ分だけ，点Aにあるときより位置エネルギーが小さいから。

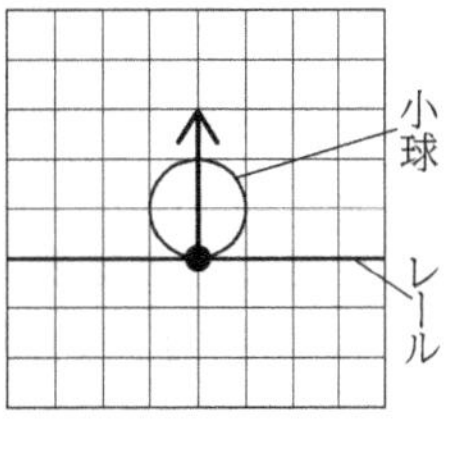

5　(1)　(例)ろ過して，ろ紙を通った水溶液から水を蒸発させる

(2)　14%

6　(1)　①　エ　　②　ア　　(2)　エ　　(3)　①　(例)葉以外からも蒸散しているから。
②　5.2g　　③　(例)ホウセンカは葉の裏側に気孔が多く，トウモロコシは葉の表側と裏側で気孔の数がほぼ等しい。

＜理科解説＞

1　(自然環境調査と環境保全：温室効果ガスの処理・バイオマス発電，地層の重なりと過去の様子：堆積岩，化学変化：化学反応式，植物の体のつくりとはたらき：光合成)

(1)　粒が比較的大きい貯留層の上に粒が比較的小さい遮へい層があるため，**下の貯留層は砂岩の層であり，上の遮へい層は泥岩**である。よって，図はエである。

(2)　二酸化炭素と水素が反応してメタンと水ができる化学変化の化学反応式は，質量保存の法則により，$CO_2+4H_2 \rightarrow CH_4+2H_2O$，である。

(3)　**バイオマス発電**では，**植物を燃料として燃やしても，大気中の二酸化炭素の増加の原因とはならない**と考えられている。それは，**植物を燃やしたときに大気中に排出する二酸化炭素の量**と，植物は光合成によって二酸化炭素を吸収して成長するため，**植物が生育している間に大気中から取りこんだ二酸化炭素の量とがほぼ等しいから**である。

2　(天気の変化：等圧線・空気中の水蒸気量・寒冷前線の通過，日本の気象：冬，気象要素の観測：天気図記号)

(1)　**等圧線は1000hPaを基準に，4hPaごとに細い実線**で結び，さらに20hPaごとに太い実線で結ぶ。ほぼ，Bは1014hPa，Aは1010hPa，Cは1006hPaであるため，気圧の高い順から並べると，B，A，Cである。

(2)　大陸と海洋のあたたまり方や冷え方のちがいによって生じる**冬の日本付近におけるユーラシア大陸上の大気の動きは，ユーラシア大陸は太平洋より冷えるため，ユーラシア大陸上で下降気流が生じる**。そのため，冬の日本は**西高東低**の気圧配置となる。

(3)　図2は冬の天気図で，図4はその日の雲画像である。**雲画像によると**，ユーラシア大陸上で発達した高気圧からふき出した大気が日本海上を通過する間に海面から水蒸気が供給されることで，日本海上に雲ができているが，**大陸沿岸の日本海上には雲ができていない。その理由は，高気圧からふき出す大気は乾燥しているため，大気中の水蒸気の量が飽和水蒸気量に達していないからである。**

(4)　1年中，中緯度地域の上空でふく西よりの風を**偏西風**という。

(5)　①　気温20.2℃の空気の**飽和水蒸気量**は，$17.5g/m^3$であり，湿度は68%であるため，空気$1m^3$中に含まれる水蒸気量は，$17.5(g/m^3) \times 0.68=11.9(g/m^3)$，より，11.9gである。　②　21時の風向は北西，風力は2，天気は雨である。**天気図記号**は，中心の円の●から，紙面の上方向を北としたとき，北西の方向に風向を表す線を引く。黒い円に立ち，右の向きに風力を表す2本の矢羽根をかく。　③　地点Xを寒冷前線が通過したのは18時から21時である。判断した理由は，**寒冷前線の通過後は，北よりの風に変わり，気温が急に下がったから**である。

3　(化学変化と電池：ダニエル電池・イオン化傾向・金属イオンから金属原子への化学反応式，水溶液とイオン：電解質の電離，原子の成り立ちとイオン)

(1)　マグネシウム片に硫酸銅水溶液を加えた化学変化を化学反応式で表すと，Mg+

$CuSO_4 \rightarrow Cu + MgSO_4$，により，マグネシウム片に付着した赤色の固体は銅である。よって，硫酸銅が水溶液になって電離し，$CuSO_4 \rightarrow Cu^{2+} + SO_4{}^{2-}$より，陽イオンになっている銅イオンがマグネシウムから電子を受けとり，赤色の銅になった化学変化は，$Cu^{2+} + 2e^- \rightarrow Cu$，の化学反応式で表せる。

(2)　表から，金属Xのイオンを含む水溶液に銅片を入れたときは変化しなかったことから，イオン化傾向は，金属X＞銅，である。金属Xのイオンを含む水溶液に亜鉛片またはマグネシウム片を入れたときは固体が，金属Xに付着したことから，イオン化傾向は，亜鉛＞金属X，であり，マグネシウム＞金属X，である。また，硫酸亜鉛水溶液にマグネシウム片を入れたときマグネシウム板に亜鉛の金属が付着したことから，イオン化傾向は，マグネシウム＞亜鉛，である。以上からイオンになりやすさが大きい順は，マグネシウム＞亜鉛＞金属X＞銅，であるため，4種類の金属をイオンになりやすい順に並べると3番目である。

(3)　ダニエル電池の陽極の銅板の表面では，硫酸銅が電離して生じたCu^{2+}が陰極から移動してくる電子2個をとり入れて銅原子となって，陽極の銅板に付着するため，銅板の質量が増える。また，硫酸銅からの銅イオンが銅原子になるため，銅イオンが減少する。よって，硫酸銅水溶液の青色がうすくなる。

(4)　イオン化傾向が，マグネシウム＞亜鉛であるため，マグネシウム板が陽イオンMg^{2+}になってとけ出す。マグネシウム板に残された電子は導線を通って亜鉛版へと移動する。よって電流が流れる向きは亜鉛板からマグネシウム板であるため亜鉛板は＋極になり，プロペラがまわる向きは，亜鉛板が－極だった実験1と逆の向きの回転になる。

4　(力と物体の運動：斜面を下る小球に衝突する木片の移動距離，仕事とエネルギー，力学的エネルギー：力学的エネルギーの保存，力のはたらき：垂直抗力)

(1)　小球を持ち上げた力がした仕事〔J〕＝0.2〔N〕×0.12〔m〕＝0.024〔J〕である。

(2)　小球を置いた位置で小球がもつ位置エネルギーの大きさは，小球の質量が同じとき，小球を置く高さが高いほど大きくなり，小球を置く高さが同じとき，小球の質量が大きいほど大きくなる。

(3)　図3より，質量30gの小球の場合，木片を9cm移動させるためには，小球を置く高さは6cmと読み取れる。その時の位置エネルギーは，0.3〔N〕×0.06〔m〕＝0.018〔J〕である。小球の質量を15gにした場合も木片の移動距離を9cmにするためには，小球の質量が30gの時と等しい位置エネルギーに設定する必要がある。よって，小球の質量を15gにした場合の小球を置く高さをxmとすると，0.15〔N〕×x〔m〕＝0.018〔J〕，x＝0.12，より，12cmである。

別解：実験1図3グラフから，小球を置く高さを一定にした場合，木片が移動した距離は小球の質量に比例している。そこで，木片が移動した距離が9cmの横軸に平行な直線をかき、小球を置く高さが12cmの縦軸に平行な直線との交点を求める。その交点の木片が移動した距離の9cmは，小球を置く高さが12cmのときの，質量10gの小球の木片が移動した距離の6cmと，質量20gの小球の木片が移動した距離の12cmとの中点である。よって，質量15gの小球を置いた高さは12cmである。

(4)　力学的エネルギー保存の法則により，位置エネルギーと運動エネルギーの和である力学的エネルギーはいつも一定に保たれている。実験2で，図4と図5の装置の点Fをそれぞれ小球が通過するときは，いずれも位置エネルギーは0であり，すべて運動エネルギーに変わっているので，そのときの速さはどちらも同じである。

(5)　重力以外に小球にはたらいている力は，質量30gの小球にはたらく0.3Nの重力とつり合う0.3Nの垂直抗力である。垂直抗力の作用点は小球とレールの接点である。

(6)　力学的エネルギー保存の法則により，位置エネルギーと運動エネルギーの和である力学的エネルギーはいつも一定に保たれている。小球が点Aにあるときは運動エネルギーが0であり，すべて位置エネルギーになっている。**小球が点Pにあるときは，運動エネルギーをもつ分だけ，点Aにあるときより位置エネルギーが小さいため，点Pの高さは点Aより低くなっている。**

5　**(水溶液：混合物から純物質を取り出す実験・濃度，身のまわりの物質とその性質：有機物・密度)**

(1)　有機物と食塩のみが含まれているしょう油15cm^{3}から，**食塩のみを取り出すには，**　①　しょう油を蒸発皿に入れ，しょう油に含まれる**有機物がすべて炭になるまで十分に加熱する。**　②　加熱後，十分**水を加えてかき混ぜる**と，水に溶けなかった炭と食塩の水溶液に分かれる。　③　蒸発皿に入っている炭の混ざった液体を**ろ過**して，ろ紙を通った**水溶液から水を蒸発させる**ことにより，食塩のみを固体として取り出せる。

(2)　しょう油に含まれる食塩の質量の割合は，2.5〔g〕÷(1.2〔g/cm^3〕×15〔cm^3〕)×100〔%〕≒14〔%〕，である。

6　**(植物の体のつくりとはたらき：蒸散実験，生物の観察と分類のしかた，植物の特徴と分類)**

(1)　図1の植物は，ゼニゴケ，ドクダミ，タンポポ，ホウセンカ，イヌワラビ，トウモロコシである。図2は，日当たりの良い所で生育するものと，日当たりの悪い所で生育するものに分類したもので，前者はタンポポ，ホウセンカ，トウモロコシであり，後者はドクダミ，イヌワラビ，ゼニゴケである。図3は，**種子をつくるか，種子をつくらず胞子でふえるか**で分類したもので，前者はドクダミ，タンポポ，ホウセンカ，トウモロコシであり，**後者はイヌワラビ，ゼニゴケ**である。

(2)　グループCの種子植物は，葉脈が**網状脈である双子葉類**：ドクダミ，タンポポ，ホウセンカ，と，葉脈が**平行脈である単子葉類**：トウモロコシ，に分類される。　(3)　①　何の処理もしなかったPからの蒸散量が，葉の表側と裏側からの蒸散量の合計と等しくならない理由は，**茎など葉以外からも蒸散しているから**である。　②　葉以外の蒸散量をx〔g〕とすると，**(葉の表側の蒸散量＋x)〔g〕＋(葉の裏側の蒸散量＋x)〔g〕－x〔g〕＝1.7〔g〕＋3.9〔g〕－x〔g〕＝(葉の表側と裏側からの蒸散量＋x)〔g〕＝5.4〔g〕**，よって，5.6〔g〕－x〔g〕＝5.4〔g〕より，葉以外からの蒸散量x〔g〕＝0.2〔g〕，であるため，葉の表側と裏側からの蒸散量は，5.4〔g〕－0.2〔g〕＝5.2〔g〕，である。
③　蒸散量を葉の表側と裏側で比べると，**ホウセンカは**，葉の裏側の蒸散量が葉の表側の蒸散量の2倍より大きいことから，**葉の裏側に気孔が多い。トウモロコシは**，葉の裏側の蒸散量と葉の表側の蒸散量がほぼ同じくらいであることから，**葉の表側と裏側で気孔の数がほぼ等しい**といえる。

<社会解答>

1　(1)　イ　(2)　①　イ　②　御成敗式目　③　(例)検地帳に登録された農民に耕作する権利が与えられ，荘園領主のもつ権利が否定された。　(3)　ア　(4)　(例)冷戦の終結。

2　(1)　ウ　(2)　(例)小作料を引き下げること。　(3)　五・四運動　(4)　ア
(5)　(例)内閣を構成する大臣の多くが，衆議院で最も議員数の多い立憲政友会の党員であるから。

3　(1)　大西洋　(2)　エ　(3)　(記号)　Z　(理由)　(例)b地点は，a地点より標高が高いため，気温が低いから。　(4)　①　プランテーション　②　(例)輸出による収入

の大部分を，価格の変動の大きい原油による収入が占めているから。　(5)　アフリカ連合
(6)　(例)今後も人口増加による食料不足が予測され，自分たちで収穫量を増やせるようにするため。

4　(1)　P　ウ　Q　ア　(2)　(例)財政の格差を小さくする　(3)　住民投票
(4)　エ　(5)　W　ア　Z　ウ　(6)　(例)輸送の一部を鉄道に置き換えることで，トラック運転者の長時間労働に解消につながるから。

5　(1)　環境アセスメント　(2)　(例)都市の中心部の気温が周辺より高くなる現象。
(3)　ウ　(4)　ア，ウ　(5)　(例)資源を有効活用した製品を普及させ，環境への負荷を減らすこと。

＜社会解説＞

1　(歴史的分野―日本史―時代別―古墳時代から平安時代，鎌倉・室町時代，安土桃山・江戸時代，日本史―テーマ別―政治・法律，経済・社会・技術，世界史―政治・社会・経済史)

(1)　摂関政治が行われたのは平安時代。Yは鎌倉時代の様子。

(2)　①　第一・第二の変化が鎌倉時代，第三の変化が室町時代，第四の変化が安土桃山時代，第五の変化が江戸時代。**建武の新政**は，**後醍醐天皇**が鎌倉幕府滅亡後に行ったことから判断する。
②　波線部aや問題文中の「武士のきまり」，資料Ⅰ中の「不公平なく判決を出す」などから，裁判の基準などを定めた鎌倉時代の武家法を問われているとわかる。　③　**太閤検地**を境に，田畑の所有権が荘園領主から耕作者である農民に移ったことにより，荘園制度が崩壊した。

(3)　アが1919年，イが1939年，ウが1871年，エが1882年の出来事。

(4)　資料Ⅱは**ベルリンの壁**が崩壊したときの様子。

2　(歴史的分野―日本史―時代別―明治時代から現代，日本史―テーマ別―政治・法律，経済・社会・技術，外交)

(1)　メモは1912年の**第一次護憲運動**の内容。憲法は1889年に制定されている。

(2)　資料Ⅰから，小作人が得る収入を支出が上回っていること，支出に占める小作料の割合が高いことが読み取れる。

(3)　資料Ⅱは，第一次世界大戦中に日本が中国につきつけた**二十一か条の要求**。大戦後の1919年に抗日の機運が高まった。

(4)　**シベリア出兵**は，ロシア革命による国内や植民地での社会主義運動や民族独立運動などの活発化をおそれた列強諸国が，シベリアに派兵したことでおこった。イは日英同盟，ウは満州事変，エは三国干渉についての記述。

(5)　**政党内閣**とは，議会の議席の多くを占める政党の党員が中心となって結成される内閣のこと。資料Ⅲ・Ⅳから，衆議院の第一党である**立憲政友会**を中心に内閣が結成されていることが読み取れる。

3　(地理的分野―世界―人々のくらし・宗教，地形・気候，産業，交通・貿易)

(1)　アフリカ大陸の西側に位置することから判断する。

(2)　アフリカ大陸北部に多いのは**イスラム教**徒。アが仏教，イがキリスト教，ウがヒンドゥー教。

(3)　資料Ⅰから，b地点の標高が高いことが読み取れる。

(4)　①　コーヒー豆やカカオ豆，天然ゴムなどの**商品作物**の栽培は，熱帯地域でのプランテーシ

ョン農業が発祥。　②　資料Ⅲから，ナイジェリアの輸出の大半を原油が占めていること，資料Ⅳから，原油価格の変動が大きいことが読み取れる。資料Ⅲのような，特定の一次産品の輸出に頼る経済を**モノカルチャー経済**という。

(5)　アフリカ連合の略称はAU。

(6)　資料Ⅴから，アフリカの人口増加が今後も進むことが予想される。メモ中の【A】が目先の課題を解決するための一時的な支援であるのに対して，【B】はいずれ他国の食料支援を必要としなくて済む持続可能な社会の実現を目的とした，食料が自給できるようになるための支援と考えられる。

4　(公民的分野―憲法・基本的人権，地方自治，経済一般，財政・消費生活)

(1)　P：空欄の前後の内容から，私生活に関する情報が侵害されたことが読み取れる。　Q：「出版の差し止め」から判断する。日本国憲法第21条には「集会，結社及び言論，出版その他の**表現の自由**は，これを保障する。」とある。

(2)　資料Ⅰから，歳入額に占める地方税収入の割合が低い地方公共団体ほど**地方交付税交付金**の割合が高いことが読み取れる。

(3)　住民投票の結果には法的拘束力がともなわない場合もある。

(4)　家計や企業からの預金を受け入れるのは一般の銀行。アが発券銀行，イが政府の銀行，ウが銀行の銀行の内容。

(5)　好景気のときには通貨量を減らし，不景気のときには通貨量を増やす政策がとられる。

(6)　問題文中に「働き方改革の観点から」とあることと資料Ⅳの内容から，トラック運転手の長時間労働を改善するための取り組みであることを読み取る。資料Ⅲから，転換後にトラックの総走行距離の大幅な短縮に成功した理由が，鉄道輸送の導入にあることが読み取れる。

5　(地理的分野―日本―人口・都市，歴史的分野―日本史―時代別―明治時代から現代，日本史―テーマ別―，経済・社会・技術，公民的分野―憲法・基本的人権，公害・環境問題)

(1)　環境アセスメント法によって義務付けられている。

(2)　ヒートアイランド現象の原因として，都心部の緑地面積の減少や舗装面積の増加やエアコン，自動車などによる排熱の増加などが挙げられる。

(3)　X 「田中正造」から，栃木県で発生した**足尾銅山**鉱毒事件。　Y 「大気汚染」などから，三重県で発生した**四日市ぜんそく**。

(4)　ア　世界全体に占める二酸化炭素排出量の割合について，アメリカの1990年が4803÷20516＝23.4…％，2018年が4921÷33513＝14.7…％，日本の1990年が1054÷20516＝5.1…％，2018年が1081÷33513＝3.2…％となっている。　イ　インドの一人当たりの二酸化炭素排出量は1.71÷0.61＝2.8…倍。

(5)　資料Ⅲから，間伐材や廃プラスチックなどのリサイクルを促進している様子が，資料Ⅳから，その取り組みが普及してきている様子が読み取れる。

＜国語解答＞

一　(一)　A　ふう　　B　急　　C　訓練　　D　つ　　(二)　イ　　(三)　エ　　(四)　距離や広さの感覚　　(五)　ウ　　(六)　ア　　(七)　(例)毎年繰り返される自然の現象。

二　(一)　イ　(二)　時間軸　(三)　ウ　(四)　エ　(五)　エ　(六)　(1)　(例)自然が大きく変化することが当たり前であるという特徴。　(2)　(例)想定外の現象に出会ってもうろたえず，長期的な視点で事実の分析と予測を行うこと。

三　(一)　ひとえに　(二)　衣　(三)　イ

四　エ

五　(一)　ウ　(二)　ア　(三)　(例)私は，自分の考えを広げたり深めたりすることができるところに，読書の意義があると考える。

なぜなら，同じテーマであっても，本や文章によって様々な立場から多様な考えが書かれているからだ。例えば社会問題について考える際，複数の本や新聞などを読むことで，新たな視点を得ることができるはずだ。

＜国語解説＞

一　(随筆―大意・要旨，内容吟味，文脈把握，漢字の読み書き)

(一)　A　閉じること。　B　前触れなくその行為が行われること。　C　「訓」は，ごんべん。「練」は，いとへん。　D　さんずい。また，「貝」の部分を「月」しないこと。

(二)　「親鳥」のような心境だから，**子供をいつくしみ育てようとする**思いと同じであることが読み取れる。

(三)　Aさんに農家の友人夫婦がいることなどまったく知らなかったし，自分が農業に興味があることを話したことはまったくの偶然のことであるが，**無意識のレベルで自分の嗅覚がAさんと農業のつながりを察知していたかのように感じられる**のである。

(四)　**農作業をしていると，農作業に適するように変わっていく**のだ。道や畑といった空間を捉える変化については「距離や広さの感覚は農家らしくなってきた」とある箇所から抜き出せる。

(五)　前の「筍のあくは……忘れないようにしておく。」の記述からは，**季節ごとの収穫物によって生活の生きた知恵を学び，日々の暮らしが営まれていくこと**が読み取れる。これをふまえて選択肢を選ぼう。

(六)　友達が「幸田文**も**そんなことを書いていたよ」と言っていて，筆者と幸田文は**共通する考え**を持っていることがわかる。筆者は自分の考えを伝えるにおいて，説得力をもたせたくて幸田文の文章を引用したのである。

(七)　「暦」は毎年繰り返されるものである。したがって，暦を学ぶとは**毎年繰り返される自然の現象**を理解することだ。

二　(論説文―大意・要旨，内容吟味，文脈把握，段落・文章構成，脱文・脱語補充，語句の意味)

(一)　**中断せずに引き続く**意味のものを選ぶ。

(二)　温暖化するかしないかという意見の分立の理由は，次段落にある。**ミクロな時間軸で見るかマクロの視座で見るかの違い**で意見の分立が生まれるが，これは時間軸の捉え方によるものだ。

(三)　地球は一つしかなく，経てきた過程も一つしかないので，**唯一無二**のものだ。「もしも～だったら」という仮定を挟み込む余地はない。そんなものは存在しないのだ。

(四)　「ここ」とは，前述の眼前に展開する新知見への取り組みを指しており，**前段落を受けている**ことがわかる。その上で，「知的な強靱さ」を提示して，**次段落でその具体的な内容を展開**している。

(五)　ア「過去は未来を解く鍵」というのは長尺の目で述べた言葉であり，マクロな視座が求めれる。　イ　筆者は様々な視座ですべての現象を勉強するように言っている。　ウ　回答できないのは制約があるからではない。　エ　**「地球の歴史も『壮大な想定外』として知って」おくことは「地球科学を学ぶ上で大事な視座の一つとなる」**と述べられている。

(六)　(1)「日本では変化すること自体が『常体』になっている」とある。つまり日本では地震・火山噴火・台風が多く，こうした**自然が変化するということは当たり前だ**と捉えられているのである。　(2)【文章A】の「具体的には」で始まる段落は自然災害の多い日本列島について述べてある。**想定外の現象が頻発している日本列島において，「例外や想定外に出会ってもうろたえず，事実を冷静にマクロに分析し『長尺の目』で次の予測を立てる必要がある」と筆者が述べている**ので，ここを用いてまとめればよい。

三　(古文―内容吟味，仮名遣い)

【現代語訳】　十二月一日になったころだろうか，夜になって，雨のような雪のようなのが降ってきて，むらがっている雲が落ち着かない様子で，すべて曇りきってしまうのだけれども，まだらに星が光って雲を消してしまう。頭からかぶっている衣を，夜も更けて，午前二時ごろかと思う頃に，引きのけて，空を見上げたところ，とてもよく晴れて，薄い藍色であるところに，光の大変輝いている大きい星が，一面に出ている様子は，並々でなくすばらしくて，藍色の紙に，金箔をうち散らしたようなものに似ている。(こんなに素晴らしいものを)今夜初めて見たような気がする。

(一)　語中・語尾の「は・ひ・ふ・へ・ほ」は，現代仮名遣いでは「ワ・イ・ウ・エ・オ」となる。

(二)　引きのけるのは，**被っていた衣**である。

(三)　正誤のポイントは，「むら雲騒がし」かったのが**「晴れ」た**こと，「光ことごとしき星の大きなるが，**むらもなく**出で」ていることだ。

四　(書写―筆順・画数・部首)

①は10画，②は11画，③は9画，④は10画である。

五　(作文―文脈把握，段落・文章構成)

(一)　春香さんは批評文の中で**「見る人の視覚に訴えかけるもの」**「短くて印象的な言葉や絵，写真などを効果的に用いることが大切」と主張し，**「絵があることで，より効果的」**と述べている。

(二)　(一)の解説にあるように，**最初と最後に春香さんの考え**が述べられている。展開部はそれを具体的に説明する内容になっている。

(三)　条件にしたがって，段落構成をとろう。**読書の意義とは，読書をすることの利点**とも考えられる。どんな利点が自分にもたらされるのかをふまえて意義を見出そう。そして，そう考えた理由・根拠をわかりやすく簡潔に第二段落で述べればよい。

奈良県公立高等学校(特色選抜)

2022年度

★★★★★★★★★★★★★★★★★★★★★★★

入 試 問 題

●くわしい解説 …… 15ページ

＜数学＞　時間　30分　満点　40点

1　次の各問いに答えよ。

(1)　次の①～⑤を計算せよ。

①　$3 \times (-6)$　　②　$5(2x-y)+3(x-2y)$

③　$(-6a)^2 \div 9a \times b$　　④　$(x+5)(x-3)-(x-2)^2$

⑤　$\sqrt{50}-\sqrt{8}$

(2)　2次方程式 $x^2-8x=0$ を解け。

(3)　$\sqrt{7}$より大きく$\sqrt{47}$より小さい自然数は何個あるか。

(4)　「自然数 n を5でわると商が a で余りが2になる」という数量の関係を表した式が，次の**ア**～**オ**の中に1つある。その式を選び，**ア**～**オ**の記号で答えよ。

ア　$5(n+a)=2$　　**イ**　$n=5a+2$　　**ウ**　$5a=n+2$

エ　$\dfrac{n}{5}=a+2$　　**オ**　$n=\dfrac{a}{5}-2$

(5)　図1で，3点A，B，Cは円Oの周上にある。$\angle x$ の大きさを求めよ。

図1

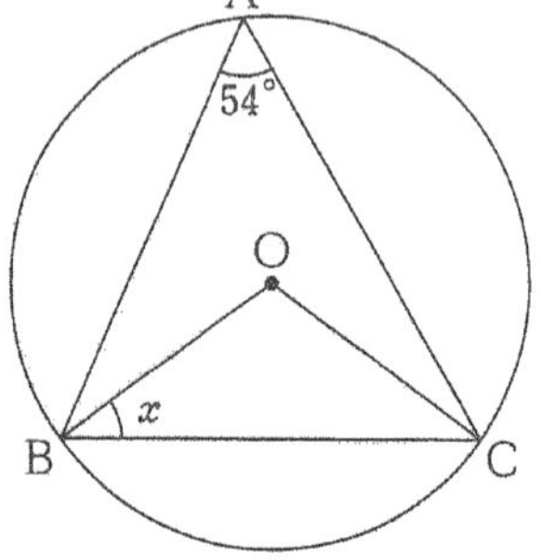

(6)　図2の△ABCにおいて，次の条件①，②を満たす点Pを，定規とコンパスを使って解答欄の枠内に作図せよ。なお，作図に使った線は消さずに残しておくこと。

[条件]
①　AP＝BPである。
②　∠BAP＝∠CAPである。

図2

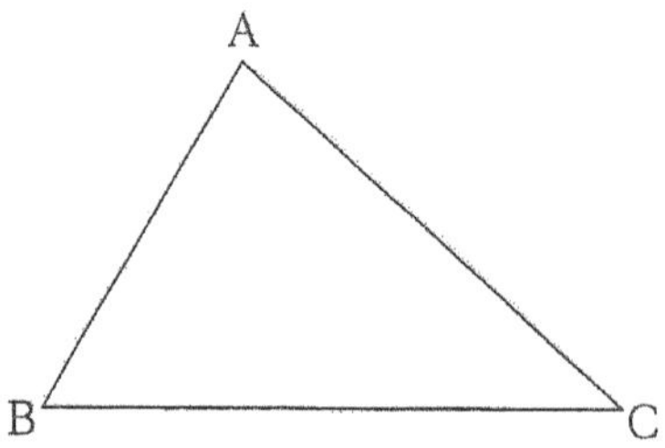

(7) 図３のように，１，２，３，４の数字を１つずつ書いた４枚のカードがある。このカードをよくきってから１枚ずつ２回続けてひき，ひいた順にカードを左から並べて２桁の整数をつくる。この整数が３の倍数になる確率を求めよ。

図３

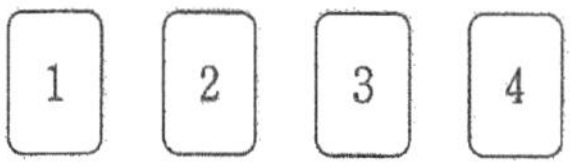

(8) 図４は，ある中学校の２年１組の生徒21人と２年２組の生徒20人のハンドボール投げの記録を，それぞれヒストグラムに表したものである。例えば，１組の10m以上12m未満の記録の生徒は１人である。図４の２つのヒストグラムから読み取ることができることがらとして適切なものを，後の**ア**～**オ**から全て選び，その記号を書け。

図４

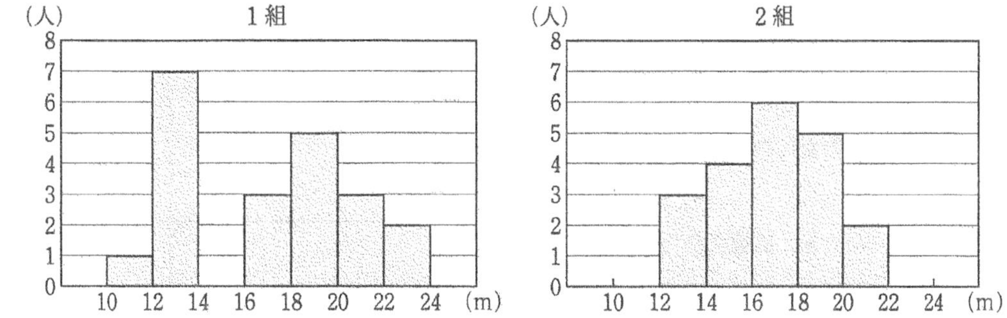

ア　ハンドボール投げの記録の範囲は，１組よりも２組の方が大きい。

イ　ハンドボール投げの記録が16m未満である生徒の人数は，１組よりも２組の方が少ない。

ウ　ハンドボール投げの記録が18m以上20m未満である階級の相対度数は，１組も２組も同じである。

エ　ハンドボール投げの記録の最頻値（モード）は，１組よりも２組の方が小さい。

オ　ハンドボール投げの記録の中央値（メジアン）が含まれる階級は，１組も２組も同じである。

2　右の図で，放物線は関数 $y = ax^2$（$a > 0$）のグラフである。２点A，Bは，放物線上の点であり，その x 座標はそれぞれ -2，4 である。原点をOとして，後の各問いに答えよ。

(1) 関数 $y = ax^2$ について，x の変域が $-2 \leqq x \leqq 4$ のときの y の変域を a を用いて表せ。

(2) 関数 $y = ax^2$ について，x の値が -3 から -1 まで増加するときの変化の割合が -8 であるとき，a の値を求めよ。

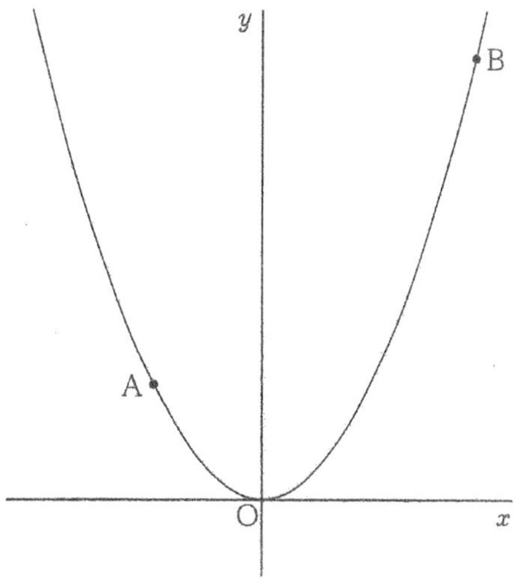

(3) $a=\frac{1}{2}$のとき，直線ABとy軸との交点を通り，△OABの面積を２等分する直線の式を求めよ。

3 右の図の平行四辺形ABCDにおいて，点Eは辺AB上にあり，AE：EB＝２：１である。点Fは点Eを通り線分ACに平行な直線辺BCとの交点であり，点Gは点Fを通り辺ABに平行な直線と線分ACとの交点である。各問いに答えよ。

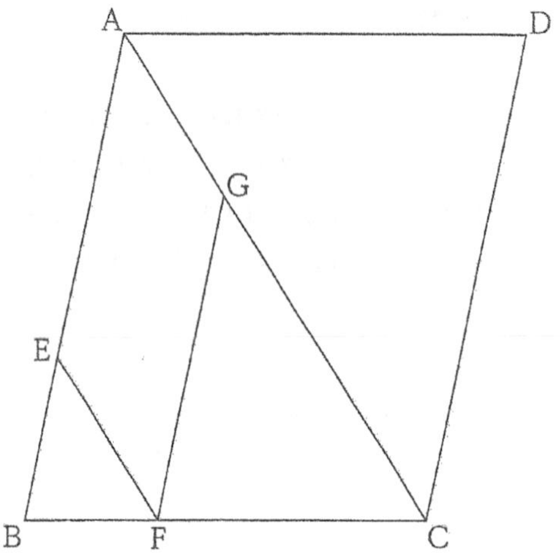

(1) AB＝$a$cm とする。線分FGの長さをaを用いて表せ。

(2) △ACD∽△FEBを証明せよ。

(3) 線分CEと線分FGとの交点をHとする。△CGHの面積は，平行四辺形ABCDの面積の何倍か。

＜英語＞

時間　30分　　満点　40点

1　放送を聞いて，各問いに答えよ。

(1)　①，②の英語の内容に合うものを，それぞれア～エから１つずつ選び，その記号を書け。なお，英語はそれぞれ１回ずつ流れる。

①

ア

イ

ウ

エ

②

ア

イ

ウ

エ

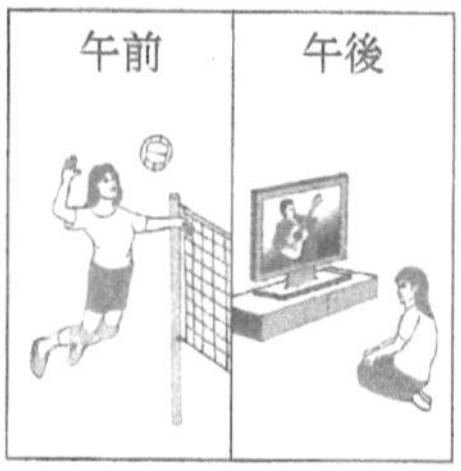

(2)　①，②の会話の内容についての質問に対する答えとして最も適切なものを，それぞれア～エから１つずつ選び，その記号を書け。なお，会話と質問はそれぞれ１回ずつ行う。

①　ア　To the supermarket.　　イ　To the post office.
　　ウ　To his friend's house.　　エ　To the museum.

②　ア　At 10:15 in the morning.　　イ　At noon.
　　ウ　At 1:30 in the afternoon.　　エ　At 2:15 in the afternoon.

(3)　英語の内容についての質問①，②に対する答えとして最も適切なものを，それぞれア～エから１つずつ選び，その記号を書け。なお，英語が２回流れた後，質問をそれぞれ２回ずつ行う。

①　ア　The book which his father gave to him.
　　イ　The book which his father wrote for him.
　　ウ　The book which he borrowed from the library.
　　エ　The book which he got from his friend.

②　ア　Because he wants to buy a lot of books.
　　イ　Because he wants children to understand English well.
　　ウ　Because he wants children to learn many things from books.
　　エ　Because he wants to enjoy the beautiful pictures in books.

2　文脈に合うように，①，② に入る最も適切な英語を，それぞれ後のア～エから１つずつ選び，その記号を書け。

Yuri and Ken are junior high school students. They are studying in the classroom after school.

Yuri: I don't know what this word means. Do you know the meaning?
Ken: No, I don't. ①
Yuri: Let's see. Oh, I left my dictionary at home. Do you have one?
Ken: Well... Yes. I have one. ②
Yuri: Thank you!

① ア Where did you learn it?
　イ How about checking it in a dictionary?
　ウ Why do you know it?
　エ How long have you been using a dictionary?

② ア I'm sorry.　イ Me, too.　ウ You're welcome.　エ Here you are.

3　次の英文を読んで，各問いに答えよ。

"Can you be part of The Earth Orchestra and record a piece of music, *Together Is Beautiful*?" By asking musicians this question, a project to make a special piece started in 2018. For the first time in music history, 197 musicians from 197 countries formed The Earth Orchestra. They hope that people around the world can be one across borders through this project.

George Fenton, the director of The Earth Orchestra, composed a piece of music. Many musicians in the project added to his melodies. Traditional instruments from different countries were used in the piece.

Did the 197 musicians gather in one place to record the piece? They didn't. The musicians recorded in different places around the world, and then the recordings were mixed together. Finally, the very unique piece called *Together Is Beautiful* was released in 2020. It took about three years to finish making the piece.

One of the musicians said that the project was like holding hands to help the world to be one. The Earth Orchestra shows us how music can bring people together.

（注）The Earth Orchestra：アースオーケストラ　record：～を録音する
piece：（音楽などの）作品　form：結成する　border：国境
George Fenton：ジョージ・フェントン（作曲家）　director：監督　compose：作曲する
add to：～を豊かにする　melody：メロディー　instrument：楽器　gather：集まる
recording：録音されたもの　mix：複数の音声を調整してひとつにまとめる
release：発売する　bring ~ together：～をつなぐ

(1) *Together Is Beautiful* について述べたものとして正しいものを，次のア～エから１つ選び，その記号を書け。

ア　音楽の歴史をテーマに作曲された。

イ　世界中から集めた曲の中から１つ選んだ。

ウ　197人の音楽家が１か所に集まり録音した。

エ　完成までに約３年かかった。

(2) 英文のタイトルとして最も適切なものを，次のア～エから１つ選び，その記号を書け。

ア　A Director Who Composed a Unique Piece for The Earth Orchestra

イ　Musicians Who Added to the Melodies of a Unique Piece

ウ　Traditional Instruments Used in a Unique Piece

エ　A Unique Piece Made by 197 Musicians from 197 Countries

4　次の英文を読んで，各問いに答えよ。

Tonle Sap is a lake in Cambodia. It is the largest lake in Southeast Asia. More than a million people live on or around the lake, and a lot of people there catch fish in the lake for their livelihood. There are shops on the lake. There is even a hospital on the lake. Tonle Sap is a place which a lot of visitors want to visit because the people's way of living and the environment there are unique.

The flow of water related to the lake is very special. Japan has four seasons in a year, but Cambodia doesn't. A year in Cambodia is divided into two seasons, the dry season and the rainy season. During the dry season, the water of the lake passes through the Tonle Sap River and flows into the Mekong River. The rainy season usually lasts from May to October, and the flow of the Mekong River during this season is usually different from the flow during the dry season. Because it rains a lot during the rainy season, the amount of water in the Mekong River increases so much that the water of the Tonle Sap River can't flow into the Mekong River. Then, the water of the Mekong River starts to flow into the Tonle Sap River and then into the lake. Some kinds of fish go from the Mekong River to the lake with the flow of the water. People who live on or around the lake can catch a lot of fish.

There are many different kinds of plants and animals around Tonle Sap. During the rainy season, the lake becomes larger than the lake during the dry season, and the forests around the lake are flooded. The flooded forests are good habitats for many animals. The forests are also good environments for many plants and fish. When the rainy season ends, the level of water in the lake becomes lower because the water of the lake flows through the Tonle Sap River to the Mekong River.

Today, the water level of the lake is one of the serious problems for people who live on or around the lake. The beginning of the rainy season is a little delayed because of climate change, and the amount of water in the lake seems to be decreasing every year. The water level has been lower, so the number of fish in the lake has also been decreasing. Some actions are necessary to improve this situation.

（注） Southeast Asia：東南アジア　livelihood：生計　flow：流れ，流れる
related to：～に関連した　divide into：～に分かれる　dry：雨の少ない
pass through：～を通る　last：続く　flood：水浸しにする　habitat：生息地
level：（水平面などの）高さ　be delayed：遅れる　climate change：気候変動
seem to：～するように思われる　action：行動　situation：状況

(1) 英文の内容について，次の①，②の問いにそれぞれ３語以上の英語で答えよ。ただし，コンマやピリオドなどは語数に含めないこと。

① Do more than a million people live on or around Tonle Sap?

② How many seasons are there in a year in Cambodia?

(2) 英文の内容について，次の問いに対する答えとして最も適切なものを，後のア～エから１つ選び，その記号を書け。

How long does the rainy season usually last in Cambodia?

ア About a month.　イ About two months.

ウ About six months.　エ About ten months.

(3) 次の英文は，雨季における水の流れについてまとめたものである。（①）～（③）に入る最も適切な英語を，それぞれ後のア～ウから１つずつ選び，その記号を書け。

During the rainy season, the water of (①) passes through (②) and flows into (③).

ア Tonle Sap　イ the Tonle Sap River　ウ the Mekong River

(4) 英文の内容と合っているものを，次のア～オから２つ選び，その記号を書け。

ア There are shops and a hospital on Tonle Sap.

イ A lot of fish in Tonle Sap go to the Mekong River during the rainy season.

ウ You can see many different kinds of plants and animals around Tonle Sap.

エ The level of water in Tonle Sap during the rainy season is lower than the level during the dry season.

オ One of the serious problems for Tonle Sap is the number of people who visit there.

5　留学生のEmilyが帰国することになり，あなたは彼女にプレゼントを贈ることにした。あなたならA，Bのどちらを贈りたいか。その理由も含めて15語程度の英語で書け。ただし，1文または2文で書き，コンマやピリオドなどは語数に含めないこと。なお，選んだものをA，Bと表してよい。

A

B

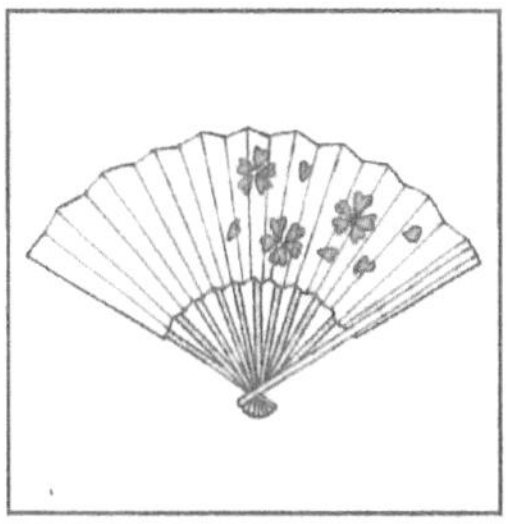

【報告書の下書きの一部】

二　来年度の新たな取り組み

来年度に取り組みたいことは、新たな学校図書館行事の開催である。学校図書館の利用者数は、夏休みや冬休み前には増えるが、その他の月は、一日当たり数人しか利用しておらず、利用者が少ない状況だ。

そこで、利用者数を少しでも増やすために、学校図書館を利用して本に触れる機会となるような行事をたくさん計画し、多くの人に本の面白さを伝えたい。そして、より一層活気のある学校図書館を目指したい。

【修正後の報告書の一部】

二　来年度の新たな取り組み

来年度に取り組みたいことは、新たな学校図書館行事の開催である。学校図書館の利用者が少ない状況を改善するために、学校図書館で本に触れる機会となるような行事をたくさん計画し、開催したい。

例えば、ブックトークを開催したり、貸し出し回数の多かった本の読書会を開き、感想を交流したりするというような行事だ。多くの人に本の面白さを伝えて、利用者を増やし活気のある学校図書館にしたい。

ア　どんな行事を考えているのか、具体例をいくつか挙げて示した方がよいと思う。

イ　学校図書館の利用状況について、より一層詳細な情報を伝えた方がよいと思う。

ウ　なぜその活動に取り組みたいのか、理由をたくさん示した方がよいと思う。

エ　中学生が読書をすることの意義や重要性についても、伝えた方がよいと思う。

三　次の文章を読み、各問いに答えよ。

九月二十日あまりのほど、初瀬《はせ》に①まうでて、いとはかなき家にとまりたりしに、いとくるしくて、ただ②寝に寝入りぬ。

夜ふけて、月の窓より洩《も》りたりしに、人の臥《ふ》したりしどもが衣《きぬ》の上に、③白うてうつりなどしたりしこそ、いみじうあはれとおぼえしか。さやうなるをりぞ、人歌よむかし。

（『枕草子』による）

（注）初瀬＝初瀬にある長谷寺《はせでら》　　はかなき家＝粗末な家
　　くるしくて＝疲れて

㈠　――線①を現代仮名遣いに直して書け。

㈡　――線②の意味として最も適切なものを、次の**ア**～**エ**から一つ選び、その記号を書け。

ア　少しだけ寝てしまった　　**イ**　はやばやと寝てしまった

ウ　ぐっすりと寝てしまった　　**エ**　うっかり寝てしまった

㈢　――線③とあるが、「白く映っていた」ものは何か。それを説明した次の文の（　）に当てはまる言葉を書け。

窓から洩れてきた（　　　）

㈣　この文章中で筆者は、どのようなときに人は歌をよむものだと述べているか。最も適切なものを、次の**ア**～**エ**から一つ選び、その記号を書け。

ア　何とも言えないなつかしさを覚えたとき

イ　どうしようもない悲しみに沈んだとき

ウ　人のことをとても気の毒に思ったとき

エ　たいそうしみじみとした趣を感じたとき

代により考えは様々であることを説明している。

ウ　これまで述べてきた考えには当てはまらない例として示し、問題点を明らかにしている。

エ　これまで述べてきた考えについての別の例として加え、考えをより確かなものにしている。

(七)　――線④とあるが、芭蕉はどうすることで「あざやかに塗り替えた」のか。簡潔に書け。

(八)　＝＝線部を全体の調和を考え、楷書で、一行で丁寧に書け。

(九)　文章中に、「肉筆」と「メールの文章」について述べられている部分がある。手書きの文字で伝えることについてのあなたの考えを、メールの文章で伝えることと比較し、理由を含めて八十字以内で書け。

二　図書委員である春香さんは、生徒会に提出する活動報告書を作成している。各問いに答えよ。

(一)　春香さんは、今年度の図書委員会の活動を付箋に書き出して、**A**、**B**のように整理した。下の【付箋の分類】**A**、**B**の観点として最も適切なものを、それぞれ次の**ア**～**オ**から一つずつ選び、その記号を書け。

ア　校内における広報活動について

イ　生徒の意見を収集する活動について

ウ　他の委員会と協働した活動について

エ　学校図書館の利用状況の調査について

オ　学校図書館の蔵書数の確認について

【付箋の分類】

A

- 学校図書館の利用者数を調べ、統計を取った。
- 貸し出し回数の多い本を調べ、ランキングを作成した。

B

- 月に一度、図書委員会だよりを発行した。
- 週に一度、昼休みの校内放送でおすすめの本を紹介した。

(二)　春香さんは活動報告書に、来年度図書委員会として取り組みたい活動についても書きたいと考え、報告書の下書きを作成した。その後、友達のアドバイスにより修正を加えた。次のページは【報告書の下書きの一部】と【修正後の報告書の一部】である。作成した下書きを読んだ友達からどのようなアドバイスがあったと考えられるか。最も適切なものを、後の**ア**～**エ**から一つ選び、その記号を書け。

えばこんな和歌がよぎったはずだ。井出の玉川は、京都府綴喜《つづき》郡井手町に今も流れる。奈良時代の公卿《くぎょう》の左大臣 橘 諸兄《たちばなのもろえ》がこの地に別荘を建て、山吹をＢ［ウえて］、風流を楽しんだという。読み人しらずの歌は、その名高い山吹の花ざかりをみられなかったことを悔やんだもの。

平安時代の蛙の和歌は、ほとんどがこの井出の玉川の蛙を詠《よ》んだものだ。清流として名高く、河鹿蛙《かじかがえる》の澄んだ声も聞こえたにちがいない。

強い連想関係にあった、蛙、井出の玉川、そして山吹。古き世のうたびとたちがそう詠みならわしているとはいえども、それだけではあるまい。そう考えた芭蕉は、「古池や」と付ける。山吹が清らかに咲く川べりで、美しい声で鳴くだけが蛙ではない。清らかな川ならぬ「古池」に、鳴くのではなく飛びこむ音だって、情趣があるのではないか。

芭蕉は、山吹と結びついた「蛙」という言葉の美しさを、そのまま信用しなかった。「蛙」という言葉にまとわりついていたぼろぼろのペンキを、実感を通して、自分の納得できる色に④あざやかに塗り替えてしまったのだ。

（高柳克弘『究極の俳句』による）

（注）スラング＝特定の社会や仲間の間だけに通じる特殊な言葉
スタンプ＝インターネット上のメッセージに添える、感情や心境を表現したイラスト
もの多くに＝ものの多くに　公卿＝大臣などの貴族
河鹿蛙＝蛙の一種で、雄は美声で鳴く

㈠ ［　］Aの漢字の読みを平仮名で書き、［　］Bの片仮名を漢字で書け。

㈡ ——線①の「から」と同じ意味で使われているものを、次のア～エから一つ選び、その記号を書け。

ア　明日から始める。　イ　時間がないから急ぐ。
ウ　先生からほめられる。　エ　奈良から出発する。

㈢ ——線②と筆者が述べるのはなぜか。その理由として最も適切なものを、次のア～エから一つ選び、その記号を書け。

ア　時間が経過しているから。
イ　順序立てて説明していないから。
ウ　牡丹の感動を一緒に味わっていないから。
エ　伝える相手の気持ちを考えていないから。

㈣ ——線③とはどういうことか。その説明として最も適切なものを、次のア～エから一つ選び、その記号を書け。

ア　人々から認められ、自分の活躍の場を広げようとすること。
イ　人々に自分の考えを伝え、意見を変えさせようとすること。
ウ　人々に自分を合わせ、目立たないようにすること。
エ　人々と交流し、自分の考えを深めようとすること。

㈤ 高浜虚子が文章中の俳句に「紅ほのか」という言葉を用いた理由を、筆者はどのように考えているか。それを説明した次の［　］内の（　）に当てはまる言葉を、文章中から九字で抜き出して書け。

> 「紅ほのか」という言葉を用いた方が、「白牡丹」の（　　　）と考えている。

㈥ 芭蕉の俳句の例は、この文章の中でどのような働きをしているか。その説明として最も適切なものを、次のア～エから一つ選び、その記号を書け。

ア　これまで述べてきた考えとは対照的な考えの例として用い、別の見方を示している。
イ　これまで述べてきた考えの例とは別の時代の例として挙げ、時

〈国語〉

時間　三〇分　満点　四〇点

一　次の文章を読み、各問いに答えよ。

白牡丹《はくぼたん》といふといへども紅《こう》ほのか　高浜虚子《たかはまきょし》

まっしろな牡丹を「白牡丹」と名付けた先人に、「といふといへども」と、虚子は異議申し立てをする。

たとえばあなたが牡丹園を散策していて、一緒にいる相手に、牡丹の純白の美しさを伝えようとすれば、「きれいだね。」のひとことで、じゅうぶんだ。

それがじゅうぶんに通じているのは、あなたが、あなたの声で、それをいっている①からだ。そして、牡丹園を吹きわたるほのかな芳香を乗せた風や、花びらを白くＡ［輝かせる］日ざしを、共有しているからだ。

しかし、その場を離れると、通じにくくなる。家に帰って、待っていた家族に伝えようとすると、「牡丹が見ごろだったよ。」「きれいだったよ。」では、②じゅうぶんではなくなる。相手はあいづちを打ってくれるだろうが、それはあなたの伝える牡丹の美しさをわかったわけではなく、牡丹をみてうれしそうにしているあなたの顔がうれしいからだ。

遠くに住む友人に、手紙で書こうとすると、さらに感動は逃げていく。とはいえ、「肉筆」という字が示しているように、あなたの文字の癖は、あなたの肉体の刻印だ。たとえ拙い表現ではあっても、相手の心をつかむことは、難しくない。

メールでは、伝わりづらさに、拍車がかかる。ＰＣ画面に映る文字の鮮明さとはうらはらに、牡丹の感動は、そこには乗らない。無意識にそのことがわかっている私たちは、メールの文章では、個人的な内面を吐露しようとはしない。スラングを使って、逆に③自己を大衆に溶かそうとする。あるいは、絵文字やスタンプといった、言葉以外のものに頼ろうとする。

紙の上に噴きつけられたインクによって伝えようとすれば、どうか。ほとんど、砂漠で水遊びをしようと言い出すに等しい、はかない願望といってもいい。

だから、俳人は言葉を信用しない。虚子は「白牡丹」という言葉を疑った。真っ白な牡丹を「白牡丹」という。「白牡丹」――美しい響きと字面《じづら》をそなえた言葉だ。でも、「白」ということで、本当にその白さが伝わるのか。「紅ほのか」、つまり白とは異なる紅色を内包しているといったほうが、かえってその奥深い白さが伝わる。その結果、「といふといへども」という再定義に至る。

この「といふといへども」は、じつは名句と呼ばれるもの多くに、隠されている。

古池や蛙《かはづ》飛びこむ水の音　芭蕉《ばしょう》（『蛙合《かはづあわせ》』）

芭蕉の句は、「蛙」というものが「山吹《やまぶき》」と結びつけられていたことに、反抗している。弟子の支考《しこう》が書き留めていた逸話によれば、芭蕉が「蛙飛びこむ水の音」と思いつき、上の五音を置きあぐねていたところに、一番弟子の其角《きかく》が「山吹や」としたらどうか、と提案した。しかし、芭蕉は其角に賛同せず、自分で「古池や」と置いて、よしとした。

かはづなくゐでの山吹ちりにけり花のさかりにあはまし物を

読人しらず（『古今和歌集』）

「蛙飛びこむ水の音」のフレーズを耳にした其角の頭の中には、たと

MEMO

大切なことはメモしておこうネ！

2022年度

解 答 と 解 説

《2022年度の配点は解答用紙集に掲載してあります。》

＜数学解答＞

1 (1) ① -18 ② $13x-11y$ ③ $4ab$
④ $6x-19$ ⑤ $3\sqrt{2}$ (2) $x=0$, $x=8$
(3) 4個 (4) イ (5) 36度
(6) 右図 (7) $\frac{1}{3}$ (8) イ，オ

2 (1) $0 \leqq y \leqq 16a$ (2) 2 (3) $y=-2x+4$

3 (1) $\frac{2}{3}a$cm (2) 解説参照 (3) $\frac{4}{27}$倍

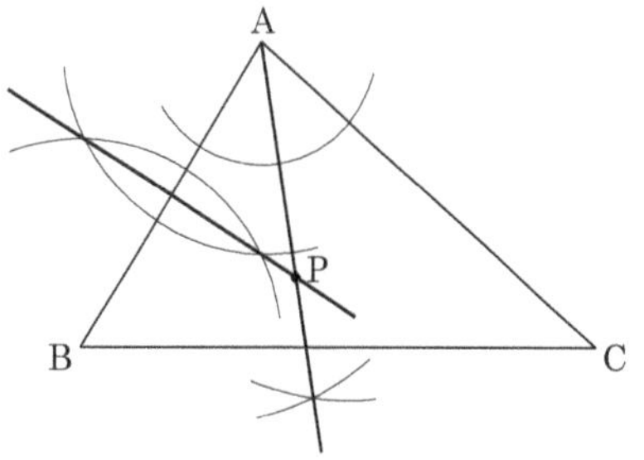

＜数学解説＞

1 (数・式の計算，式の展開，平方根，2次方程式，数の大小，文字を使った式，角度，作図，確率，資料の散らばり・代表値)

(1) ① **異符号の2数の積の符号は負で，絶対値は2数の絶対値の積**だから，$3\times(-6)=-(3\times6)=-18$

② **分配法則**を使って，$5(2x-y)=5\times2x+5\times(-y)=10x-5y$，$3(x-2y)=3\times x+3\times(-2y)=3x-6y$だから，$5(2x-y)+3(x-2y)=(10x-5y)+(3x-6y)=10x-5y+3x-6y=10x+3x-5y-6y=13x-11y$

③ $(-6a)^2=(-6a)\times(-6a)=36a^2$だから，$(-6a)^2\div9a\times b=36a^2\div9a\times b=36a^2\times\frac{1}{9a}\times b=\frac{36a^2\times b}{9a}=4ab$

④ **乗法公式$(x+a)(x+b)=x^2+(a+b)x+ab$**より，$(x+5)(x-3)=x^2+(5-3)x+5\times(-3)=x^2+2x-15$，**乗法公式$(a-b)^2=a^2-2ab+b^2$**より，$(x-2)^2=x^2-2\times x\times2+2^2=x^2-4x+4$だから，$(x+5)(x-3)-(x-2)^2=(x^2+2x-15)-(x^2-4x+4)=x^2+2x-15-x^2+4x-4=x^2-x^2+2x+4x-15-4=6x-19$

⑤ $\sqrt{50}=\sqrt{2\times5^2}=5\sqrt{2}$，$\sqrt{8}=\sqrt{2^3}=2\sqrt{2}$だから，$\sqrt{50}-\sqrt{8}=5\sqrt{2}-2\sqrt{2}=(5-2)\sqrt{2}=3\sqrt{2}$

(2) $x^2-8x=0$ **共通な因数**xをくくり出して，$x^2-8x=x(x-8)=0$ $x=0$，$x=8$

(3) $\sqrt{4}<\sqrt{7}<\sqrt{9}$より，$2<\sqrt{7}<3$ $\sqrt{36}<\sqrt{47}<\sqrt{49}$より，$6<\sqrt{47}<7$だから，$\sqrt{7}$より大きく$\sqrt{47}$より小さい自然数は，3以上6以下の自然数。すなわち，3，4，5，6の4個。

(4) **(割られる数)＝(割る数)×(商)＋(余り)**より，「自然数nを5でわると商がaで余りが2になる」という数量の関係は，$n=5\times a+2$ つまり，$n=5a+2$と表される。

(5) $\overset{\frown}{BC}$に対する**中心角と円周角の関係**から，$\angle BOC=2\angle BAC=2\times54^\circ=108^\circ$ △OBCはOB＝OCの二等辺三角形だから，$\angle x=\frac{180^\circ-\angle BOC}{2}=\frac{180^\circ-108^\circ}{2}=36^\circ$

(6) (着眼点) **2点A，Bからの距離が等しい点は，線分ABの垂直二等分線上にある**から，条件①より，点Pは線分ABの垂直二等分線上にある。また，条件②より，点Pは∠BACの二等分線上に

ある。（作図手順）次の①～③の手順で作図する。
① 点A，Bをそれぞれ中心として，交わるように半径の等しい円を描き，2つの円の交点を通る直線(線分ABの垂直二等分線)を引く。② 点Aを中心とした円を描き，辺AB，AC上に交点をつくる。
③ ②でつくったそれぞれの交点を中心として，交わるように半径の等しい円を描き，その交点と点Aを通る直線(∠BACの二等分線)を引き，線分ABの垂直二等分線との交点をPとする。

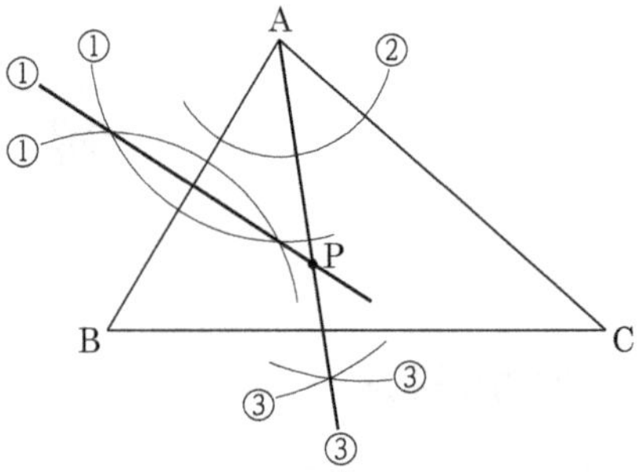

(7) つくられる2桁の整数は，全部で12，13，14，21，23，24，31，32，34，41，42，43の12個。このうち，この整数が3の倍数になるのは　　を付けた4個。よって，求める確率は$\frac{4}{12}=\frac{1}{3}$

(8) ア 記録の最大の値と最小の値の差が**記録の範囲**。1組の記録の範囲は小さめに見積もっても22−12=10(m)より大きいのに対して，2組の記録の範囲は大きめに見積もっても22−12=10(m)より小さいから，1組よりも2組の方が小さい。アは適切ではない。 イ 記録が16m未満である生徒の人数は，1組が1+7=8(人)，2組が3+4=7(人)で，1組よりも2組の方が少ない。イは適切である。 ウ 記録が18m以上20m未満である**階級**の**相対度数**は，1組も2組も**度数**は5人で同じだが，度数の合計が異なるから，相対度数も異なる。ウは適切ではない。 エ 度数の最も多い階級の**階級値**が**最頻値**だから，1組の最頻値は度数が7人で最も多い12m以上14m未満の階級の階級値$\frac{12+14}{2}$=13(m)，2組の最頻値は度数が6人で最も多い16m以上18m未満の階級の階級値$\frac{16+18}{2}$=17(m)で，1組よりも2組の方が大きい。エは適切ではない。 オ **中央値**は資料の値を大きさの順に並べたときの中央の値。1組の生徒の人数は21人で奇数だから，記録の小さい方から11番目の生徒が含まれる16m以上18m未満の階級が，中央値の含まれる階級。2組の生徒の人数は20人で偶数だから，記録の小さい方から10番目と11番目の生徒が含まれる16m以上18m未満の階級が，中央値の含まれる階級で，1組と同じである。オは適切である。

2 (図形と関数・グラフ)

(1) 関数$y=ax^2$について，xの**変域**に0を含むときのyの変域は，$a>0$なら，$x=0$で**最小値**$y=0$をとり，xの変域の両端の値のうち**絶対値**の大きい方の$x=4$で**最大値**$y=a\times4^2=16a$をとる。よって，yの変域は$0\leqq y\leqq16a$である。

(2) 関数$y=ax^2$について，$x=-3$のとき$y=a\times(-3)^2=9a$，$x=-1$のとき$y=a\times(-1)^2=a$ よって，xの値が−3から−1まで増加するときの**変化の割合**は，$\frac{a-9a}{-1-(-3)}=-4a$。これが−8であるとき，$-4a=-8$　$a=2$

(3) 点A，Bは$y=\frac{1}{2}x^2$上にあるから，そのy座標はそれぞれ$y=\frac{1}{2}\times(-2)^2=2$，$y=\frac{1}{2}\times4^2=8$ よって，A(−2, 2)，B(4, 8) 直線ABの傾き$=\frac{8-2}{4-(-2)}=1$ 直線ABの式を$y=x+b$とおくと，点Aを通るから，$2=-2+b$　$b=4$ 直線ABの式は$y=x+4$ これより，直線ABとy軸との交点をCとするとC(0, 4) また，△OAB=△OAC+△OBC=$\frac{1}{2}$×OC×(点Aのx座標の絶対値)+$\frac{1}{2}$×OC×(点Bのx座標)=$\frac{1}{2}\times4\times2+\frac{1}{2}\times4\times4=12$ 直線OBの式は$y=\frac{8}{4}x=2x$ 線分OB上に点Dをとり，そのx座標をtとするとD(t, $2t$) △ODC=$\frac{1}{2}$×OC×(点Dのx座標)=$\frac{1}{2}\times4\times t=2t$ 直線CDが△OABの面積を2等分するとき，△ODC=△OBC−△DBC=△OBC−$\frac{1}{2}$△OAB=8−$\frac{1}{2}$

$\times 12=2$だから，このときの点Dの座標は，$2t=2$　$t=1$より，D(1，2)　以上より，直線ABとy軸との交点を通り，△OABの面積を2等分する直線CDの式は，傾きが$\frac{2-4}{1-0}=-2$で，切片が4だから，$y=-2x+4$

3 (平面図形，線分の長さ，相似の証明，面積比)

(1)　AG//EF，AE//GFより，2組の向かいあう辺がそれぞれ平行だから，四角形AEFGは平行四辺形である。それと，AE：EB＝2：1より，$FG=AE=AB\times\frac{2}{2+1}=a\times\frac{2}{3}=\frac{2}{3}a$(cm)

(2)　(証明)　(例)△ACDと△FEBにおいて平行四辺形の対角は等しいから，∠ADC＝∠FBE…①　平行線の錯角は等しいから，AB//DCより∠ACD＝∠CAB…②　平行線の同位角は等しいから，AC//EFより∠FEB＝∠CAB…③　②，③より∠ACD＝∠FEB…④　①，④より2組の角がそれぞれ等しいから△ACD∽△FEB

(3)　平行四辺形ABCDの面積をSとすると，$\triangle CAB=\frac{1}{2}S$…①　GH//AEより，△CGH∽△CAEで，その相似比は，平行線と線分の比の定理より，CG：CA＝CF：CB＝AE：AB＝2：(2＋1)＝2：3　相似な図形では，面積比は相似比の2乗に等しいから，$\triangle CGH:\triangle CAE=2^2:3^2=4:9$　$\triangle CGH=\frac{4}{9}\triangle CAE$…②　△CAEと△CABで，高さが等しい三角形の面積比は，底辺の長さの比に等しいから，△CAE：△CAB＝AE：AB＝2：3　$\triangle CAE=\frac{2}{3}\triangle CAB$…③　①，②，③より，$\triangle CGH=\frac{4}{9}\times\frac{2}{3}\times\frac{1}{2}S=\frac{4}{27}S$　よって，△CGHの面積は，平行四辺形ABCDの面積の$\frac{4}{27}$倍である。

<英語解答>

1 (1) ① ウ　② ア　(2) ① エ　② ウ　(3) ① ア　② ウ
2 ① イ　② エ
3 (1) エ　(2) エ
4 (1) ① Yes, they do.　② There are two.　(2) ウ　(3) ① ウ　② イ　③ ア　(4) ア，ウ
5 (例)I will give A to her because I want her to remember our school life.

<英語解説>

1 (リスニング)

放送台本の和訳は，20ページに掲載。

2 (会話文：文の挿入，間接疑問，動名詞，現在・過去・未来と進行形，現在完了)

(全訳)　Yuri と Ken は中学生です。放課後，彼らは教室で勉強しています。

Yuri：この言葉が何を意味しているのかわからない。意味がわかる？
Ken：いや，わからない。①辞書でそれを調べてみては？
Yuri：そうね。ああ，辞書を家に置いてきてしまった。持っている？
Ken：ええと… うん。持っている。②はい，どうぞ。
Yuri：ありがとう！

① ア どこでそれを学びましたか? イ 辞書でそれを調べてみませんか?(○) ウ なぜあなたはそれを知っているのですか? エ 辞書をどのくらい使っていますか? 空欄の前後と選択肢の文の意味を検討して，適当な選択肢を選びたい。選択肢エの have you been は現在完了形の継続と考えられ，文全体の意味は「辞書をどれぐらい長く使い続けているか?」となる。

② ア ごめんなさい。 イ 私も。 ウ どういたしまして。 エ はい，どうぞ。(○) 空欄の前後と選択肢の文の意味を検討して，適当な選択肢を選びたい。選択肢エの here you are は「どうぞ」や「こちらです」のように，ものを相手に渡す時に使われる。

3 (読解問題：内容真偽，関係代名詞，形容詞的用法，前置詞)

(全訳) 「アースオーケストラの一員になって，Together Is Beautiful という音楽作品を録音しませんか?」 ミュージシャンにこの質問をすることで，2018年に特別な作品を作るプロジェクトが始まりました。音楽史上初めて，197カ国から197人のミュージシャンが，アースオーケストラを結成しました。彼らは，このプロジェクトを通じて，世界中の人々が国境を越えて一つになることを望んでいます。

アースオーケストラの監督であるジョージ・フェントンが，一つの音楽作品を作曲しました。プロジェクトの多くのミュージシャンが，彼のメロディーを豊かにしました。さまざまな国の伝統的な楽器がこの作品で使用されました。

197人のミュージシャンが，作品の録音のために集まったのでしょうか? 彼らは集まりませんでした。ミュージシャンは世界中のさまざまな場所で録音をして，その後録音された音声が調整されてひとつにまとめられました。ついに，2020年に Together Is Beautiful というとてもユニークな作品が発売されました。作品の制作が完了するまでに約3年かかりました。

ミュージシャンの一人は，このプロジェクトは世界が一つになることを手助けするために，手をつなぐようなものだと言いました。アースオーケストラは，音楽がどのように人々を結びつけることができるかを，私たちに示しています。

(1) 問題本文の第3段落最後の文 It took about~には「Together Is Beautiful の制作に約3年かかった」とあるので，選択肢エが適当。

(2) ア アースオーケストラのためにユニークな作品を作曲した監督 イ ユニークな作品のメロディーを豊かにしたミュージシャン ウ ユニークな作品で使用される伝統的な楽器 エ 197カ国のミュージシャン，197人によって作られたユニークな作品(○) 問題文では，197人のミュージシャンが協力して一つの音楽作品を作ったことが書かれていることから，タイトルとしては選択肢エが適当。選択肢アの A Director Who Composed~の Who は関係代名詞で，Who~が Director を説明して「~を作曲した監督」となる。また，選択肢ウの Used は use の過去分詞で**形容詞的用法**となっていて，Used~が Instruments を説明し「~で使用される楽器」となる。

4 (長文読解：絵・図・表・グラフなどを用いた問題，英問英答，語句補充・選択，内容真偽，形容詞・副詞，比較，関係代名詞，前置詞，接続詞)

(全訳) トンレサップは，カンボジアにある湖です。東南アジアでは最大の湖です。湖の上や周辺には百万人以上の人々が住んでおり，そこでは多くの人々が生計を立てるために湖で魚を捕まえています。湖の上には商店があります。湖の上には病院もあります。トンレサップは，人々の生活様式や環境が独特であるため，多くの訪問者が訪れたい場所です。

湖に関係する水の流れは非常に特別です。日本には一年に四季がありますが，カンボジアはそうではありません。カンボジアの1年は，乾季と雨季の2つの季節に分けられます。乾季には，湖の水はトンレサップ川を通ってメコン川に流れ込みます。通常5月から10月まで雨季が続き，通常この季節のメコン川の流れは乾季の流れと異なります。雨季は雨が多いため，メコン川の水量がとても多くなり，トンレサップ川の水がメコン川に流れ込むことができなくなります。そして，メコン川の水がトンレサップ川に流れ込み始めて，次に湖に流れ込み始めます。ある種の魚はメコン川から水の流れにのって湖に行きます。湖の上や周辺に住む人々は，たくさんの魚を捕まえることができます。

トンレサップ周辺には，さまざまな種類の動植物がいます。雨季には湖が乾季よりも広くなり，湖周辺の森林が水浸しになります。水浸しになった森は，多くの動物にとって都合の良い生息地になります。森は多くの植物や魚にとっても良い環境です。雨季が終わると，湖の水はトンレサップ川を通ってメコン川に流れるため，湖の水位は低くなります。

今日，湖の水位は，湖の上や周辺に住む人々にとって深刻な問題の1つです。気候変動により雨季の始まりは少し遅れており，湖の水量は年々減少しているように見えます。水位が下がったため，湖の魚の数も減っています。この状況を改善するには，いくつかの行動が必要になります。

(1)　①　(問題文訳)トンレサップの上またはその周辺に百万人以上が住んでいますか？(正答) Yes, they do.(はい，住んでいます。)　問題文は Do they～? の疑問文なので yes/no で答える。問題本文最初の段落第3文 More than a～には，「湖の上や周辺には百万人以上の人々が住んでいる」とあるので，答えは Yes～となる。　②　(問題文訳)カンボジアは一年に季節がいくつありますか？　(正答)There are two。(二つです。)　問題本文第2段落第3文 A year in～に，「カンボジアの1年は，乾季と雨季の2つの季節に分かれている」とある文から解答を作成したい。

(2)　(問題文訳)カンボジアでは通常，雨季はどのくらい続きますか？　ア　約1カ月。　イ　約2カ月。　ウ　約6カ月。(○)　エ　約10カ月。　問題本文第2段落第5文 The rainy season～には，「通常5月から10月まで続く雨季では～」とあり雨季は6カ月続くことになるので，選択肢ウが適当。

(3)　(正答文訳)雨季には，①(ウメコン川)の水が　②(イトンレサップ川)を通って　③(アトンレサップ)に流れ込みます。　ア　トンレサップ(③)　イ　トンレサップ川(②)　ウ　メコン川(①)　問題本文第2段落第5文 The rainy season～には，「雨季のメコン川の流れは乾季の流れとは異なる」とあって，その後に流れが変わる仕組みが書かれている。雨季の流れ方は，同段落第7文 Then, the water～にあって，「メコン川の水がトンレサップ川に流れ込み，次に湖に流れむ」となる。ここの「湖」とはトンレサップのこと。この文を参考に空欄を埋めると，①は選択肢ウ，②は選択肢イ，③は選択肢アが適当。

(4)　ア　トンレサップの上には商店や病院がある。(○)　イ　トンレサップの多くの魚は雨季にメコン川に行く。　ウ　トンレサップ周辺では，多くのさまざまな種類の動植物が見られる。(○)　エ　雨季のトンレサップの水位は乾季の水位よりも低い。　オ　トンレサップの深刻な問題の1つは，そこを訪れる人々の数だ。　問題本文最初の段落第4文 There are shops ～には「トンレサップの上には商店がある」とあって，次の文 There is even～には「トンレサップの上には病院もある」であることから，選択肢アが適当。また，問題本文第3段落の最初の文 There are many～には，「トンレサップ周辺には，さまざまな種類の動植物がいる」とあるので，選択肢ウが適当。選択肢オの people who visit there の who は関係代名詞で，who～がpeople を説明して「そこを訪れた人々」となる。

5 (英作文)

(例)I will give A to her because I want her to remember our school life.(彼女に私たちの学校生活を覚えていてほしいので，私は彼女にAをあげます。)

2022年度英語　聞き取り検査

〔放送台本〕

これから，英語の聞き取り検査を行います。放送中に問題用紙の空いているところに，メモを取ってもかまいません。それでは、問題用紙の1を見なさい。1には，(1)～(3)の3つの問題があります。

まず，(1)を見なさい。(1)では，①，②の英語が流れます。英語の内容に合うものを，それぞれ問題用紙のア～エのうちから1つずつ選び，その記号を書きなさい。なお，英語はそれぞれ1回ずつ流れます。それでは,始めます。

① In this picture, one boy is standing and two boys are sitting on the chairs.

② Yesterday, I played basketball in the morning and then practiced the guitar in the afternoon.

〔英文の訳〕

① この写真では，1人の男の子が立っていて，2人の男の子が椅子に座っています。
　答え　ウ

② 昨日，私は午前中にバスケットボールをして，午後はギターを練習しました。
　答え　ア

〔放送台本〕

次に，(2)に移ります。(2)では，①，②の2つの会話が行われます。それぞれの会話の後で会話の内容について質問を1つずつします。質問に対する答えとして最も適切なものを，それぞれ問題用紙のア～エのうちから1つずつ選び，その記号を書きなさい。なお，会話と質問はそれぞれ1回ずつ行います。それでは，始めます。

① Mother: Mike, I'll go to the supermarket and the post office. Can you come with me?
　Mike: Sorry, Mom. I'll go to the museum to meet my friend. Can you take me there if you go by car?
　Mother: OK. I'll take you to the museum first and go to the supermarket after that.
　Mike: Thank you, Mom.
　質問　Where will Mike go?

② Bob: Hi, Kate. Let's go to see a movie this weekend. I want to see a new movie about animals.
　Kate: That's nice. What time does the movie start?
　Bob: The movie starts at ten fifteen in the morning and one thirty in the afternoon.
　Kate: I see. How about meeting at noon and having lunch together before

the movie?

Bob:　Sounds good!

質問　What time will they start watching the movie?

〔英文の訳〕

① 母：　Mike, スーパーマーケットと郵便局に行くけど。一緒に来られる？

Mike：ごめんなさい，お母さん。友達に会うために博物館に行くんだ。車で行くなら，連れて行ってくれる？

母：　わかった。最初に博物館にあなたを連れて行って，それからスーパーマーケットへ行くよ。

Mike：ありがとう，お母さん。

質問：　Mike はどこへ行くのですか？

ア　スーパーマーケットへ。　イ　郵便局へ。　ウ　彼の友だちの家へ。　エ　博物館へ。(○)

② Bob：　こんにちは，Kate。今週末に映画を見に行こうよ。動物の新しい映画が見たいんだ。

Kate：いいね。映画は何時に始まるの？

Bob：　映画は，午前中は10時15分で，午後は 1 時30時から始まる。

Kate：わかった。お昼に会って，映画の前に一緒に昼食をとるのはどうかな？

Bob：　いいね！

質問　　彼らは何時に映画を見始めますか？

ア　午前10時15分に。　イ　正午に。　ウ　午後1時30分に。(○)　エ　午後2時15分に。

〔放送台本〕

次に，(3)に移ります。(3)では，Takeshiが授業で行った，自分の大切なものを紹介したスピーチが2回流れます。その後で，その内容について2つ質問をします。質問に対する答えとして最も適切なものを，それぞれ問題用紙のア～エのうちから1つずつ選び，その記号を書きなさい。それでは，始めます。

Today, I want to tell you about my book. Look at this. I got this when I was four. My father bought this for me.

This book is written in English. I didn't understand English, but I enjoyed the story by seeing the beautiful pictures in this. I liked this book so much. I asked my father to read this to me many times. My father was busy, but he often read this to me. I enjoyed talking with my father about this. This book is very important to me. Also, he sometimes took me to the library, and I borrowed many books from the library. Now, I enjoy learning from books.

In the future, I want to work at a library. I hope that children can learn a lot from books. Thank you for listening.

それでは，質問をそれぞれ2回ずつ行います。

質問①　What is Takeshi showing?

質問②　Why does Takeshi want to work at a library?

これで，英語の聞き取り検査の放送を終わります。

〔英文の訳〕

今日は私の本についてお話ししたいと思います。これを見てください。私は4歳のときにこれを手に入れました。父が私にこれを買ってくれました。

この本は英語で書かれています。私は英語がわかりませんでしたが，この中の美しい写真を見ることで物語を楽しんでいました。私はこの本がとても好きでした。私は父にこれを何度も読むように頼みました。父は忙しかったのですが，よく読んでくれました。私はこれについて父と話すのを楽しみました。この本は私にとってとても大切です。また，父は時々私を図書館に連れて行ってくれました，そして私は図書館からたくさんの本を借りました。今，私は本から学ぶことを楽しんでいます。

将来は図書館で働きたいです。子供たちが本からたくさん学ぶことができることを願っています。ご聴取ありがとうございました。

質問① Takeshi は何を見せていますか？

ア 彼の父が彼にくれた本。(○)　　イ 彼の父が彼のために書いた本。

ウ 彼が図書館から借りた本。　　エ 彼が友人から手に入れた本。

質問② なぜ Takeshi は図書館で働きたいのですか？

ア 彼はたくさんの本を買いたいから。　イ 彼は子供たちに英語をよく理解してもらいたいから。

ウ 彼は子供たちに本から多くのことを学んでもらいたいから。(○)

エ 彼は本の中で美しい写真を楽しみたいから。

＜国語解答＞

一 (一) A かがや(かせる)　B 植(えて)　(二) イ　(三) ウ　(四) ウ
(五) 奥深い白さが伝わる　(六) エ　(七) (例)強い連想関係にない言葉を用いること。　(八) (例)絵文字やスタンプ　(九) (例)私は，手書きの文字で伝えると，自分の思いが相手の心に強く響くと考える。メールの文章の字体は画一的であるが，手書きの文字には自分の個性も表れると思うからだ。

二 (一) A エ　B ア　(二) ア

三 (一) もうでて　(二) ウ　(三) 月の光　(四) エ

＜国語解説＞

一 **(随筆―内容吟味，文脈把握，漢字の読み書き，品詞・用法，書写，作文)**

(一) A 送り仮名に気をつける。かがや・く。 B 「植」は，きへん。

(二) 接続から助詞の種類を見分ける。**「体言＋から」の場合は「から」は格助詞，「活用する語＋から」の場合「から」は接続助詞**である。傍線①は動詞「いる」に付いているので接続助詞だ。

(三) その場を離れると言葉だけでは，傍線②のように「じゅうぶんではなくなる」理由を答える。じゅうぶんに通じるのは前段落に述べられているように対象を共有している場合であるから，**共に味わっていない場合は言葉だけでは対象のすばらしさが十分に通じない**ということになる。

(四) 自己を大衆に溶かすということは，スラングを使うこと，すなわち，個性を消し，人々に自分を合わせ，目立たないようにすることだ。

(五) 本文に「『紅ほのか』，つまり『白』とは異なる紅色を内包しているといったほうが，かえってその奥深い白さが伝わる」とあるので，ここから指定字数で抜き出す。

(六) 虚子の俳句で使われている「といふといへども」は，じつは名句と呼ばれるもの多くに，隠されていると述べ，芭蕉の俳句を挙げている。よって，虚子の句を挙げて述べてきた考えに対して，別の例として加えて考えをより確かなものにしている。

(七)「芭蕉は，山吹と結びついた『蛙』という言葉を，そのまま信用しなかった」とある。**芭蕉は古くから強い連想関係にあった語を用いない**ことで，「蛙」にまとわりつく決まり切った古くさいぼろぼろのイメージを，芭蕉自身が納得のいく言葉で鮮やかに塗り替えたのである。したがって，この場合の**芭蕉の手法は，強い連想関係にない言葉を用いることだ**といえる。

(八) 漢字と仮名のバランスや字間を考慮しながら，中心線を意識して真っ直ぐに書く。

(九) 解答例では，まず，「手書きの文字で伝えると，自分の思いが相手の心に強く響く」と自分の考えを述べている。次に，メールの文章の字体と比較をし，そう考える理由を述べている。

二 (会話・議論・発表—内容吟味，文脈把握)

(一) Aは，利用者数や貸出回数についての調査。Bは，図書委員会だよりや校内放送という広報活動について挙げた付箋だ。

(二) 報告書の下書きには，本に触れる機会となる行事を計画するという概要を述べるにとどまったが，**修正後は本に触れる機会となる行事を「例えば」以降で具体例を挙げて示し**ている。友達から，計画の具体例を挙げることをアドバイスされたことが推測されよう。

三 (古文—主題・表題，内容吟味，文脈把握，仮名遣い)

〈口語訳〉 九月二十日頃、長谷寺にお参りし，たいへん粗末な家に泊まったところ，とても疲れて，ただただ寝入ってしまった。夜更けに，月の光が窓から洩れ入ってきて，人が寝ているところの衣の上に，白く映っているのは，なんとたいそう趣深く思われることか。このようなときに，人は歌を詠むのであろう。

(一)「—au」は「—ou」と読むので，「**mau**dete」が「**mou**dete」となり「もうでて」となる。

(二) **動詞の連用形に付き、同じ動詞をつなげて程度が甚だしいことを表す「に」がある**ので，寝るという行為の程度が甚だしいことを表している選択肢を選ぶ。

(三)「洩りたりし」の主語は「月」だが，厳密に言えば「月の光」である。

(四)「さやうなるをり」とは，直前の「いみじうあはれとおぼえ」た時である。「あはれ」は，趣深いという意味である。

MEMO

大切なことはメモしておこうネ！

奈良県公立高等学校（一般選抜）

2022年度

★★★★★★★★★★★★★★★★★★★★★★★

入　試　問　題

2022年度

●くわしい解説……35ページ

＜数学＞

時間　50分　　満点　50点

1　次の各問いに答えよ。

⑴　次の①～④を計算せよ。

①　$3-7$　　②　$4(x+2)+2(x-3)$

③　$12x^2y \div 4x^2 \times 3xy$　　④　$(x+2)(x+8)-(x+4)(x-4)$

⑵　2次方程式 $x^2-6x+2=0$ を解け。

⑶　$x=\sqrt{2}+3$ のとき，x^2-6x+9 の値を求めよ。

⑷　y は x の2乗に比例し，$x=2$ のとき $y=-8$ である。y を x の式で表せ。

⑸　右の表は，ある学級の生徒40人の通学時間を度数分布表に整理したものである。中央値（メジアン）が含まれる階級の相対度数を求めよ。

階級(分)	度数(人)
以上　未満	
5 ～ 10	2
10 ～ 15	5
15 ～ 20	10
20 ～ 25	6
25 ～ 30	8
30 ～ 35	6
35 ～ 40	2
40 ～ 45	1
計	40

⑹　図1のように，底面の直径と高さが等しい円柱の中に，直径が円柱の高さと等しい球が入っている。このとき，球の体積は円柱の体積の何倍か。

図1

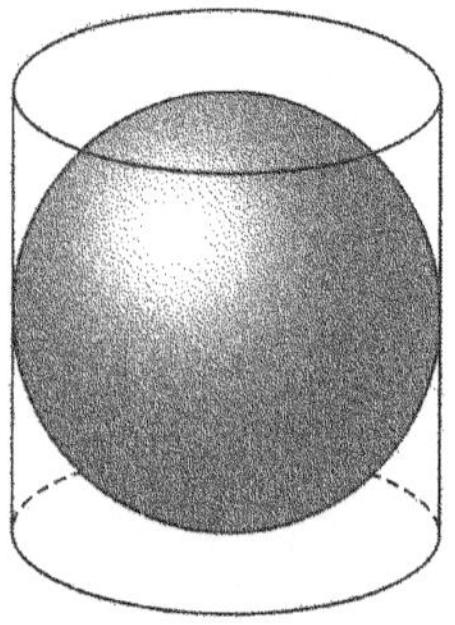

(7)　図２のような正方形ABCDがあり，点Pが頂点Aの位置にある。２つのさいころを同時に１回投げて，出た目の数の和と同じ数だけ，点Pは頂点B，C，D，A，B，…の順に各頂点を反時計回りに１つずつ移動する。例えば，２つのさいころの出た目の数の和が５のとき，点Pは頂点Bの位置に移動する。

　２つのさいころを同時に１回投げたとき，点Pが頂点Dの位置に移動する確率を求めよ。

図２

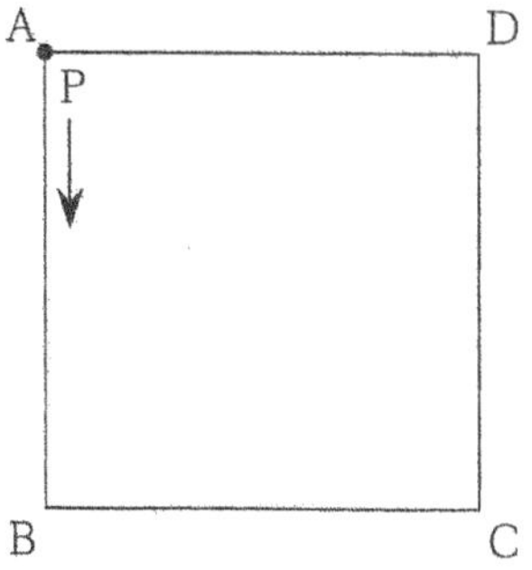

(8)　図３のように線分ABと点Cがある。線分AB上にあり，∠APC＝45°となる点Pを，定規とコンパスを使って解答欄の枠内に作図せよ。なお，作図に使った線は消さずに残しておくこと。

図３

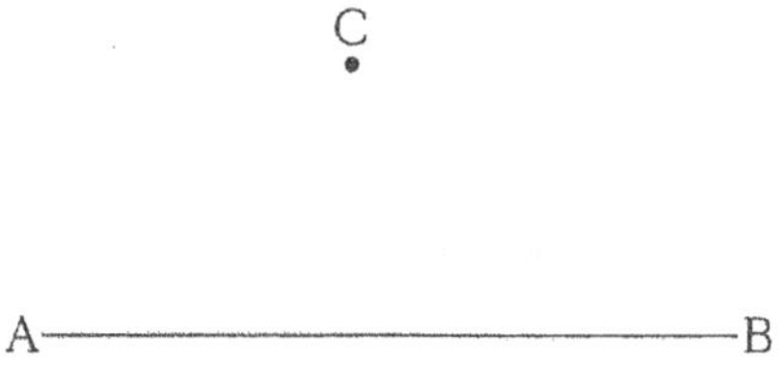

2　図１のように，深さ50㎝の直方体の容器と給水管A，B，Cがある。この容器が空の状態から，給水管を使って６分間水を入れる。この容器では，給水管A，B，Cを使うと，それぞれ毎分12㎝，毎分６㎝，毎分２㎝の割合で水面が高くなる。ただし，給水管は同時に複数使わないものとする。各問いに答えよ。

図１

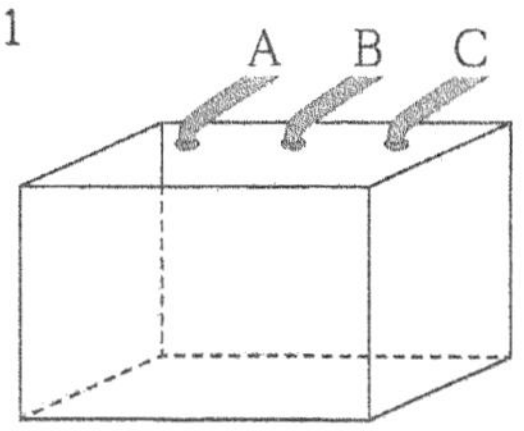

(1)　給水管をA，Bの順に使って水を入れる。次の□内は，水を入れ始めてから６分後に容器の底から水面までの高さが50㎝になる場合の給水管A，Bの使用時間の求め方について，太郎さんと花子さんがそれぞれ考えたものである。①，②の問いに答えよ。

【太郎さんの考え】

　給水管Aの使用時間をa分，給水管Bの使用時間をb分とすると，給水管の使用時間の関係と，容器の底から水面までの高さの関係から，右のような連立方程式をつくれば求められる。

$$\begin{cases} a+b=6 \\ \boxed{\text{あ}}=50 \end{cases}$$

【花子さんの考え】

　水を入れ始めてからx分後の容器の底から水面までの高さをy㎝とすると，xとyの関係をグラフで表すことができる。給水管をA，Bの順に使って水を入れ，水を入れ始めてから６分後に容器の底から水面までの高さが50㎝になる場合は，次のページの図２のように，容器が空の状態から，給水管Aを使って水を入れることを表す直線ℓと，給水管B

を使って，水を入れ始めてから6分後に容器の底から水面までの高さが50cmになることを表す直線mをかいて考えれば求められる。図2で，2直線ℓ，mの傾きは，［い］を表している。2直線ℓ，mの交点は，給水管をAからBに変更するときを表し，そのx座標は，［う］を示している。

図2

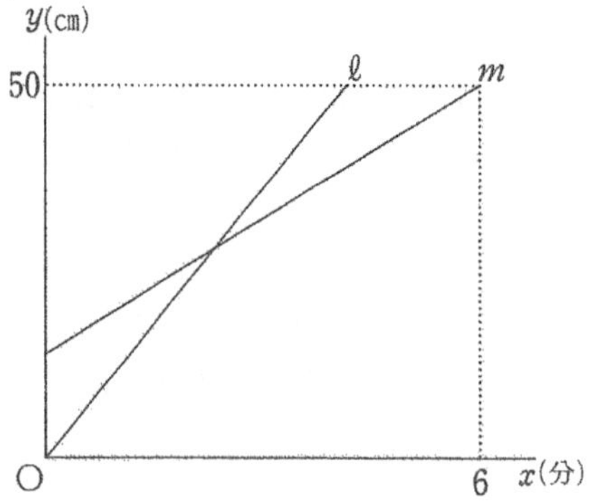

① ［あ］に当てはまる式を書け。

② ［い］，［う］に当てはまる語句の組み合わせを，次の**ア**～**エ**から1つ選び，その記号を書け。

ア	［い］	水面が1cm高くなるのにかかる時間	［う］	給水管Aの使用時間
イ	［い］	水面が1cm高くなるのにかかる時間	［う］	給水管Bの使用時間
ウ	［い］	1分あたりに高くなる水面の高さ	［う］	給水管Aの使用時間
エ	［い］	1分あたりに高くなる水面の高さ	［う］	給水管Bの使用時間

(2) 給水管をA，Bの順，またはA，Cの順に使って水を入れる。次の［　］内は，水を入れ始めてから6分後に容器の底から水面までの高さが45cmになる場合について，図2をもとに考えた太郎さんと花子さんの会話である。①，②の問いに答えよ。

太郎：容器の底から水面までの高さを50cmから45cmに変更して水を入れる場合，グラフを使って考えると，どうすればいいのかな。

花子：給水管をA，Bの順に使って水を入れ，水を入れ始めてから6分後に容器の底から水面までの高さが45cmになることを考えるには，図2に，(え)直線を1本かき加えるといいよ。

太郎：直線を1本かき加えることで，視覚的に考えることができるね。次に，給水管をA，Cの順に使って水を入れた場合，グラフを使って考えると，どうすればいいのかな。

花子：給水管をA，Bの順に使う場合で考えたときと同じように，給水管をA，Cの順に使って水を入れ，水を入れ始めてから6分後に容器の底から水面までの高さが45cmになることを考えるには，図2に，(お)直線を1本かき加えるといいよ。

① 下線部(え)はどのような直線か。「直線m」の語を用いて簡潔に説明せよ。

② 次のページの**ア**～**エ**の中に，下線部(お)を適切に表しているグラフが1つある。そのグラフを，**ア**～**エ**から1つ選び，その記号を書け。なお，-----線は，図2の直線ℓ，mを示している。

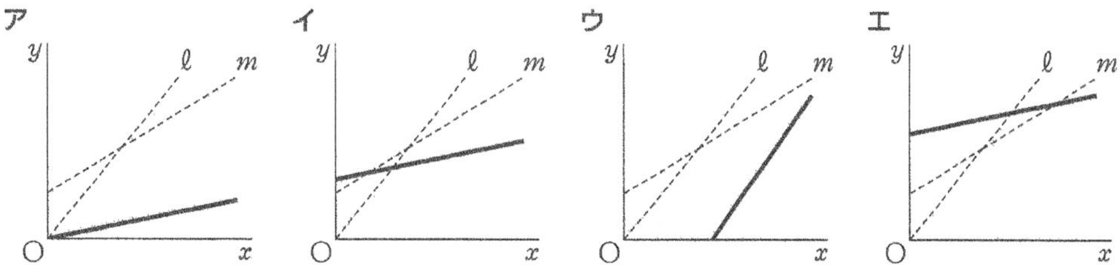

(3)　図３は，給水管をＢ，Ｃの順に使って水を入れ，水を入れ始めてから６分後に容器の底から水面までの高さが48cmになる場合を考えるために，図２を参考に作成した図である。図３から，給水管ＢとＣだけを使って水を入れるときは，６分後に水面の高さが48cm にはならないことがわかる。そこで，給水管Ａを加えて，給水管をＢ，Ａ，Ｃの順に使って水を入れる。水を入れ始めてから１分後に，給水管をＢからＡに変更し，その後，ＡからＣに変更することにした。給水管をＡからＣに変更するのは，給水管Ｂを使って水を入れ始めてから何分何秒後か。

図３

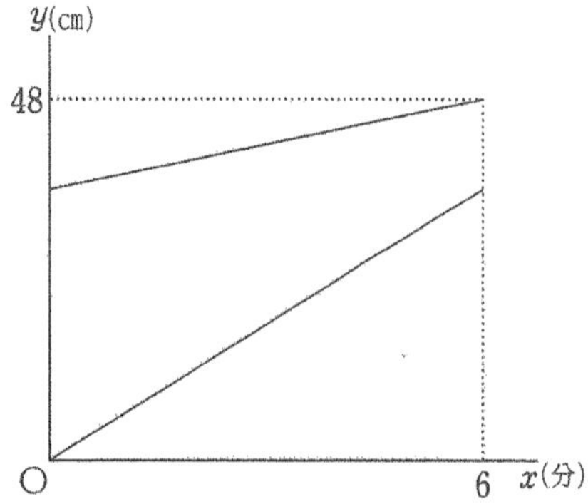

3　右の図で，曲線は関数 $y=\dfrac{6}{x}$ のグラフである。２点Ａ，Ｂの座標はそれぞれ（－６，－１），（－３，－５）である。点Ｃは曲線上を動く点であり，点Ｄは x 軸上を動く点である。２点Ｃ，Ｄの x 座標はどちらも正の数である。原点をＯとして，各問いに答えよ。

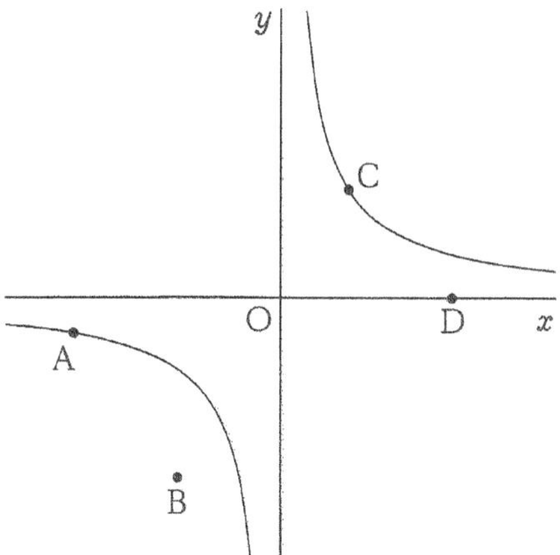

(1)　点Ｃの x 座標が１であるとき，点Ｃの y 座標を求めよ。

(2)　２点Ｃ，Ｄが，ＯＣ＝ＣＤを保ちながら動くとき，点Ｃの x 座標が大きくなるにつれて，△ＯＣＤの面積の値はどのようになるか。次の**ア**～**オ**のうち，正しいものを１つ選び，その記号を書け。

ア　大きくなる。　　**イ**　大きくなってから小さくなる。
ウ　小さくなる。　　**エ**　小さくなってから大きくなる。
オ　一定である。

(3)　△ＯＡＢの面積と△ＯＢＤの面積が等しくなるように点Ｄをとるとき，点Ｄの x 座標を求めよ。

⑷　四角形ABDCが平行四辺形になるように２点C，Dをとるとき，２点B，Dを通る直線の式を求めよ。

4　次の図のように，円周上に４点A，B，C，DがありAB＝ADである。線分ACと線分BDとの交点をEとする。また，点Aを通り線分BCと平行な直線と，線分BD，線分CDとの交点をそれぞれF，Gとする。各問いに答えよ。

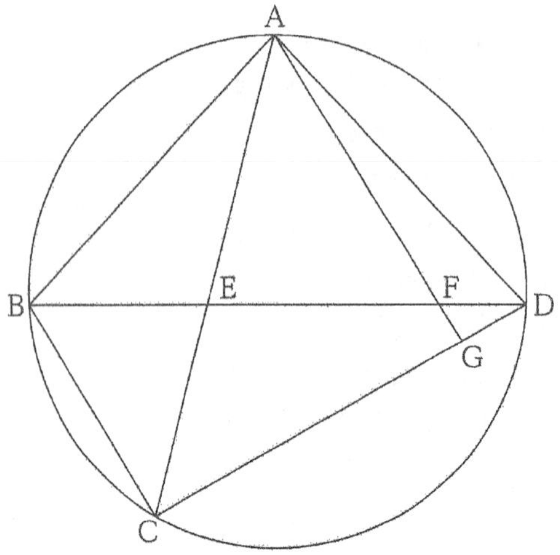

⑴　∠ABD＝a°とするとき，∠BCDの大きさをaを用いて表せ。

⑵　△AEF∽△CEB を証明せよ。

⑶　AB＝６㎝，BC＝４㎝，AC＝８㎝のとき，①，②の問いに答えよ。

①　△ABEの面積は△BCEの面積の何倍か。

②　線分AGの長さを求めよ。

<英語>　時間　50分　　満点　50点

1　放送を聞いて，各問いに答えよ。

(1)　①，②の英語の内容に合うものを，それぞれア～エから1つずつ選び，その記号を書け。なお，英語はそれぞれ1回ずつ流れる。

①

ア

イ

ウ

エ

②

ア

イ

ウ

エ

(2)　①，②のそれぞれの会話の最後の応答にあたる部分に入る英語として最も適切なものを，それぞれア～エから1つずつ選び，その記号を書け。なお，会話はそれぞれ1回ずつ流れる。

①〈教室での会話〉

ア　Sure.　Take care of yourself.
イ　Sure.　I want something to drink.
ウ　Sorry.　You should go to the library.
エ　Sorry.　I won’t study math with you.

②〈娘と父親の会話〉

ア　I like it very much.
イ　You should look for it with your friend.
ウ　It is fun to go shopping and buy a T-shirt.
エ　It is white and there are some stars on it.

(3)　次のページの□内は会話の後にボブ（Bob）が自分のすることをまとめたメモである。①，②に入る適切な英語を，それぞれ後のア～エから1つずつ選び，その記号を書け。なお，会話は2回流れる。

Things to Do:
□ tell my father Mom will come home at 7
□ (　　①　　)
□ tell my father (　　②　　)
□ make soup

① ア　help Emily do her homework
　イ　come home earlier than Mom
　ウ　make some sushi for dinner
　エ　buy some bread for tomorrow's breakfast

② ア　Mom bought milk and juice
　イ　Mom forgot to go to the supermarket
　ウ　he doesn't have to cook dinner
　エ　he doesn't have to buy some sushi

(4)　英語の内容と合っていないものを，次のア～カから２つ選び，その記号を書け。なお，英語は２回流れる。

ア　You can carry many things in the new sports bag.
イ　It is easy to wash the new sports bag by hand.
ウ　There are eight different colors for the new sports bag.
エ　It's 50 dollars if you buy the new sports bag on a special shopping day.
オ　You need 75 dollars if you buy two sports bags.
カ　You can buy the new sports bag on the Internet.

2　次のページの□内は，ある旅行会社が企画した収穫体験（harvest experience）のバスツアー(bus tour）に関する案内チラシの一部である。各問いに答えよ。

(1)　案内チラシの内容と合っているものを，次のア～オから２つ選び，その記号を書け。

ア　In all tours, you can have potatoes, cherries, grapes and apples.
イ　In Tour A, you will have a harvest experience at Reiwa Farm.
ウ　The price of Tour D is higher than the price of Tour C.
エ　In all tours, you will have a harvest experience before lunch.
オ　In all tours, you will start at Mahoroba Station at 9:00 a.m.

(2)　次の□内の条件のもと，大人１人，子ども（７歳）１人の計２人で収穫体験バスツアーに参加したい。条件をすべて満たしているものはどれか。後のア～エから１つ選び，その記号を書け。

【条件】
・果物の収穫体験を希望　・９月に参加　・ツアー代金の合計は15,000円以内

ア　Tour A　　イ　Tour B　　ウ　Tour C　　エ　Tour D

Weekend Harvest Experience Bus Tour

Tour A【Potatoes】

Period　：June
Location：Reiwa Farm
Price　：6,000 yen

Tour B【Cherries】

Period　：May - June
Location：Reiwa Farm
Price　：6,000 yen

Tour C【Grapes】

Period　：July - September
Location：Yamato Fruits Park
Price　：11,000 yen

Tour D【Apples】

Period　：September - November
Location：Yamato Fruits Park
Price　：8,000 yen

【For All Tours】

○Plan　: Mahoroba Station (9:00) == (Special Lunch) == (Harvest Experience ・ Free Time) == Mahoroba Station (19:30)

* Half price for children under twelve in all tours.

（注）period：時期　location：場所　farm：農園　price：値段　yen：円　half：半分の　under：～未満の

(3)　あなたは，Tour A～Dのいずれかの収穫体験バスツアーに参加することにした。どのバスツアーに参加したいか。あなたの考えを，その理由も含めて15語程度の英語で書け。ただし，1文または2文で書き，コンマやピリオドなどは語数に含めないこと。なお，選んだものを，それぞれA，B，C，Dと表してよい。

3　次の英文を読んで，各問いに答えよ。

Haruka, Mai, Tatsuya, and Ichiro are high school students. They are members of the English club. After school, they are talking in the English club room.

Haruka:　We are going to talk online to students in Australia next week again.

Mai:　Great. I enjoyed talking to them last month.

Tatsuya:　Exactly. I was very nervous and didn't know ［　①　］ I should say at first, but I introduced myself well, and we could keep talking.

Haruka:　Then, we introduced each other's popular spots around the school. What should we talk about this time? Do you have any ideas?

Mai:　How about talking about manga with them? I like manga, so I would like to tell them how good Japanese manga is.

Tatsuya: I agree. I want to ask them which Japanese manga they know. I also want to know about popular manga in Australia.

Ichiro: Are they interested in manga? How about sports? Rugby and soccer are popular in Australia, I think.

Haruka: Well, everyone is interested in different things. How about school life? We can talk about our school life, and they can talk about their school life.

Tatsuya: That's a good idea. We should talk about it. We can talk about our school events. What do you think about talking about school life, Mai?

Mai: I agree, too. [②]

Haruka: Right. The differences may reflect cultural differences. Also, we may learn about the things we have in common.

Ichiro: That's right.

（注） online：オンラインで　exactly：そのとおり　spot：場所　manga：マンガ
reflect：～を反映する　cultural：文化の　in common：共通で

(1) [①] に入る最も適切な英語を，次のア～エから１つ選び，その記号を書け。

ア what　イ why　ウ before　エ because

(2) 他のメンバーとの話し合いを通して Tatsuya の意見はどのように変わったと考えられるか。最も適切なものを，次のア～エから１つ選び，その記号を書け。

ア 最初はマンガに限らず互いが興味のあることについて話をしたいと思った。話し合いをする中で，学校生活について話をするのがよいという意見になった。

イ 最初はマンガに限らず互いが興味のあることについて話をしたいと思った。話し合いをする中で，文化の違いについて話をするのがよいという意見になった。

ウ 最初はマンガについて話をしたいと思った。話し合いをする中で，学校生活について話をするのがよいという意見になった。

エ 最初はマンガについて話をしたいと思った。話し合いをする中で，文化の違いについて話をするのがよいという意見になった。

(3) あなたは，Mai が [②] でどのように発言したと考えるか。文脈に合うように，[②] に入る英語を20語程度で書け。ただし，１文または２文で書き，コンマやピリオドなどは語数に含めないこと。

[4] 次の英文を読んで，各問いに答えよ。なお，英文の左側の［１］～［５］は各段落の番号を示している。

［１］ Have you ever seen the 2D codes which have a special mark on the corners? For example, you can find the 2D codes in your textbooks. When you scan them with a tablet computer, you can see pictures or watch videos. Today, a lot of people

2D code
（２次元コード）

around the world use them in many different ways. This type of 2D code was invented by engineers at a car parts maker in Japan.

[2] When cars are produced, many kinds of parts are needed. Car parts makers have to manage all of the car parts. About 30 years ago, car companies needed to produce more kinds of cars, and car parts makers had to manage many different kinds of car parts for each car. At that time, they used barcodes to manage the car parts, but they could not put a lot of information in one barcode. So, they used many barcodes. Workers had to scan many barcodes. A worker at a car parts maker had to scan barcodes about 1,000 times a day. It took a lot of time to scan them. The workers needed some help to improve their situation.

barcode
（バーコード）

[3] The engineers at a car parts maker in Japan knew the situation of the workers. They started to learn about 2D codes because 2D codes can contain more information than barcodes. There were already some types of 2D codes in the U.S. One type could contain a lot of information, but it took a lot of time to scan that type. Another type was scanned very quickly, but it contained less information than other types. The engineers at the car parts maker did not use these types. They decided to create a new type of 2D code which had both of those good points. The engineers needed a long time to create this new type which could be scanned quickly. Finally, they thought of an idea. They thought, "If a 2D code has a special mark on the three corners, it can be scanned very quickly from every angle." In this way, the new type of 2D code with special marks was invented by the engineers at a car parts maker in Japan.

[4] How did people around the world start to use the new type of 2D code? After car parts makers started to use it, other businesses also started to pay attention to it. For example, a mobile phone company started to use it to help people visit websites directly by using their mobile phone cameras. By scanning a 2D code with their mobile phones, users can get a lot of information quickly and easily. With this technology, people learned that the new type of 2D code was very useful.

[5] Today, the 2D code invented by the engineers at a car parts maker in Japan has become popular in people's lives around the world. It was invented by engineers to help workers, but now, it helps people around the world a lot.

（注）mark：目印　scan：読み込む　tablet computer：タブレットコンピュータ　type：種類
engineer：エンジニア　part：部品　maker：製造業者　manage：管理する
put：（情報などを）入れる　worker：労働者　situation：状況　contain：含む
quickly：素早く　think of：～を思いつく　angle：角度　business：事業

pay attention to：～に注目する　mobile phone：携帯電話　directly：直接
user：利用者

(1) 英文の段落ごとの見出しを下の表のようにつけるとき，表中の A ， B ， C に入る最も適切な英語を，後のア～カから１つずつ選び，その記号を書け。

段落	見出し
[1]	The 2D codes in our daily lives
[2]	A
[3]	B
[4]	C
[5]	The 2D code for people around the world

ア A new type of 2D code invented by engineers in Japan
イ The barcode which can improve the situation of workers
ウ Another way of using the new type of 2D code
エ The way of using some 2D codes from the U.S.
オ The company which started to use mobile phone cameras
カ The problems of using barcodes

(2) 英文の内容について，次の問いにそれぞれ３語以上の英語で答えよ。ただし，コンマやピリオドなどは語数に含めないこと。

① Did the engineers at the car parts maker in Japan use the 2D codes from the U.S.?

② Where did the engineers put a special mark when they invented the new type of 2D code?

(3) 英文の内容と合っているものを，次のア～カから２つ選び，その記号を書け。

ア A car parts maker in Japan invented barcodes.
イ Car parts makers used barcodes to sell more cars.
ウ Barcodes can contain more information than 2D codes.
エ The 2D code with special marks can be scanned quickly.
オ A mobile phone company used the new type of 2D code to help users visit websites easily.
カ The engineers from Japan and the U.S. worked together to invent the new type of 2D code.

＜理科＞

時間　50分　　満点　50点

1　真理さんは，世界自然遺産への登録が決定した奄美大島《あまみおおしま》，徳之島《とくのしま》，沖縄島《おきなわじま》北部および西表島《いりおもてじま》について調べた。次の［　］内は，真理さんが調べたことをまとめたものである。各問いに答えよ。

> 奄美大島，徳之島，沖縄島北部および西表島は，北緯24～28度の範囲に位置している。①世界の北緯20～30度の地域の多くは，1年を通して雲ができにくいが，これらの島は，暖流や季節風などの影響で1年を通して降水量が多く，豊かな森林が育まれている。また，②ヤンバルクイナや③アマミノクロウサギなど，固有の生物が数多く生息・生育している。このように，これらの島は生物の多様性の保全において重要な地域であることから，世界自然遺産への登録が決定した。

(1)　下線部①について，雲ができにくいのは，1年を通して高気圧が存在しているためである。北半球の高気圧における大気の動きを模式的に表した図として最も適切なものを，次の**ア**～**エ**から1つ選び，その記号を書け。ただし，図中の⇨矢印は中心付近の上昇気流または下降気流を，➡矢印は地表付近をふく風の向きを示している。

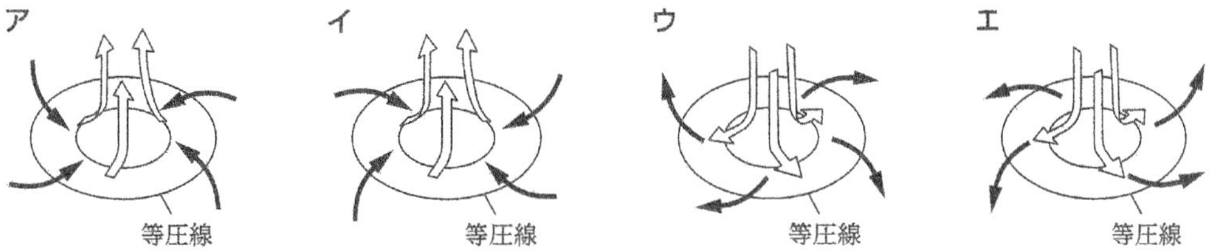

(2)　下線部②は鳥類に分類される。表は，せきつい動物の5つのグループの特徴をまとめたものであり，表の**ア**～**オ**はそれぞれは乳類，鳥類，は虫類，両生類，魚類のいずれかである。鳥類にあたるものを，表の**ア**～**オ**から1つ選び，その記号を書け。

	ア	イ	ウ	エ	オ
子のうまれ方	卵生	卵生	胎生	卵生	卵生
呼吸のしかた	えら	子は主にえら 親は肺と皮ふ	肺	肺	肺
体温の保ち方	変温動物	変温動物	恒温動物	変温動物	恒温動物

(3)　動物は，それぞれの生活に合った特徴のある体のつくりをしている。図は，下線部③の写真である。アマミノクロウサギなどの，植物を食べるほ乳類の体のつくりには，敵を早く見つけるのに適した特徴がある。その特徴を，目のつき方とそれによる見え方に触れながら，簡潔に書け。

2 春香さんは，理科の授業で，月と金星が2021年12月７日に接近して見えることを知り，12月７日の午後５時に日本のある地点Ｘで観察を行った。図１は，このとき観察した月の光って見える部分の形と位置および金星の位置をスケッチしたものである。各問いに答えよ。

図１

(1) 月のように惑星のまわりを公転する天体を何というか。その用語を書け。

(2) 春香さんが，２日後の12月９日の午後５時に再び地点Ｘで観察を行ったところ，12月７日と比べて月の光って見える部分の形と位置が変化していた。12月７日と比べてどのように変化していたか。最も適切なものを，次の**ア**～**エ**から１つ選び，その記号を書け。なお，図２は，12月７日の月の光って見える部分の形と位置を表している。

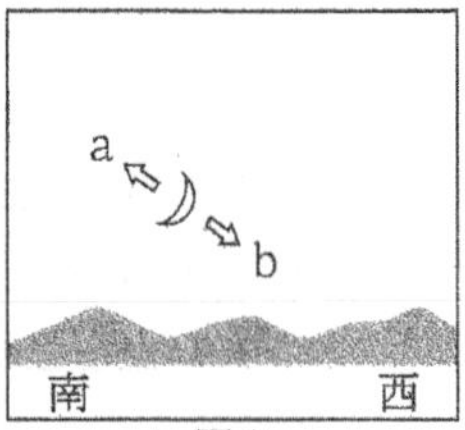

図２

ア　月の光って見える部分の形はさらに細くなり，位置は図２のａの方向に移動していた。
イ　月の光って見える部分の形は半月に近くなり，位置は図２のａの方向に移動していた。
ウ　月の光って見える部分の形はさらに細くなり，位置は図２のｂの方向に移動していた。
エ　月の光って見える部分の形は半月に近くなり，位置は図２のｂの方向に移動していた。

(3) 春香さんは，地球からの金星の見え方について調べたところ，金星は，月と同じように満ち欠けすることや，月と違って見かけの大きさが大きく変わることがわかった。また，金星は真夜中には見えないこともわかった。

① 図３は，2021年12月７日の太陽，金星，地球の位置関係と，金星と地球の公転軌道を模式的に表したものである。この日の金星を地点Ｘで天体望遠鏡を使って観察すると，金星の光って見える部分の形はどのように見えると考えられるか。最も適切なものを，次の**ア**～**エ**から１つ選び，その記号を書け。ただし，金星の光って見える部分の形は，肉眼で見たときのように上下左右の向きを直している。

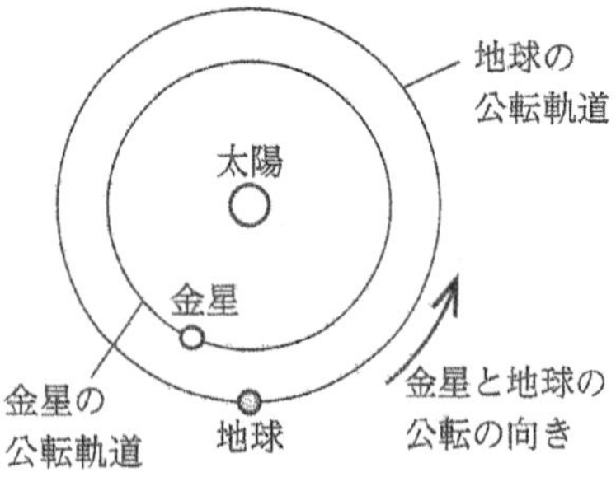

図３

② 図４は2021年12月７日から１年後の太陽，金星，地球の位置関係と，金星と地球の公転軌道を，図３と同様に表したものである。この日の金星の位置は，図４の**Ａ**～**Ｅ**のどれにあたると考えられるか。最も適切なものを１つ選び，その記号を書け。また，この日に地点Ｘで観察される金星の見かけの大きさは，2021年12月７日と比べてどのようになると考えられるか。適切なものを，次のページの**ア**～**ウ**から１つ選び，その記号を書け。ただし，地球は

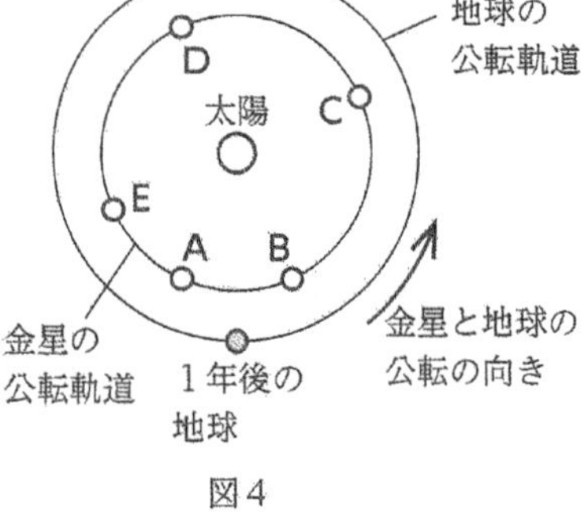

図４

１年で公転軌道を１周するのに対し，金星は0.62年で１周する。

ア　大きくなる。　**イ**　小さくなる。　**ウ**　変わらない。

③　真夜中に地球から金星を観察できないのはなぜか。その理由を簡潔に書け。

3　研一さんと花奈さんは，いろいろな気体を発生させ，集める実験を計画し，表１のようにまとめた。また，□内は，実験の計画を立てた後の２人の会話である。各問いに答えよ。ただし，実験器具は発生させる気体ごとに新しいものに取り替えて用いることとする。

実験者	発生させる気体	気体の発生方法	気体の集め方
研一	二酸化炭素	図１のような装置をつくり，試験管に石灰石とうすい塩酸を入れる。	水上置換法
	水素	図１のような装置をつくり，試験管に亜鉛とうすい塩酸を入れる。	水上置換法
花奈	アンモニア	図２のような装置をつくり，試験管に塩化アンモニウムと水酸化カルシウムの混合物を入れて加熱する。	水上置換法
	酸素	図２のような装置をつくり，試験管に酸化銀を入れて加熱する。	水上置換法

表１

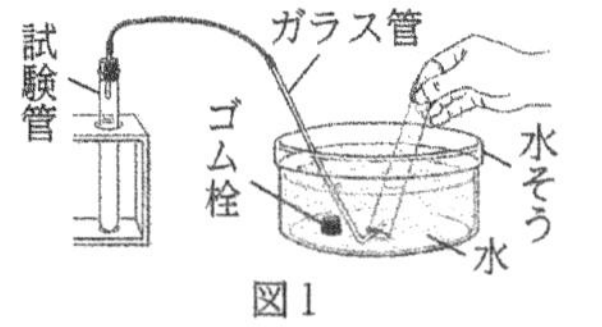

図１

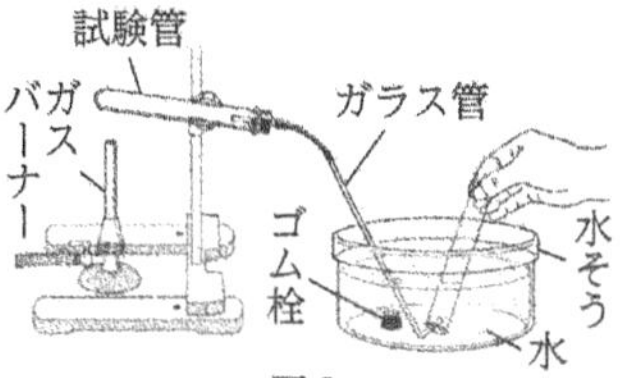

図２

花奈：発生させる気体の種類が違っても，気体の集め方はどれも同じだね。
研一：そうだね。でも，①アンモニアは水上置換法ではなく，上方置換法で集める必要があるよ。
花奈：あ，そうだったね。アンモニアの集め方は見直すね。他に気をつけることはあるかな。
研一：発生させる気体を水上置換法で集めるときは，②はじめに出てくる気体は集めず，しばらく発生させてから気体を集めるようにすることかな。

(1)　発生した気体が二酸化炭素であることは，気体を集めた試験管にある液体を入れてよく振ると液体が白くにごることで確かめることができる。ある液体とは何か。その名称を書け。

(2)　表１の水素の発生方法以外でも，水素を発生させることができる。次の**ア**～**エ**のうち，発生する気体が水素であるものを１つ選び，その記号を書け。

ア　二酸化マンガンにうすい過酸化水素水を加えると発生する気体

イ　硫化鉄にうすい塩酸を加えると発生する気体

ウ　塩化銅水溶液を電気分解すると陽極に発生する気体

エ　うすい塩酸を電気分解すると陰極に発生する気体

(3)　下線部①のようにするのは，アンモニアにどのような性質があるからか。「水」，「密度」の語を用いて簡潔に書け。

(4)　下線部②のようにする理由を簡潔に書け。

(5)　花奈さんは，計画にしたがって酸素を発生させる実験を行ったところ，酸化銀を加熱した後の試験管の中に白い物質が残っていることに気づいた。そこで，酸化銀の質量と酸化銀を加熱した後に試験管の中に残った物質の質量との関係を調べるために，次のページの□内の実験を行った。

図2のような装置をつくり，試験管に酸化銀1.00 g を入れて加熱した。気体が発生しなくなってから加熱をやめ，試験管の中に残った物質の質量をはかった。同様の操作を，酸化銀の質量を2.00 g，3.00 g，4.00 g と変えて行った。表2は，その結果をまとめたものである。

酸化銀の質量〔g〕	1.00	2.00	3.00	4.00
加熱後の試験管の中に残った物質の質量〔g〕	0.93	1.86	2.79	3.72

表2

①　酸化銀を加熱したときの化学変化を化学反応式で書け。ただし，酸化銀の化学式は Ag_2O とする。

②　引き続き，酸化銀の質量を5.00 g に変えて実験を行ったが，気体が発生しなくなる前に加熱をやめてしまった。このとき，加熱後の試験管の中に残った物質の質量は4.72 g であった。この結果から，反応した酸化銀の質量は，加熱前の酸化銀5.00 g のうちの何％であったと考えられるか。その値を書け。

4　良太さんは，ギターの演奏を聴いたときに，音の高さを変える方法に興味をもった。そこで，弦の振動と音の高さとの関係を調べるために，次の実験を行った。各問いに答えよ。

実験　図は，モノコード，マイクロホン，コンピュータを用いた装置でありX，Yは駒を置く位置を示している。弦は，図のように一方の端をモノコードのZの部分に固定し，もう一方の端におもりをつけて張ることとする。同じ材質で太さの異なる2本の弦と質量の異なる2個のおもりを用意し，用いる弦1本とおもり1個，駒の位置の組み合わせを変えて，Zと駒の間の弦の中央を同じ強さではじいた。そのときに出た音を，マイクロホンを通してコンピュータの画面に表示させ，記録した。表は，その結果をまとめたものであり，表のA～Dはそれぞれ行った実験の条件とそのときに記録したコンピュータの画面を表している。ただし，コンピュータの画面の縦軸は振幅を，横軸は時間を表し，目盛りのとり方はいずれの記録も同じで，横軸の1目盛りは0.001秒である。

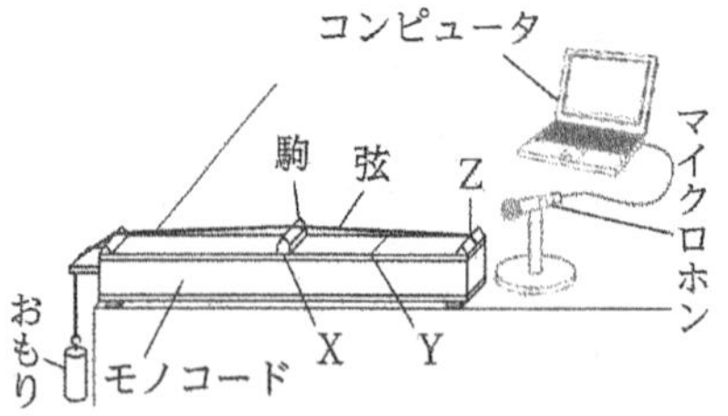

	A	B	C	D
弦の太さ	細い	細い	細い	太い
おもりの質量	小さい	大きい	小さい	小さい
駒の位置	X	Y	Y	Y
コンピュータの画面	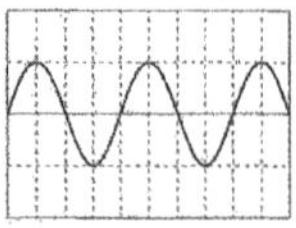	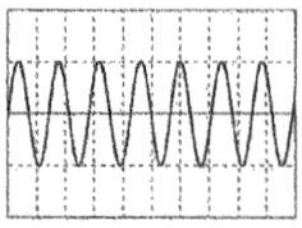	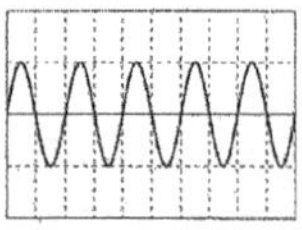	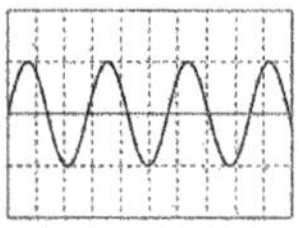

(1)　弦の振動する部分の長さによる音の高さの違いを調べるには，表のA～Dのうち，どれとどれを比べればよいか。適切なものを，表のA～Dら選び，その記号を書け。また，弦の振動す

る部分の長さを短くすると音の高さはどのようになるか。適切なものを，次の**ア**～**ウ**から１つ選び，その記号を書け。

ア　高くなる。　**イ**　低くなる。　**ウ**　変わらない。

(2)　前のページの表のAにおいて記録したコンピュータの画面から，１回の振動にかかる時間は４目盛り分であることがわかる。Aで出た音の振動数は何Hzか。その値を書け。

(3)　良太さんは，駒を図のYの位置に置き，実験で用いた太い弦と質量の大きいおもりを使って実験と同様の操作を行ったところ，記録したコンピュータの画面が表のA～Dの記録のいずれかと同じになった。それはどの記録であったと考えられるか。表のA～Dから１つ選び，その記号を書け。ただし，このとき記録したコンピュータの画面の目盛りのとり方は表のA～Dと同じである。

5　タマネギの根の成長について調べるために，次の観察を行った。各問いに答えよ。

観察　水を満たしたビーカーの上にタマネギを置いておくと，図１のようになった。１cm ぐらいにのびた根の１つに，図２のように先端から等間隔に印をつけておくと，１日後には図３のようになった。図３のa～cの各部分を切りとり，それぞれ別のスライドガラスにのせ，えつき針でくずし，うすい塩酸を用いて細胞どうしを離れやすくしたのち，酢酸オルセイン溶液で染色した。カバーガラスをかけ，その上をろ紙でおおい指で押しつぶして，プレパラートをつくった。顕微鏡でそれぞれのプレパラートを同じ倍率で観察したところ，いずれも細胞が重なりやすき間のない状態で視野全体に広がっていた。表は，視野の中の細胞の数を数えた結果をまとめたものである。また，cの部分では体細胞分裂のようすが観察された。

図1

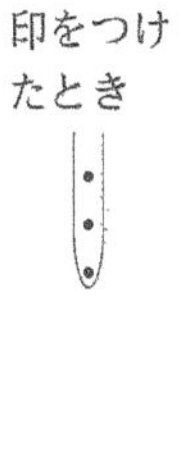

図2

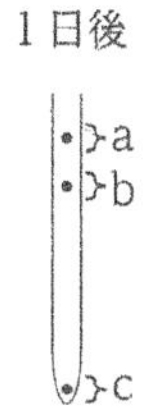

図3

	a	b	c
細胞の数［個］	15	18	60

(1)　タマネギの根はひげ根とよばれる。被子植物のうち，ひげ根をもつという特徴がみられる植物のなかまを何というか。その用語を書け。

(2)　顕微鏡について述べた文として正しいものを，次の**ア**～**エ**から１つ選び，その記号を書け。

ア　顕微鏡の倍率は，接眼レンズの倍率と対物レンズの倍率を足したものである。

イ　顕微鏡の倍率を100倍から400倍に変えると，観察できる範囲は広くなり，視野は明るくなる。

ウ　ピントを合わせるときは，接眼レンズをのぞき，調節ねじを回して対物レンズとプレパラートを近づけながら合わせる。

エ　低倍率でピントを合わせた状態から，レボルバーを回して対物レンズを高倍率のものにすると，対物レンズの先端とプレパラートとの距離が短くなる。

(3)　下線部について，図４はその一部をスケッチしたものであり，図中の**ア**～**オ**はそれぞれ体細胞分裂の過程における異なる時期の細胞である。染色体が複製される時期の細胞として最も適切なものを，図４の**ア**～**オ**から１つ選び，その記号を書け。

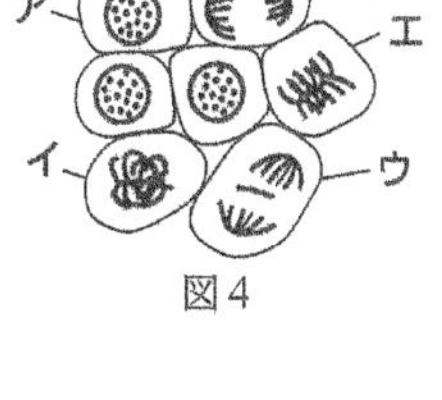

図4

(4) 次の　　　内は，観察の結果から考えられるタマネギの根の成長のしくみについて述べたものである。①，②については**ア**，**イ**のいずれか適する語をそれぞれ１つずつ選び，その記号を書け。また，(③) については適する言葉を簡潔に書け。

> タマネギの根は①(**ア**　先端　**イ**　根もと) に近い部分がよくのびる。また，細胞の大きさは図３のａ，ｂの部分よりもｃの部分の方が②(**ア**　大きい　**イ**　小さい)。このことから，タマネギの根は，体細胞分裂により細胞の数がふえ，さらに，(　　　③　　　) ことによって成長すると考えられる。

(5) 細胞分裂には，体細胞分裂のほかに，生殖細胞がつくられるときに行われる特別な細胞分裂がある。この特別な細胞分裂によってできた生殖細胞は，体細胞分裂によってできた細胞と比べてどのような違いがあるか。染色体の数に着目して簡潔に書け。

6　電流による発熱量について調べるために，次の実験を行った。各問いに答えよ。

実験　熱を伝えにくい容器に室温と同じ温度の水100ｇを入れ，抵抗の大きさが２Ωの電熱線ａを用いて図１のような装置をつくった。電熱線ａに6.0Ｖの電圧を加えて電流を流し，電流の大きさを測定するとともに，水をときどきかき混ぜながら１分ごとに容器内の水の温度を記録し，５分間測定した。また，電熱線ａを，抵抗の大きさが４Ωの電熱線ｂに取り替え，電熱線ｂに6.0Ｖの電圧を加えて同様の操作を行った。表１，２は，その結果をまとめたものである。

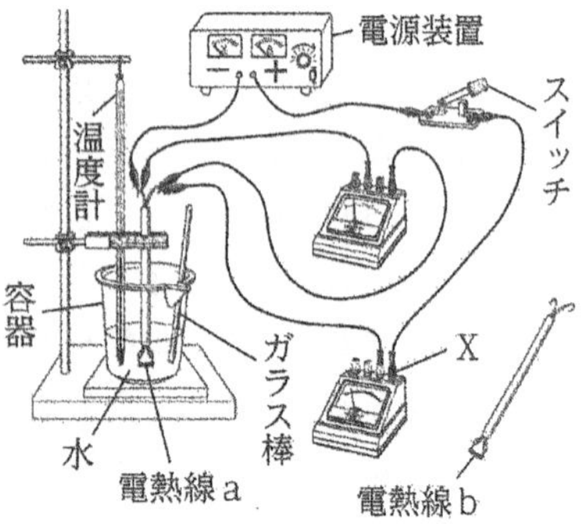

図１

	電流〔A〕
電熱線ａ	3.0
電熱線ｂ	1.5

表１

電流を流した時間〔分〕		0	1	2	3	4	5
容器内の水の温度〔℃〕	電熱線ａ	21.4	23.8	26.2	28.6	31.0	33.4
	電熱線ｂ	21.4	22.6	23.8	25.0	26.2	27.4

表２

(1) 図１のXが示している端子は何か。正しいものを，次の**ア**～**エ**から１つ選び，その記号を書け。

ア　電圧計の＋端子　　**イ**　電圧計の－端子　　**ウ**　電流計の＋端子　　**エ**　電流計の－端子

(2) 実験において，電熱線ａが消費する電力は何Wか。その値を書け。

(3) 表２から，電熱線ｂについて，電流を流し始めたときからの水の上昇温度を求め，電流を流した時間と水の上昇温度との関係をグラフに表せ。

(4) 次の　　　内は，電流による発熱量と電力との関係について述べたものである。(①)，(②) に入る語の組み合わせとして適切なものを，後の**ア**～**カ**から１つ選び，その記号を書け。

> 実験の結果から，電流を流した時間が同じ場合，電熱線が消費する電力が大きいほど水の上昇温度は（　①　）。よって，電流を流す時間が一定の場合，電力が大きいほど電流

による発熱量は（　①　）といえる。このことから，電熱線ｂに加える電圧を電熱線ａに加える電圧の２倍にして，同じ時間電流を流したとき，電熱線ｂから発生する熱量は，電熱線ａから発生する熱量と比べて（　②　）と考えられる。

ア　①　小さくなる　②　小さくなる　　**イ**　①　大きくなる　②　小さくなる
ウ　①　小さくなる　②　等しくなる　　**エ**　①　大きくなる　②　等しくなる
オ　①　小さくなる　②　大きくなる　　**カ**　①　大きくなる　②　大きくなる

(5)　図２は，電熱線が２本ある電気ストーブの写真である。この電気ストーブの内部は２本の電熱線をつないだ回路になっており，スイッチの操作により電熱線１本または電熱線２本で使用することができる。この電気ストーブを家庭のコンセントにつないで100Ｖの電圧で使用するとき，電熱線１本で使用するより電熱線２本で使用する方が回路全体の消費電力が大きくなる。その理由を，２本の電熱線のつなぎ方に触れながら,「抵抗」,「電流」の語を用いて簡潔に書け。ただし，家庭のコンセントの電流は交流であるが，消費電力や電流，電圧，抵抗についての考え方は，直流の場合と変わらないものとする。

図２

＜社会＞

時間　50分　　満点　50点

1 令子さんは，「日本の歴史上の出来事の背景には，どのような世界の出来事があったのだろうか」という疑問をもち，日本の出来事とそれぞれの背景となる世界の出来事について，次のような表を作成した。各問いに答えよ。

日本の出来事	世界の出来事
稲作が盛んになり，各地にクニが誕生した。	各地でA古代文明が発展し，麦や稲の栽培が世界に広まった。
B日本で最初の仏教文化が栄えた。	シャカの説いた仏教がアジア各地に伝えられた。
C銅銭が多く輸入され，国内で流通した。	宋や明が建国され，アジア各地で交流や貿易が進んだ。
ヨーロッパとの交流や貿易が始まった。	ヨーロッパ人がD新航路の開拓を行った。

(1) 資料Ⅰは，下線部Aが生まれた地域のひとつで見られる遺跡の写真である。この遺跡がある地域を，略地図中の**ア**～**エ**から１つ選び，その記号を書け。

[資料Ⅰ]

[略地図]

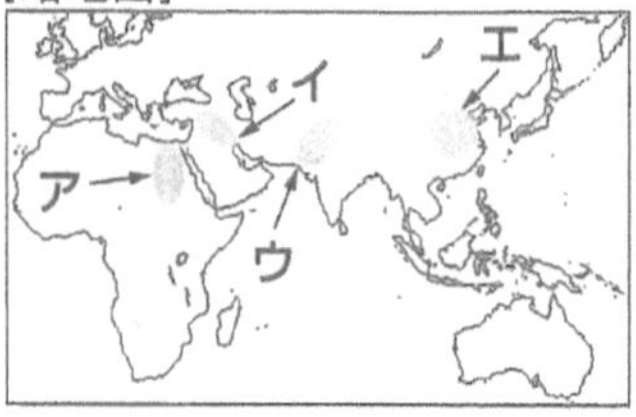

(2) 下線部Bは，中国やインド，西アジアなどの影響がみられる文化であり，奈良盆地南部を中心に栄えた。この文化の名称を書け。

(3) 下線部Cの流通が社会に与えた影響について興味をもった令子さんは，資料Ⅱと資料Ⅲを見つけ，これらの資料に見られる当時の社会の様子を調べた。次の□内は，令子さんがまとめたものの一部である。

[資料Ⅱ]

[資料Ⅲ]

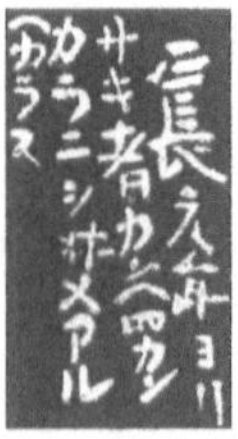

正長元年ヨリ
サキ者(は)カンへ(神戸)四カン
カウ(郷)ニヲヰメ(負い目)アル
ヘ(べ)カラス(ず)

- 資料Ⅱは，市の様子を描いたものである。この頃の市は毎月決められた日に開かれた。その後，商業が活発になり，市の開かれる回数が増えたことから，貨幣の流通もさらに進んだと考えられる。
- 資料Ⅲは，民衆の行動の成果を示す碑文である。文中の「ヲヰメ」とは借金のことであり，民衆の生活に貨幣が関わっていたことがわかる。

① 〰〰線部のような市を何というか。その名称を書け。

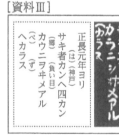

② 前のページの資料Ⅲに記されている内容に最も関係の深いものを，次の**ア**～**エ**から１つ選び，その記号を書け。

ア 楽市・楽座　**イ** 太閤検地　**ウ** 米騒動　**エ** 土一揆

(4) 下線部Dによりヨーロッパの国々がアジアへ進出し，日本にもキリスト教が伝えられた。キリスト教の伝来から，幕府がポルトガル船の来航を禁止するまでの間に起きた世界の出来事を，次の**ア**～**エ**から１つ選び，その記号を書け。

ア イギリスで産業革命が起きた。

イ ローマ教皇の呼びかけで十字軍の遠征が行われた。

ウ オランダがスペインから独立した。

エ 軍人のナポレオンが皇帝になった。

(5) 令子さんは，作成した表に近世以降の出来事を加えようと考え，日本と世界の出来事について，下のように書き加えた。ペリー来航後の江戸幕府の対外政策の変化について，（X）に当てはまる言葉を，ペリーとの交渉により結んだ条約名を示しながら，簡潔に書け。

[令子さんが書き加えたことがら]

日本の出来事	世界の出来事
（　X　）	独立後に領土を拡大させたアメリカは，東アジアに関心を向けた。

2 和正さんは，歴史的分野の授業で学んだ内容について発表することになり，第二次世界大戦後の日本の様子に関するスライドと発表するためのメモを作成した。各問いに答えよ。

[スライドの目次]

テーマ「第二次世界大戦後の日本」

政治　A日本国憲法の制定

外交　日本の独立とB国際社会への復帰

経済　経済の回復と発展

教育　新しい学校教育の開始

[メモ]

・政治 では，日本国憲法を大日本帝国憲法と比較する。

・外交 では，各国との外交関係に触れながら，国際社会に復帰する経緯について説明する。

・経済 では，C経済成長率の推移がわかるグラフを示す。

・教育 では，写真を示し，D戦後の教育について説明する。

(1) 資料Ⅰは，下線部Aの条文の一部である。和正さんは，資料Ⅰと，大日本帝国憲法で定められた同様の権利に関する条文とを比較し，気付いたことを，次の□内のように書き出した。（X）に当てはまる言葉を簡潔に書け。

[資料Ⅰ]

第二十一条　集会，結社及び言論，出版その他一切の表現の自由は，これを保障する。

・大日本帝国憲法の条文には，「臣民」という語が見られる。

・大日本帝国憲法において，言論・出版・集会・結社の自由は（　X　）という制限のもとで認められている。

(2) 資料Ⅱは，下線部Bの過程で日本がある国と結んだ取り決めの一部を示したものである。この取

[資料Ⅱ]

4　（略）国際連合への加入に関する日本国の申請を支持するものとする。

9　（略）歯舞群島及び色丹島を日本国に引き渡すことに同意する。ただし，これらの諸島は，（略）平和条約が締結された後に現実に引き渡されるものとする。

（外務省Webサイトより作成）

り決めの名称を，次の**ア**～**エ**から１つ選び，その記号を書け。

ア　日ソ中立条約　　**イ**　日中平和友好条約　　**ウ**　日ソ共同宣言　　**エ**　日中共同声明

(3)　資料Ⅲは，1956年から1975年までの下線部Cを示したものである。資料Ⅲ中の ←‐‐‐‐→ の期間に起きた出来事を，次の**ア**～**エ**から２つ選び，その記号を書け。

ア　東海道新幹線が開通する。

イ　環境庁が設置される。

ウ　石油危機が起こる。

エ　朝鮮戦争が起こる。

[資料Ⅲ]

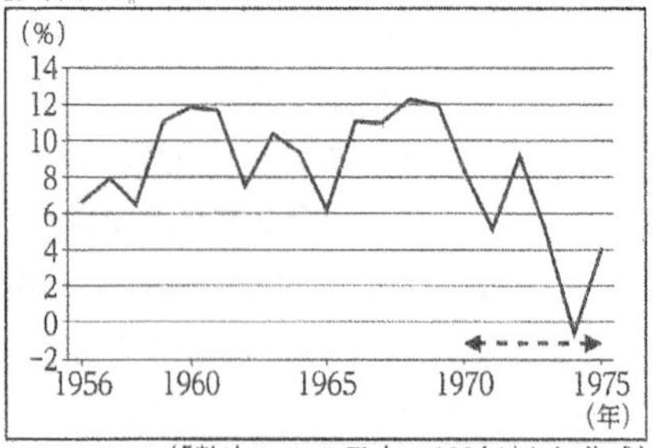

(「数字でみる日本の100年」より作成)

(4)　和正さんは，資料Ⅳを示し，下線部Dを説明することにした。資料Ⅳは，戦後すぐの時期に使われた教科書の写真である。このように一部の記述を墨で塗った目的は何か。その目的を簡潔に書け。

[資料Ⅳ]

(5)　和正さんは，発表を通してさらに戦後の日本の様子に興味をもち，戦後の沖縄の出来事について詳しく調べることにした。資料Ⅴは，1972年に沖縄で撮影された写真である。和正さんは，資料Ⅴについて，次の□内のようにまとめた。（Y）に当てはまる言葉を，第二次世界大戦が終結した年からこの年までにおける沖縄の状況に触れながら，簡潔に書け。

[資料Ⅴ]

> この写真は，（　Y　）ことになり，これまで使用していたドルを円に交換するために銀行を訪れている人々の様子を写したものである。

3　夏美さんのクラスでは，2024年にオリンピック・パラリンピックが開催されるフランスと，その周辺の国について調べることになった。略地図Ⅰ中の**a**～**e**は，ヨーロッパ州の国を示している。各問いに答えよ。

(1)　略地図Ⅰ中のパリの位置を表すために用いる語の組み合わせとして正しいものを，次の**ア**～**エ**から１つ選び，その記号を書け。

ア　北緯，東経　　**イ**　北緯，西経

ウ　南緯，東経　　**エ**　南緯，西経

(2)　ヨーロッパ州には，複数の国を流れる国際河川が見られる。

①　略地図Ⅰ中の河川Xの名称を書け。

[略地図Ⅰ]

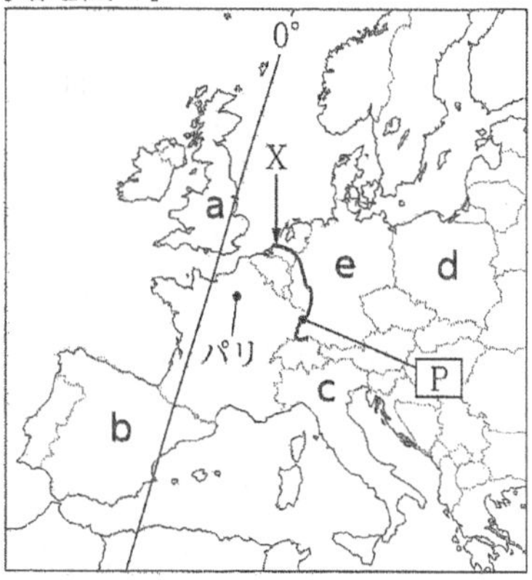

② 資料Ⅰは，前のページの略地図Ⅰ中のＰ地点を撮影した写真である。資料Ⅰ中に見られる２か国間の通行にはどのような特徴があるか。「パスポート」，「国境」の語を用いて簡潔に書け。

［資料Ⅰ］

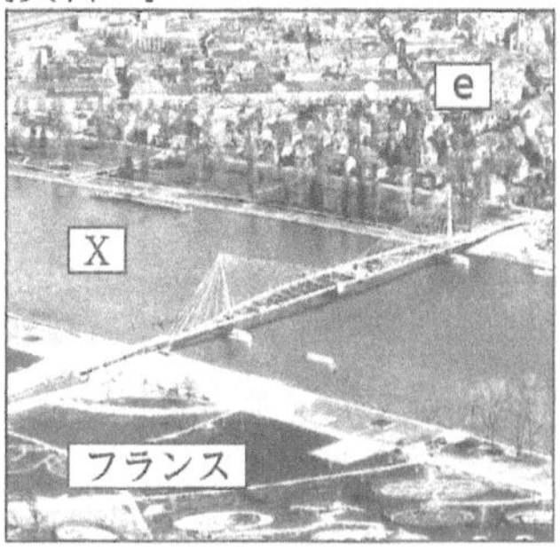

［資料Ⅱ］

国	「こんにちは」を表す言葉
フランス	Bonjour
a	Good afternoon
b	Buenas tardes
c	Buon giorno
d	Dzień dobry
e	Guten Tag

(3) ヨーロッパ州の言語は，大きく，ゲルマン系，ラテン系，スラブ系の３つの系統に分けられる。資料Ⅱは，フランスと略地図Ⅰ中の国ａ～ｅの公用語で「こんにちは」を表す言葉をまとめた表である。フランスの公用語と同じ系統の言語を主に使用する国を，略地図Ⅰ中のａ～ｅからすべて選び，その記号を書け。

(4) 次の［　　］内は，フランスの食品について調べている夏美さんと，幸平さんとの会話である。

> 夏美：幸平さんは，フランスの食品で知っているものはありますか。
> 幸平：ハムやチーズ，それに，ワインやオリーブオイルは有名ですね。
> 夏美：そうですね。フランスは，農業が盛んな国で，日本にも多くの食品を輸出しています。ところで，幸平さんは，ワインやオリーブオイルが日本でも生産されていることを知っていましたか。
> 幸平：社会科見学でぶどう農園を訪れたときに，地域で作られたワインをＡ地域ブランドとして販売していると聞きました。でも，オリーブオイルが日本で生産されていることは知りませんでした。
> 夏美：調べてみると，日本でのＢオリーブの栽培は，約150年前にフランスから苗木が輸入されたことに始まり，現在は，香川県の小豆島で盛んに行われているようです。

① フランスでは，小麦やライ麦などの穀物の栽培と豚や牛などの家畜の飼育を組み合わせた農業が行われてきた。このような農業を何というか。その名称を書け。

② 夏美さんは，日本とEUが相互に下線部Ａを保護する取り決めを結んでいることを知り，地域ブランドの保護を目的とした「地理的表示保護制度」について調べた。資料Ⅲは，日本の地理的表示について説明したものである。政府がこのような制度を推進することで期待される効果として適切なもの

［資料Ⅲ］

○地理的表示（ＧＩ）とは

農林水産物・食品等の名称で，その名称から当該産品の産地を特定でき，産品の品質等の確立した特性が当該産地と結びついているということを特定できる名称の表示をいう。　例：神戸ビーフ，夕張《ゆうばり》メロン

風土や伝統が育んだ特色ある地域産品を保護する「ＧＩマーク」は地域ブランドの証《あかし》です。

（政府広報オンラインWebサイトほかより作成）

を，次のア～エから２つ選び，その記号を書け。

ア　消費者が，品質の保証された産品を購入することができる。

イ　消費者が，外国産よりも低価格で地域産品を購入することができる。

ウ　他の産地の産品との差別化を図ることができる。

エ　優れた生産技術を，海外の生産者にも普及することができる。

③　小豆島で下線部Bが盛んな理由のひとつとして，瀬戸内の降水量がオリーブの栽培に適していることが挙げられる。資料Ⅳは，小豆島町，鳥取市，高知市における年降水量を示したものである。略地図Ⅱは，小豆島町，鳥取市，高知市の位置を示したものである。瀬戸内の降水量の特徴を，資料Ⅳ，略地図Ⅱを考にして，「季節風」の語を用いて簡潔に書け。

[資料Ⅳ]

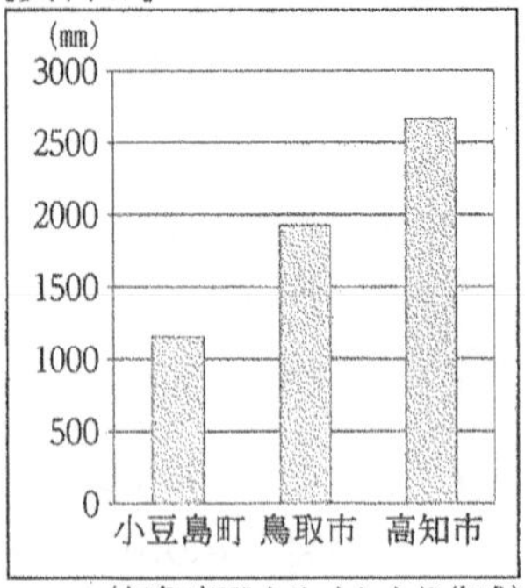

（気象庁Webサイトより作成）

[略地図Ⅱ]

4　絵里さんのクラスでは，班ごとにテーマを決め，公民的分野の学習内容をまとめることになった。絵里さんの班は，「国の政治のしくみ」をテーマに設定し，取り組むことにした。各問いに答えよ。

(1)　国会は，国民が直接選んだ議員によって組織され，国民にとって重要な問題について審議している。

①　国会の種類のうち，衆議院解散後の総選挙の日から30日以内に召集されるものを，次の**ア**～**エ**から１つ選び，その記号を書け。

ア　通常国会　　**イ**　臨時国会　　**ウ**　特別国会　　**エ**　参議院の緊急集会

②　資料Ⅰは，ある法律案の採決の結果について示したものである。この法律案は，法律として成立したか，成立しなかったか。その理由を明らかにしながら，「出席議員」の語を用いて簡潔に書け。

[資料Ⅰ]

法律案提出 ➡ 衆議院　賛成 334票　反対 137票 ➡ 参議院　賛成 108票　反対 132票 ➡ 衆議院　賛成 334票　反対 133票

（注）この時の議員定数は，衆議院480人，参議院242人

（衆議院Webサイトほかより作成）

(2)　内閣は，行政機関を通して私たちの暮らしに関わる様々な仕事を行っている。

①　内閣の仕事に当てはまるものを，次の**ア**～**エ**からすべて選び，その記号を書け。

ア　憲法改正の発議　　**イ**　天皇の国事行為に対する助言と承認

ウ　条約の承認　　**エ**　最高裁判所長官の指名

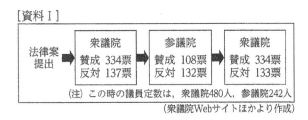

② 資料Ⅱは，1990年度と2020年度における国の一般会計歳出の総額とその内訳を示したものである。絵里さんは，資料Ⅱ中の歳出の総額に占めるＸの割合の変化に着目し，その理由を考察することにした。Ｘの割合の変化の理由を考察する上で必要な資料として最も適切なものを，次の**ア**～**エ**から１つ選び，その記号を書け。

ア　国の一般会計歳入の総額とその内訳がわかる資料
イ　地方公共団体の歳入の総額とその内訳がわかる資料
ウ　日本の年齢別人口がわかる資料
エ　日本の公務員数がわかる資料

[資料Ⅱ]

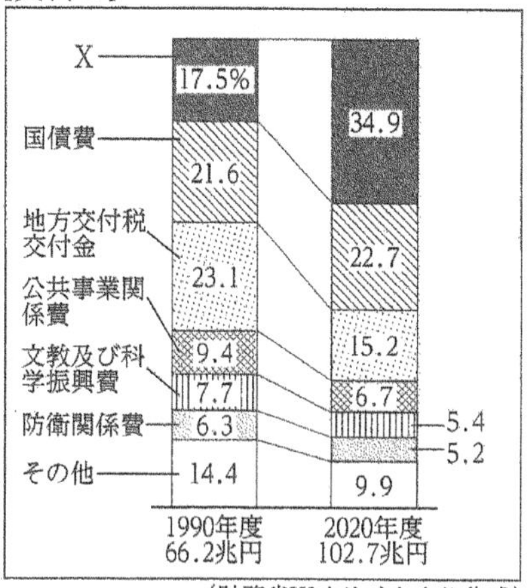

（財務省Webサイトより作成）

(3) 裁判所は，適正な手続きにより，法に基づいて裁判を行っている。

① 資料Ⅲは，刑事裁判の公判の様子を示した図である。この刑事裁判は，国民の中から選ばれた人たちが参加し，裁判官とともに，被告人が有罪か無罪か，有罪の場合はどのような刑罰にするかを決める制度の対象となっている。このような制度を何というか。その名称を書け。

② 次の□内は，資料Ⅲ中の**ア**～**ウ**のいずれかの役割について説明したものである。どの役割について説明したものか。資料Ⅲ中の**ア**～**ウ**から１つ選び，その記号を書け。

[資料Ⅲ]

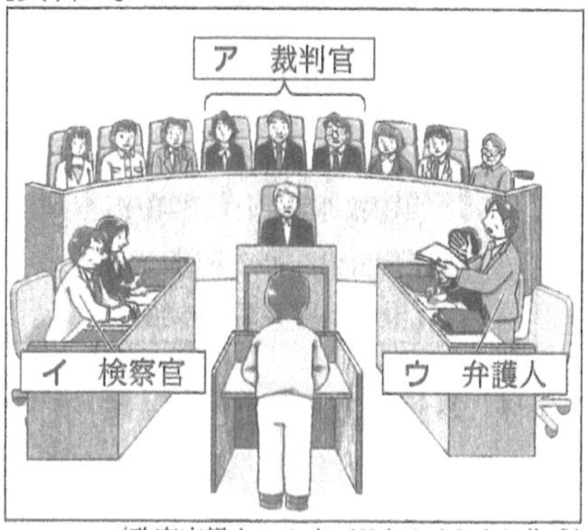

（政府広報オンラインWebサイトより作成）

> 警察と協力して犯罪の捜査をし，犯罪の疑いのある者を刑事裁判にかける。また，裁判では様々な証拠を出して，被告人が犯罪を行ったことなどを証明しようとする。

(4) 次の□内は，絵里さんと健太さんとの会話の一部である。（Ｙ）に当てはまる言葉を，「権力」，「国民」の語を用いて簡潔に書け。

絵里

国の政治は，立法権をもつ国会，行政権をもつ内閣，司法権をもつ裁判所により行われ，それぞれが独立して担当していることがわかりましたね。

三つの権力が独立し，互いに抑制し合い，均衡を保つことで，（　　Ｙ　　）ことができるようにしているのですね。

健太

5　次郎さんは，交通や都市に関することがらに興味をもち，調べることにした。各問いに答えよ。

(1)　江戸時代には，交通網が発達し，都市が繁栄した。

①　陸上交通や海上交通が整備され，武士や商人だけではなく，外国の使節なども行き来した。資料Ⅰは，将軍の代がわりなどの際に，朝鮮通信使が江戸を訪れた経路を示したものである。この経路についての説明として適切でないものを，次のア～エから１つ選び，その記号を書け。

ア　五街道として整備された街道を通っている。

イ　東まわり航路の一部を通っている。

ウ　西陣織などの工芸品が生産された都市に立ち寄っている。

エ　日本と朝鮮との国交回復のなかだちを行った藩に立ち寄っている。

［資料Ⅰ］

＜漢城～江戸までの主な経路＞
漢城　→　釜山　⇒　対馬　⇒　下関
⇒（瀬戸内海）⇒　大阪　→　京都
→（東海道）→　江戸

→ 陸路　⇒ 海路

②　次の表は，近世における江戸と大阪についてまとめたものである。（X）に当てはまる言葉を，「蔵屋敷」の語を用いて簡潔に書け。

都　市	江戸	大阪
呼び名	「将軍のおひざもと」	「天下の台所」
特　徴	幕府が開かれ，政治の中心地として発展し，18世紀初めには人口が約１００万人となった。	（　　X　　）が行われ，商業の中心地として栄えた。

(2)　1960年代以降，大都市を結ぶ高速道路の整備が進んだ。下の略地図は，東名高速道路と新東名高速道路の区間の一部を示したものである。略地図中のP，Qは，東名高速道路に設置されている休憩施設を示している。

［略地図］

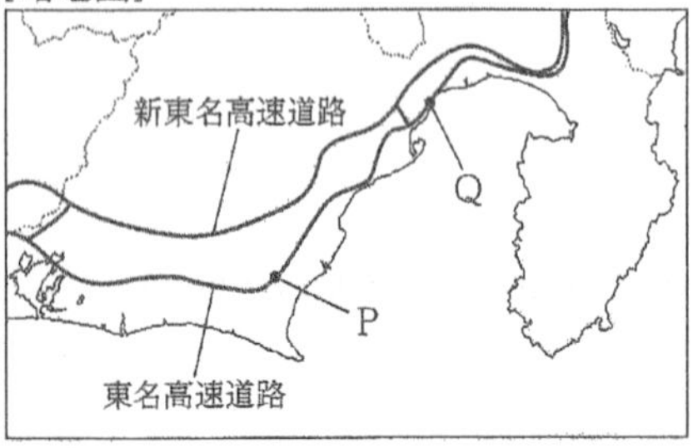

［資料Ⅱ］

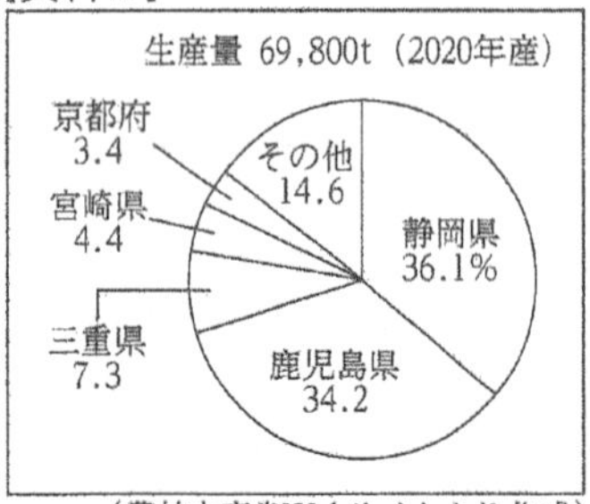

（農林水産省Webサイトより作成）

①　略地図中のPでは，この地域で生産が盛んなある農産物を使用した料理や土産が提供されている。資料Ⅱは，その農産物の国内生産量とその内訳を示したものである。この農産物の名称を書け。

②　新東名高速道路は，東名高速道路と並行して建設されている。資料Ⅲは，略地図中のQに掲示されているポスターの写真である。新東名高速道路が建設されたことによる利点について，略地図と資料Ⅲを関連付けて，簡潔に書け。

［資料Ⅲ］

(3)　次郎さんが住むR市では，市営バスを運行している。住宅や商店が多いａ地域の路線の経営状況は黒字であるが，過疎化が進んでいるｂ地域の路線の経営状況は赤字である。そのため，R市はｂ地域の路線の廃止を検討している。次の表は，ｂ地域の路線の廃止をめぐる意見の対立について，「効率」と「公正」の考え方で整理したものである。表中の（Y）に当てはまる言葉を，「機会や結果の公正さ」の考え方を踏まえて，簡潔に書け。

効率	公正
市の財政改善のためには，路線の廃止はやむを得ない。	（　　Y　　）ため，路線を存続するべきだ。

【メモ】

発表の流れ

1 **挑戦したいことは富士山登頂**
- きっかけは祖父の体験談

富士山豆知識
- 日本一高い山
- 2013年に世界文化遺産に登録

2 **ルートを調べてわかったこと**
（富士登山オフィシャルサイトより）
- 吉田《よしだ》ルートは初心者向け
- 須走《すばしり》ルートは樹林帯
- 御殿場《ごてんば》ルートは距離が最長
- 富士宮《ふじのみや》ルートは距離は最短だが，斜面が急

→吉田ルートで登山予定

3 **挑戦を実現するために**
- 体力をつけるために毎日3kmのランニングをし，月1回，県内の山を登る。
- 吉田ルートを詳しく調べ，登山計画を立てる。
※高山病の説明

【3の提示資料】

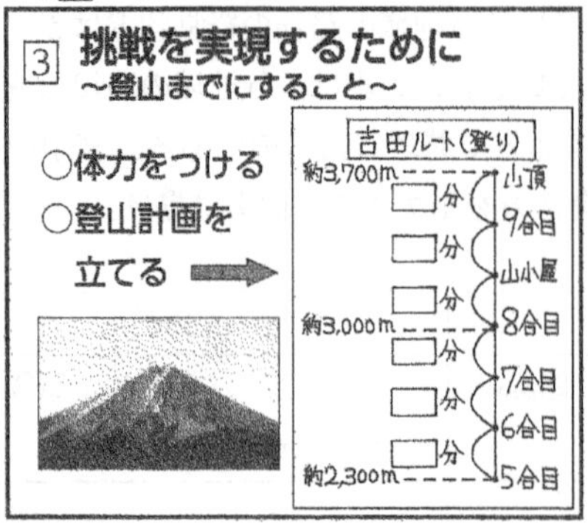

【3のスピーチの記録の一部】

富士山登頂を実現するために，登山までにすることの二つ目は，提示資料のような登山計画を立てることです。みなさんは，高山病という言葉を聞いたことはありますか。高い山では気圧が下がり，酸素が欠乏することにより，頭痛や吐き気などが起こります。そうならないためにも，ゆっくり登ることが重要です。初心者向けの吉田ルートをよく調べ，山小屋で適度な休憩を取るなど，無理がなく，自分の体力に合った計画を立てようと思います。

(一) 陽一さんの【3の提示資料】について説明したものとして適切なものを、次のア～オから二つ選び、その記号を書け。

ア 伝えることを明確にするために、要点を整理し見出しを付けている。

イ 内容に説得力をもたせるために、自分の考えと根拠を書いている。

ウ 視覚的にわかりやすく伝えるために、写真や図表を用いている。

エ 多くの情報を伝えるために、文字数を多くしている。

オ 難しい内容を的確に伝えるために、語句の意味を詳細に示している。

(二) 【3のスピーチの記録の一部】からわかる陽一さんのスピーチの特徴として最も適切なものを、次の**ア**～**エ**から一つ選び、その記号を書け。

ア 話の説得力を高めるために、具体的な体験談をいくつか紹介し、聞き手により多くの情報を伝えている。

イ 聞き手に問いかけながら、説明が必要だと思われる用語に補足を加え、わかりやすく伝えている。

ウ 多くの人の考えを示した上で、重要な言葉を繰り返しながら、自分の考えを丁寧に伝えている。

エ 聞き手に興味や関心をもたせるために、さまざまなたとえを用いながら、工夫して伝えている。

(三) あなたが、人の話を聞く上で大切だと思うことについて、次の①、②の条件に従って書け。

条件① 二段落構成で書くこと。第一段落では、あなたが人の話を聞く上で大切だと思うことを具体的に書き、第二段落では、その理由を書くこと。

条件② 原稿用紙の使い方に従って、百字以上百五十字以内で書くこと。

「表情」が生まれる。

(七)　「リアリティ」や「表情」がわたしたちにもたらす効果を、筆者はどう考えているか。文章中の言葉を用いて四十字以内で書け。

三　次の漢詩は、中国の唐時代の詩人丘為《きゅうい》の作品であり、下はその書き下し文である。これを読み、各問いに答えよ。ただし、漢詩は返り点を省略している。

左掖ノ梨花　丘為

冷艶全ク欺キ雪ヲ
余香乍チ入ル衣ニ
春風且ク莫カレ定マルコト
吹イテ向カツテ玉階ニ飛バシメヨ

左掖《さえき》の梨花《りくわ》

冷艶《れいえん》全く雪を欺き①
余香乍《たちま》ち衣に入る
春風且《しばら》く定まること莫《な》かれ
②吹いて玉階に向かつて飛ばしめよ

（注）　左掖＝中国にあった役所　　梨花＝梨の花、花びらは白色
冷艶＝冷ややかな美しさ　　余香＝漂ってくる香り　　乍＝すぐに
入衣＝人の衣につく　　莫定＝吹きやむな
玉階＝玉を散りばめた宮殿の階段　　飛＝飛ばしてくれ

(一)　――線①とは、梨の花を何と見まちがうということか。書き下し文から一字で抜き出して書け。

(二)　――線②の読み方になるように、解答欄に返り点を書き入れて示せ。

(三)　この漢詩の鑑賞として最も適切なものを、次のア～エから一つ選び、その記号を書け。

ア　起句、承句では香り高い梨の花の様子が描かれ、転句、結句では春風で梨の香りや花びらが宮殿に届くことを願う気持ちがよまれている。

イ　起句、承句では梨の花びらが衣につく様子が描かれ、転句、結句では早く宮殿に春風が吹いてほしいと願う気持ちが表現されている。

ウ　起句、承句では美しい梨の花に感動する人々の様子が描かれ、転句、結句では宮殿にも梨の花が咲くことを願う気持ちが表現されている。

エ　起句、承句では梨の開花を願う人々の様子が描かれ、転句、結句では春に宮殿で梨の花を観賞したいと願う気持ちがよまれている。

(四)　下の行書で書いた□内の漢字を、楷書で書いたものと比較したとき、○で囲まれた部分X、Yの行書の特徴の組み合わせとして最も適切なものを、後のア～エから一つ選び、その記号を書け。

ア　X　点画の丸み　　Y　筆順の変化
イ　X　点画の丸み　　Y　点画の連続
ウ　X　点画の省略　　Y　点画の連続
エ　X　点画の省略　　Y　筆順の変化

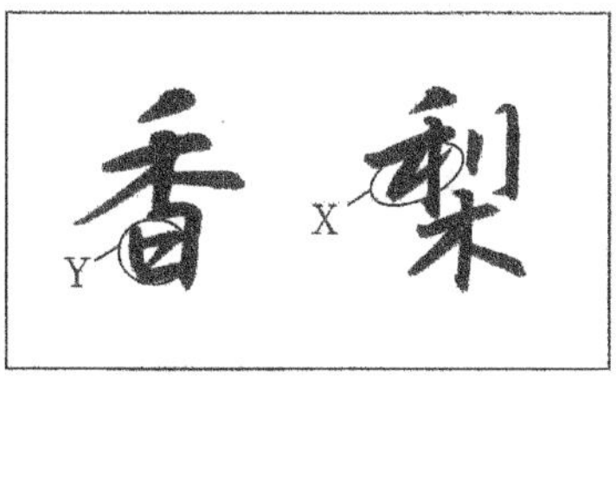

四　陽一さんのクラスでは、国語科の授業で、三分間程度のスピーチをする学習に取り組んでいる。テーマは「これから挑戦してみたいこと」で、陽一さんは、富士山登頂についてスピーチを行った。次のページは、陽一さんが発表の際に使用した【メモ】と【③の提示資料】、実際に行った【③のスピーチの記録の一部】である。これらを読み、各問いに答えよ。

物体に囲まれて生きているわけではないのです。

　たとえばわたしがいま座っている机や、いま使っている万年筆は、ただ単に物としてそこにあるわけではありません。この机はさまざまな「こと」とともに、たとえば父から譲り受けたものであり、大切に使いつづけてきたということとともにあります。また、そのために強い愛着を感じているということとともにあります。一方、日頃使っている万年筆を前にして、わたしは、使い古したものではあるが、他の万年筆にない独特の書き易さがあることや、あるいは人生の節々でそれを用いて大切な文字を記してきたことなどを思い浮かべます。つまり、この机なり、万年筆は、単なる物体であるのではなく、先ほど言った「表情」で満たされています。この「表情」がわたしたちの世界に独特の色合いを付与していると言ってよいでしょう。

　こうしたことからいかに「表情」がわたしたちの生活のなかで重要な意味をもっているかがわかると思います。ふだん、あまり意識しなくても、わたしたちはそうした「表情」に取り囲まれて生きているのです。その「表情」があるからこそ、わたしたちの世界がいきいきとしたものに感じられ、生きる意欲もまた刺激されるのです。

（藤田正勝『はじめての哲学』による）

(一)　――線①の対義語を漢字で書け。

(二)　――線②を、ほぼ同じ意味の漢字二字の熟語に言い換えよ。

(三)　――線③とあるが、「リアリティがまったく失われてしまう」のは、わたしたちの世界をどうとらえて「ピアノの音」を説明するからか。最も適切なものを次の**ア**～**エ**から一つ選び、その記号を書け。

ア　「ものの本体」から成り立っているわたしたちの世界を、そのときどきの一時的な現れととらえて説明するから。

イ　「私的」であやふやなわたしたちの世界を、「もの」それ自体の世界ととらえて説明するから。

ウ　「もの」それ自体の世界と現象の世界には隔たりがないわたしたちの世界を、別々のものととらえて説明するから。

エ　「ものの本体」とそれの一時的な現れで構成されているわたしたちの世界を、一つのものととらえて説明するから。

(四)　――線④とは、どのような「もの」か。最も適切なものを次の**ア**～**エ**から一つ選び、その記号を書け。

ア　誰のものでも構わない、自由な見方で把握された「もの」。

イ　わたしたちの見方を離れ、ただそれ自体として存在する「もの」。

ウ　わたしたちそれぞれが、偏りのない見方で認識した「もの」。

エ　誰の見方かわからず、あいまいでとらえどころのない「もの」。

(五)　――線⑤の文と、その直前の文とを、文脈を変えないように一語の接続詞でつなぎたい。どのような接続詞でつなぐのがよいか。最も適切なものを次の**ア**～**エ**から一つ選び、その記号を書け。

ア　それから　**イ**　あるいは　**ウ**　しかし　**エ**　つまり

(六)　この文章で筆者が述べている内容と合っているものを、次の**ア**～**エ**から一つ選び、その記号を書け。

ア　わたしたちが何かを見て美しいと感じることができるのは、自然科学的なものの見方をしているからである。

イ　人によって受けとり方が異なるあいまいなものは、真理の領域から排除されるべきである。

ウ　自然科学により明らかになったことも、わたしたちの生の営みに関係づけられることにより意味をもってくる。

エ　意識して見ることではじめて、わたしたちを取り囲む物体に

ら一つ選び、その記号を書け。

ア　筆者の思いを、情景描写に重ねて具体的に述べている。
イ　筆者の思いを、時間の経過に従って詳細に述べている。
ウ　筆者の思いを、客観的な情報も交えながら素直に述べている。
エ　筆者の思いを、次々と主題を変えながら自由に述べている。

二　次の文章を読み、各問いに答えよ。

自然科学的なものの見方は、「私的」であやふやなものを取り除いていけば、誰からも同じように観察できる「ものの本体」だけがそこに残されると考えます。そうすれば、わたしたちのそのときどきの視点から見えるものの見え姿に惑わされることなく、ものを「①客観的」に把握することができると考えるのです。

しかしわたしたちの、何かを見て美しいと感じたり、何かを食べておいしいと感じたりするといった具体的な経験について見てみますと、そこでは客観的な「ものの本体」と、それの一時的な現れというように、二つのものが別々のものになっているでしょうか。

ものは単なるものとしてではなく、最初からたとえばわたしたちにおいしさを覚えさせるものとして、あるいはわれわれに恐怖を与えるものとして現れてきています。そこに二つの世界の隔たりはないのです。わたしたちの世界を、「もの」それ自体の世界と現象の世界に分けてしまうと、このわたしたちが具体的に経験していることがとらえそこなわれてしまうのではないでしょうか。

たとえばわたしがいま、われを忘れてピアノの美しい②調べに聞きほれているような場合のことを考えてみましょう。その場合、そこにまさにその調べの美しさが出現しています。その美しさを説明しようとして、ピアノの響きを空気の振動に還元し、その振動が聴覚を通して脳に伝わってわたしたちはピアノの音をピアノの音として認識しているのだと言うと同時に、その調べの美しさは雲散霧消してしまいます。③わたしの経験のなかにあったリアリティがまったく失われてしまうのです。

わたしたちはまさにこのリアリティのなかで生きています。それがわたしたちの生を作りあげています。それがわたしたちの生活をいきいきとして張りのあるものに、また豊かなものにしてくれているのです。そこでこそわたしたちは生きる意欲を喚起されます。わたしたちが生きる意味を感じ、生きがいを見いだすのも、そのような世界においてのことです。

そのようなわたしたちの生の営み、そしてそこで感じられる生の充実は、たしかに移ろい、変化するものです。変わることなく、ありつづけるものではありません。また、人によっても受けとり方が異なります。しかし、そうだからといって、それはあいまいなものとして真理の領域から排除されるべきでしょうか。むしろ、自然科学が明らかにしてくれるさまざまな知見も、そのようなわたしたちの生の営みに関係づけられて、はじめて意味をもってくるのではないでしょうか。

④無視点的な三次元空間に置き直された「もの」には色や音、味はありません。そこにあるのは、ただ形をもった「もの」とそれの運動だけです。それに対してわたしたちが具体的に経験していることには豊かな「表情」があります。たとえばリンゴはわたしたちにとても美しく、つややかに見えます。それを実際に口にすれば、さわやかな甘みと酸味が口いっぱいに広がります。

わたしたちが単なる物体と考えているものにも、つねにこういう「表情」が伴っています。そういう「表情」があるからこそ、わたしたちの経験はリアルなものになっているのです。⑤わたしたちはただ

b

芸術は別に人間だけの特権ではない。私たちが生きている世界のいたるところに、誰に評価されることも求めないまま、ひっそりと美を創造しているものたちがいる。そんなふうに想像すると、小説が書けないと言って嘆いている自分がひどくちっぽけに思えてくる。

c

近所にある西宮《にしのみや》市貝類館を訪れた時、西宮の甲山《かぶとやま》周辺でよく見られる、クチベニマイマイが展示されていた。白っぽい殻の、口の部分がうっすら赤みを帯び、それが名前の由来となっている。その赤色が奥ゆかしく、おしとやかな印象を受けるが、説明には好奇心旺盛な性格、と書かれていた。例えば目新しい餌を与えられると、一番に触角をのばして近づいてゆくのかもしれない。カタツムリだからと言って皆がのんびりしているわけではなく、性格に個性があるのも面白い。

d

新《にい》美《み》南吉《なんきち》の童話『でんでんむしの　かなしみ』では、一匹のでんでんむしが、ある日、自分の殻の中にかなしみが一杯詰まっていると気づき、絶望する。友だちを訪ね歩き、不幸せをD訴えるが、皆もそれぞれに自分のかなしみを背負っているのだと知らされ、嘆きを乗り越える。

カタツムリと人間の心がこれほど密接に結びついた文学が、他にあるだろうか。カタツムリの殻とは何なのか。中には何が入っているのか。彼らを見るたび、自らに引き寄せて考えずにはいられない。自分の背中にも透明な殻があって、中にはきっと厄介なあれこれが詰まっているのだろう。しかし死ぬまで背負い続けてゆくのだから、それに押し潰されることはあるまい。カタツムリだって、その重さにちゃんと耐えている。

（小川洋子「カタツムリの殻」による）

（注）陸貝＝カタツムリなど陸上で生活する貝
コントラスト＝対比

(一) □A、Cの片仮名を漢字で書き、□B、Dの漢字の読みを平仮名で書け。

(二) ――線①について、筆者が「思っていた」内容を文章中の言葉を用いて簡潔に書け。

(三) ――線②が直接かかる部分はどれか。次の**ア**～**エ**から一つ選び、その記号を書け。

ア 背負うと　**イ** 決意したからには
ウ 生涯それを　**エ** 下ろすことはできない

(四) ――線③と筆者が述べるのはなぜか。文章中の言葉を用いて二十五字以内で書け。

(五) 次の□内は、文章中の**a**～**d**のどの段落について説明したものか。最も適切なものを**a**～**d**から一つ選び、その記号を書け。

筆者が意外性を感じた経験を示して、読者にカタツムリへの親しみをもたせている。

(六) この文章で筆者が言いたい内容として最も適切なものを、次の**ア**～**エ**から一つ選び、その記号を書け。

ア 平常心を保って生きるカタツムリのように、自分も自らのペースで作品を創り出し、小説家として成功する道を模索しよう。
イ 黙々と殻を背負い続けるカタツムリのように、自分も日頃背負っているいろいろなことにくじけることなく進もう。
ウ それぞれが異なる個性の殻を持つカタツムリのように、人間も一人一人異なる存在であるので、互いの違いを尊重しよう。
エ 周りに評価を求めることなく、ひっそりと美を創造するカタツムリのように、自分の価値観を大切にしよう。

(七) この文章の述べ方の特色として最も適切なものを、次の**ア**～**エ**か

＜国語＞

時間　五〇分　満点　五〇点

一　次の文章を読み、各問いに答えよ。

私はカタツムリがあせったり、取り乱したり、いらだったりしたところを見たことがない。こんなにも平常心を保っている生きものが他にいるだろうか。雨の季節、コンクリート塀や葉っぱの上を、どこども知れない目的地に向かって進む彼らを目にすると、慌て者の私など、この粘り強さを見習わなくてはと思うほどだ。

さて、今回いろいろと調べていて一番驚いたのは、ナメクジはカタツムリの進化系であるという事実だった。二つは同じ仲間だが、重くてかさばる殻を脱ぎ捨て、小さな隙間にも隠れることができるように進化したのがナメクジなのだ。①てっきり逆だと思っていた。より A フクザツ になるばかりでなく、単純になることもまた進化なのか、と気づかされた。

それを知るといっそう、カタツムリが愛《いと》おしくなる。「こんなもの、邪魔」と言って殻を捨て去った仲間を見送り、その殻を背負い続ける。時には、重たいなあと思うこともあるだろう。けれどそんな素振りはみじんも見せず、黙々とした態度を貫く。

もちろん、殻を捨てなかったのにはきちんとした理屈がある。『カタツムリ・ナメクジの愛し方』（脇司《わきつかさ》著）によれば、周りの空気が乾燥した時、中に隠れて耐える。外敵から防御する。内臓の形を保持する。等々が理由のようだ。確かに、いかにも B 柔らか そうで無防備な胴体（軟体部）に比べ、殻は強固で安定している。この中に逃げ込みさえすれば大丈夫、という安心感を与えてくれる。しかも内臓を守っているのだから、なくてはならない存在だ。脇先生によれば、カタツムリの殻を壊して解剖すると、肺などの内臓が〝でろん〟とすぐに崩れてしまうらしい。

殻の強固さと胴体の柔らかさの質感に C サ がありすぎるため、それらが一続きの体とは思えず、ちょっとつまめば殻は簡単に身から外れそうな気もするが、そうはいかないのである。②一旦、背負うと決意したからには、生涯それを下ろすことはできない。

卵から生まれ出たばかりの小さなカタツムリも既に、その小ささにふさわしい殻を背負っている。どんなに小さくても、親と同じ形をし、数は少ないながら殻にはちゃんと巻きもある。それを考えると、③殻こそがカタツムリの存在を証明する重要な証拠だという気がしてくる。

ここからカタツムリは巻きの数を増やし、殻を大きくしてゆく。殻の内側に接する外套膜《がいとうまく》という器官から殻の成分が分泌されて、少しずつ成長する。カタツムリの仲間は世界に約三万三千～三万五千種類、そのうち日本には約八百種類が生息しているらしいが、それぞれが異なる色や形や模様の殻を持っている。くっきりした縞《しま》がある、半透明で内臓が透けている、こん棒のように細長い、殻のてっぺんがとがっている、乳白色、こげ茶、緑、薄ピンク……。図鑑を眺めていると飽きない。

a

こんなにもさまざまな個性を持った殻が、自然の片隅で地味に暮らしている陸貝から生まれ出ていること。しかも外の世界にある材料に頼るのではなく、自分の体に元々授けられたものだけを使って、独自の美を作り出していること。もうそれだけで、尊敬に値する。軟体部と殻、このきついコントラストを見事に融合させたうえに、個性的な美を表現しているのである。

MEMO

大切なことはメモしておこうネ！

T.G

2022年度

解答と解説

《2022年度の配点は解答用紙集に掲載してあります。》

＜数学解答＞

1 (1) ① -4　② $6x+2$　③ $9xy^2$
④ $10x+32$　(2) $x=3\pm\sqrt{7}$　(3) 2
(4) $y=-2x^2$　(5) 0.15　(6) $\frac{2}{3}$倍
(7) $\frac{5}{18}$　(8) 右図

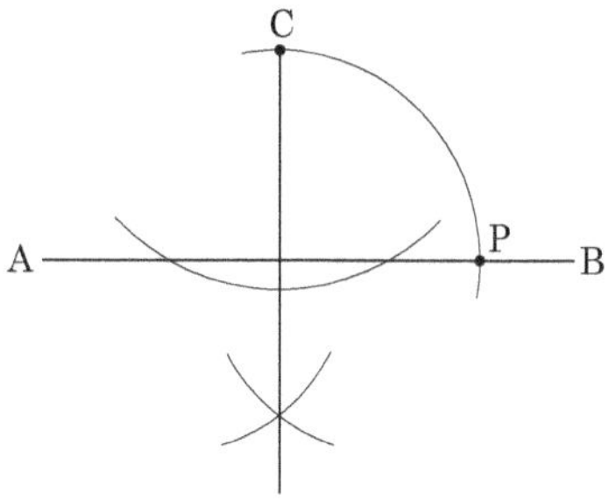

2 (1) ① $12a+6b$　② ウ　(2) ① 解説参照
② エ　(3) 4分12秒後

3 (1) 6　(2) オ　(3) $\frac{27}{5}$　(4) $y=\frac{2}{3}x-3$

4 (1) $2a°$　(2) 解説参照　(3) ① $\frac{9}{7}$倍　② $\frac{64}{11}$cm

＜数学解説＞

1 (数・式の計算，式の展開，2次方程式，平方根，式の値，関数$y=ax^2$，資料の散らばり・代表値，体積比，確率，作図)

(1) ① **異符号の2数の和の符号は絶対値の大きい方の符号で，絶対値は2数の絶対値の大きい方から小さい方をひいた差**だから，$3-7=(+3)+(-7)=-(7-3)=-4$

② **分配法則**を使って，$4(x+2)=4\times x+4\times 2=4x+8$，$2(x-3)=2\times x+2\times(-3)=2x-6$だから，$4(x+2)+2(x-3)=(4x+8)+(2x-6)=4x+8+2x-6=4x+2x+8-6=6x+2$

③ $12x^2y\div 4x^2\times 3xy=12x^2y\times\frac{1}{4x^2}\times 3xy=\frac{12x^2y\times 3xy}{4x^2}=9xy^2$

④ **乗法公式$(x+a)(x+b)=x^2+(a+b)x+ab$**より，$(x+2)(x+8)=x^2+(2+8)x+2\times 8=x^2+10x+16$　**乗法公式$(a+b)(a-b)=a^2-b^2$**より，$(x+4)(x-4)=x^2-4^2=x^2-16$だから，$(x+2)(x+8)-(x+4)(x-4)=(x^2+10x+16)-(x^2-16)=x^2+10x+16-x^2+16=x^2-x^2+10x+16+16=10x+32$

(2) **2次方程式$ax^2+bx+c=0$の解は，$x=\frac{-b\pm\sqrt{b^2-4ac}}{2a}$**で求められる。問題の2次方程式は，$a=1$，$b=-6$，$c=2$の場合だから，$x=\frac{-(-6)\pm\sqrt{(-6)^2-4\times 1\times 2}}{2\times 1}=\frac{6\pm\sqrt{36-8}}{2}=\frac{6\pm 2\sqrt{7}}{2}=3\pm\sqrt{7}$

(3) $x=\sqrt{2}+3$のとき，$x^2-6x+9=(x-3)^2=(\sqrt{2}+3-3)^2=(\sqrt{2})^2=2$

(4) **yはxの2乗に比例する**から，$y=ax^2$と表せる。$x=2$のとき$y=-8$だから，$-8=a\times 2^2=4a$　$a=-2$　よって，$y=-2x^2$

(5) **中央値**は資料の値を大きさの順に並べたときの中央の値。生徒の人数は40人で偶数だから，通学時間の短い方から20番目と21番目の生徒が含まれる**階級**が，中央値が含まれる階級。15分以上20分未満の階級の**累積度数**は$2+5+10=17$(人)，20分以上25分未満の階級の累積度数は$17+6=23$(人)だから，通学時間の短い方から20番目と21番目の生徒が含まれる階級，すなわち，中央値が含まれる階級は，20分以上25分未満の階級。その度数は6人だから，**相対度数＝$\frac{\text{各階級の度数}}{\text{度数の合計}}$**より，中央値が含まれる階級の相対度数は$\frac{6}{40}=0.15$

(6)　球の半径をrとすると，円柱と球の体積はそれぞれ，$\pi r^2\times 2r=2\pi r^3$，$\frac{4}{3}\pi r^3$　よって，球の体積は円柱の体積の$\frac{4}{3}\pi r^3\div 2\pi r^3=\frac{2}{3}$(倍)

(7)　2つのさいころを同時に1回投げるとき，全ての目の出方は6×6＝36(通り)。このうち，点Pが頂点Dの位置に移動するのは，出た目の数の和が3，7，11のとき。これは，1つ目のさいころの出た目の数をa，2つ目のさいころの出た目の数をbとしたとき，(a，b)＝(1，2)，(1，6)，(2，1)，(2，5)，(3，4)，(4，3)，(5，2)，(5，6)，(6，1)，(6，5)の10通り。よって，求める確率は$\frac{10}{36}=\frac{5}{18}$

(8)　(着眼点)　点Cから線分ABへ垂線CHを引き，線分BH上にCH＝PHとなるように点Pをとると，△CPHは直角二等辺三角形であり，∠APC＝45°となる。(作図手順)次の①～③の手順で作図する。　①　点Cを中心とした円を描き，線分AB上に交点をつくる。　②　①でつくったそれぞれの交点を中心として，交わるように半径の等しい円を描き，その交点と点Cを通る直線(点Cから線分ABに引いた垂線)を引き，線分ABとの交点をHとする。　③　点Hを中心として，半径CHの円を描き，線分BHとの交点をPとする。(ただし，解答用紙には点Hの表記は不要である。)

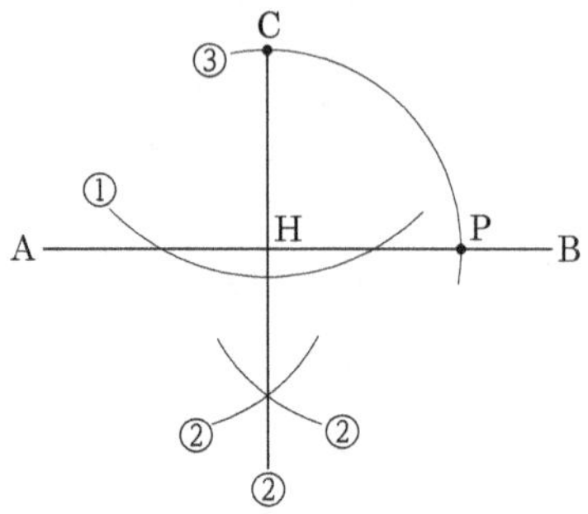

2　(関数とグラフ，1次関数，方程式の応用)

(1)　①　最初に給水管Aをa分使って，容器の底から水面までの高さは毎分12cm×a分＝12a(cm)になり，続いて，給水管Bをb分使って，水面の高さはさらに毎分6cm×b分＝6b(cm)高くなり，50cmになったから，$12a+6b=50$…(あ)

②　**直線の傾きは，xが1だけ増加したときのyの増加量**だから，直線ℓ，mの傾きは，水を入れる時間が1分だけ増加したときの，容器の底から水面までの高さの増加量，すなわち，1分あたりに高くなる水面の高さ…(い)を表している。また，2直線ℓ，mの交点は，給水管をAからBに変更するときを表すから，そのx座標は，給水管Aの使用時間…(う)を示している。

(2)　①　(例)直線mをy軸の負の方向に5だけ平行移動した直線。

②　1分あたりに高くなる水面の高さは，給水管Cを使う場合が最も小さいから，かき加える直線の傾きは直線mより小さい。これより，ウのグラフは適切ではない。また，給水管をA，Cの順に使って水を入れ，水を入れ始めてから6分後に容器の底から水面までの高さが45cmになることを考えるから，かき加える直線は直線ℓと交わり，$x=6$，$y=45$を通るグラフである。これより，エのグラフが適切に表している。

(3)　給水管Aの直線をかき加えたグラフを右図に示す。直線OP(給水管B)の式は，原点を通り，傾きが6の直線だから$y=6x$　これより，点Pのy座標は$y=6\times 1=6$　直線PQ(給水管A)の式は，点P(1，6)を通り，傾きが12の直線だから$y=12x+b$とおい

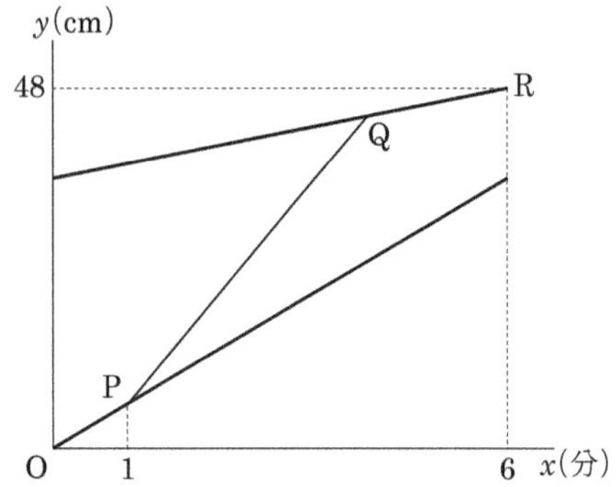

て，点Pの座標を代入すると，$6=12\times1+b$　$b=-6$より，$y=12x-6$…㋐　直線QR(給水管C)の式は，点R(6，48)を通り，傾きが2の直線だから$y=2x+c$とおいて，点Rの座標を代入すると，$48=2\times6+c$　$c=36$より，$y=2x+36$…㋑　点Qのx座標は，㋐と㋑の連立方程式の解。㋐を㋑に代入して，$12x-6=2x+36$　$x=\frac{21}{5}=4\frac{1}{5}$　以上より，給水管をAからCに変更するのは，給水管Bを使って水を入れ始めてから$4\frac{1}{5}$分後＝4分12秒後

3　**(図形と関数・グラフ)**

(1)　点Cは$y=\frac{6}{x}$上にあるから，そのy座標は$y=\frac{6}{1}=6$

(2)　点Cのx座標をsとするとC$\left(s,\ \frac{6}{s}\right)$　点Cからx軸へ垂線CHを引くとH(s，0)　OC＝CDより，△OCDは二等辺三角形であり，**二等辺三角形の頂角からの垂線は底辺を2等分する**から，OH＝HDよりD($2s$，0)　これより，△OCD$=\frac{1}{2}\times$OD$\times$CH$=\frac{1}{2}\times2s\times\frac{6}{s}=6$　以上より，2点C，Dが，OC＝CDを保ちながら動くとき，△OCDの値は6で一定である。

(3)　点Aを通り直線OBに平行な直線と，x軸との交点Eとすると，**平行線と面積の関係**より，△OAB＝△OEB　直線OBの傾きは$\frac{-5}{-3}=\frac{5}{3}$だから，直線AEの式を$y=\frac{5}{3}x+b$とおいて，点Aの座標を代入すると，$-1=\frac{5}{3}\times(-6)+b$　$b=9$　直線AEの式は$y=\frac{5}{3}x+9$…①　点Eのx座標は，①に$y=0$を代入して，$0=\frac{5}{3}x+9$　$x=-\frac{27}{5}$　△OAB＝△OBDのとき，△OEB＝△OBDであり，△OEBと△OBDは底辺をそれぞれOE，ODとすると，高さが等しい。**高さが等しい三角形の面積比は，底辺の長さの比に等しい**から，△OEB＝△OBDのとき，OE＝ODである。よって，求める点Dのx座標は，$x=-\left(-\frac{27}{5}\right)=\frac{27}{5}$

(4)　点C，Dのx座標をそれぞれs，tとするとC$\left(s,\ \frac{6}{s}\right)$，D($t$，0)　四角形ABDCが平行四辺形になるとき，AB//CD，AB＝CDだから，点Cと点Dのx座標の差とy座標の差は，それぞれ点Aと点Bのx座標の差とy座標の差に等しい。これより，$s-t=-6-(-3)=-3$…②　$\frac{6}{s}-0=-1-(-5)=4$…③　③より，$s=\frac{3}{2}$　これを②に代入して，$\frac{3}{2}-t=-3$　$t=\frac{9}{2}$　よって，D$\left(\frac{9}{2},\ 0\right)$　直線BDの傾きは$\{0-(-5)\}\div\left\{\frac{9}{2}-(-3)\right\}=\frac{2}{3}$だから，直線BDの式を$y=\frac{2}{3}x+c$とおいて，点Dの座標を代入すると，$0=\frac{2}{3}\times\frac{9}{2}+c$　$c=-3$　よって，直線BDの式は$y=\frac{2}{3}x-3$

4　**(平面図形，角度，相似の証明，面積比，線分の長さ)**

(1)　△ABDはAB＝ADの二等辺三角形だから，∠ADB＝∠ABD＝$a°$　$\overset{\frown}{AB}$に対する**円周角**の大きさは等しいから，∠ACB＝∠ADB＝$a°$　$\overset{\frown}{AD}$に対する円周角の大きさは等しいから，∠ACD＝∠ABD＝$a°$　よって，∠BCD＝∠ACB＋∠ACD＝$a°+a°=2a°$

(2)　(証明)　(例)△AEFと△CEBにおいて　**平行線の錯角は等しい**から，AG//BCより　∠EAF＝∠ECB…①　**対頂角は等しい**から　∠AEF＝∠CEB…②　①，②より　2組の角がそれぞれ等しいから　△AEF∽△CEB

(3)　①　△ABEと△ACBにおいて，前問(1)の結果より，∠ABE＝∠ACB　共通な角より，∠BAE＝∠CAB　2組の角がそれぞれ等しいから，△ABE∽△ACB　これより，AE：AB＝BE：CB＝AB：AC＝6：8＝3：4　AE＝AB$\times\frac{3}{4}=6\times\frac{3}{4}=\frac{9}{2}$(cm)　BE＝CB$\times\frac{3}{4}=4\times\frac{3}{4}=3$(cm)　△ABEと△BCEで，高さが等しい三角形の面積比は，底辺の長さの比に等しいから，△ABE

：△BCE＝AE：EC＝AE：(AC−AE)＝$\frac{9}{2}$：$\left(8-\frac{9}{2}\right)$＝9：7　よって，△ABEの面積は△BCEの面積の$\frac{9}{7}$倍である。

② △BECと△AEDにおいて，$\overset{\frown}{AB}$に対する円周角の大きさは等しいから，∠BCE＝∠ADE対頂角は等しいから，∠BEC＝∠AED　2組の角がそれぞれ等しいから，△BEC∽△AED　これより，EC：ED＝BE：AE＝3：$\frac{9}{2}$＝2：3　ED＝EC×$\frac{3}{2}$＝$\frac{7}{2}$×$\frac{3}{2}$＝$\frac{21}{4}$(cm)　△ABDと△GCAにおいて，$\overset{\frown}{AD}$に対する円周角の大きさは等しいから，∠ABD＝∠GCA　$\overset{\frown}{AB}$に対する円周角の大きさは等しいことと，AG//BCより，平行線の錯角は等しいことから，∠ADB＝∠ACB＝∠GAC　2組の角がそれぞれ等しいから，△ABD∽△GCA　これより，DA：AG＝BD：CA＝(BE＋ED)：CA＝$\left(3+\frac{21}{4}\right)$：8＝33：32　AG＝DA×$\frac{32}{33}$＝AB×$\frac{32}{33}$＝6×$\frac{32}{33}$＝$\frac{64}{11}$(cm)

＜英語解答＞

1　(1)　①　ウ　②　イ　(2)　①　ア　②　エ　(3)　①　ア　②　ウ
(4)　ウ，エ

2　(1)　イ，オ　(2)　エ　(3)　(例)I will join A. I like potatoes, and I don't need much money for A.

3　(1)　ア　(2)　ウ　(3)　(例)I think talking about club activities will be interesting. We can learn how their club activities are different from ours.

4　(1)　A　カ　B　ア　C　ウ　(2)　①　No, they did not.
②　On the corners.　(3)　エ，オ

＜英語解説＞

1　(リスニング)

送台本の和訳は，42ページに掲載。

2　(読解問題：絵・図・表・グラフなどを用いた問題，内容真偽，条件英作文，助動詞，比較，形容詞・副詞)

(全訳)

週末の収穫体験バスツアー

ツアー A [じゃがいも]　じゃがいもの絵 時期：6 月 場所：レイワ農園 値段：6,000 円	ツアー B [さくらんぼ]　さくらんぼの絵 時期：5 月 - 6月 場所：レイワ農園 値段：6,000 円
ツアー C [ブドウ]　ブドウの絵 時期：7 月 - 9月 場所：ヤマト果物公園 値段：11,000 円	ツアー D [りんご]　リンゴの絵 時期：9 月 - 11月 場所：ヤマト果物公園 値段：8,000 円

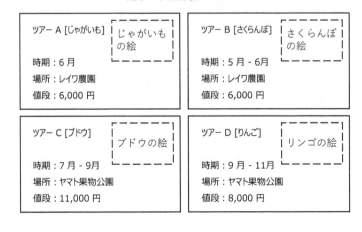

[すべてのツアーについて]

○プラン：マホロバ駅(9:00)＝＝(スペシャル・ランチ)＝＝(収穫体験・自由時間)＝＝マホロバ駅(19:30)

＊どのツアーでも 12 歳以下の子どもは半額の値段です。

(1)　ア　すべてのツアーで，ジャガイモ，サクランボ，ブドウ，リンゴを食べることができる。　イ　ツアーAでは，レイワ農園で収穫を体験する。(○)　ウ　ツアーDの値段はツアーCの値段よりも高い。　エ　すべてのツアーは，昼食前に収穫を体験する。　オ　すべてのツアーは，午前9時にマホロバ駅を出発する。(○)　案内チラシを見ると，選択肢イと選択肢オが適当。選択肢ウの higher than～は比較の表現で「～よりも高い」。

(2)　問題の条件「果物の収穫」と「9月に参加」には，ツアーCとツアーDが当てはまる。また，チラシによるとツアー代金は「12歳以下の子供は半額」とある。参加する大人一人と子ども(7歳)一人のツアーの値段を計算すると，ツアーCでは16,500円，ツアーDでは，12,000円であることから，問題の条件「合計のツアー代金は15,000円以下」にはツアーDが当てはまる。したがって，選択肢ではエが適当。

(3)　(解答例)I will join A. I like potatoes, and I don't need much money for A.
(私はAに参加します。私はじゃがいもが好きで，Aではあまりお金は必要ありません。)

3　**(会話問題：語句補充・選択，内容真偽，条件英作文，現在・過去・未来と進行形，間接疑問，動名詞，助動詞)**

Haruka, Mai, Tatsuya と Ichiro は高校生です。彼らは英語クラブのメンバーです。放課後，彼らは英語クラブの部屋で話をしています。

Haruka：　私たちは，来週またオーストラリアの生徒とオンラインで話をする予定ね。

Mai：　いいね。私は，先月彼らと話して楽しんだ。

Tatsuya：　そうだね。ぼくはとても緊張して，最初は①何を言えばいいのかわからなかったけれども，自己紹介がうまくできて，ぼくたちは話し続けることができた。

Haruka：　それで，学校のまわりにあるお互いの人気スポットを紹介したね。今度は何について話そうか？　みんな，何か考えはある？

Mai：　彼らとマンガについて話してみない？　私はマンガが好きだから，日本のマンガのすばらしさを伝えたいと思う。

Tatsuya：　そうだね。彼らが日本のどのマンガを知っているのか尋ねてみたい。オーストラリアで人気のマンガも知りたいね。

Ichiro：　彼らはマンガに興味があるかな？　スポーツはどう？　オーストラリアではラグビーやサッカーが人気だと思う。

Haruka：　そうね，みんなさまざまなことに興味があるのね。学校生活はどうかな？　私たちは私たちの学校生活について話すことができて，彼らは彼らの学校生活について話すことができるから。

Tatsuya：　それはいい考えだね。それを話そうか。学校の行事を話すことができるね。学校生活について話すことはどう思う，Mai？

Mai：　私もいいと思う。②クラブ活動について話すことは，面白いと思う。彼らのクラブ活動が，私たちとどのように違うかがわかるからね。

Haruka：　そうだね。その違いは文化の違いに反映しているかもしれない。そして，共通していることを理解できるかもしれない。

Ichiro：　その通り。

(1)　ア　何を(○)　　イ　なぜ　　ウ　前に　　エ　なぜなら　問題の空欄の前後の文の意味も考えて，適切な選択肢を選びたい。

(2)　問題本文の Tatsuya の発話を追うと，第6番目 I agree. I~では，「オーストラリアの生徒にマンガのことを聞きたい」とある。また，第8番目の Haruka の発話 Well, everyone is~の「学校生活の話をしては？」に対して，第9番目の Tatsuya 発話 That's a good~ではその考えに合意していることから，選択肢ウが適当。

(3)　(解答例)I think talking about club activities will be interesting. We can learn how their club activities are different from ours. (私はクラブ活動について話すのは面白いと思う。彼らのクラブ活動が，私たちのものとどのように違うかを学ぶことができる。) 解答例の文中の talking は**動名詞**で「話をすること」。

4　(長文読解：メモ・手紙・要約文などを用いた問題，内容真偽，英問英答，関係代名詞，不定詞，比較，受け身，文の構造)

(全訳)【1】 角に特別な目印が付いている2次元コードを，見たことがありますか？　たとえば，教科書で2次元コードを見ることができます。タブレットコンピューターでそれらを読み込むと，写真を見たり，ビデオを見たりできます。今日，世界中の多くの人々が，それらを多くのさまざまな方法で使用しています。この種類の2次元コードは，日本の自動車部品製造業者のエンジニアによって発明されました。

【2】 自動車を生産する際，さまざまな部品が必要になります。自動車部品の製造業者は，すべての自動車部品を管理する必要があります。約30年前，自動車会社はより多くの種類の自動車を生産する必要があり，自動車部品の製造業者は自動車ごとにさまざまな種類の自動車部品を管理する必要がありました。当時は，バーコードを使って自動車部品を管理していましたが，1つのバーコードに多くの情報を入れることができませんでした。したがって，多くのバーコードを使っていました。労働者は多くのバーコードを，読み込む必要がありました。自動車部品の製造業者の労働者は，1日に約1,000回バーコードを読み込む必要がありました。それらを読み込むために多くの時間がかかりました。労働者は自分たちの状況を改善するために，何らかの助けを必要としていました。

【3】 日本の自動車部品製造業者のエンジニアは，労働者の状況を知っていました。 2次元コードにはバーコードよりも多くの情報を含められるので，彼らは2次元コードを学び始めました。アメリカにはすでにいくつかの種類の2次元コードがありました。1つの種類には多くの情報を含められますが，その種類を読み込むには多くの時間がかかりました。別の種類は非常に早く読み込めましたが，他の種類よりも少ない情報しか含まれませんでした。自動車部品の製造業者のエンジニアは，これらの種類は使用しませんでした。彼らは，これらの両方の利点を備えた新しい種類の2次元コードを作成することにしました。エンジニアは，すばやく読み込めるこの新しい種類の2次元コードを作成するために，長い時間を必要としました。ついに，彼らはあるアイデアを思いつきました。彼らは，「もし 2次元コードの3つの角に特別な目印が付いていれば，どの角度からでも非常に早く読み込める」と考えました。このようにして，特別な目印が付いた新たな種類の2次元コードは，日本の自動車部品製造業者のエンジニアによって発明されました。

【4】 世界中の人々は，どのようにして新しい種類の2次元コードを使い始めたのでしょうか？　自動車部品の製造業者が使い始めた後，他の企業もそれに注目し始めました。たとえば，携帯電話会社は，携帯電話のカメラを使用して，人々がウェブサイトに直接アクセスできるようにする

ために，2次元コードを使用し始めました。携帯電話で2次元コードをスキャンすることで，利用者は多くの情報をすばやく簡単に取得できます。この技術によって，人々は新しい種類の2次元コードが非常に役立つことを学びました。

【5】 今日，日本の自動車部品の製造業者のエンジニアによって発明された2次元コードは，世界中の人々の生活の中で一般的になっています。それは労働者を助けるためにエンジニアによって発明されました，しかし今，それは世界中の人々をとても助けています。

(1)

段落	見出し
[1]	私たちの日々の生活における2次元コード
[2]	A カ バーコードの使用に関する問題
[3]	B ア 日本のエンジニアによって発明された新しい種類の2次元コード
[4]	C ウ 新しい種類の2次元コードを使う別の方法
[5]	世界中の人々のための2次元コード

ア　日本のエンジニアによって発明された新しい種類の2次元コード(B)　イ　労働者の状況を改善できるバーコード　ウ　新しい種類の2次元コードを使う別の方法(C)　エ　アメリカのいくつかの2次元コードを使う方法　オ　携帯電話のカメラを使い始めた会社　カ　バーコードの使用に関する問題(A)　段落[2]では，30年前のバーコードの状況が書かれて，最後の文 The workers needed～では，「労働者は状況を改善するために，何らかの助けが必要」とあることから空欄Aは選択肢カの内容が適当。[3]では，新たな2次元コードの開発について書かれ，最後の文 In this way～では，「新しい2次元コードは，日本の自動車部品製造業者のエンジニアが発明した」とあるので，空欄Bは選択肢アの内容が適当。[4]では，新しい2次元コードは自動車会社以外でも使われ始めたことが書かれ，最後の文 With this technology～では，「人々は新しい2次元コードが役立つことを学んだ」とあるので，空欄Cは選択肢ウの内容が適当。選択肢イの barcode which can improve～の which は関係代名詞でwhich～は直前の barcode を説明して「～を改善できるバーコード」となる。

(2)　①　(問題文訳)日本の自動車部品製造業者のエンジニアは，アメリカの2次元コードを使用しましたか？　(正答)No, they did not.(いいえ，彼らは使用しませんでした)　問題文は Did で始まっていることから，答えは yes/no で始める。問題本文[3]の第6文 The engineers at ～には「それらの種類は使わなかった」とあり，「それら」はアメリカの2 次元コードを指している。したがって，答えは No～が適当。　②　(問題文訳)新しい種類の2次元コードを発明したとき，エンジニアはどこに特別な目印を付けましたか？　(正答)On the corners.(角に)　新しい種類の 2次元コードの特別な目印に関しては，問題本文[3]の第 10 文 They thought, "If～に「2次元コードの3つの角に特別な目印が付いていれば，どの角度からも非常に早く読み込める」とあるので，この文を参考に解答文を作る。問題文の put a special mark は「特別な目印を入れる，付ける，置く」。

(3)　ア　日本の自動車部品の製造業者がバーコードを発明した。　イ　自動車部品の製造業者は，より多くの自動車を販売するためにバーコードを使用した。　ウ　バーコードには，2次元コードよりも多くの情報を含められる。　エ　特殊な目印が付いた2次元コードはすばやく読み込める。(○)　オ　携帯電話会社は，ユーザーがウェブサイトに簡単にアクセスするための助けになるように，新しい種類の2次元コードを使用した。(○)　カ　日本とアメリカのエンジニアが協力して，新しい種類の2次元コードを発明した。　問題本文[3]の第10文 They thought, "If～には「2次元コードの3つの角に特別な目印が付いていれば，どの角度からも非常に早く読み込める」とあるので選択肢エが適当。また，問題本文[4]の第 3 文 For example, a~と第4文 By scanning a~には，「携帯電話会社は，ウェブサイトにアクセスするために 2次元コードを使った。2次元コード利用すると多くの情報をすばやく簡単に取得できる」とあるので選択肢オが適当。選択肢イの to sell は不定詞で「売るために」。また，選択肢エの be scanned は受け身で「読み込まれる」。

2022年度　聞き取り検査

〔放送台本〕

これから，英語の聞き取り検査を行います。放送中に問題用紙の空いているところに，メモを取ってもかまいません。それでは，問題用紙の1を見なさい。1には，(1)~(4)の4つの問題があります。

まず，(1)を見なさい。(1)では，①，②の英語が流れます。英語の内容に合うものを，それぞれ問題用紙のア~エのうちから1つずつ選び，その記号を書きなさい。なお，英語はそれぞれ1回ずつ流れます。それでは、始めます。

① This is used for listening to music.

② Three people are waiting for a bus. The person between the two other people is holding an umbrella.

〔英文の訳〕

① これは，音楽を聴くために使われます。
選択肢ウが適当。

② 3人がバスを待っています。他の2人の間にいる人が傘を持っています。
選択肢イが適当。

〔放送台本〕

次に，(2)に移ります。(2)では，①，②のそれぞれの場面での2人の会話が流れます。それぞれの会話の最後の応答にあたる部分でチャイムが鳴ります。そのチャイムの部分に入る英語として最も適切なものを，それぞれ問題用紙のア~エのうちから1つずつ選び，その記号を書きなさい。なお，会話はそれぞれ1回ずつ流れます。それでは、始めます。

① *Girl:* Ken, you don't look well.
Ken: I feel sick. I wanted to study math with you after school today, but I think I should go home. Is that OK?
Girl: <チャイム>

② *Father:* What are you looking for, Emma?
Emma: I'm looking for my favorite T-shirt. I'll go shopping with my friend tomorrow, and I want to wear it.
Father: I see. What does it look like?
Emma: <チャイム>

〔英文の訳〕

① 女の子：Ken，気分が悪そうね。
Ken：　気分が悪いんだ。今日は放課後，きみと一緒に数学を勉強したかったけれども，家に

帰るべきだと思っている。それで大丈夫？

女の子：＜　ア　＞

ア　もちろん。大事にしてください。(○)　　イ　もちろん。何か飲みたいです。

ウ　ごめんなさい。あなたは図書館に行くべきです。

エ　ごめんなさい。私はあなたと数学を勉強しません。

② 父：　何を探してるの，Ema?

Ema：お気に入りのTシャツを探しているの。明日は友達と買い物に行くので，それを着たい。

父：　なるほど。それはどのような見た目だい？

Ema：＜　エ　＞

ア　私はそれがとても好き。　イ　あなたはあなたの友人とそれを探すべき。

ウ　買い物に行ってTシャツを買うのは楽しい。　エ　白くて星がいくつかついている。(○)

〔放送台本〕

次に，(3)に移ります。(3)では，Bobと母親の電話での会話が流れます。□内は会話の後にBobが自分のすることをまとめたメモです。①，②に入る適切な英語を，それぞれ問題用紙のア～エのうちから1つずつ選び，その記号を書きなさい。なお，会話は2回流れます。それでは、始めます。

Mother: Hi, Bob.

Bob: Hi, Mom. Where are you now?

Mother: I'm still at my office. This morning I told you I would come home at six o'clock, but I can't. I'll come home at seven.

Bob: OK. I've just come home from the supermarket. I bought the milk you asked me to buy. I also bought some juice.

Mother: Thank you, Bob. Your father will come home earlier than I will. Could you tell him I'll come home at seven?

Bob: Sure. Do you want me to do anything?

Mother: I'll be happy if you help your sister do her homework.

Bob: OK. Emily is doing her homework now, so I'll help her.

Mother: Your father may cook dinner, but he doesn't have to. I'll buy some sushi for you.

Bob: Thank you, Mom! I'll tell him about it. Then, I'll make soup. Oh, can you buy some bread for tomorrow's breakfast? I forgot to buy some bread when I went to the supermarket.

Mother: Sure. Thank you, Bob.

Bob: You're welcome. See you soon, Mom.

〔英文の訳〕

母：　もしもし，Bob。

Bob：もしもし，お母さん。今どこにいるの？

母：　まだ私の事務所にいるの。今朝，私は6時に帰宅すると言ったけれど，できそうもないの。7時に帰宅する。

Bob：わかった。ぼくはスーパーマーケットから帰ってきたところ。お母さんが買うように言ったミルクを買った。ジュースもいくつか買ったよ。

母：　ありがとう，Bob。お父さんは私より早く帰る。私は7時に帰ってくると言ってくれない？

Bob：わかった。何かすることはある？
母：　妹の宿題を手伝ってくれればうれしい。
Bob：わかった。Emily は今宿題をしているので，彼女を手伝う。
母：　お父さんは夕食を作るかもしれないけれども，そうする必要はないよ。すしを買うから。
Bob：ありがとう，お母さん！ お父さんにそう話しておく。それなら，スープを作る。ああ，明日の朝食のパンを買ってこられる？　スーパーマーケットに行ったとき，パンを買うのを忘れた。
母：　わかった。ありがとう，Bob。
Bob：どういたしまして。じゃあね，お母さん。

①　ア　エミリーが宿題をするのを手伝う(○)　イ　母より早く帰ってくる
　　ウ　夕食にすしを作る　エ　明日の朝食のためにパンをいくつか買う
②　ア　母はミルクとジュースを買った　イ　母はスーパーマーケットに行くのを忘れた
　　ウ　彼は夕食を作る必要はない(○)　エ　彼はすしを買う必要はない

〔放送台本〕

次に，(4)に移ります。(4)では，ラジオの買い物番組の一部が流れます。この英語の内容と合っていないものを，問題用紙のア～カのうちから2つ選び，その記号を書きなさい。なお，英語は2回流れます。それでは，始めます。

Hi, everyone, it's time for shopping. I'm Mary. Today is a special shopping day!

Today, I brought a new sports bag. It's bigger and stronger than the bag we sold before, so you can put a lot of things in it. My son is in the tennis club, and uses this bag when he goes to school. He puts so many things in it, for example, books, notebooks, dictionaries, T-shirts and many other things. It is very good for students.

Also, you can easily wash it by hand and keep it clean.

Last time, we only had black and blue colors for the bag, but this time, we have three other colors, red, green, and brown, so you can choose your favorite one from these five colors. You can see the colors on the Internet.

Now, do you want to know how much it is? It's usually 50 dollars, but today is a special shopping day, so it's only 40 dollars! If you buy two, it's only 75 dollars! How wonderful! Please call 01 234 now. You can buy one on the Internet, too. I'm sure you'll like it!

これで,英語の聞き取り検査の放送を終わります。

〔英文の訳〕

みなさん，こんにちは，買い物の時間です。私はメアリーです。今日は特別な買い物の日です！今日は新しいスポーツバッグを持ってきました。以前に販売したバッグよりも大きくて丈夫なので，ものをたくさん入れることができます。私の息子はテニスクラブにいて，学校に行くときにこのバッグを使います。彼はたくさんのものをその中に入れています，たとえば，本，ノート，辞書，Tシャツ，その他多くのものなど。学生にとても良いです。

また，手で簡単に洗えて清潔に保てます。

前回は黒と青の色のバッグしかありませんでしたが，今回はさらに赤，緑，茶色の3色があるので，

5 色の中からお好きな色をお選びいただけます。インターネットでは色を確認できます。

さて，それがいくらか知りたいですか？ 通常50ドルですが，今日は特別な買い物の日なので，たったの40ドルです！ 2つ買うとたったの75ドル！ なんてすばらしい！ 今すぐ01 234までお電話ください。インターネットでも購入できます。 きっと気に入るはずです！

ア　新しいスポーツバッグはたくさんの物を持ち運ぶことができる。
イ　新しいスポーツバッグは手で簡単に洗える。
ウ　新しいスポーツバッグには8つの異なる色がある。(○)
エ　特別な買い物の日に新しいスポーツバッグを買うと50ドルだ。(○)
オ　スポーツバッグを2つ買うなら75ドル必要だ。
カ　新しいスポーツバッグはインターネットで購入できる。

＜理科解答＞

1　(1)　ウ　　(2)　オ　　(3)　(例)目が横向きについており，広い範囲を見わたすことができる。

2　(1)　衛星　　(2)　イ　　(3)　①　エ　　②　位置　D　　大きさ　イ
③　(例)金星は地球より内側を公転しているから。

3　(1)　石灰水　　(2)　エ　　(3)　(例)水にとけやすく，密度が空気よりも小さいという性質。　(4)　(例)はじめに出てくる気体には，試験管の中にあった空気がふくまれているから。　(5)　①　$2Ag_2O \rightarrow 4Ag + O_2$　　②　80%

4　(1)　(比べるもの)　AとC　　(音の高さ)　ア
(2)　250Hz　　(3)　C

5　(1)　単子葉類　　(2)　エ　　(3)　ア　　(4)　①　ア
②　イ　　③　(例)分裂した細胞が大きくなる
(5)　(例)染色体の数が半分になる。

6　(1)　ウ　　(2)　18W　　(3)　右図　　(4)　カ
(5)　(例)2本の電熱線を並列につなぐことで，回路全体の抵抗が小さくなり，回路全体に流れる電流が大きくなるから。

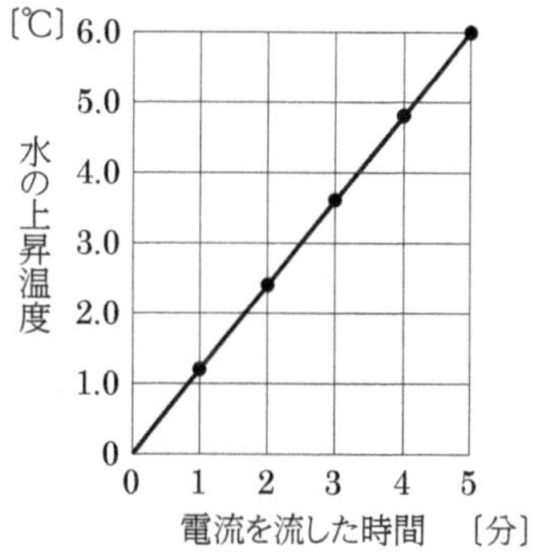

＜理科解説＞

1　**(天気の変化：高気圧，動物の分類と生物の進化：鳥類，動物の体のつくりとはたらき：草食動物)**

(1)　高気圧の地表付近では，まわりの気圧の低いところへ向かって大気が動く。そのため，北半球の高気圧のまわりでは，高気圧の中心から**時計回りにふき出す**ような風がふく。高気圧の中心付近では，地表付近でふき出した大気を補うように**下降気流が生じるため，雲ができにくく**，晴れることが多い。よって，ウである。

(2)　鳥類は，子の生まれ方は卵生，呼吸のしかたは肺呼吸，体温の保ち方は**恒温動物**である。よって，オである。

(3)　アマミノクロウサギなど**草食動物**の目のつき方の特徴は，**目が横向きについており，広い範**

囲を見わたすことができる。

2 (太陽系と恒星：月の動きと見え方・金星の動きと見え方)

(1)　月のように惑星のまわりを公転する天体を衛星という。

(2)　月は地球のまわりを約29.5日で公転しているため，夕方に南西の空に見えた三日月は，日がたつにつれて，半月(上弦の月)，満月へと形が変わる。同じ時刻に見た月が，日がたつにつれて，西から東へと1日に約12°(≒360°÷29.5〔日〕)ずつ，動いて見える。よって，12月9日の午後5時には，12月7日と比べて，月の光って見える部分の形は半月に近くなり，位置は図2のaの方向に移動している。

(3)　①　図3で金星は太陽に照らされた側だけが反射して光って見えるため，エのように見える。　②　金星の公転周期は0.62年なので，1年後に金星はAの位置から，さらに0.38年公転した位置にある。0.38年は0.6(＝0.38〔年〕÷0.62〔年〕)周なので，1年後に金星はDの位置である。Dの位置はAの位置より地球から遠いため，金星の見かけの大きさは小さくなる。　③　金星は，地球よりも太陽の近くの内側を公転しているため，地球から見て太陽と反対の方向に位置することはなく，真夜中には観察できない。

3 (気体の発生とその性質：実験方法，化学変化と質量：酸化銀の熱分解・化学反応式・互いに反応する物質の質量比)

(1)　発生した気体が二酸化炭素であることは，気体を集めた試験管に石灰水を入れてよく振ると白くにごることで確かめられる。

(2)　水素は，表1のように，亜鉛にうすい塩酸を加えると発生するが，うすい塩酸の電気分解でも水素を発生させることができる。うすい塩酸(塩化水素の水溶液)の電離を化学式とイオン式で表すと，$HCl \rightarrow H^{+} + Cl^{-}$，であるため，水素イオンは陰極に移動し水素の気体となって発生する。

(3)　アンモニアは水上置換法ではなく，上方置換法で集める必要があるのは，アンモニアは水に非常にとけやすく，密度が空気よりも小さいという性質があるからである。

(4)　発生させる気体を水上置換法で集めるときは，はじめに出てくる気体は集めず，しばらく発生させてから気体を集めるようにする。その理由は，はじめに出てくる気体には，試験管の中にあった空気がふくまれているからである。

(5)　①　酸化銀を加熱したときの化学変化を化学反応式で表すと，$2Ag_2O \rightarrow 4Ag + O_2$，である。　②　酸化銀の加熱後の試験管の中に残った物質は銀Agである。表2から，酸化銀1.00gが熱分解すると，0.93gの銀と0.07gの酸素に分解される。同様に，酸化銀の質量を変えて実験した場合，酸化銀の質量と加熱後の試験管の中に残った銀の質量は比例する。また，酸化銀の質量と熱分解によって発生した酸素の質量も比例することがわかる。酸化銀の質量を5.00gにして実験すると，完全に熱分解した場合，得られる銀の質量は，0.93〔g〕×5＝4.65〔g〕，である。しかし，この実験では，酸素が発生しなくなる前に加熱を止めてしまったので，加熱後の試験管の中に残った物質の質量(分解された銀の質量＋分解されていない酸化銀の質量)は4.72gであった。よって，分解されていない酸化銀中にふくまれている酸素の質量＝4.72〔g〕―4.65〔g〕＝0.07〔g〕，であり，表2から，酸化銀1.00gが熱分解すると，0.93gの銀と0.07gの酸素に分解されるため，分解されていない酸化銀は，1.00gである。熱分解した酸化銀の質量＝5.00〔g〕－1.00〔g〕＝4.00〔g〕，であり，酸化銀5.00gのうちの，4.00〔g〕÷5.00〔g〕×100＝80〔%〕，である。

4 (光と音：モノコードの弦の振動)

(1)　弦の振動する部分の長さによる音の高さの違いを調べるには，弦の太さとおもりの質量が同じで，駒の位置が異なる実験を比べればよい。よって，適切なものはAとCである。弦の振動する部分の長さを短くすると音の高さは高くなる。

(2)　表のAにおいて，1回の振動にかかる時間は4目盛り分，0.004秒であるから，Aで出た音が，1秒間に振動した回数は250回であり，単位はヘルツであるため，振動数は250〔Hz〕である。

(3)　BとCを比べると，弦の太さと駒の位置が同じで，おもりの質量がBの方が大きく，Bの方が振動数が大きい。CとDを比べると，おもりの質量と駒の位置が同じで，弦の太さがDの方が太く，Dの方が振動数が小さい。よって，Bで弦の太さを太くするとCになり，Dでおもりの質量を大きくするとCになるため，駒を図のYの位置に置き，実験で用いた太い弦と質量の大きいおもりを使って同様の操作をした場合，得られた記録はCの記録と同様であったと考えられる。

5　（生物の成長と生殖：体細胞分裂と成長・減数分裂，植物の分類，生物の観察・調べ方の基礎：顕微鏡操作）

(1)　被子植物のうち，タマネギのようなひげ根をもつという特徴が見られる植物を単子葉類という。

(2)　低倍率でピントを合わせた状態から，レボルバーを回して対物レンズを高倍率のものにすると，対物レンズの先端とプレパラートとの距離が短くなる。

(3)　体細胞分裂において，それぞれの染色体が複製され，2本ずつくっついた状態になるのは，分裂をはじめる前であり，まだ染色体の形は細くて長いため，見えない。よって，図4では，アである。

(4)　タマネギの根は，図2と図3から，先端に近い部分がよくのびる。また，細胞の大きさは図3のa，bの部分よりもcの部分の方が小さい。このことから，タマネギの根は，体細胞分裂により細胞の数がふえ，さらに，分裂した細胞が大きくなることによって成長すると考えられる。

(5)　細胞分裂には，体細胞分裂のほかに，生殖細胞がつくられるときに行われる減数分裂がある。この減数分裂によってできた細胞の染色体の数は，体細胞分裂によってできた細胞の染色体の数の半分である。

6　（電流：回路の電圧と電流と抵抗・電力・熱量）

(1)　電流計は電流をはかりたい点に直列につなぐため，Xが示す端子は電流計のものである。電源装置の＋極側の導線を，Xが示す電流計の＋端子につなぐ。

(2)　電熱線aが消費する電力〔W〕＝6.0〔V〕×3.0〔A〕＝18.0〔W〕である。

(3)　横軸に「電流を流した時間」，縦軸に「水の上昇温度」の各名称を書く。横軸の右端に〔分〕の単位，縦軸の上端に〔℃〕の単位を書く。横軸に1目盛りの大きさを1分として，0～5を記入する。縦軸に1目盛りの大きさを1.0℃として，0～6.0を記入する。表2の測定値，(0，0)，(1，1.2)，(2，2.4)，(3，3.6)，(4，4.8)，(5，6.0)を点(・)で記入する。原点を通り，各点の最も近くを通る比例の直線を引く。

(4)　実験結果の表1と2から，2Ωの電熱線aと4Ωの電熱線bのどちらにも6Vの電圧がかかっているとき，(2)より電熱線aが消費する電力は18.0Wであり，電熱線bが消費する電力は，6〔V〕×1.5〔A〕＝9.0〔W〕である。そのため，表2から電流を流した時間が同じ場合，電熱線が消費する電力が大きいほど水の上昇温度は大きいことがわかる。よって，電流を流す時間が一定の場合，電力が大きいほど電流による発熱量は大きいといえる。このことから，電熱線bに加える電圧を電熱線aに加える電圧の2倍にして，12.0Vにすると，電熱線bが消費する電力〔W〕＝電圧〔V〕×電流〔A〕＝12.0〔V〕×$\frac{12.0〔V〕}{4〔\Omega〕}$＝36.0〔W〕である。よって，同じ時間電流を流したとき，消費する電力を大きくした電熱線bから発生する熱量は，電熱線aから発生する熱量と比べて大きくなると考えられる。ちなみに，電流による発熱量は，次の式で求めることができる。**電流による発熱量〔J〕＝電熱線が消費する電力〔W〕×時間〔s〕**，である。

(5)　写真から電熱線2本を並列につないだ家庭用電気ストーブでは，100Vの電圧で使用するとき，電熱線1本で使用するより電熱線2本で使用するほうが回路全体の消費電力が大きくなる。その理由は，2本の**電熱線を並列につなぐことで，電流の通り道がふえるので電流が流れやすくなり，回路全体の抵抗はそれぞれの抵抗より小さくなり，回路全体に流れる電流が大きくなるから**である。

＜社会解答＞

1　(1)　ア　(2)　飛鳥文化　(3)　①　定期市　②　エ　(4)　ウ
(5)　(例)日米和親条約を結び，開国した。

2　(1)　(例)法律の範囲内　(2)　ウ　(3)　イ，ウ　(4)　(例)軍国主義的な内容を排除するため。　(5)　(例)アメリカの統治下にあった沖縄が日本に返還される

3　(1)　ア　(2)　①　ライン川　②　(例)パスポートがなくても自由に国境を通過できる。
(3)　b，c　(4)　①　混合農業　②　ア，ウ　③　(例)季節風が山地でさえぎられるため，年降水量が少ない。

4　(1)　①　ウ　②　(例)衆議院で出席議員の3分の2以上の多数で再び可決したため，成立した。　(2)　①　イ，エ　②　ウ　(3)　①　裁判員制度　②　イ
(4)　(例)権力の集中を防ぎ，国民の人権を守る

5　(1)　①　イ　②　(例)蔵屋敷に集められた年貢米や特産物の取り引き　(2)　①　茶
②　(例)東名高速道路が自然災害により通行不可能な時でも，交通がしゃ断されない。
(3)　(例)b地域の住民が不利益をこうむる

＜社会解説＞

1　**(歴史的分野―日本史―時代別―古墳時代から平安時代，安土桃山・江戸時代，日本史―テーマ別―経済・社会・技術，文化・宗教・教育，外交，世界史―政治・社会・経済史，文化史)**

(1)　資料Ⅰはエジプトのピラミッド。

(2)　日本に仏教が伝わったのは古墳時代。飛鳥時代には聖徳太子が**法隆寺**を建てるなどして，仏教文化が栄えた。

(3)　①　鎌倉時代には月に3回だった定期市が，室町時代には月6回開かれるようになった。
②　資料Ⅲは，1428年におこった**正長の土一揆**に関する碑文。

(4)　キリスト教の伝来が1549年，幕府によるポルトガル船の来航禁止が1639年の出来事。新航路の開拓によってスペインやポルトガルがアジアに進出し，日本と**南蛮貿易**を行っていたが，ポルトガル船の来航禁止後もオランダが江戸幕府と貿易を行っていることから，オランダの独立は1639年以前であると判断する。アが18世紀，イが1096年，エが1804年の出来事。

(5)　ペリーは1853年に来航し，翌年に**日米和親条約**を結んだ。

2　**(歴史的分野―日本史―時代別―明治時代から現代，日本史―テーマ別―政治・法律，外交)**

(1)　大日本帝国憲法第29条には「日本臣民ハ法律ノ範囲内ニ於テ言論著作印行集会及結社ノ自由ヲ有ス」とある。

(2)　資料Ⅱ中の「国際連合への加入」「歯舞群島及び色丹島を日本国に引き渡す」などから判断する。日本の国際連合加盟が実現した1956年に，日ソ共同宣言が発表された。歯舞群島や色丹島は**北方領土**の一部。

(3)　アが1964年，イが1971年，ウが1973年，エが1950年の出来事。

(4)　戦後，GHQの統治下では軍国主義的な風潮は排除された。

(5)　1951年の**サンフランシスコ平和条約**により西側48か国に日本の独立が承認されたが，その後も1972年に返還されるまで沖縄はアメリカの統治下に置かれた。

3　(地理的分野―日本―日本の国土・地形・気候，世界―人々のくらし，地形・気候，産業)

(1)　ヨーロッパ州が北半球にあり，パリが略地図Ⅰ中の0°線より東に位置することから判断する。

(2)　①　ドイツやオランダを流れる**ライン川**の河口には，ヨーロッパ最大の貿易港であるユーロポートが位置する。　②　資料Ⅰ中のeは略地図Ⅰからドイツとわかる。ドイツとフランスはともにEU加盟国であり，加盟国間での人や物の行き来が自由となっている。

(3)　ゲルマン系言語はヨーロッパ北西部，ラテン系言語は南西部，スラブ系言語は東部地域で主に使用されている。

(4)　①　**混合農業**は，フランスやドイツなどヨーロッパ中部でさかん。　②　イ　品質を売りにしている地域ブランドは，高価格設定であることが多い。　エ　生産技術などの知的財産は，海外への流出を防ぐ必要がある。　③　略地図Ⅱから，瀬戸内に位置するのが小豆島町であることがわかり，資料Ⅳから，他の二都市と比較したときの小豆島町の年降水量が少ないことが読み取れる。

4　(公民的分野―三権分立・国の政治の仕組み，財政・消費生活・経済一般)

(1)　①　衆議院解散後の総選挙の日から30日以内に召集される**特別国会**では，内閣総理大臣の指名が行われる。　②　法律案の採決において，衆議院の議決と参議院の議決が異なった場合は**衆議院の優越**が適用され，出席議員の3分の2以上の賛成で再可決すれば法律が成立する。衆議院での二度目の採決の日の出席議員が334＋133＝467(名)なので，賛成が3分の2を上回っている。

(2)　①　ア・ウは国会の仕事。　②　国の一般会計歳出の3分の1以上を占めていることから，資料Ⅱ中のXが**社会保障関係費**だと判断できる。高齢化が進む日本では今後，社会保障関係費のさらなる増大が予想され，財政を圧迫することが懸念されている。

(3)　①　**裁判員制度**は，地方裁判所で行う重大な刑事事件における第一審のみに適用される。
②　刑事裁判は，**検察官**が被疑者を**被告人**として起訴することで開かれる。

(4)　会話文は三権分立についての内容。

5　(地理的分野―日本―日本の国土・地形・気候，農林水産業，歴史的分野―日本史―時代別―安土桃山・江戸時代，日本史―テーマ別―経済・社会・技術)

(1)　①　東まわり航路は東北と江戸を結ぶ航路。朝鮮通信使の経路に含まれるのは西まわり航路。　ア　**東海道**が五街道に含まれる。　ウ　西陣織は京都の伝統的工芸品。　エ　日本と朝鮮との国交回復のなかだちを行ったのは**対馬藩**。　②　**蔵屋敷**とは，各藩が年貢米などを保管するために大阪に置いた倉庫。

(2)　①　静岡県や鹿児島県で生産がさかんなことから判断する。　②　資料Ⅲから，沿岸部の東名高速道路は津波などの自然災害が発生したときは通行止めになることが考えられる。略地図から，新東名高速道路は東名高速道路よりも内陸に位置することがわかる。

(3)　赤字路線の存続の方法として，民間と行政が協力する第三セクターを採用する地域もある。

＜国語解答＞

一　(一)　A　複雑　　B　やわ(らか)　　C　差　　D　うった(える)　　(二)　(例)カタツムリはナメクジの進化系である。　(三)　イ　　(四)　(例)生まれたばかりのカタツムリにも殻があるから。　(五)　c　　(六)　イ　　(七)　ウ

二　(一)　主観的　　(二)　(例)音色　　(三)　ウ　　(四)　イ　　(五)　エ　　(六)　ウ
(七)　(例)わたしたちの生活をいきいきとして張りのあるものにし，生きる意欲を刺激する。

三　(一)　雪　　(二)　吹《イテ》向《カツテ》二 玉 階《ニ》一 飛《バシメヨ》　　(三)　ア　　(四)　ウ

四　(一)　ア，ウ　　(二)　イ　　(三)　(例)私は，相手の考えが自分と違っていても，それを否定せずに最後まで話を聞くことが大切だと考える。
　自分の考えに固執し，他者の考えを受け入れる柔軟さがないと，自分の考えを広げたり深めたりできないからだ。多様な考えに触れ，新たなものの見方に気づくことで，自分自身を成長させることができるだろう。

＜国語解説＞

一　**(随筆ー大意・要旨，内容吟味，文脈把握，漢字の読み書き，文と文節)**

(一)　A「複」は，ころもへん。「ネ(しめすへん)」にしない。　B　送り仮名に注意したい。「やわ・らか」。　C　ちがい。へだたり。　D「訴」の訓読みは「うった・え」，音読みは「ソ」。

(二)　筆者は「ナメクジはカタツムリの進化系である」という事実に驚いている。この逆の思い込みをしていたのだ。つまり，**カタツムリはナメクジの進化系という思い違い**をしている。

(三)「一旦」は，「決意する」を修飾する。したがってこの単語を含む文節にかかることになる。

(四)　傍線③のように述べたのは，**生まれたばかりのカタツムリもそれ相応の殻を背負っていること**を考慮したからである。この考えの内容を含めて指定字数でまとめよう。

(五)「意外性を感じた経験」が述べられた段落を探す。cにおいて，クチベニマイマイがおしとやかな印象に反して好奇心旺盛な性格だと紹介され，**のんびりしているイメージのカタツムリの意外な一面を知った経験**が紹介されている。

(六)　最終段落に「彼らを見るたび，自らに引き寄せて考えずにはいられない」とあることをふまえ，**筆者がカタツムリと自分を重ね合わせている**ことを理解する。その上で，**カタツムリが殻を背負ってその重さに耐えながら生きていくように，自分も厄介なあれこれを背負って，それらに耐えながら生きていこう**と考えている。

(七)　本文は，(六)で把握した筆者の思いを，**カタツムリの生物学的な情報などの客観的な内容も含めながら**述べている。

二　**(論説文ー内容吟味，文脈把握，段落・文章構成，接続語の問題，語句の意味，同義語・対義語)**

(一)　客観的とは，自分一人ではなく多くの人から見てもその通りだと考えられる様子。対義語は

主観。

(二)　音楽の調子のこと。音色，旋律。

(三)　筆者は「**わたしたちの世界を，『もの』それ自体の世界と現象の世界に分けてしまうと，このわたしたちが具体的に経験していることがとらえそこなわれてしまう**」と述べている。この二つの世界に隔たりはないのに，二つの世界に分けて説明しようとするから，本来のピアノの美しさを感じることができないのである。

(四)「無視点的」とは，わたしたちの視点の及ばないことを指す。そこにあるものはわたしたちと接することはなく表情を持たない。ただ存在しているだけのものである。

(五)　傍線⑤の前述内容は，ものに「表情」が伴っているから経験がリアルになるのだということを説明している。これを受けて，**要するにわたしたちはただ物体に囲まれて生きているわけではないのだということを述べている**のだから，傍線部前には「つまり」を補うとよい。

(六)　**自然科学によって客観的に把握した「もの」は，ただ存在するのではなく，わたしたちが具体的に経験したことによって「表情」が備わり，それによってわたしたちの世界に色合いをもたらしてくれる**，ということが本文で述べられている。「たとえばわたしがいま……」で始まる段落に挙げられた例のように，**「もの」はわたしたちの生活に関係づけられる**ことで，単なる物体ではなく，意味のある存在となるのだ。

(七)　本文に「わたしたちはまさにこのリアリティのなかで生きています。……それが**わたしたちの生活をいきいきとして張りのあるものに，また豊かなものにして**くれている」とある。また，「その『表情』があるからこそ，わたしたちの世界がいきいきとしたものに感じられ，生きる意欲もまた刺激される」とある。この二カ所の語句を用いてまとめるとよい。わたしたちにもたらす効果は，生活を生き生きと張りのあるものにすること，そして生きる意欲を刺激することだ。

三　(漢文―内容吟味，表現技法・形式，書写)

〈口語訳〉

梨の花の冷ややかな美しさはまるで雪と見間違うほどで，
漂ってくる香りはすぐに人の衣につく
春の風よ，しばし吹き止むな
吹いて宮殿の階段に向かってこの香りを飛ばしてくれ

(一)　雪を欺くという書き下し文から，雪と見間違うことを読み取る。

(二)　読む順序で注意したいのは「玉階」の二字を読んでから，返って「向」を読んでいるところだ。**二字返って読むので一・二点**を用いる。

(三)　起句では梨の見た目，承句は梨の香りについて書かれ，この**二句は梨の描写部分**である。転句と結句では**梨の芳香を風に乗せて宮殿に運んで欲しいという願い**を述べている。

(四)　X部は四画目のあと五画目を書かず，画を省略している。Y部は八画目と九画目をつなげて書くので，点画の連続がみられる。

四　(会話・議論・発表―内容吟味，作文)

(一)　提示資料には**見出しがあり，伝えたい内容が明確**になっている。登山計画が**表になっていて見やすい**。また，富士山の**写真もあって挑戦したいことがわかりやすい**。自分の考えと根拠(イ)、語句の意味(オ)などは含まれていないので誤答。また，文字数も多くないのでエも誤答。

(二)　スピーチの中で，聞き慣れない「高山病」という語句について，聞き手に「聞いたことはありますか」と**問いかけ**ながら，その**語句の内容説明**を含めたスピーチにしている。具体的な体験談(ア)や多くの人の考え(ウ)，さまざまなたとえ(エ)はスピーチの中には含まれていないので誤答。

(三)　第一段落では，あなたが，人の話を聞く上で大切にしたいことを明確に挙げよう。一文でかまわない。そして第二段落ではそれを大切にする理由を述べる。なぜ大切なのか，どんな点で自分に有益なことがあるかを考察してまとめよう。

2021年度

★★★★★★★★★★★★★★★★★★★★★★★

入　試　問　題

●くわしい解説……15ページ

2021年 奈良県公立高校入試　出題範囲縮小内容

令和2年5月13日付け2文科初第241号「中学校等の臨時休業の実施等を踏まえた令和3年度高等学校入学者選抜等における配慮事項について（通知）」を踏まえ，出題範囲について以下通りの配慮があった。

○各教科の出題範囲から除く中学校学習指導要領の内容

数学	【特色選抜】 ・三平方の定理 ・標本調査 【一般選抜】 ・標本調査
理科	○第1分野 ・科学技術と人間 ○第2分野 ・自然と人間
社会	○公民的分野 ・私たちと国際社会の諸課題

＜数学＞

時間　30分　　満点　40点

1 次の各問いに答えよ。

(1) 次の①～⑤を計算せよ。

① $5-7$　　② $2a-4b-a+8b$　　③ $9xy^2 \div 3xy$

④ $(x+6)^2-(x+1)(x-1)$　　⑤ $\sqrt{40}+\sqrt{10}$

(2) 「1個 x 円の品物を2個買ったときの代金は1000円より安い」という数量の関係を表した式が，次のア～オの中に1つある。その式を選び，ア～オの記号で答えよ。

ア $2x \leqq 1000$　**イ** $2x < 1000$　**ウ** $2x = 1000$　**エ** $2x > 1000$　**オ** $2x \geqq 1000$

(3) 2次方程式 $x^2+6x+8=0$ を解け。

(4) 3つの数 $\frac{\sqrt{3}}{5}$，$\frac{3}{\sqrt{5}}$，$\sqrt{\frac{3}{5}}$ のうち，最も小さい数はどれか。

(5) 図1で，4点A，B，C，Dは円Oの周上にある。∠x の大きさを求めよ。

図1

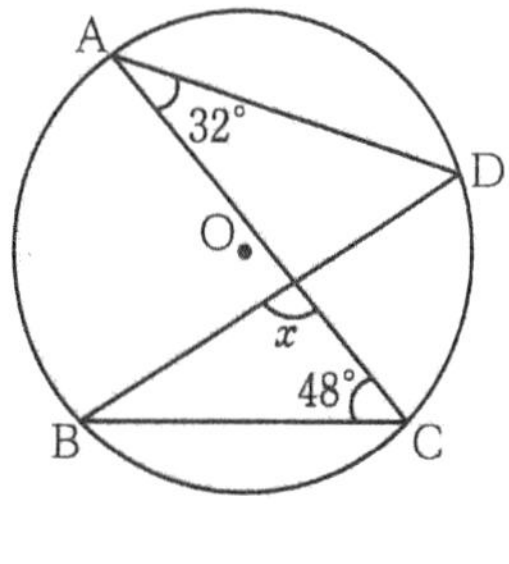

(6) 図2のような長方形ABCDの紙がある。この紙を，頂点Dが辺BCの中点に重なるように折ったときの折り目の線と，辺ADとの交点をEとする。点Eを，定規とコンパスを使って解答欄の枠内に作図せよ。なお，作図に使った線は消さずに残しておくこと。

図2

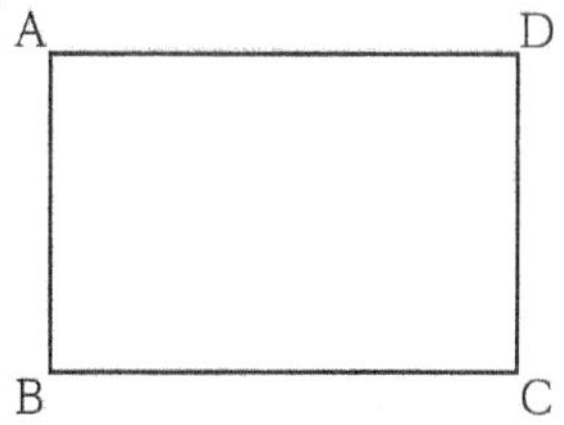

(7) 次の表は，ある中学校の3年1組の生徒10人について，読書週間に図書館から借りた本の冊数を調べ，その結果をまとめたものである。この10人の借りた本の冊数について，表から読み取ることができることがらとして適切なものを，後のア～オからすべて選び，その記号を書け。

冊数（冊）	0	1	2	3	4	5	6	7	8	計
人数（人）	2	1	1	0	1	0	3	1	1	10

ア　最大値は，８冊である。　　　　**イ**　平均値は，５冊である。

ウ　中央値（メジアン）は，５冊である。　**エ**　最頻値（モード）は，６冊である。

オ　範囲は，９冊である。

⑻　２つのさいころＡ，Ｂを同時に投げるとき，出る目の数の和が４の倍数になる確率を求めよ。

2　右の図で，直線ℓは関数$y=2x$のグラフであり，曲線mは関数$y=\frac{a}{x}$（$a>0$）のグラフである。直線ℓと曲線mの交点のうち，x座標が大きい方の点をＡとする。原点をＯとして，各問いに答えよ。

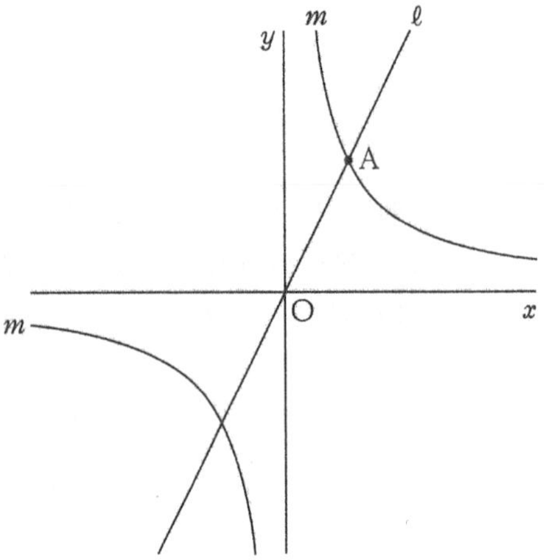

⑴　点Ａのx座標が３のとき，aの値を求めよ。

⑵　$a=9$のとき，曲線m上にあって，x座標，y座標がともに整数である点は全部で何個あるか。

⑶　曲線m上にx座標が６である点Ｂをとる。点Ｂを通り直線ℓに平行な直線とy軸との交点をＣとする。ＯＡ：ＣＢ＝１：３となるとき，点Ｃのy座標を求めよ。

3　右の図の△ＡＢＣにおいて，点Ｄは辺ＢＣの中点，点Ｅは線分ＡＤ上の点であり，ＡＥ：ＥＤ＝１：２である。また，点Ｆは直線ＢＥと辺ＡＣとの交点であり，点Ｇは点Ｄを通り直線ＢＦに平行な直線と辺ＡＣとの交点である。各問いに答えよ。

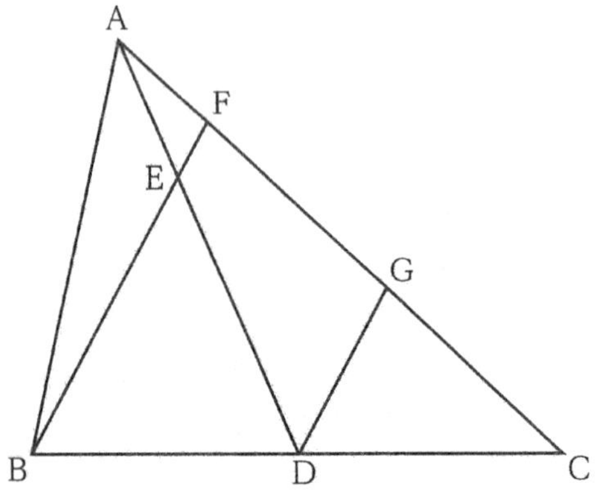

⑴　△ＡＥＦ∽△ＡＤＧを証明せよ。

⑵　ＡＣ＝６㎝のとき，線分ＡＦの長さを求めよ。

⑶　四角形ＥＤＣＦの面積は△ＡＢＣの面積の何倍か。

＜英語＞

時間　30分　　満点　40点

1　放送を聞いて，各問いに答えよ。

(1)　①～③の会話の内容についての質問に対する答えとして最も適切なものを，それぞれア～エから１つずつ選び，その記号を書け。なお，会話と質問をそれぞれ１回ずつ行う。

①

ア

イ

ウ

エ

②

ア

イ

ウ

エ

③

ア

イ

ウ

エ

(2)　聞き取った英語の内容についての質問①，②に対する答えとして最も適切なものを，それぞれア～エから１つずつ選び，その記号を書け。なお，英語が２回流れた後，質問をそれぞれ２回ずつ行う。

①　ア　The dishes she has cooked.
　　イ　The speech she made last year.
　　ウ　The memory of the winter vacation.
　　エ　The homework during the winter vacation.

② ア In the first class in January.
　 イ In the second class in January.
　 ウ During the vacation.
　 エ In the cooking class.

2 次の英文を読んで，各問いに答えよ。

Mika and Emma are high school students. Emma came to Japan from France two weeks ago, and she goes to Mika's school. They are talking in Mika's room.

Mika: Let's eat ice cream. There are two kinds.

Emma: They look delicious!

Mika: Let's do *janken*, and decide who chooses first. Do you know *janken*? In English, rock-paper-scissors.

Emma: Oh, yes. I know it.

Mika: OK. Rock, paper, scissors, one, two, three.

Emma: I won!

Mika: Wait, wait! It was a draw, Emma. Both of us chose rocks.

Emma: Sorry, Mika. This is a well. A well beats a rock and scissors because they sink in a well.

Mika: A well? It looks like a rock, but we don't use a well when we do *janken* in Japan.

Emma: In my country, we sometimes use four shapes when we do rock-paper-scissors. A rock, a leaf, scissors and a well. A well looks like a rock, but it's different from a rock. We make space in the fist.

Mika: I see. Then, what shape can beat a well?

Emma: A leaf beats a well because leaves can cover a well.

Mika: You use a leaf instead of a paper. So, scissors beat a leaf, right?

Emma: Right.

Mika: That's interesting. Just a minute, Emma. If you choose a leaf or a well, [　　　　　　　　　　], right?

Emma: You are so smart, Mika. Now, let's do rock-paper-scissors in the Japanese way!

（注） rock-paper-scissors：じゃんけん　rock：石　scissors：はさみ　draw：あいこ
well：井戸　beat：打ち負かす　sink：沈む　shape：形　leaf：葉　fist：拳
leaves：leafの複数形　instead of：～の代わりに

(1) MikaとEmmaがじゃんけんをしたときにそれぞれが出した手の組み合わせとして正しいものはどれか。後のア～エから1つ選び，その記号を書け。

ア
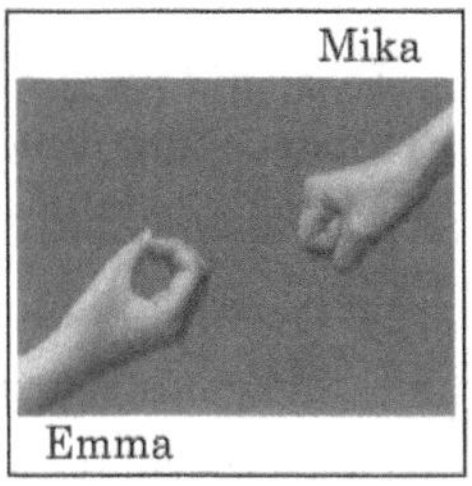

イ
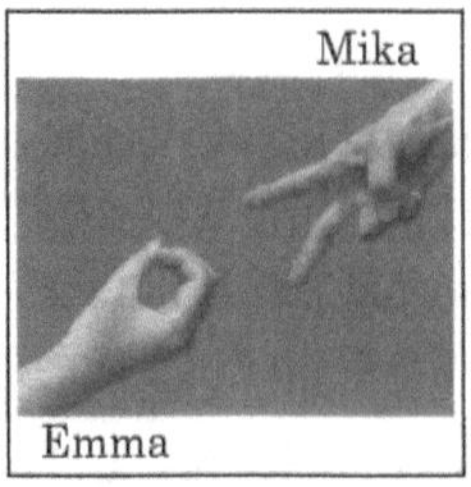

ウ

エ
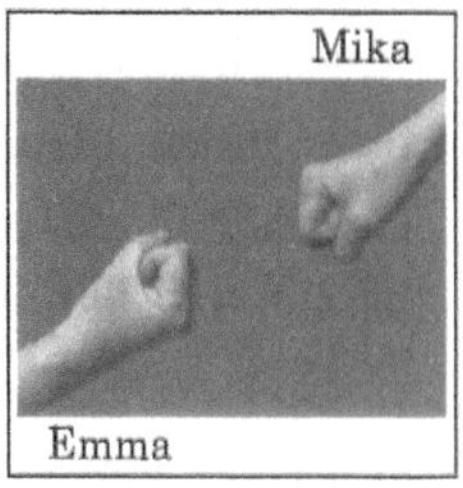

(2) 文脈に合うように，□ に入る最も適切な英語を，次のア～エから１つ選び，その記号を書け。

ア you may continue to lose
イ we can't decide the winner
ウ you have more chances to win
エ I should choose a rock to win

3 次の英文を読んで，各問いに答えよ。

What do you imagine when you hear the word "summer"? Some of you may think of fireworks, the sea and so on. A chorus of cicadas may be one of them. Many people may believe that cicadas live in the ground for about seven years and can live above the ground for about only seven days. Do you think this is true?

A high school student in Okayama researched cicadas' lives. When he was in elementary school, he got interested in cicadas. He caught cicadas every summer. In those days, some researchers noticed that cicadas could maybe live longer than seven days above the ground. He also believed that there were many cicadas which lived longer than seven days. When he was in high school, he started his research to know how long they could live above the ground.

His research method was very unique. In one summer, when he heard the chorus of cicadas, he began to catch them around his house. After he caught a cicada, he wrote a number on the wing of the cicada. Then, he wrote down the number and the date in his notebook and released the cicada. He continued catching and releasing cicadas every day. While he kept catching cicadas, he happened to catch cicadas which had a number on their wings. Those cicadas were already caught by him that summer. When he caught such a cicada, he wrote a different number on the wing, wrote down the number and the date in his notebook and released it again. By catching and releasing cicadas and comparing the dates in his notebook, he was able to find how long they could live above the ground.

In that summer, he caught 15 cicadas which had a number on their wings.

Those cicadas were caught by him twice. Moreover, he caught four cicadas which had two different numbers on their wings. They were caught by him three times. He caught about 860 cicadas in total. He researched four kinds of cicadas around his house. He found that all of them lived longer than seven days. In addition, he found one cicada which lived for 32 days.

He started his research about cicadas with one question, and continued his efforts to get the answer to his question. He researched cicadas very hard and found new things. Every great research may start with one simple question. Our efforts to find the answer to the question will give us great chances to learn new things.

（注） imagine：想像する　firework：花火　chorus：合唱　cicada：セミ
get interested in：～に興味をもつ　in those days：当時　researcher：研究者
notice：気がつく　method：方法　unique：独特の　wing：羽　release：放つ
happen to：たまたま～する　compare：比較する　moreover：さらに　in total：合計で

(1) 岡山県の高校生が行ったセミの研究について以下のようにまとめたとき，[A]，[B]，[C] に入る最も適切な英語を，上の英文中からそれぞれ１語で抜き出して書け。

> When the high school student caught a cicada, he wrote a [A] on the wing of the cicada. He also wrote down the [A] and the [B] in his notebook, and released it. He sometimes caught cicadas which had a [A] on their wings. Such cicadas were caught by him [C]. By comparing the two dates in his notebook, he researched the cicadas' lives.

(2) 英文の内容について，次の問いにそれぞれ３語以上の英語で答えよ。ただし，コンマやピリオドなどは語数に含めないこと。

(a) Did the student research cicadas with some researchers?

(b) How many kinds of cicadas did the student research?

(3) 下線部の具体的な内容を表す最も適切な英語を，次のア～エから１つ選び，その記号を書け。

ア "How long can cicadas live above the ground?"

イ "How many cicadas can I catch in one summer?"

ウ "How far can cicadas fly from my house?"

エ "How do cicadas communicate with each other?"

(4) 英文の内容と合っているものを，次のア～オから２つ選び，その記号を書け。

ア The student researched cicadas with a very unique method.

イ The student caught many cicadas and took care of them in his house.

ウ The student found a new kind of cicada around his house through his research.

エ The student found that all cicadas he caught lived longer than seven days.

オ The student learned a new thing by having a question and looking for the answer to it.

4　次の英文は，オーストラリアに住むMikeが日本に住むTakeshiに送った電子メールの一部である。英文を読んで，各問いに答えよ。

In my town, we will have "Japan Day" soon. Many people enjoy Japanese culture on this day. This event is held every year, and this will be the fifth "Japan Day". Students in my high school join it as volunteers. This year, classmates from my Japanese class and I are planning to cook a Japanese dish for visitors. What is the best Japanese dish that we can cook for "Japan Day"?

(1)　英文の内容を表しているものを，次のア～エから１つ選び，その記号を書け。

ア　"Japan Day" に参加する際の注意点と申し込み方法の確認

イ　Mike の学校の生徒が昨年行ったボランティア活動の報告

ウ　"Japan Day" の紹介とそこで Mike たちが作る日本食についての相談

エ　Mike の学校の紹介と "Japan Day" で行われる日本語の授業についての計画

(2)　あなたが Takeshi なら，Mike にどのように返信するか。下の［　］内の文に続けて，15語程度の英語で書け。ただし，1文または２文で書き，コンマやピリオドなどは語数に含めないこと。なお，日本独特のものの名前は，ローマ字で書いてよい。

Thank you for your e-mail. I will answer your question.

ナレーション　食べきれないおむすびを落としてしまったそうな。

歌　おむすび　ころりん　すっとんとん♪

おじいさん　待て、待て待て。え？　待て待て！

歌　合わせて　ころりん……♪　一億個♪

おじいさん　いちお……く……？

ナレーション　日本では、今日も一人につき、おむすび一個分、合わせて一億個分以上の食べ物が捨てられています。

おじいさん　もったいない……

ナレーション　食品ロスを、一人ひとりが考えよう。

（ACジャパンのウェブページから作成）

ウ　適切な時期がくると急に変化するもの。
エ　それぞれの期間が定められているもの。

三

次の□内は、「未来のためにできること」をテーマとした新聞広告である。これを読み、各問いに答えよ。

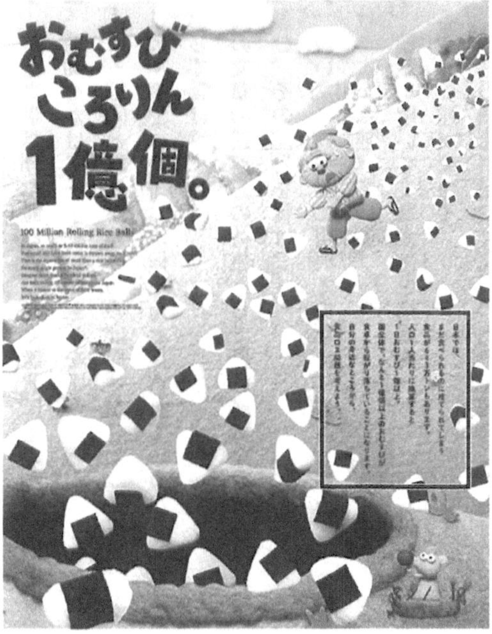
おむすびころりん
1億個。
100 Million Rolling Rice Balls

【新聞広告の□内に書かれている文】

日本では、
まだ食べ①られるのに捨てられてしまう
食品が六四三万トンもあります。
②人口一人当たりに換算すると
一日おむすび一個以上。
国全体で、なんと一億個以上のおむすびが
食卓から転がり落ちていることになります。
自分の身近なところから、
食品ロス問題を考えよう。

（ACジャパンのウェブページから作成）

(一)　――線①と同じ意味で使われているものを、次のア～エから一つ選び、その記号を書け。

ア　作品のできばえを、友人に褒められる。
イ　荒天に、花火大会の開催が案じられる。
ウ　明日の午後、お客様が家に来られる予定だ。
エ　その質問になら、誰もが答えられるはずだ。

(二)　――線②に見られる表現上の特徴として最も適切なものを、次のア～エから一つ選び、その記号を書け。

ア　語順を入れ替えて、驚きの気持ちを強調して伝えている。
イ　直喩を用いて、内容を具体的にイメージしやすくしている。
ウ　前後の文と文末の形を変え、読み手の注意を引いている。
エ　意味が対になるように言葉を並べ、文章にリズムを生んでいる。

(三)　次の□内は、この新聞広告と同じテーマで作成されたラジオ広告の台本である。二つの広告を比較してあなたが思ったり考えたりしたことを、理由を含めて八十字以内で書け。なお、新聞広告はA、ラジオ広告はBと書いてよい。

ナレーション　現代版「おむすびころりん」
　　　　　　　おじいさんが山でお昼を食べていると……
おじいさん　　あっ！

そしてまた、そんな人たちのことが好きだ。親近感を覚える。読書を楽しんでいる人の姿は、とてもいい。

（阿久津 隆『本の読める場所を求めて』による）

（注）フォロワー＝発信された内容に興味や関心をもち賛同する人
シェアボタン＝インターネット上で意見や情報を他の人と共有するために押すボタン

(一) □A の片仮名を漢字で書き、□B の漢字の読みを平仮名で書け。

(二) ――線①とほぼ同じ意味の語を、次のア～エから一つ選び、その記号を書け。

ア 理由　**イ** 方法　**ウ** 目的　**エ** 役割

(三) ――線②の文は、直前の文とどのような関係でつながっているか。その関係を、次の**ア**～**エ**から一つ選び、その記号を書け。

ア 逆接　**イ** 転換　**ウ** 対比・選択　**エ** 補足・説明

(四) ――線③とあるが、「いたずらにすいすいと滑る」とは、どのような様子を表しているか。最も適切なものを、次の**ア**～**エ**から一つ選び、その記号を書け。

ア 思いつきで開いたページにある文字だけを拾っている様子。
イ 同じ文だけをただひたすら何度も繰り返し眺めている様子。
ウ ただ文字だけを滞ることなく無駄に追いかけている様子。
エ 時間をかけて一字一句の意味を丁寧に確かめている様子。

(五) ――線④と筆者が述べるのはなぜか。その理由を五十字以内で書け。

(六) この文章で「読書」は何にたとえられているか。文章中から一語で抜き出して書け。

(七) この文章の述べ方の特色として最も適切なものを、次の**ア**～**エ**から一つ選び、その記号を書け。

ア 短い文を効果的に用いて文章にリズムを生み、筆者の考えを印象づけるように述べている。
イ 漢語を用いて文章全体を格調高いものとし、筆者の主張を権威づけるように述べている。
ウ 他者の論を引用して文章の内容を補強し、筆者の論に読み手が納得できるように述べている。
エ 問いかける表現を用いて文章を書きはじめ、筆者の意見に関心を高めさせるように述べている。

(八) ═══線部を全体の調和を考え、楷書で、一行で丁寧に書け。

二 次の文章を読み、各問いに答えよ。

春①暮れて後、夏になり、夏果てて、秋の来るにはあらず。春はやがて夏の気をもよほし、夏より既に秋は通ひ、秋はすなはち寒くなり、②十月は小春の天気、草も青くなり、梅もつぼみぬ。

（『徒然草』による）

（注）やがて＝そのまま　つぼみぬ＝つぼみをつけてしまう

(一) ═══線部を現代仮名遣いに直して書け。

(二) ――線①とほぼ同じ意味を表している語を、文章中から抜き出して書け。

(三) ――線②のこの文章における季節を、漢字で書け。

(四) この文章において、筆者は季節をどのようなものだと考えているか。最も適切なものを、次の**ア**～**エ**から一つ選び、その記号を書け。

ア 交替する節目がはっきりとわかるもの。
イ 変化の気配が内に秘められているもの。

＜国語＞

時間　三〇分　　満点　四〇点

一　次の文章を読み、各問いに答えよ。

本を読んでいる人の姿は美しい。

両手のひらを天に向け、背を丸め、こうべを垂れる。それはほとんど祈りの姿勢のようだ。

じっと身じろぎもせず、目だけが絶えず動いている。目と、それから頭の中。

彼らは本を読んでいる。

一心不乱に文字を追っている。いや、そう見えるだけで一心不乱でもないのかもしれない。心は千々に乱れ、思考はあちらに行ってこちらに行って散り散りになりながら、しがみつくようにして読んでいるのかもしれない。いずれにしても一歩一歩、彼らは本の世界の中を進んでいく。

頼りになるのは自分しかいない。とにもかくにも自分で歩を進めなければどこにも向かえない。疲れたといって目をA［トじて］、十秒の時間を置く。そして目を開ける。その十秒で、しかし残酷なことに物語は進んでいない。景色は以前と何も変わらない。再び腰を上げて、印刷された文字の上をぺたぺたと踏みしめていくほか前に進む①すべはない。

旅をともにしてくれる仲間はいない。一緒に行こうぜと励ましてくれる友人も横にはいないし、「いいね！」と後押ししてくれるフォロワーもそこにはいない。

たった今自分が味わっている喜びあるいは怒りあるいは悲しみ等々を誰かと共有しようとシェアボタンを探してもあいにくそれは見つからない。

それに、見ず知らずの赤の他人がつくりあげたその世界に同調できるとはまるで限らない。そこで示される考え方や言葉や行為は自分の価値観とはまったく相容《あいい》れないかもしれない。途中でやめてしまおうか。あるいはもう少し付き合おうか。すべての判断が委ねられている。②自分と本しかそこには存在しない。

ときに退屈に陥って這《は》いつくばりながら、ときに並ぶ文字がまったく意味をなさなくなって③いたずらにすいすいと滑りながら、ときに傷つき、へとへとに疲弊しながら、ときに大いなる喜びの中で踊るようにステップを踏みながら、いずれにしてもたったひとりで進んでいく。

ほんのちょっとだけでもこれまで知らなかった世界のありようを覗《のぞ》けないかという好奇心、もうちょっとだけでも自分のこの生をよりよいものにできないだろうかという望み、あとちょっとだけでも遠くまで飛ぶことができないだろうかという願い、そんなものだけを頼りにして進んでいく。

ひとり静かに本を読んでいる。そんな人たちを僕は美しく思う。

④ちょっと言いすぎた。ちょっと格好をつけすぎた。

僕は、ただ、読書が楽しい、読書が好き、読書が趣味、それだけだ。食べるのと同じように、しないでは気が済まない、満たされない。気づきや学びや成長とかのことはよく知らない。楽しければいい。読書は楽しければ楽しいほどいい。なぜなら読書は僕にとってせねばならぬ課業ではなく、B［愉快に］生きていくために必要な、代わりのきかない、単純に大好きな、趣味だから。大好きな趣味は、もっと楽しく、うれしく、豊かに、おこなわれたい。

MEMO

大切なことはメモしておこうネ！

2021年度

解　答　と　解　説

《2021年度の配点は解答用紙集に掲載してあります。》

<数学解答>

1 (1) ① -2 ② $a+4b$ ③ $3y$
④ $12x+37$ ⑤ $3\sqrt{10}$ (2) イ
(3) $x=-4,\ x=-2$ (4) $\dfrac{\sqrt{3}}{5}$ (5) 100度
(6) 右図 (7) ア，ウ，エ (8) $\dfrac{1}{4}$

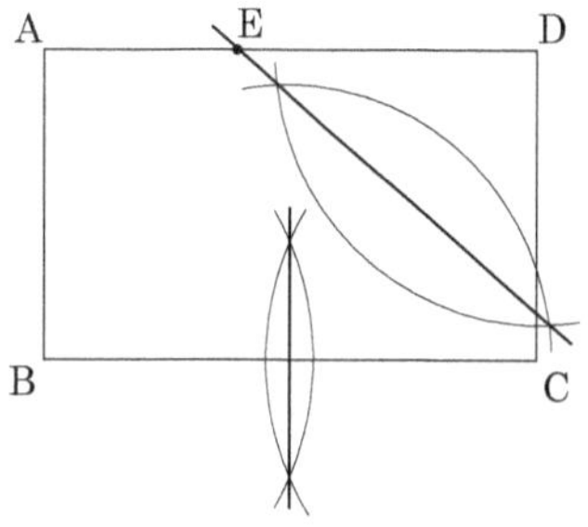

2 (1) 18 (2) 6個 (3) $-\dfrac{32}{3}$

3 (1) 解説参照 (2) $\dfrac{6}{5}$cm (3) $\dfrac{7}{15}$倍

<数学解説>

1 (数・式の計算，式の展開，平方根，不等式，二次方程式，数の大小，角度，作図，資料の散らばり・代表値，確率)

(1) ① **異符号の2数の和の符号は絶対値の大きい方の符号で，絶対値は2数の絶対値の大きい方から小さい方をひいた差**だから，$5-7=(+5)+(-7)=-(7-5)=-2$

② $2a-4b-a+8b=2a-a-4b+8b=(2-1)a+(-4+8)b=a+4b$

③ $9xy^2\div 3xy=\dfrac{9xy^2}{3xy}=\dfrac{9\times x\times y\times y}{3\times x\times y}=3y$

④ **乗法公式$(a+b)^2=a^2+2ab+b^2$**より，$(x+6)^2=x^2+2\times x\times 6+6^2=x^2+12x+36$，**乗法公式$(a+b)(a-b)=a^2-b^2$**より，$(x+1)(x-1)=x^2-1^2=x^2-1$だから，$(x+6)^2-(x+1)(x-1)=(x^2+12x+36)-(x^2-1)=x^2+12x+36-x^2+1=12x+37$

⑤ $\sqrt{40}=\sqrt{2^2\times 10}=2\sqrt{10}$だから，$\sqrt{40}+\sqrt{10}=2\sqrt{10}+\sqrt{10}=(2+1)\sqrt{10}=3\sqrt{10}$

(2) 1個x円の品物を2個買った時の代金は，x(円)$\times 2$(個)$=2x$(円)　これが，1000円より安いのだから，このときの数量の関係を表す式は$2x<1000$　或いは，$1000-2x>0$でもいい。

(3) $x^2+6x+8=0$　たして6，かけて8になる2つの数は，$4+2=6$，$4\times 2=8$より，4と2だから$x^2+6x+8=(x+4)(x+2)=0$　$x=-4,\ x=-2$

(4) $\dfrac{3}{\sqrt{5}}=\dfrac{3\times\sqrt{5}}{\sqrt{5}\times\sqrt{5}}=\dfrac{3\sqrt{5}}{5}=\dfrac{\sqrt{45}}{5}$，$\sqrt{\dfrac{3}{5}}=\dfrac{\sqrt{3}}{\sqrt{5}}=\dfrac{\sqrt{3}\times\sqrt{5}}{\sqrt{5}\times\sqrt{5}}=\dfrac{\sqrt{15}}{5}$より，$\dfrac{\sqrt{3}}{5}<\dfrac{\sqrt{15}}{5}<\dfrac{\sqrt{45}}{5}$だから，$\dfrac{\sqrt{3}}{5}<\sqrt{\dfrac{3}{5}}<\dfrac{3}{\sqrt{5}}$

(5) 線分ACとBDの交点をPとする。$\overset{\frown}{CD}$に対する**円周角**なので，$\angle PBC=\angle CBD=CAD=32°$　△PBCの内角の和は180°だから，$\angle x=180°-\angle PBC-\angle PCB=180°-32°-48°=100°$

(6) (着眼点)平面上で，図形を，1つの直線を折り目として折り返して移すことを**対称移動**といい，このとき，折り目の線を**対称の軸**という。**対称移動では，対応する点を結んだ線分は，対称の軸と垂直に交わり，その交点で2等分される**から，辺BCの中点をMとするとき，線分DMの**垂直二等分線**が折り目の線となる。　(作図手順)次の①～②の手順で作図する。　① 点B，Cをそれぞれ中心として，交わるように半径の等しい円を描き，2つの円の交点を通る直線(辺BCの

垂直二等分線)を引く。　②　辺BCと辺BCの垂直二等分線との交点をMとし，点D，Mをそれぞれ中心として，交わるように半径の等しい円を描く。2つの円の交点を通る直線(線分DMの垂直二等分線)を引き，辺ADとの交点をEとする。

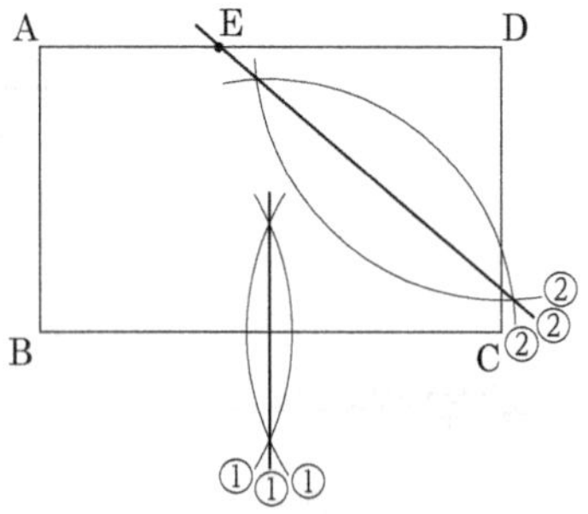

(7)　**最大値**は8冊である。アは，表から読みとることができる。**平均値**は，$(0\times2+1\times1+2\times1+3\times0+4\times1+5\times0+6\times3+7\times1+8\times1)\div10=40\div10=4$(冊)。イは，正しくない。**中央値**は資料の値を大きさの順に並べたときの中央の値。生徒の人数は10人で偶数だから，冊数の少ない方から5番目の4冊と6番目の6冊の平均値$\frac{4+6}{2}=5$(冊)が中央値。ウは，表から読みとることができる。資料の値の中で最も頻繁に現れる値が**最頻値**。3人で最も頻繁に現れる3冊が最頻値。エは，表から読みとることができる。資料の最大の値と最小の値の差が**分布の範囲**だから，10人の借りた本の冊数について，範囲は$8-0=8$(冊)である。オは，正しくない。

(8)　2つのさいころA，Bを同時に投げるとき，全ての目の出方は$6\times6=36$(通り)。このうち，出る目の数の和が4の倍数，即ち，4，8，12のいずれかになるのは，(A，B)=(1，3)，(2，2)，(2，6)，(3，1)，(3，5)，(4，4)，(5，3)，(6，2)，(6，6)の9通り。よって，求める確率は$\frac{9}{36}=\frac{1}{4}$

2 (図形と関数・グラフ)

(1)　点Aは$y=2x$上にあるから，そのy座標は$y=2\times3=6$　よって，A(3，6)　$y=\frac{a}{x}$は点Aを通るから，$6=\frac{a}{3}$　$a=6\times3=18$

(2)　関数$y=\frac{9}{x}$のグラフ上にあって，x座標，y座標がともに整数である点は全部で，$(x, y)=(-9, -1)$，$(-3, -3)$，$(-1, -9)$，$(1, 9)$，$(3, 3)$，$(9, 1)$の6個ある。

(3)　点Aからx軸へ垂線ADを引く。また，点Bを通りy軸に平行な直線と，点Cを通りx軸に平行な直線との交点をEとする。△AOD∽△BCEであり，**相似比**はOA：CB=1：3である。これより，$\mathrm{OD}=\frac{1}{3}\mathrm{CE}=\frac{1}{3}\times6=2$　点Aのx座標は2であり，$y=2x$上にあることからA(2，4)　よって，AD=4だから，BE=3AD=3×4=12　$y=\frac{a}{x}$は点Aを通るから，$4=\frac{a}{2}$　$a=4\times2=8$　点Bは$y=\frac{8}{x}$上にあるから，$\mathrm{B}\left(6, \frac{4}{3}\right)$　以上より，点Cのy座標は，(点Bのy座標)−BE=$\frac{4}{3}-12=-\frac{32}{3}$

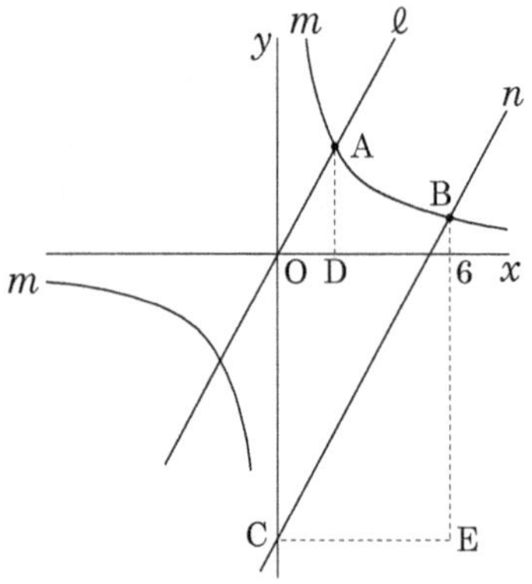

3 (平面図形，相似の証明，線分の長さ，面積比)

(1)　(証明)　(例)△AEFと△ADGにおいて　共通の角より　∠EAF=∠DAG…①　EF//DGより，**同位角**は等しいから∠AEF=∠ADG…②　①，②より2組の角がそれぞれ等しいから△AEF∽△ADG

(2)　BF//DGより，**平行線と線分の比についての定理**を用いると，AF：FG=AE：ED=1：2…①　FG：GC=BD：DC=1：1…②　①，②より，$\mathrm{AF}=\frac{1}{2}\mathrm{FG}$，FG=GC　よって，AF：FG：GC=

$\frac{1}{2}\mathrm{FG}:\mathrm{FG}:\mathrm{FG}=1:2:2$　$\mathrm{AF}=\mathrm{AC}\times\frac{\mathrm{AF}}{\mathrm{AC}}=\mathrm{AC}\times\frac{\mathrm{AF}}{\mathrm{AF}+\mathrm{FG}+\mathrm{GC}}=\mathrm{AC}\times\frac{1}{1+2+2}=6\times\frac{1}{5}=\frac{6}{5}$ (cm)

(3)　△ABCと△ADCで，高さが等しい三角形の面積比は，底辺の長さの比に等しいから，△ABC：△ADC＝BC：DC＝2：1　$\triangle\mathrm{ADC}=\frac{1}{2}\triangle\mathrm{ABC}$…①　同様にして，△ADC：△AEC＝AD：AE＝(AE＋ED)：AE＝(1＋2)：1＝3：1　$\triangle\mathrm{AEC}=\frac{1}{3}\triangle\mathrm{ADC}$…②　△AEC：△AEF＝AC：AF＝(AF＋FG＋GC)：AF＝(1＋2＋2)：1＝5：1　$\triangle\mathrm{AEF}=\frac{1}{5}\triangle\mathrm{AEC}$…③　①，②，③より，$\triangle\mathrm{AEF}=\frac{1}{5}\triangle\mathrm{AEC}=\frac{1}{5}\times\frac{1}{3}\triangle\mathrm{ADC}=\frac{1}{5}\times\frac{1}{3}\times\frac{1}{2}\triangle\mathrm{ABC}=\frac{1}{30}\triangle\mathrm{ABC}$…④　①，④より，(四角形EDCFの面積)$=\triangle\mathrm{ADC}-\triangle\mathrm{AEF}=\frac{1}{2}\triangle\mathrm{ABC}-\frac{1}{30}\triangle\mathrm{ABC}=\frac{7}{15}\triangle\mathrm{ABC}$

＜英語解答＞

1　(1)　①　エ　②　エ　③　イ　(2)　①　エ　②　イ

2　(1)　ア　(2)　ウ

3　(1)　A　number　B　date　C　twice　(2)　(a)　No, he did not.
(b)　Four kinds of them.　(3)　ア　(4)　ア，オ

4　(1)　ウ　(2)　(例)You can cook yakitori on “Japan Day”.　It is popular among people who visit Japan.

＜英語解説＞

1　(リスニング)

放送台本の和訳は，20ページに掲載。

2　(会話文：絵・図・表・グラフなどを用いた問題，内容真偽，語句補充・選択，不定詞，助動詞，比較)

(全訳)　*Mika と Emma は高校生です。Emma は2週間前にフランスから日本へ来ました，そして彼女は Mika の学校へ行っています。彼女たちは，Mika の部屋で話をしています。*

Mika：　アイスクリームを食べよう。2種類あるよ。

Emma：　美味しそう！

Mika：　*じゃんけん*をして，誰が最初に選ぶか決めようよ。*じゃんけん*は知っている？　英語では rock-paper-scissors ね。

Emma：　ああ，うん。知っているよ。

Mika：　いいね。じゃんけんぽん。

Emma：　私の勝ち！

Mika：　待って，待って！　あいこだよ，Emma 。二人とも石を選んだから。

Emma：　ごめんなさい，Mika。これは井戸ね。井戸は石とはさみを打ち負かす。なぜなら，それらは井戸に沈むから。

Mika：　井戸？　それは石のように見える，けれども，日本ではジャンケンをする時に，井戸は使わないよ。

Emma：私の国では，じゃんけんをする時に，四つの形を時々使うの。石，葉，はさみと井戸。井戸は石のように見えるけれども，石とは違う。拳に空間を作るの。

Mika：分かった。それで，どんな形が井戸を打ち負かすことができるの？

Emma　葉は井戸を打ち負かすの。なぜなら，葉は井戸を覆うことができるから。

Mika：あなたたちは，紙の代わりに葉を使うのね。だから，ハサミは葉を打ち負かすのでしょう？

Emma：その通り。

Mika：おもしろいね。ちょっと待って，Emma。もし葉か井戸を選ぶなら，より勝つ機会があるのでしょう？

Emma：あなたはなんて賢いの，Mika。さあ，日本のやり方でじゃんけんをしましょう！

(1)　じゃんけんは，対話文の第7番目Emma の発話第3文 Both of us～で，「ふたりとも石を出した」と言っている。しかし，第8番目のEmma の発話第2文 This is a～では，Emma は石ではなく，「井戸」を出した。井戸の説明は，対話文第10番目 Emma の発話第3文 A well looks～と第4文 We make space～に「石とは違って，こぶしに空間を作る」とあることから，アが適当。選択肢の写真では，Emma が出している拳の形に注意。

(2)　ア　あなたは負け続けるかもしれない。　イ　私たちは勝者を決めることができない。　ウ　あなたはより勝つ機会がある。(○)　エ　勝つために石を選ぶべきだ。　空欄の前の対話では，「Emma の国のじゃんけんでは，どの組み合わせでどちらが勝つか」について話をしている。また，空欄の前の「もし葉か井戸を選ぶなら」を合わせて考えると，ウが適当。ウの to win は chance を説明する不定詞で「勝つための」という形容詞のはたらきをする。

3　(長文読解：メモ・手紙・要約文などを用いた問題，語句補充・選択，英問英答，内容真偽，語句の解釈・指示語，現在・過去・未来と進行形，関係代名詞，動名詞，受け身，名詞・冠詞・代名詞，形容詞・副詞)

(全訳)　夏という言葉を聞いた時，あなたは何を想像しますか？　何人かは花火，海などを考えるかもしれません。セミの合唱は，それらの一つかもしれません。多くの人々は，セミは約7年の間地中で生活して，ほんの7日間ほど地上で生活できると信じているかもしれません。あなたはこれが真実だと考えますか？

岡山のある高校生が，セミの寿命について研究しました。彼が小学生だったとき，セミに興味を持ちました。彼は毎夏にセミを捕りました。当時，セミが地上で7日よりも長く生きることができるかもしれないと，気が付く科学者がいました。彼もまた，7日よりも長く生きる多くのセミがいると信じていました。彼が高校生だった時，セミが地上でどれぐらい長く生きることができるかを知るために研究を始めました。

彼の研究方法は，とても独特なものでした。ある夏，彼がセミの合唱をきいた時，彼は家の周りでセミを捕まえ始めました。彼はセミを取った後，セミの羽に数字を書きました。それから彼は日付と数字を彼のノートに書いて，セミを放しました。 彼は毎日セミを捕まえては放し続けました。彼がセミを捕り続けているとき，たまたま羽に番号のあるセミを捕まえました。それらのセミは，彼によってその夏にすでに捕らえられたものでした。彼はそのようなセミを捕まえた時，羽に別の番号を書き，ノートに番号と日付を書いて，ふたたびセミを放しました。セミを捕まえて放し，そして彼のノートの日付と比べることで，地上でセミがどれぐらい長く生きることができるかを，彼は発見することができました。

その夏，彼は羽に番号のある15匹のセミを捕まえました。それらのセミは，彼により2回捕らえられたものでした。さらに羽に異なった二つの番号がある 4 匹のセミを捕まえました。それらセミは，彼により 3 回捕らえられたものでした。彼は合計で 860 匹ほどのセミを捕まえました。彼は家の周りの 4 種類のセミを研究しました。4 種類ともに 7 日よりも長く生きたことを，彼は発見しました。これに加えて，32日間生きた一匹のセミを見つけました。

彼は一つの疑問から，セミに関する研究を始めました，そして，疑問に対する答えを得るための努力を続けました。彼は懸命に研究して，そして新たなことを発見しました。偉大な研究のすべては，単純なひとつの疑問で始まったのかもしれません。疑問に対する答えを見つける私たちの努力は，新たなことを学ぶ大きな機会を，私たちに与えてくれるでしょう。

(1)　(問題文と正答訳)高校生がセミを捕まえた時，彼はセミの羽に$_{A}$番号を書いた。彼はまた，彼のノートに$_{A}$番号と$_{B}$日付を書いた，そして，セミを放した。彼は時々，羽の上に$_{A}$番号があるセミを捕まえた。そのようなセミは，彼によって$_{C}$2度捕まえられたものだ。彼のノートの二つの日付を比べることで，彼はセミの寿命を研究した。　A　問題本文第3段落第3文 After he caught～に「羽に番号を書いた」とあるので，空欄Aは number(番号)が適当。　B　問題本文第3段落第4文 Then, he wrote～では，「彼のノートに番号と日付を書いた」とあるので，空欄Bは date(日付)が適当。　C　問題本文第4段落第2文 Those cicadas were～は，「すでに羽に番号のあるセミは，彼によって二回捕まったもの」という意味なので，空欄Cは twice(二度，二回)が適当。問題文の最後の文 By comparing the～の comparing は，compare(比較する)の**動名詞**で「比較すること」。

(2)　(a)　(問題文と正答訳)生徒は，何人かの研究者とセミの研究をしましたか？　いいえ，しませんでした。　問いの文は Did the student～で始まっているので，答えは yes/no の文とする。問題文には，「高校生が他の人と一緒にセミを研究した」とは書いていないので，答えは No～として解答文を作る。　(b)　(問題文と正答訳)：生徒は何種類のセミを研究しましたか？　セミのうちの四種類。　問題本文第4段落第6文 He researched four～に，「四種類のセミを研究した」とあるので Four kind of them が適当。数(かず)が文の先頭になる場合，普通は数字 ”4” を使わずに Four と英単語で書く。

(3)　ア 「セミは地上でどれぐらい長く生きることができるのか？」(○)　イ 「一回の夏で，私は何匹のセミを捕らえることができるのか？」　ウ 「セミは，私の家からどれぐらい遠くまで飛ぶことができるのか？」　エ 「セミはお互いにどのように意思疎通をしているのか？」　下線部の文 He started his～は，「セミに関する一つの疑問から研究が始まった」とある。この疑問とは，問題本文第2段落の最後文 When he was～の「彼が高校生だった時，セミが地上でどれぐらい長く生きることができるかを知るために研究を始めた」なので，アが適当。

(4)　ア　生徒はとても独特な方法でセミを研究した。(○)　イ　生徒は多くのセミを捕まえ，そして彼の家でセミの世話をした。　ウ　生徒は彼の研究を通して，彼の家の周りで新たな種類のセミを見つけた。　エ　生徒は彼が捕まえたすべてのセミが，7日間より長く生きたことを発見した。　オ　生徒は疑問を持ち，そしてその答えを探すことで，新たなことを学んだ。(○)　問題本文第3段落最初の文 His research method～には，「彼の研究方法は，とても独特なものだった」とあることからアが適当。また，問題本文第5段落最初の文 He started his～と次の文 He researched cicadas～には，「彼は一つの疑問から，セミに関する研究を始め，答えを得るため努力を続けた。そして，新たなことを発見した」とあるので，オが適当。エの文のall cicadas he caught のcicadas と he の間には，**関係代名詞** which が省略されている。

4 (読解問題：内容真偽，自由・条件付き英作文，関係代名詞，比較，現在・過去・未来と進行形)

(全訳) 私の町では，もうすぐ「日本の日」があります。この日，多くの人々が，日本の文化を楽しみます。このイベントは毎年開催され，そして今回が5回目の「日本の日」です。私の高校の生徒たちは，ボランティアとしてそれに参加します。今年，私の日本語のクラスのクラスメイトと私は，訪問者のために日本食を作ろうと計画しています。「日本の日」で私たちが作ることができる一番いい日本食は何ですか？

(1) 問題本文では，「『日本の日』は毎年開催されて，日本の文化を楽しむ。今年の日本の日で何か日本食を作りたい」という内容なので，選択肢ウが適当。

(2) (問題文訳)E メールを送ってくれて，ありがとう。私はあなたの質問に答えます。
(解答例訳)「日本の日」では，やきとりを作ることができます。日本を訪問する人々の間では，とても人気があります。　解答例の who～は関係代名詞で，直前の people を説明している。

2021年度英語　聞き取り検査

〔放送台本〕

これから，英語の聞き取り検査を行います。放送中に問題用紙の空いているところに，メモを取ってもかまいません。それでは，問題用紙の1を見なさい。1には，(1)，(2)の2つの問題があります。

まず(1)を見なさい。(1)では，①～③の3つの会話を行います。それぞれの会話の後で会話の内容について質問を1つずつします。質問に対する答えとして最も適切なものを，それぞれ問題用紙のア～エのうちから1つずつ選び，その記号を書きなさい。なお，会話と質問はそれぞれ1回ずつ行います。それでは，始めます。

① *Boy:* Look at this pictue.
Girl: So cute. Are those your pets.?
Boy: Yes.
質問 Which picture are they looking at ?

② *Clerk:* May I help you?
Man: Yes. Can I have a sandwich and a cup of soup?
Clerk: Sure. Do you want anything else?
Man: Let's see. I'll have a salad, too.
質問 What is the man going to have?

③ *Tom:* I got a new video game. Can you come to my house and play it together today, Lisa?
Lisa: Sounds good... but sorry, I can't. I'm going to practice the piano.
Tom: OK. How about tomorrow?
Lisa: I will clean my room tomorrow morning. So, I can visit your house after lunch.
質問 What is Lisa going to do today?

〔英文の訳〕

① 男の子：この写真を見て。

女の子：とてもかわいいね。これはあなたのペットなの？
男の子：そうだよ。
(質問) 彼らはどの写真を見ていますか？
(解答) エが適当。

② 店員：いらっしゃいませ。
男性：はい。ひとつのサンドイッチと，一杯のスープをもらえますか？
店員：わかりました。他に何か欲しいものはありますか？
男性：ええと。サラダもください。
(質問) 男性は何を食べるつもりですか？
(解答) エが適当。

③ Tom： 新しいテレビゲームを買ったんだ。今日，ぼくの家に来てゲームを一緒にやらない，Lisa？
Lisa： いいね...けれども，ごめんなさい，できないの。ピアノの練習があるから。
Tom： わかった。明日はどう？
Lisa： 明日の朝，自分の部屋を掃除する予定。だから，昼食の後，あなたの家に行くことができる。
(質問) 今日，Lisa は何をしますか？
(解答) イが適当。

〔放送台本〕

次に，(2)に移ります。(2)では，2学期最後の英語の授業で，担当の先生がクラスの生徒に話している英語が2回流れます。その後で，その内容について2つ質問をします。質問に対する答えとして最も適切なものを，それぞれ問題用紙のア～エのうちから1つずつ選び，その記号を書きなさい。それでは，始めます。

After the winter vacation, you are going to make a short English speech in front of your classmates about something you want to try next year. So, please get ready for your speech during the winter vacation. I will tell you about important things for your speech.

In your speech, you need to tell us why you want to try it. So, please think of a reason. Then, write your speech in your notebook. Please bring it to the first class in January. I will check your speeches and give you some advice.

Now, I will show you an example of a speech. Please listen.

Hello, everyone. I will try cooking this year. I want to make my family happy with the dishes I cook. So, l will ask my friend to teach me how to cook. Thank you.

Please make a speech like this. You are going to make a speech in front of your classmates in the second class in January. I'm looking forward to listening to your speeches.

それでは，質問をそれぞれ2回ずつ行います。

質問① What is the teacher talking about？

質問② When are the students going to make their speeches in front of their classmates?

これで，英語の聞き取り検査の放送を終わります。

〔英文の訳〕

(2)冬休みの後，みなさんは，来年挑戦してみたいことについて，クラスメイトの前で短い英語のスピーチをします。だから，冬休みの間に，スピーチの準備をしてください。みなさんのスピーチについて，大切なことについてお話しします。

スピーチでは，なぜそれに挑戦してみたいのかを，私たちに話す必要があります。だから，理由について考えてください。それから，ノートにスピーチを書きます。それを 1 月の最初の授業に持ってきてください。私はみなさんのスピーチを確認して，何かアドバイスをします。

では，スピーチの例を示します。聞いてください。

皆さん，こんにちは。今年，私は料理に挑戦しようと思います。私が作った料理で，家族を喜ばせたいのです。だから，私は友達に料理のやり方を教えてくれるように頼むつもりです。ありがとう。

このようにスピーチを作ってください。みなさんは，1 月の 2 回目の授業で，クラスメイトの前でスピーチをすることになります。私はみなさんのスピーチを聞くことを，楽しみにしています。

質問①　先生は何について話をしていますか？

　ア　彼女が作った料理。　　イ　昨年彼女がしたスピーチ。

　ウ　冬休みの思い出。　　エ　冬休みの間の宿題。(○)

質問②　生徒たちはいつクラスメイトの前でスピーチをしますか？

　ア　1月の最初の授業で。　　イ　1月の2回目の授業で。(○)

　ウ　休みの間に。　　エ　料理の授業で

＜国語解答＞

一　(一)　A　閉　　B　ゆかい　　(二)　イ　　(三)　エ　　(四)　ウ　　(五)　(例)　読書を，何かを求めて行うもののように述べてきたが，実際の自分はただ趣味として行っているだけだから。　　(六)　旅　　(七)　ア　　(八)　(例)読書を楽しんでいる人の姿

二　(一)　もよおし　　(二)　果て　　(三)　冬　　(四)　イ

三　(一)　エ　　(二)　ウ　　(三)　(例)一億という数を，Bは音声で伝えているが，Aは活字とともに，たくさんのおむすびの絵で表しているので，多くの食品が捨てられていることがより伝わりやすいと思った。

＜国語解説＞

一　(随筆—内容吟味，文脈把握，漢字の読み書き，語句の意味，表現技法・形式，書写)

(一)　A 「閉」のもんがまえの中は「才」。　B 「愉快」は，ともにりっしんべん。「愉快に」は形容動詞「愉快だ」の連用形。

(二)　傍線①「すべ」は，方法・手段の古い言い方。策・方策が類義語。

(三)　傍線②「自分と本しかそこには存在しない」から，(本を読み進めるか途中でやめてしまうかといった)すべての判断が自分に委ねられるのである。したがって，傍線②は前文の理由を示している。

(四)　文字が，傍線③「いたずらにすいすいと滑」るとき，「文字が全く意味をなさな」い状態で

あると書かれているので，**すいすいと滞ることなく，しかし無駄に目が文字を追いかけている**ことが読み取れる。

(五)　傍線④の直後で告白したように，**筆者は読書をただ楽しくて趣味としておこなっているだけ**なのに，「ほんのちょっとだけでも……そんなものだけを頼りにして進んでいく」の段落で，**筆者は読書を未知なる世界を知るためやより良い人生のためにするものだ**と述べてしまったので，格好つけて言い過ぎたと反省したのだ。

(六)　本の世界を進んでいく際，「頼りになるのは自分しかいない」と述べた内容を，比喩で「旅をともにしてくれる仲間はいない」と表現しているところから，読書を旅に例えている。

(七)　全体的に短文が多く，リズミカルに筆者の主張が展開されていく。イは「漢語を用いて」，ウは「他者の論を引用」，エは「問いかける表現」といった記述が不適切。

(八)　**字間をそろえ，行の中心をそろえる**。ひらがなは漢字より**少し小さめ**に書く。全体の文字のバランスを考えることが大切である。

二　(古文—主題・表題，内容吟味，文脈把握，仮名遣い)

【現代語訳】　春が終わった後に，夏になり，夏が終わって，秋が来るのではない。春はそのまま夏の気配を感じさせ，夏の間からすでに秋はやって来ていて，秋になるとたちまち寒くなって，十月のころには小春日和になって，草も青くなり，梅の木もつぼみをつけてしまう。

(一)　語中の「は・ひ・ふ・へ・ほ」は，現代仮名遣いでは「ワ・イ・ウ・エ・オ」になる。

(二)　春の季節が終わることを「暮れ」るとしているから，夏が終わることを表現した「果て」るも同義だとわかる。

(三)　古典の十月の季節は冬である。春は一～三月，夏は四～六月，秋は七～九月，冬は十～十二月。

(四)　本文で筆者は，季節が**次にやってくるであろう季節の気配を含むもの**であることを述べている。

三　(会話・議論・発表—作文，表現技法・形式，品詞・用法)

(一)　傍線①「食べられる」の助動詞「られる」は，可能の意味。選択肢の助動詞はそれぞれ，アが受身，イは「案ずる」という心情語を伴うので自発，ウはお客様に対する敬意を表すので尊敬，エは可能。

(二)　傍線②の文だけが，**体言止め**で，読み手の注意を引くことができている。イに「直喩」とあるが，廃棄食品をおむすびに換算したのは比喩ではないので注意したい。

(三)　AもBも“一日におむすび一億個に値する食品廃棄がでること”を伝えている。Aは紙面なので絵を添えていて，**数多くのおむすびが転がり落ちる絵によって多くの食品が捨てられていることがよく伝わってくる**。一方Bは**音声なので耳には入るが気に留められにくい**ようである。この違いを指摘して，自分の考えを指定字数でまとめよう。

MEMO

大切なことはメモしておこうネ！

奈良県公立高等学校(一般選抜)

2021年度

★★★★★★★★★★★★★★★★★★★★★★★

入　試　問　題

2021
年
度

●くわしい解説……35ページ

2021年 奈良県公立高校入試 出題範囲縮小内容

令和2年5月13日付け2文科初第241号「中学校等の臨時休業の実施等を踏まえた令和3年度高等学校入学者選抜等における配慮事項について（通知）」を踏まえ，出題範囲について以下通りの配慮があった。

○各教科の出題範囲から除く中学校学習指導要領の内容

数学	【特色選抜】 ・三平方の定理 ・標本調査 【一般選抜】 ・標本調査
理科	○第1分野 ・科学技術と人間 ○第2分野 ・自然と人間
社会	○公民的分野 ・私たちと国際社会の諸課題

＜数学＞　時間　50分　満点　50点

1　次の各問いに答えよ。

(1)　次の①～④を計算せよ。

①　$-2-5$　　②　$-3^2\times 9$

③　$8a^2b\div(-2ab)^2\times 6ab$　　④　$(x+7)(x-4)-(x-4)^2$

(2)　連立方程式 $\begin{cases}3x+4y=1\\2x-y=-3\end{cases}$ を解け。

(3)　2次方程式 $x^2-3x+1=0$ を解け。

(4)　$\sqrt{15}$ の小数部分を a とするとき，a^2+6a の値を求めよ。

(5)　右の表は，A中学校とB中学校の3年生全生徒を対象に，1日当たりの睡眠時間を調査し，その結果を度数分布表にまとめたものである。この表から読み取ることができることがらとして適切なものを，次の**ア**～**エ**からすべて選び，その記号を書け。

ア　5時間以上6時間未満の階級の相対度数は，A中学校の方が大きい。

イ　睡眠時間が8時間以上の生徒の人数は，A中学校の方が多い。

ウ　睡眠時間の最頻値（モード）は，B中学校の方が大きい。

エ　B中学校の半数以上の生徒が，7時間未満の睡眠時間である。

階級(時間)	度数(人)	
	A中学校	B中学校
以上　未満 4 ～ 5	1	7
5 ～ 6	5	5
6 ～ 7	7	25
7 ～ 8	12	31
8 ～ 9	4	3
9 ～ 10	1	2
計	30	73

(6)　図1は，立方体の展開図である。この展開図を組み立ててできる立体において，頂点Pと頂点A，B，C，Dをそれぞれ結ぶ線分のうち，最も長いものはどれか。次の**ア**～**エ**から1つ選び，その記号を書け。

ア　線分PA

イ　線分PB

ウ　線分PC

エ　線分PD

図1

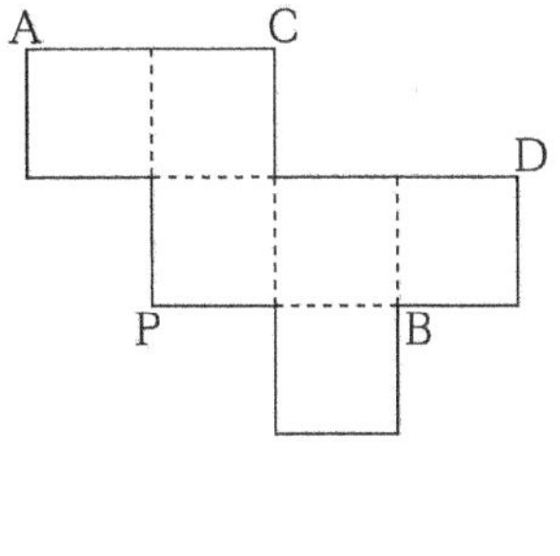

(7)　図2（次のページ）のように，3点A，B，Cがある。あとの条件①，②を満たす点Pを，

定規とコンパスを使って解答欄の枠内に作図せよ。なお，作図に使った線は消さずに残しておくこと。

［条件］
① 点Pは，線分ＢＣ上にある。
② ∠ＢＡＰ＝30°である。

図２

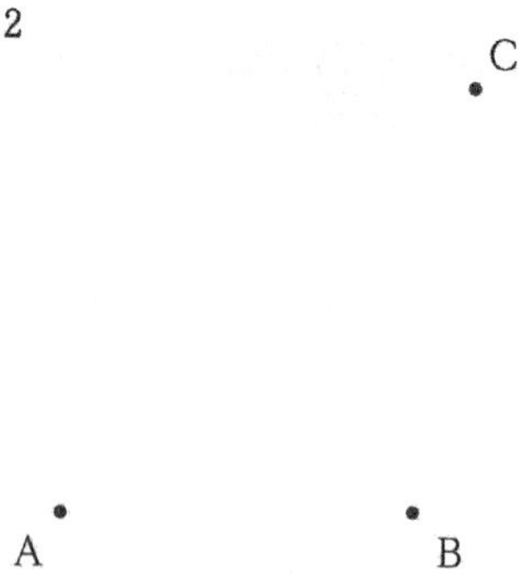

(8) 連続する４つの整数のうち，１つの数を除いた３つの整数の和は2021である。①，②の問いに答えよ。

① 連続する４つの整数のうち，最も小さい数を a とするとき，最も大きい数を a を用いて表せ。

② 除いた数を求めよ。

２ 花子さんと太郎さんは，ある博物館で入館料の割引キャンペーンが行われることを知り，それぞれ何人かのグループで訪れる計画を立てている。次の□内は，博物館の入館料と，花子さんと太郎さんのそれぞれの計画をまとめたものである。各問いに答えよ。

【博物館の入館料】

◆通常料金
大人　500円　　子ども（中学生以下）　200円

◆特別割引（開館10周年記念）
・期日　７月17日（土）～７月18日（日）
・内容　大人１人につき，同伴している子ども１人の入館料が無料。
※入館する子どもには，記念品が必ずプレゼントされる。

◆月末割引
・期日　７月30日（金）～７月31日（土）
・内容　入館者全員，入館料50円引き。

【訪れる計画】

	訪れる日	グループの人数構成
花子	7月17日（土）	大人２人，子ども３人
太郎	7月31日（土）	大人３人，子ども５人

(1) 次のページの□内は，グループの入館料の合計金額に関する花子さんと太郎さんの会話である。この会話を読んで，①～③の問いに答えよ。

花子：私のグループの場合，入館料の合計金額は [あ] 円だね。
太郎：私のグループの場合，月末割引の日に訪れる予定だから，特別割引の日に訪れるよりも入館料の合計金額は [い] 円高くなるよ。
花子：私のグループが月末割引の日に訪れるとしても，入館料の合計金額は，特別割引の日に訪れるより高くなるよ。
太郎：特別割引の日より，月末割引の日に訪れる方が，グループの入館料の合計金額が安くなることはあるのかな。
花子：大人 x 人，子ども y 人のグループで訪れるとして，入館料の合計金額を式に表して考えてみようよ。

① [あ]，[い] に当てはまる数を書け。

② 2人は，特別割引について考えている中で，x と y の大小関係により，グループの入館料の合計金額を表す式が異なることに気づいた。$x < y$ であるとき，特別割引の日に訪れる場合のグループの入館料の合計金額を x，y を用いて表せ。

③ 2人は，グループの入館料の合計金額について，次の □ 内のようにまとめた。[う] に当てはまる数を書け。また，(X)，(Y) に当てはまる語句の組み合わせを，後の**ア**～**エ**から1つ選び，その記号を書け。

> 大人の人数より子どもの人数の方が多い場合，2種類の割引でグループの入館料の合計金額が等しくなるのは，子どもの人数が大人の人数の [う] 倍のときである。このときより，大人の人数が1人（ X ）か，子どもの人数が1人（ Y ）と，特別割引の日より，月末割引の日に訪れる方が，グループの入館料の合計金額が安くなる。

ア　X　増える　　Y　増える　　　**イ**　X　増える　　Y　減る
ウ　X　減る　　Y　増える　　　**エ**　X　減る　　Y　減る

(2) 特別割引の日に入館する子どもには，スクラッチカードが配られ，記念品として「クリアファイル」か「ポストカード」のいずれかが必ずプレゼントされる。次の □ 内は，スクラッチカードとその説明である。花子さんのグループの子ども3人のうち，少なくとも1人は「クリアファイル」がプレゼントされる確率を求めよ。

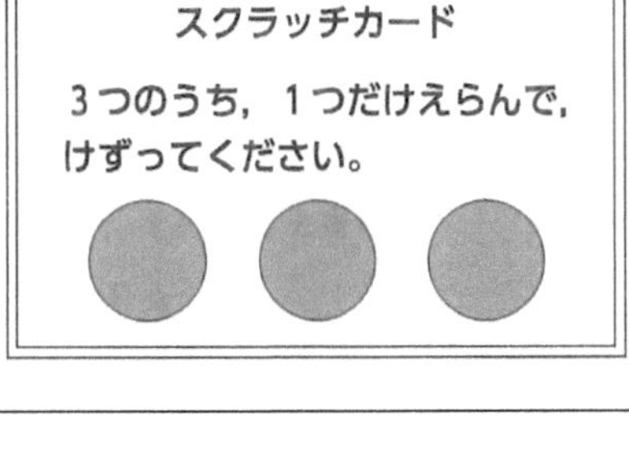

3つの●には，Aの記号が1つ，Bの記号が2つ隠されています。●を1つだけ削り，Aが出れば「クリアファイル」，Bが出れば「ポストカード」がプレゼントされます。ただし，記号の並び方はカードごとにばらばらです。

3　右の図のように，関数 $y = ax^2$（$a > 0$）のグラフ上に，２点Ａ，Ｂがあり，その x 座標はそれぞれ－１，２である。原点をＯとして，各問いに答えよ。

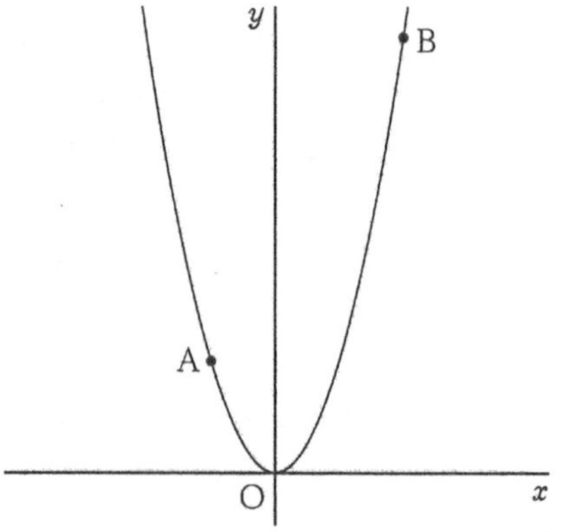

(1)　a の値が大きくなると，次の①，②はどのように変化するか。正しいものを，それぞれア～ウから１つずつ選び，その記号を書け。

①　グラフの開き方

ア　大きくなる　　**イ**　小さくなる

ウ　変わらない

②　線分ＡＢの長さ

ア　長くなる　　**イ**　短くなる　　**ウ**　変わらない

(2)　x の変域が $-1 \leqq x \leqq 2$ のとき，y の変域が $0 \leqq y \leqq 2$ となる。このときの a の値を求めよ。

(3)　$a = 2$ のとき，①，②の問いに答えよ。

①　直線ＡＢの式を求めよ。

②　線分ＯＡ上に点Ｃをとり，直線ＢＣと y 軸との交点をＤとする。また，直線ＡＢと y 軸との交点をＥとする。△ＢＥＤの面積と△ＯＤＣの面積が等しくなるとき，点Ｃの x 座標を求めよ。

4　右の図のように，線分ＡＢを直径とする円Ｏの周上に点Ｃがあり，ＡＢ＝５㎝，ＡＣ＝３㎝である。線分ＡＢ上に点Ｄをとり，直線ＣＤと円Ｏとの交点のうち点Ｃ以外の点をＥとする。ただし，点Ｄは，点Ａ，Ｂと一致しないものとする。各問いに答えよ。

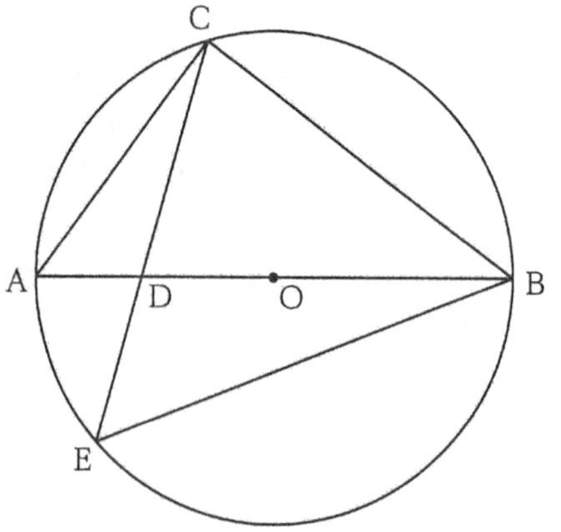

(1)　△ＡＣＤ∽△ＥＢＤを証明せよ。

(2)　∠ＢＡＣ＝a°とする。ＢＣ＝ＣＥのとき，∠ＯＣＤの大きさを a を用いて表せ。

(3)　∠ＡＯＥ＝60°のとき，線分ＤＥの長さは線分ＡＤの長さの何倍か。

(4)　ＡＣ＝ＣＤのとき，△ＯＥＢの面積を求めよ。

＜英語＞

時間　50分　　満点　50点

1　放送を聞いて，各問いに答えよ。

⑴　①，②の英語の内容に合うものを，それぞれア～エから１つずつ選び，その記号を書け。なお，英語はそれぞれ１回ずつ流れる。

①

ア

イ
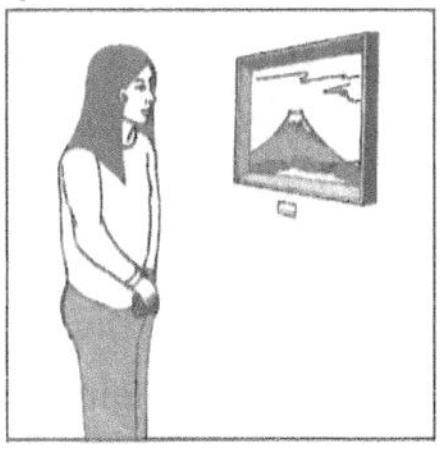

ウ

エ

②

ア

イ

ウ

エ
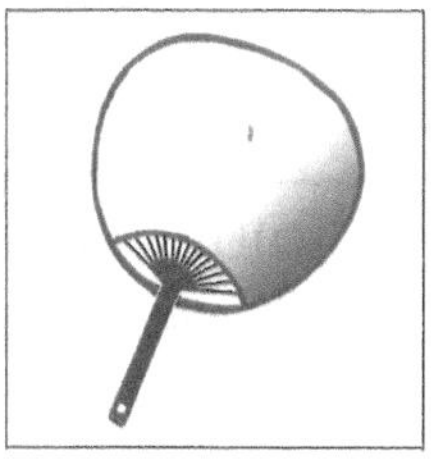

⑵　①，②のそれぞれの会話の最後の部分に入る英語として最も適切なものを，それぞれア～エから１つずつ選び，その記号を書け。なお，会話はそれぞれ１回ずつ行う。

①　**ア**　I don’t know your name.　　**イ**　Yukiko is my friend.
　　ウ　I am from Japan.　　**エ**　Suzuki, I’m Suzuki Yukiko.

②　**ア**　It will start at 11 o’clock.　　**イ**　It was exciting.
　　ウ　I haven’t watched it.　　**エ**　I am good, thank you.

⑶　会話の内容についての質問に対する答えとして最も適切なものを，後のア～エから１つ選び，その記号を書け。なお，会話と質問はそれぞれ２回ずつ行う。

ア　The 1st, 4th and 6th floors.
イ　The 1st, 5th and 7th floors.
ウ　The 1st, 2nd, 5th and 6th floors.
エ　The 1st, 4th, 6th and 7th floors.

ABCデパート	
7F	レストラン
6F	書籍　文房具
5F	子ども服　家庭用品
4F	紳士服　スポーツ用品
3F	婦人服
2F	バッグ　アクセサリー
1F	化粧品　靴

(4) 聞き取った英語の内容と合っているものを，次のア～カから２つ選び，その記号を書け。なお，英語は２回流れる。

ア People can enjoy a big festival and many kinds of food in Mika's town in spring.

イ Many people visit Mika's town in summer to buy beautiful flowers.

ウ Some old houses in Mika's town were built more than 200 years ago.

エ The library in Mika's town is old, so a new library will be built next year.

オ Students in Mika's town study about the library in their town.

カ Mika wants to make a website about her town in the future.

2 次の英文を読んで，各問いに答えよ。

The Popular Job Ranking in Aoba Junior High School	
1	sports player
2	video blogger
3	game creator
4	ア
5	nurse
6	イ
7	vet
8	doctor
9	ウ
10	cook

Ichiro: What do you want to be in the future, Emily?

Emily: I want to teach Japanese in my country. I want to help students who are interested in Japan like me. How about you, Ichiro?

Ichiro: I want to be a nurse. I want to support many people who have health problems. Look at this. This is the popular job ranking among the third grade students at our school. A sports player is the most popular job among the students. A nurse is in the fifth place.

Emily: Interesting ranking! Oh, a teacher is not as popular as a nurse, but it is more popular than a doctor. In the US, a teacher and a doctor are very popular jobs.

Ichiro: Interesting. Do you think popular jobs among students will change in the future?

Emily: Yes. A video blogger is a very popular job now, but I've heard that we didn't have such a job ten years ago. Society is changing so quickly.

Ichiro: You're right. We will see more AI technologies around us soon, and they can work for us and change our life. Actually, we can use translator applications when people speaking different languages communicate with each other. A lot of new technologies will be developed in the future. They can make our life better.

Emily: Is it necessary for us to learn foreign languages to communicate with each other?

Ichiro: Now, I can communicate with you because I have studied English for several years. I am very glad we can understand each other through conversation in English. Translator applications will be a great help when we communicate, but still [　　　] to understand people from different cultures.

（注）ranking：ランキング　video blogger：動画投稿者　game creator：ゲームクリエイター
place：順位　society：社会　AI：人工知能（artificial intelligence）　technology：技術
translator application：翻訳のアプリケーションソフト　develop：開発する
conversation：会話　still：それでも

(1) 会話の内容から判断して，“teacher” は，表中の [ア] ～ [ウ] のどこに入るか。１つ選び，その記号を書け。

(2) 文脈に合うように，[　] に入る最も適切な英語を，次のア～エから１つ選び，その記号を書け。

ア I will continue to study foreign languages
イ I will change popular job ranking
ウ I will give up becoming a sports player
エ I will support people who have health problems

(3) あなたが外国語でコミュニケーションをする際に，大切にしたいことは何か。あなたの考えを15語程度の英語で書け。ただし，１文または２文で書き，コンマやピリオドは語数に含めないこと。

[3] 次のページの [　] 内は，まほろば市が作成したイングリッシュキャンプ参加者募集のポスターの一部である。各問いに答えよ。

(1) このキャンプの参加条件に合うのはどの生徒か。次のア～エから１つ選び，その記号を書け。

ア A student who joins the camp with parents.
イ A student who joined the camp last year.
ウ A student who lives in Mahoroba City and is 13 years old.
エ A student who lives in Sento City and is 15 years old.

(2) 次の①，②の問いに対する答えとして最も適切なものを，それぞれ後のア～エから１つずつ選び，その記号を書け。

① Where will the participants meet at 1 p.m. on July 31?

ア At Mahoroba River Park.　　　イ At Mahoroba Station.
ウ At Mahoroba Junior High School.　　エ At Mahoroba City Hall.

② Which is true about the camp?

ア The participants need to speak English well to join the camp.
イ The participants can learn foreign cultures from ALTs on the morning of DAY 1.
ウ If students want to join the camp, they must visit Mahoroba City Hall by June 30.
エ If it is rainy, the activities for the camp will be changed.

Mahoroba City ENGLISH CAMP 2021

Let's enjoy speaking English and have fun with ALTs in Mahoroba City!

Place　Mahoroba River Park

Date　July 31 (Saturday) - August 1 (Sunday)

[* The participants will meet at Mahoroba Station at 1 p.m. on July 31.]

Who Can Join　Students who live in Mahoroba City (9 - 15 years old)

* Students who have not joined this camp before can apply.
* Parents cannot join this camp.
* The meeting before the camp will be held at Mahoroba City Hall at 10 a.m. on July 24. The participants must join it. Parents can join the meeting, too.
* Don't worry about your English skills. ALTs will help you.

Cost　¥3,000

How to Apply　Please visit the website: http://www.mhrbcityenglishcamp.jp

[* You need to apply on the website by June 30.]

PROGRAM　*Some of the activities will be changed if it rains.

DAY 1 (7/31)	Afternoon	★Self-introduction ★Playing games
	Evening	★Cooking (Let's make pizza!) ★Campfire (Let's sing English songs!)
DAY 2 (8/1)	Morning	★Walking in the park ★Learning cultures (ALTs will talk about their countries.)

（注） camp：キャンプ　participant：参加者　apply：申し込む　city hall：市役所　cost：費用
self-introduction：自己紹介　campfire：キャンプファイヤー

4 次の英文を読んで，各問いに答えよ。

マチュピチュ
(Machu Picchu)

野内　与吉
(Nouchi Yokichi)

Otama Village is a beautiful village in Fukushima Prefecture. It is the first friendship city of Machu Picchu Village in Peru. Machu Picchu Village is famous for its World Heritage Site, and many people visit it every year. Why has Otama Village become a friendship city of Machu Picchu Village?

One Japanese man linked the two villages. His name was Nouchi Yokichi. He was born in 1895 in Otama Village. His parents were farmers, and he had many brothers and sisters. When he was 21 years old, he decided to go to Peru as an immigrant though his parents did not want him to go. He wanted to succeed in a foreign country. He left Japan alone in

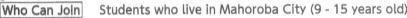

1917.

After arriving in Peru, Yokichi worked on a farm. The work on the farm was too hard to continue. He gave up the job and traveled around to look for another job. He changed jobs several times. When he was 28, he started to work at a national railway company in Peru. At that time, the company had a plan to build a long railroad to carry coffee beans. He stayed in a village at the foot of Machu Picchu and worked to build the railroad. There was a lot of nature around the village. He liked the village and decided to live there.

However, the life in the village was not easy. The villagers had to walk a long way to get water. Also, they did not have electricity. Yokichi built a waterway with the villagers to carry water into the village. After that, they could get water more easily. The villagers did not know much about electricity, so he taught them about it. He built a small hydroelectric power plant with them. The villagers began to respect him.

Before coming to the village, Yokichi worked only for himself, but his experiences in the village changed him. He felt happy when he worked for the villagers. He thought, "The village will develop if more people visit the village." He built a hotel in the village in 1935 when he was 40. This hotel was not only for visitors but also for the villagers. It had a post office and a police station in it. The hotel became a very important place for the villagers. He always thought of the village and the villagers. He was no longer just an immigrant from Japan. The life in the village was improved thanks to him. He was an <u>indispensable</u> person for the village.

The Pacific War began in 1941. In Peru, the military police started to arrest Japanese people. Soon, the military police came to the village to look for them. All the villagers said to the police, "There are no Japanese people in this village." Yokichi and his family were saved by the villagers. After the war, he became the first mayor of the village when he was 53.

Yokichi went back to Otama Village for the first time when he was 73. He introduced Machu Picchu Village to the people during his stay. His family in Japan asked him to stay in Japan, but he returned to Peru in the next year. He did not go back to Otama Village again. His life ended in 1969.

Machu Picchu became a World Heritage Site in 1983. Machu Picchu Village was asked to be a friendship city by many cities around the world, but the village chose Otama Village as its first friendship city. This was because of Yokichi's great achievement. His achievement still links Japan and Peru together.

（注） Otama Village：大玉村　friendship city：友好都市　Peru ペルー　link：つなげる
immigrant：移民　succeed：成功する　farm：農場　railway：鉄道　railroad 線路
foot：ふもと　villager：村人　waterway：水路　hydroelectric power plant：水力発電所

himself：彼自身　develop：発展する　thanks to：～のおかげで
Pacific War：太平洋戦争　military police：軍警察　mayor：村長　introduce：紹介する
achievement：功績

(1) 野内与吉に関する出来事について述べた次のア～オを，起こった順に並べかえて記号で書け。

ア Yokichi built a hotel in the village for both the visitors and the villagers.
イ Yokichi went back to Otama Village from Peru.
ウ Yokichi became the first mayor of Machu Picchu Village.
エ Yokichi built a waterway to carry water into the village.
オ Yokichi started to work at a national railway company.

(2) 英文の内容について，次の問いにそれぞれ3語以上の英語で答えよ。ただし，コンマやピリオドなどは語数に含めないこと。

(a) Did Yokichi's parents want him to go to Peru when he was 21 years old?
(b) How many times did Yokichi go back to Otama Village from Peru?

(3) 英文の内容から判断して，下線部の意味に最も近い語を，次のア～エから1つ選び，その記号を書け。

ア international　イ nervous　ウ important　エ terrible

(4) 英文の内容と合っているものを，次のア～カから2つ選び，その記号を書け。

ア The work on the farm in Peru was so hard that Yokichi could not continue it.
イ Yokichi started to grow coffee beans in Peru when he was 28 years old.
ウ The villagers respected Yokichi because he built a farm in the village.
エ Yokichi built a post office and a police station in the village before building a hotel.
オ Yokichi and his family saved the villagers' lives during the Pacific War.
カ Thanks to Yokichi, Otama Village has become a friendship city of Machu Picchu Village.

(5) 次の会話は，英文を読んだ後にMr. BrownとHarukoが話した内容である。あなたがHarukoなら，Mr. Brownの質問にどのように答えるか。□に入る英語を20語程度で書け。ただし，1文または2文で書き，コンマやピリオドなどは語数に含めないこと。

Mr. Brown: Yokichi went to Peru alone and worked for the people there. It was great.
Haruko: He made the villagers happy through his efforts.
Mr. Brown: Right. What do you want to do to make people around you happy, Haruko?
Haruko: □

＜理科＞

時間　50分　　満点　50点

1　真理さんは，地質年代のうちのある期間が「チバニアン」と命名されたニュースを見て，興味をもち，調べることにした。次の［　］内は，真理さんが調べたことをまとめたものである。各問いに答えよ。

> 地質年代は，①地層の堆積した年代が推定できる化石などをもとに決められている。最近では②地球を１つの磁石としたときのＮ極とＳ極の逆転が起こった時期も，地質年代を決めるものとして使われている。千葉県市原市にある地層には，約77万年前に地球のＮ極とＳ極が逆転して現在の磁界の向きになったこん跡がある。この地層が2020年１月，地質年代を決める地層として世界的に認められ，まだ名前の決まっていなかった約77万4000～12万9000年前の期間が，県名にちなんで「チバニアン」と命名された。

(1)　下線部①のような化石を何というか。その用語を書け。

(2)　下線部②に関して，地球は，北極付近をＳ極，南極付近をＮ極とした大きな１つの棒磁石として表すことができる。図１は，北極点と南極点を通る平面上における現在の地球の周りの磁界を表した模式図であり，棒磁石はその平面上にあるものとする。曲線は磁力線であるが，磁界の向きは省略されている。

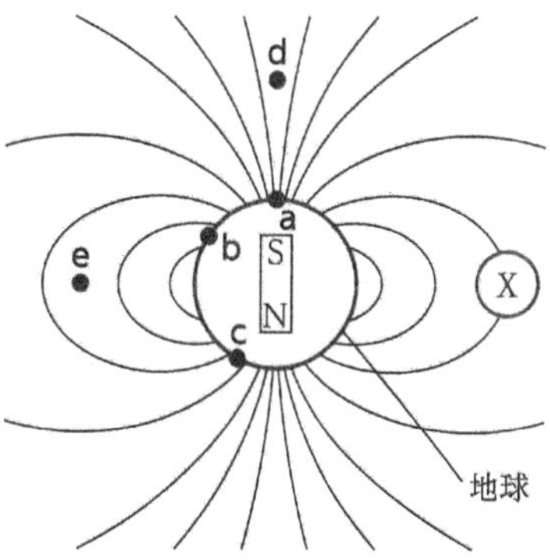

図１

図２

①　図１のＸの位置に，図２のような方位磁針を置いたときの，針が指す向きを表したものとして最も適切なものを，次の**ア**～**エ**から１つ選び，その記号を書け。

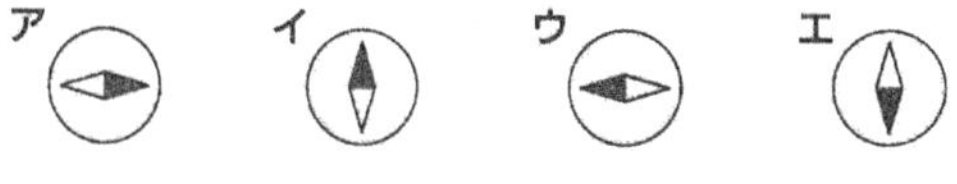

②　図１の点**a**～**e**のうち，磁力が最も小さいと考えられる点を１つ選び，その記号を書け。

2　動物の体のつくりとはたらきについて調べるために，次の実験１，２を行った。各問いに答えよ。

実験１　図１のように，12人が外側を向くように手をつないで輪になり，１人目が右手でストップウォッチをスタートさせると同時に，左手でとなりの人の右手をにぎった。２人目以降，右手をにぎられた人は左手でさらにとなりの人の右手をにぎるということを次々に行った。12人目は自分の右手がにぎられたら，左手でストップウォッチを止め，かかった時間を記録した。表は，この実験

図１

を３回繰り返した結果をまとめたものである。

回数	１回目	２回目	３回目
時間〔秒〕	3.19	2.75	2.64

実験２ ニワトリの翼の一部である手羽先の皮を取り除いた後，図２のように筋肉Ｘをピンセットで直接⇨矢印の向きに引くと，先端部が➡矢印の向きに動いた。次に，筋肉などをすべて除き，図３のように骨を取り出した。

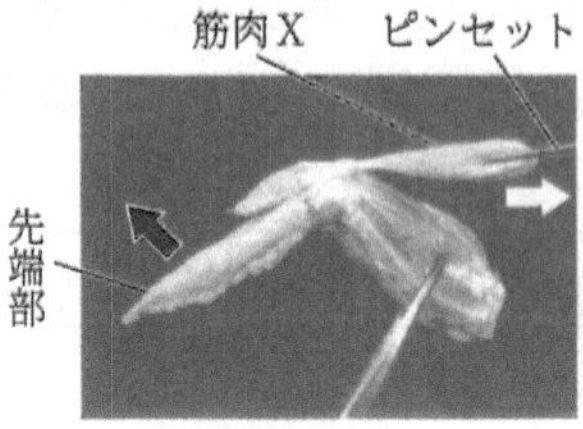

図２

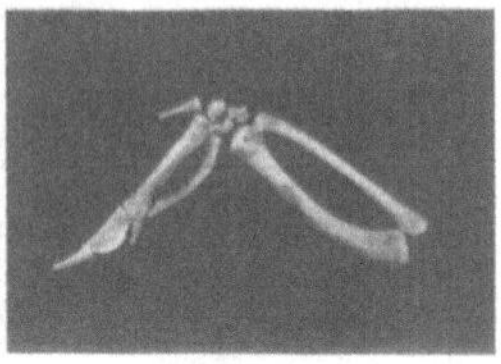
図３

⑴ 実験１のような意識して起こす反応とは別に，無意識に起こる反応がある。刺激に対して無意識に起こる反応の例として最も適切なものを，次の**ア**～**エ**から１つ選び，その記号を書け。

ア 信号機の表示が青信号になったのを見て，歩き始めた。

イ 授業中に名前を呼ばれたので，返事をした。

ウ 暗い部屋から明るい部屋へ移動すると，ひとみの大きさが変化した。

エ キャッチボールで投げられたボールを，手でとった。

⑵ 右手の皮ふが刺激を受けとってから左手の筋肉が反応するまでにかかる時間が，刺激や命令の信号が神経を伝わる時間と，脳で判断や命令を行う時間からなるとしたとき，実験１において，脳で判断や命令を行うのにかかった時間は１人あたり何秒であったと考えられるか。３回の実験結果の平均値をもとに計算し，その値を書け。ただし，ヒトの中枢神経や末しょう神経を刺激や命令の信号が伝わる速さを60m/sとし，右手の皮ふから左手の筋肉まで信号が伝わる経路の長さを１人あたり1.8mとする。また，１人目は，スタートと同時にとなりの人の手をにぎるので，計算する際の人数には入れないものとする。

⑶ 次の文は，筋肉のつくりとはたらきについて述べたものである。文中の，①については適する語を書き，②については**ア**，**イ**のいずれか適する語を１つ選び，その記号を書け。

> 筋肉の両端は（ ① ）というじょうぶなつくりになって骨についており，実験２では，図２のように筋肉Ｘをピンセットで直接⇨矢印の向きに引くことで先端部が➡矢印の向きに動いたが，実際には筋肉Ｘが②（**ア** 縮む **イ** ゆるむ）ことで先端部が➡矢印の向きに動く。

⑷ ほ乳類の前あしの骨格には，図３と基本的なつくりが似ている部分がある。図４は，ほ乳類の前あしにあたるコウモリの翼とヒトのうでを表しており，図中の色を塗った骨は同じ部位であり，ａは同じ指にあたることを示している。

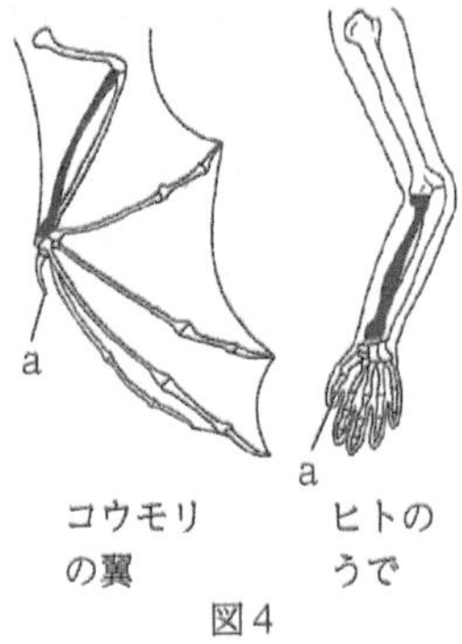

図４

① 多くの鳥類とほ乳類は，まわりの温度が変化しても体温がほぼ一定に保たれている。このような動物を何というか。その用語を書け。

② 図５（次のページ）は，ほ乳類の前あしにあたるクジラのひ

れを表しており，ｂは図４のａと同じ指にあたる。図４の色を塗った骨と同じ部位は，図５ではどこにあたるか。解答欄の図の該当する部位を黒く塗りつぶせ。

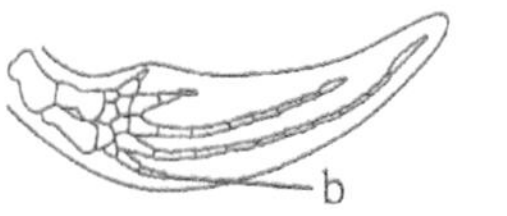

図5

③　次の文は，ニワトリの翼やほ乳類の前あしの，現在の形やはたらきが異なる理由について述べたものである。（　）に適する言葉を簡潔に書け。

> ニワトリの翼やほ乳類の前あしの，現在の形やはたらきが異なるのは，それぞれの動物が，同じ基本的つくりをもつ共通の祖先から，（　　　　　　　　　　　　）ように進化したからだと考えられる。

3　いろいろな水溶液の性質について調べるために，次の実験１，２を行った。各問いに答えよ。

実験１　図１のような装置を組み立て，いろいろな水溶液について，電流を通すかどうかを調べた。ただし，1つの水溶液について調べるごとに，ステンレス電極の先を蒸留水でよく洗った後，別の水溶液について調べた。また，それぞれの水溶液におけるpHの値を調べた。表１は，それらの結果をまとめたものである。

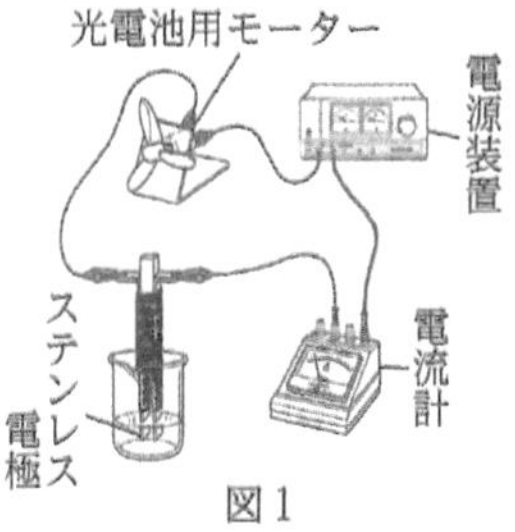

図1

実験２　図２のように，うすい塩酸10cm^3をビーカーにとり，２，３滴のＢＴＢ溶液を加えた後，ガラス棒でよくかき混ぜながら，うすい水酸化ナトリウム水溶液をこまごめピペットで２cm^3ずつ10cm^3まで加えた。表２は，その結果をまとめたものである。また，実験前の，うすい塩酸とうすい水酸化ナトリウム水溶液の温度を測定すると，どちらも20.1℃であったが，実験後の，混合した水溶液の温度は，24.0℃であった。

調べた水溶液	電流	電極付近のようす	pHの値
蒸留水	通さなかった	変化なし	7
石灰水	通した	気体が発生した	12
塩酸	通した	気体が発生した	1
エタノールと水の混合物	通さなかった	変化なし	7
砂糖水	通さなかった	変化なし	7
しょうゆと水の混合物	通した	気体が発生した	4
セッケン水	通した	気体が発生した	10

表1

加えたうすい水酸化ナトリウム水溶液の体積〔cm^3〕	2	4	6	8	10
かき混ぜた後の水溶液の色	黄色	黄色	黄色	緑色	青色

表2

図2

⑴　実験１で，下線部の操作を行った理由を簡潔に書け。

⑵　実験１の結果から考えられることとして内容が正しいものを，あとの**ア**～**エ**からすべて選び，その記号を書け。

ア　酸性の水溶液は，電流を通さない。

イ　エタノールと水の混合物が電流を通さないのは，エタノールが電解質だからである。

ウ　電流を通す水溶液では，電極付近で化学変化が起こっている。

エ　アルカリ性であるのは石灰水とセッケン水であり，アルカリ性がより強いのは石灰水である。

(3)　次の①～④の図は，実験２の結果をもとにして，加えたうすい水酸化ナトリウム水溶液の体積を横軸に，ビーカー内の混合した水溶液中に存在する４種類のイオンの，種類別の数を縦軸にして模式化したものである。図とイオンの名称の組み合わせとして最も適切なものを，後の**ア**～**エ**から１つ選び，その記号を書け。

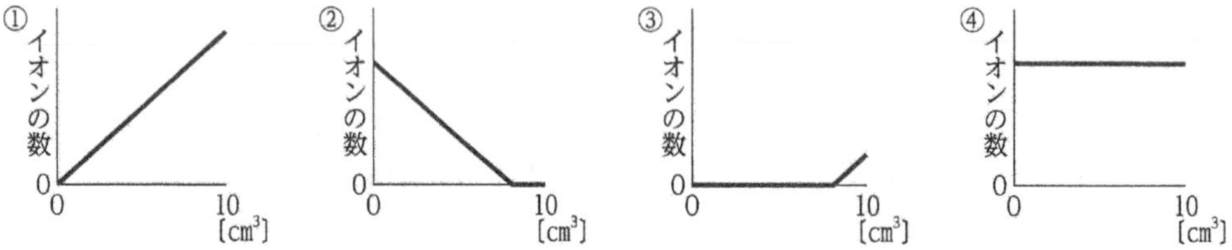

ア　ナトリウムイオンが①，水酸化物イオンが②

イ　水素イオンが②，塩化物イオンが③

ウ　水酸化物イオンが③，塩化物イオンが④

エ　ナトリウムイオンが④，水素イオンが①

(4)　実験２で起きた，酸とアルカリがたがいの性質を打ち消し合う反応を何というか。その用語を書け。また，混合した水溶液の温度上昇から，この反応はどのような反応といえるか。簡潔に書け。

4　空気中の湿度や，雲のでき方を調べるために，次の実験１～３を行った。表は，気温と飽和水蒸気量の関係を示したものである。各問いに答えよ。

気温〔℃〕	10	12	14	16	18	20	22	24	26	28	30	32	34
飽和水蒸気量〔g/m³〕	9.4	10.7	12.1	13.6	15.4	17.3	19.4	21.8	24.4	27.2	30.4	33.8	37.6

実験１　室温26℃の理科室で，金属製のコップに水を半分ぐらい入れ，その水の温度が室温とほぼ同じになったことを確かめた後，図１のように，金属製のコップの中の水をガラス棒でよくかき混ぜながら，氷水を少しずつ入れた。金属製のコップの表面がくもりはじめたときの水温をはかると，16℃であった。

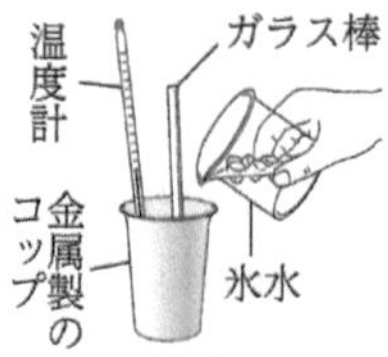

図１

実験２　図２のように，簡易真空容器に，少し空気を入れて口を閉じたゴム風船と気圧計を入れ，ピストンを上下させて容器内の空気を抜いていったところ，容器内の気圧は下がり，ゴム風船はふくらんだ。

図２

実験３　丸底フラスコの内部をぬるま湯でぬらし，線香のけむりを少量入れた後，注射器とつないで図３（次のページ）のような装置を組み立てた。注射器のピストンをすばやく引いたところ，丸底フラスコの中の温度は下がり，丸底フラスコの中がくもった。

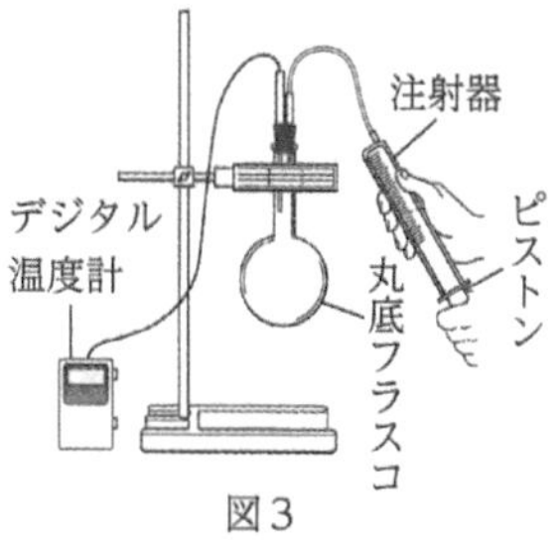

図３

⑴　水蒸気が水に変わる現象を述べたものを，次の**ア**～**エ**から１つ選び，その記号を書け。

ア　寒いところで，はく息が白くなる。
イ　冬に湖の表面が凍る。
ウ　湿っていた洗濯物が乾く。
エ　朝に出ていた霧が，昼になると消える。

⑵　実験１を行ったときの理科室の湿度は何％か。小数第１位を四捨五入して整数で書け。

⑶　地上付近にある，水蒸気をふくむ空気が上昇すると，どのような変化が起こり雲ができると考えられるか。実験２，３の結果に触れながら，「気圧」，「露点」の語を用いて簡潔に書け。

⑷　空気が上昇するしくみについて述べた文として正しいものを，次の**ア**～**エ**から１つ選び，その記号を書け。

ア　太陽の光であたためられた地面が，周囲の空気をあたためることで，空気が上昇する。
イ　高気圧の中心部に風がふきこむことで上昇気流が発生し，空気が上昇する。
ウ　寒冷前線付近では，暖気が寒気をおし上げることによって，冷たい空気が上昇する。
エ　風が山の斜面に沿って山頂からふもとに向かってふくことで上昇気流が発生し，空気が上昇する。

⑸　気温30℃，湿度64％の空気が高さ０ｍの地表から上昇すると，ある高さで雲ができ始めた。雲ができ始めたとき，上昇した空気は何ｍの高さにあると考えられるか。最も適切なものを，次の**ア**～**エ**から１つ選び，その記号を書け。ただし，雲ができ始めるまでは，空気が100ｍ上昇するごとに温度は１℃下がるものとする。

ア　約400ｍ　　**イ**　約800ｍ　　**ウ**　約1200ｍ　　**エ**　約1600ｍ

5　春香さんは理科室の戸棚に，形や大きさの異なる５つの金属片が置かれているのを見つけた。先生に聞いたところ，それぞれ表１に示す金属のいずれかであることがわかった。金属片がどの金属であるか調べてみようと考えた春香さんは，□内の実験を計画した。表２は，その実験結果をまとめたものである。各問いに答えよ。

金属	密度〔g/cm³〕（約20℃）
アルミニウム	2.70
亜鉛	7.13
鉄	7.87
銅	8.96

表１

①　５つの金属片をそれぞれ金属Ａ～Ｅとして，それぞれの質量を電子てんびんではかる。
②　メスシリンダーに水を入れ，目盛りを読みとる。
③　②のメスシリンダーの中に，金属Ａを静かに入れて目盛りを読みとり，ふえた体積を求める。この操作を金属Ｂ～Ｅについても同様に行う。

	金属Ａ	金属Ｂ	金属Ｃ	金属Ｄ	金属Ｅ
質量〔g〕	8.1	42.8	49.3	28.5	55.0
ふえた体積〔cm³〕	3.0	6.0	5.5	4.0	7.0

表２

(1) 水の入った100 cm^3 用メスシリンダーに金属Aを入れたところ，図1のようになった。図1の水面付近を拡大した図2の目盛りを読みとり，その値を書け。

(2) 金属Aは表1中のどの金属か。化学式で書け。また，金属A～Eのうち，同じ物質であると考えられるものの組み合わせを，次の**ア**～**エ**から1つ選び，その記号を書け。

ア 金属Aと金属C　**イ** 金属Bと金属C
ウ 金属Bと金属D　**エ** 金属Dと金属E

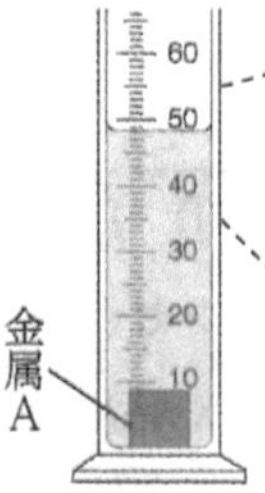

図1

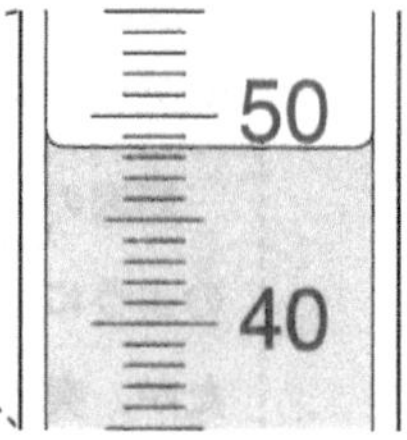

図2

(3) 春香さんは，表1に示す金属から，形を変えずにある金属を見分ける方法として，磁石を金属に近づける実験も計画した。見分けられる金属の物質名を示しながら，考えられる実験結果を簡潔に書け。

6 研一さんと花奈さんは，凸レンズの性質について調べるために，次の実験を行った。□内は，実験後の2人の会話である。各問いに答えよ。

実験 光学台の上に光源，物体，焦点距離が15cmの凸レンズA，スクリーンを図1のように並べ，光源と物体の位置を固定した。物体には凸レンズ側から見て「**ラ**」の形の穴があいている。凸レンズAとスクリーンの位置を動かし，スクリーンにはっきりした物体の像ができるときの，物体から凸レンズAまでの距離X，凸レンズAからスクリーンまでの距離Yを記録した。また，凸レンズAを，焦点距離が10cmの凸レンズBに変えて同様の操作を行った。表は，Xを10cmから40cmまで5cmずつ大きくしていったときのYの結果をまとめたものである。表中の「－」は，スクリーンに像ができなかったことを表している。

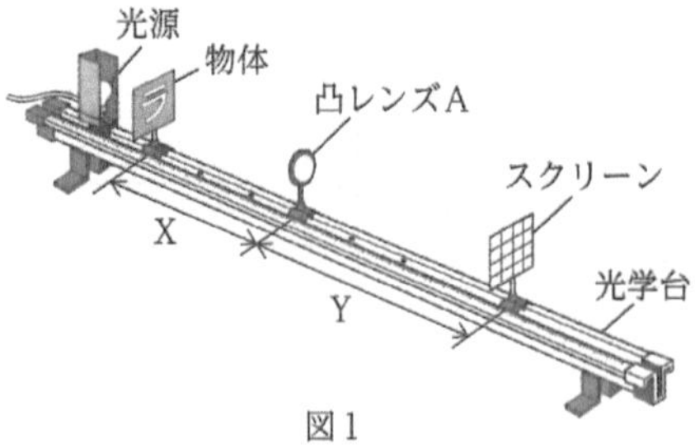

図1

	X〔cm〕	10	15	20	25	30	35	40
凸レンズA	Y〔cm〕	－	－	60	38	30	26	24
凸レンズB	Y〔cm〕	－	30	20	17	15	14	13

研一：どちらの凸レンズも，Xを大きくしていくと，①（**ア** Yも大きく **イ** Yは小さく）なったね。

花奈：Xを20cmから30cmにしたとき，スクリーンにできる像の大きさは②（**ア** 大きくなった **イ** 小さくなった **ウ** 変化しなかった）ね。

研一：Xを10cmにしたとき，スクリーン側から凸レンズAを通して見えた物体の像は，③上下左右が同じ向きの像だったよ。

花奈：④スクリーンにはっきりした物体の像ができるとき，凸レンズの焦点距離によって，

X，Yや像の大きさは，どのように変化するのかな。
研一：２つの凸レンズの結果をもとに考えてみよう。

(1) [　] 内について，会話の内容が正しくなるように，①は**ア**，**イ**のいずれか，②は**ア**～**ウ**から，それぞれ適する言葉を１つずつ選び，その記号を書け。

(2) 実験で，凸レンズ側から見た，スクリーン上にできる物体の像として最も適切なものを，次の**ア**～**エ**から１つ選び，その記号を書け。

ア

イ

ウ

エ

(3) 図２は，スクリーンにはっきりした物体の像ができるときの，物体，凸レンズＢおよびスクリーンを真横から見た位置関係と，凸レンズの軸を模式的に表したものである。点Ｐから凸レンズの点Ｑに向かって進んだ光は，その後スクリーンまでどのように進むか。その道すじを直線でかき入れよ。ただし，方眼の１目盛りを５cmとし，光は凸レンズの中心線で屈折するものとする。また，作図のために用いた線は消さずに残しておくこと。

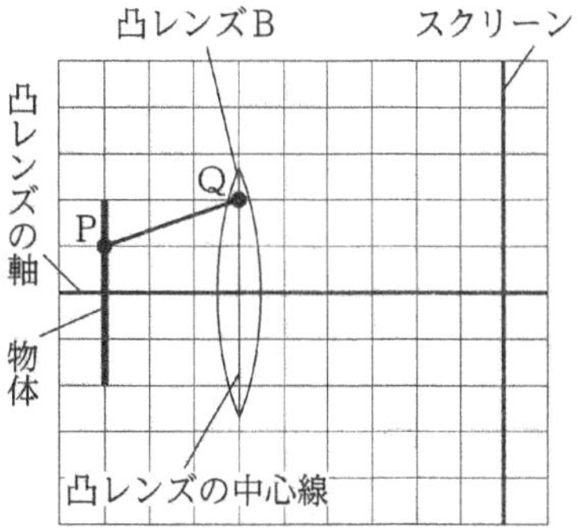

図２

(4) 下線部③のような像が見えるのはどのようなときか。「焦点距離」の語を用いて簡潔に書け。

(5) 下線部④について，実験の結果から考えられることとして内容が正しいものを，次の**ア**～**エ**から１つ選び，その記号を書け。

ア　物体から凸レンズまでの距離が同じ場合，焦点距離が小さいほど凸レンズからスクリーンまでの距離は大きい。

イ　凸レンズからスクリーンまでの距離が同じ場合，焦点距離が小さいほど物体から凸レンズまでの距離は大きい。

ウ　物体から凸レンズまでの距離が同じ場合，焦点距離が小さいほどスクリーンにできる像は大きい。

エ　凸レンズからスクリーンまでの距離が同じ場合，焦点距離が小さいほどスクリーンにできる像は大きい。

＜社会＞

時間　50分　　満点　50点

1　令子さんと和人さんのクラスでは，古代から近代の日本の歴史について，班ごとに各時代の特色を明らかにすることにした。次の写真や絵は，各班がそれぞれ集めた資料の一部であり，□内は，今後の学習活動の見通しを示したものである。各問いに答えよ。

[古代]

奈良県で出土した銅鏡の写真である。銅鏡の中にはA中国から贈られたものもある。中国と日本の関係から，古代について調べていく。

[中世]

武芸に励む武士を描いた絵である。中世の資料には，B武士が登場する場面が見られる。武士の活躍から，中世について調べていく。

[近世]

打ちこわしの様子を描いた絵である。幕府がさまざまな改革を行うも，打ちこわしはたびたび起きた。C幕府の政策から，近世について調べていく。

[近代]

ラジオの前に集まる家族の写真である。人々の生活様式には大きな変化が見られた。D人々の生活や文化から，近代について調べていく。

(1)　下線部Aの歴史書には，ある国が邪馬台国の卑弥呼に対して金印や銅鏡を与えたとある。この国の名称は何か。次のア～エから１つ選び，その記号を書け。

ア　秦　　イ　魏　　ウ　隋　　エ　唐

(2)　令子さんの班は，下線部Bについて調べた。

①　資料Ⅰは，承久の乱において，北条政子が御家人に発したとされる言葉を要約したものの一部である。資料Ⅰ中の══線部「御恩」に対する奉公として，政子が御家人に求めた行動を簡潔に書け。

②　資料Ⅱは，足利義政が建てた銀閣と同じ敷地にある東求堂同仁斎の写真である。この資料に見られるような室内の特徴をもつ建築様式を何というか。その名称を書け。

③　戦国時代になると，領国の産業発展のために鉱山の開発に力を入れる戦国大名もいた。石見銀山は，戦国大名が保護した商人により開発された鉱山の一つである。石見銀山の位置を略地図中のア～エから１つ選び，その記号を書け。

[資料Ⅰ]

みなの者よく聞きなさい。これが最後の言葉である。亡き頼朝公が朝廷の敵を倒し，幕府を開いてから，その御恩は山よりも高く，海よりも深い。この御恩に報いる心が浅くてよいはずがない。

（「吾妻鏡」より作成）

[資料Ⅱ]

[略地図]

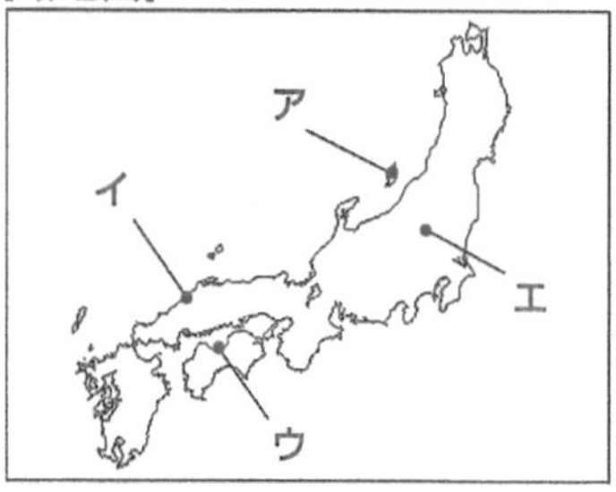

⑶　和人さんの班は，下線部Cについて，幕府のリーダーが行った取り組みをそれぞれメモにまとめた。次の［　］内は，そのとき作成したメモである。

＜a 徳川吉宗が行った取り組み＞
・幕府の支出が増えたため，質素倹約を命じて，出費を減らそうとした。また，b 庶民の意見を取り入れる目安箱を設置した。

＜松平定信が行った取り組み＞
・c 天明のききんによる社会の混乱を抑え，幕府財政の立て直しをはかろうとした。また，庶民の生活にも厳しい統制を加えた。

＜水野忠邦が行った取り組み＞
・物価上昇を抑えるために，株仲間を解散させた。また，日本沿岸に接近するd 外国船に対する強硬な方針を改めた。

①　波線部aが，メモに書かれたこと以外に行ったことについて述べた文として適切なものを，次の**ア**～**エ**からすべて選び，その記号を書け。

ア　裁判の基準となる公事方御定書を定めた。

イ　外交方針を批判した高野長英らを処罰した。

ウ　漢訳された洋書の輸入の制限をゆるめた。

エ　動物愛護を定めた生類憐みの令を出した。

②　波線部bの間にも教育への関心が高まり，子どもたちが読み・書き・そろばんを学ぶことのできる施設が開かれるようになった。資料Ⅲは，子どもたちが学んでいる様子を描いたものである。このような庶民教育の施設を何というか。その名称を書け。

［資料Ⅲ］

③　次の［　］内は，和人さんたちが寛政の改革についてまとめたものである。また，資料Ⅳは，波線部cとその前後の期間における，1年当たりの幕府領の年貢収納量を示したものである。［　］内の（X）に当てはまる言葉を，資料Ⅳを参考にして，簡潔に書け。

> 天明のききんと呼ばれる全国的なききんが起きたことで，農村が荒廃し，百姓一揆や打ちこわしが多発した。松平定信は，寛政の改革において農村を復興させようとした。なぜなら農村が復興することで，（　　X　　）ため，幕府の財政を立て直すことにつながるからだ。

［資料Ⅳ］

	1年当たりの幕府領の年貢収納量
天明のききん前の期間（1777～1781年）	約150万石
天明のききんの期間（1782～1787年）	約135万石
寛政の改革後の期間（1794～1798年）	約154万石

（「日本史辞典」より作成）

④　水野忠邦は波線部dを，燃料のまきや水などを与えて退去させる穏便な方針に改めた。この改定のきっかけとなったアジアでの出来事について，関係する2つの国名を示しながら，簡潔に書け。

⑷　近代以降，欧米から新しい文化や考え方が流入し，下線部Dは大きく変化した。近代以降の人々の生活や文化について述べた次の**ア**～**ウ**を，年代の古いものから順に並べかえて記号で書け。

ア　発行部数が100万部をこえる新聞が現れ，1冊1円の円本も出版された。

イ　欧米の近代思想が中江兆民らにより紹介され，人々に影響を与えた。

ウ　学校教育が普及し，義務教育は6年制となり，就学率は9割をこえた。

(5) 次の □ 内は，令子さんと和人さんが学習のまとめとして意見交換したときの会話の一部である。□ 内の（Y）に当てはまる言葉を，幕府の定めた法令に触れながら，「統制」，「違反」の語を用いて簡潔に書け。

令子：私たちは，武士に関するさまざまな資料を見つけ，中世は武士を中心とする時代であると考えました。 和人：私たちが調べた近世も，武士が主役だと考えました。なぜなら近世の武士はさまざまな取り組みを行い，武家政権の維持を図るとともに社会をよくしようとしたからです。 令子：中世と近世には，武士が主役という共通点があるということですね。しかし，同じ武家政権でも，中世の室町幕府の時代は混乱した期間が長かったと学びました。 和人：近世は，混乱の少ない時代でした。江戸幕府は，（　　Y　　）ことで，全国の大名の力を抑え，安定した政権になったと言えます。 令子：他の時代との共通点や相違点に着目することで，その時代の特色が明らかになりましたね。

2 夏美さんは，社会科の授業で学習した自動車工業に興味をもち，関連することがらについて調べた。各問いに答えよ。

(1) 愛知県瀬戸市では，ファインセラミックスを素材とする自動車部品を製造している。この素材には，瀬戸市で生産が盛んな工芸品の生産技術が応用されている。この工芸品は何か。次の**ア**～**エ**から１つ選び，その記号を書け。

ア　織物　　**イ**　漆器　　**ウ**　陶磁器　　**エ**　鉄器

[略地図Ⅰ]

(2) 略地図１は，自動車工業が盛んな群馬県太田市の位置と関東地方の高速道路網の一部を示したものである。太田市が位置する北関東には，内陸型の工業地域が形成されている。この地域において工業が発達している理由を，高速道路網との関係に着目して，「製品」の語を用いて簡潔に書け。

(3) 国内で生産された自動車の一部は，名古屋からロサンゼルスへ船で輸出されている。略地図Ⅱ中において両都市を直線で結んだ-----線ａの長さと，——線**ア**～**ウ**の地図上の長さはそれぞれ等しい。実際の距離を比較したとき，-----線ａより長いものを，——線**ア**～**ウ**から１つ選び，その記号を書け。なお，略地図Ⅱは，緯線と経線が直角に交わった地図である。

[略地図Ⅱ]

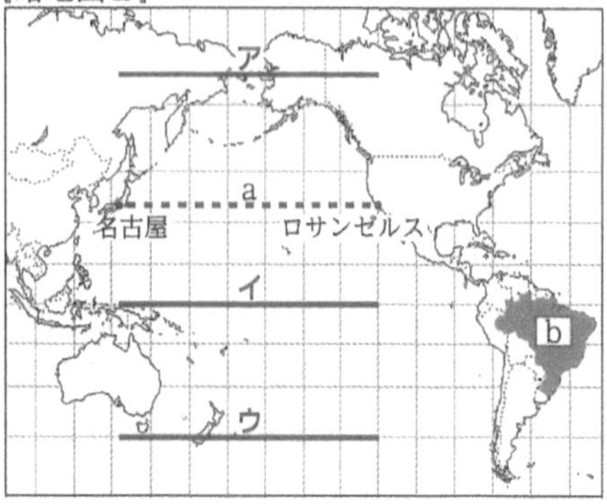

⑷　略地図Ⅱ中の国ｂでは，自動車の燃料として使用されるバイオ燃料の生産が盛んである。資料Ⅰは，バイオ燃料の原料となる，ある農作物の2018年における国別生産割合を示したものである。この農作物を，次の**ア**～**エ**から１つ選び，その記号を書け。なお，資料Ⅰ中のｂは，略地図Ⅱ中の国ｂを示している。

ア　米　　　**イ**　カカオ豆
ウ　小麦　　**エ**　さとうきび

［資料Ⅰ］

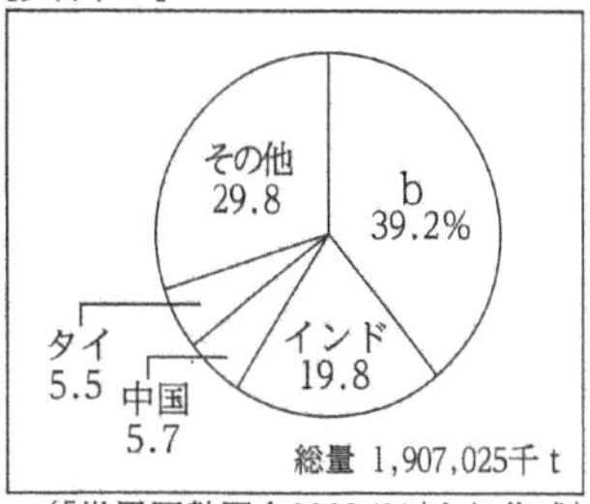

（「世界国勢図会2020/21」より作成）

⑸　夏美さんは，自動車を生産する日本の企業に多国籍企業が多いことを知り，関連する資料を集めた。資料Ⅱは，海外に進出した製造業を営む日本の企業の，1995年から2015年における海外生産比率の推移を示したものである。資料Ⅱを参考にして，「産業の空洞化」とはどのような現象か，簡潔に書け。

［資料Ⅱ］

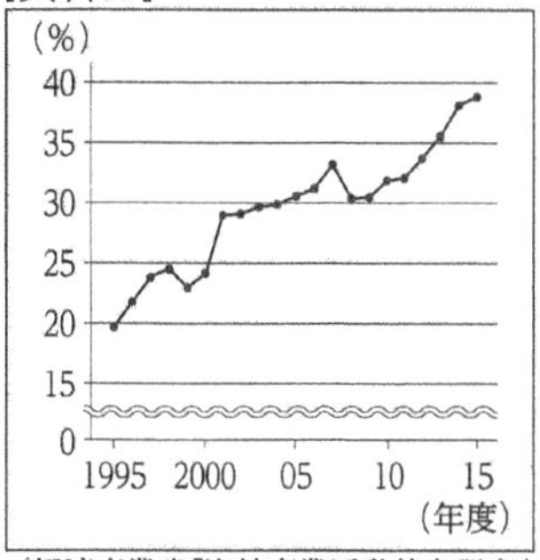

（経済産業省「海外事業活動基本調査」より作成）

⑹　夏美さんは，電気自動車に興味をもち，電気自動車と持続可能な社会との関わりについてレポートにまとめた。次の［　　］内は，その一部である。

> 近年，環境に配慮した乗り物として，A電気自動車が注目されている。電気自動車は，ガソリン車とは異なり電気を動力源としているため，走行時に二酸化炭素を排出しない。また，太陽光やB地熱などの再生可能エネルギーを利用してつくられた電気を，電気自動車に搭載されているCリチウムイオン電池に蓄電して使用することで，持続可能な社会の実現につながることが期待されている。

①　資料Ⅲは，大分県姫島村のWebサイトに掲載されている，下線部Aを活用した観光プランの一部を示したものである。資料Ⅲのような，地域の自然環境を生かした体験活動と，環境の保全の両立を目的とした観光のあり方を何というか。その用語を書け。

［資料Ⅲ］

姫島　おすすめコース

・「おおいた姫島ジオパーク」で地層群の観察
・姫島に飛来する「アサギマダラ」の観察
・古事記に登場する姫島の七不思議伝説巡り

（姫島村Webサイトほかより作成）

②　資料Ⅳは，下線部Bを利用した発電を行う際に必要な資源の多い上位６か国を示したものである。また，資料Ⅴは，地熱資源が見られる場所を模式的に示したものである。資料Ⅳ中の（Ｘ）に当てはまる国を，次の**ア**～**エ**から１つ選び，その記号を書け。
（資料Ⅳ，資料Ⅴは次のページにあります。）

ア　インドネシア　　**イ**　スウェーデン
ウ　モンゴル　　　　**エ**　オーストラリア

［資料Ⅳ］

	国名	地熱資源量（万kW）
1	アメリカ	3,000
2	（　X　）	2,779
3	日本	2,347
4	ケニア	700
5	フィリピン	600
	メキシコ	600

（資源エネルギー庁Webサイトより作成）

［資料Ⅴ］

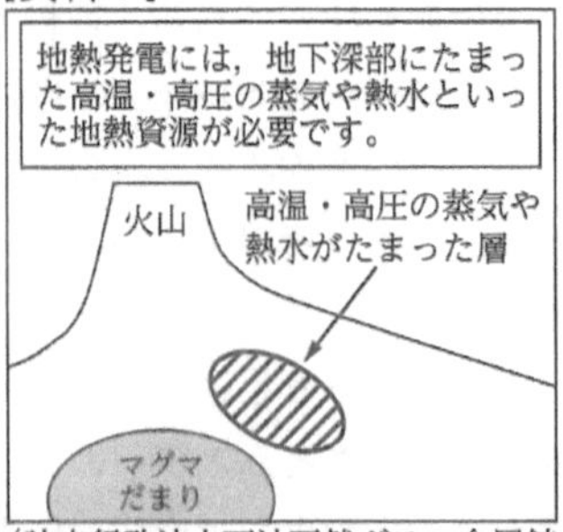

（独立行政法人石油天然ガス・金属鉱物資源機構Webサイトほかより作成）

③　夏美さんは，下線部Cの製造に必要な資源に関わる課題について調べ，レポートに次の［　　］内の内容を書き加えた。［　　］内の（Y）に当てはまる言葉を，歴史的背景に触れながら，簡潔に書け。

> リチウムイオン電池の製造には，レアメタルが不可欠である。レアメタルが豊富に産出されるアフリカ州では，（　　Y　　）を国境線として使用していることもあり，一部の地域においては資源をめぐる民族対立も起こっている。このような対立は，資源の安定供給を妨げる原因となっている。

3　健太さんは，スーパーマーケットでの職場体験を通して，実際の経済活動に興味をもち，調べた。各問いに答えよ。

⑴　資料Ⅰは，経済活動における，家計，企業，政府の関係を示したものである。

①　資料Ⅰ中の**ア～ウ**は，家計，企業，政府のいずれかを示している。家計に当たるものを，資料Ⅰ中の**ア～ウ**から１つ選び，その記号を書け。

②　企業の中でも，株式を発行して資金を集める会社を株式会社という。株式を購入した出資者が出席して，経営方針を決定したり，経営者を選出したりする機関を何というか。その名称を書け。

［資料Ⅰ］

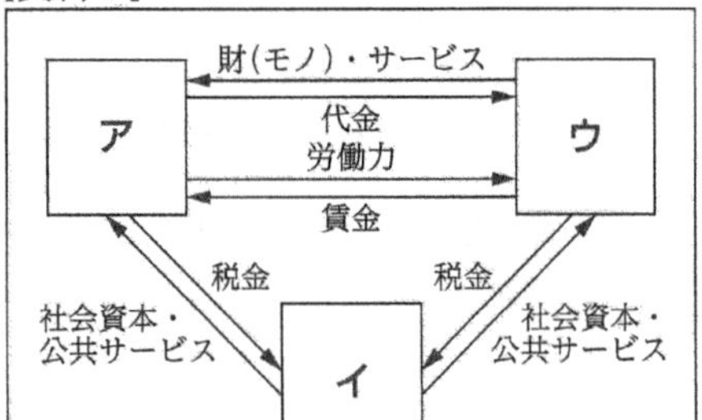

⑵　健太さんは，スーパーマーケットの入り口で，求人広告を見つけた。求人広告に記されている労働条件は，次の［　　］内に示すような内容を定めた法律に基づいている。この法律を何というか。その名称を書け。

> ・男女同一賃金の原則　　　・労働時間は週40時間，１日８時間以内
> ・毎週少なくとも１回の休日

⑶　健太さんは，商品の価格がさまざまな条件によって変動することに興味をもち，調べた。

①　資料Ⅱ（次のページ）は，市場における，ある商品の価格と需要量，供給量との関係を示

したものである。資料Ⅱ中のＡ曲線は価格と買い手が買おうとする量との関係を，Ｂ曲線は価格と売り手が売ろうとする量との関係を示している。資料Ⅱにおいて，価格がＰのときの状況とその後の価格の変化について述べた文として適切なものを，次の**ア**～**エ**から１つ選び，その記号を書け。

ア　需要量が供給量よりも多いため，価格は上昇する。
イ　需要量が供給量よりも多いため，価格は下落する。
ウ　供給量が需要量よりも多いため，価格は上昇する。
エ　供給量が需要量よりも多いため，価格は下落する。

[資料Ⅱ]

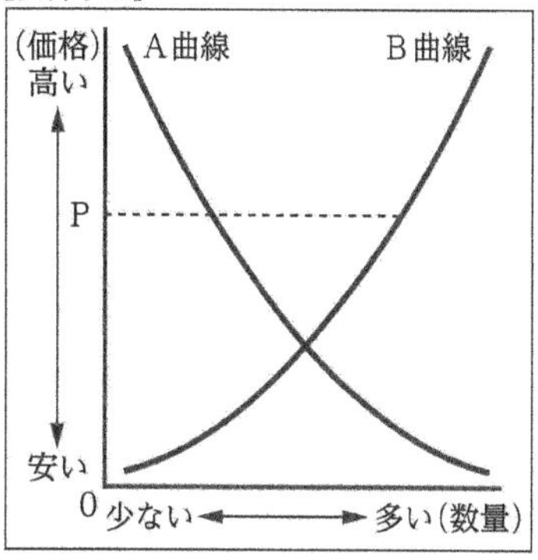

[資料Ⅲ]

	為替相場
2019年４月	１ドル＝112円
2019年８月	１ドル＝106円

(注) ４月と８月の月ごとの平均値を，小数第１位を四捨五入して示している。
(日本銀行Webサイトより作成)

②　海外から輸入される商品は，為替相場の影響を受けて，その価格が変動することがある。資料Ⅲは，2019年の４月と８月における，円とドルの為替相場を示したものである。次の□内は，健太さんが，資料Ⅲをもとに，為替相場と商品の価格の関係をまとめたメモである。□内の（ａ），（ｂ）に当てはまる語の組み合わせとして正しいものを，後の**ア**～**エ**から１つ選び，その記号を書け。なお，為替相場以外の影響は考えないものとする。

> 2019年の４月と８月の為替相場を比べると，8月は４月よりも（　ａ　）であることがわかる。例えば，日本の企業が，アメリカの企業から１個あたり５ドルのチョコレートを輸入すると，８月は４月よりも，１個あたり30円（　ｂ　）輸入することになる。

ア　ａ　円高　ｂ　高く　　**イ**　ａ　円高　ｂ　安く
ウ　ａ　円安　ｂ　高く　　**エ**　ａ　円安　ｂ　安く

⑷　次の□内は，ＰＯＳシステムを導入する利点について，職場体験先の店長が健太さんに説明した内容である。□内の（Ｘ）に当てはまる言葉を，「販売」の語を用いて簡潔に書け。

> このシステムでは，レジでバーコードを読み取ると，商品の精算ができるのと同時に，（　　Ｘ　　）ことができます。このシステムの活用により，商品の製造や仕入れを効率的に行うことができるため，利益が上がることにつながります。

⑸　市場経済のしくみに興味をもった健太さんは，政府の経済活動への関わりについて調べたところ，資料Ⅳを見つけた。資料Ⅳは，独占禁止法が規制する企業の行為の一つを示している。独占禁止法によってこのような行為を規制する目的を，資料Ⅳを参考にして，「競争」，「消費者」の語を用いて簡潔に書け。

[資料Ⅳ]

(公正取引委員会Webサイトより作成)

4　今年は，廃藩置県が行われてから150年目に当たる年である。直樹さんは，奈良県の行政区域の変化について，先生と話をした。次の□内は，その会話の一部である。各問いに答えよ。

直樹：A古代より大和国と呼ばれていた奈良の地域が，廃藩置県により各藩が廃止され，後に奈良県となったことを知りました。県名から奈良が消えた期間もあったそうですね。

先生：奈良県は1876年にB堺県に合併され，県名から奈良が消えました。その後，堺県も大阪府に合併され，奈良の地域は大阪府の一部になりました。財政面において，地方税の支出が大阪の地域に偏るなど，奈良の地域に不利な状況となり，奈良県の再設置を望む声が高まりました。その結果，1887年に再び奈良県が置かれ今日まで続いています。

直樹：奈良の地域に住む人々の暮らしをよくするには自治が行われることが大切であると，当時の人々は考えたのですね。私たちもこれからの奈良県をもっとよくするために，何ができるか考えようと思います。

先生：よいことですね。まずは，C現在の奈良県の様子について，詳しく知ることから始めてはどうですか。

(1)　下線部Aには，大和国に都があった時期があり，その都である平城京には，絹や魚など地方の特産物が税として運び込まれた。このような特産物などを納める税を何というか。その名称を書け。

(2)　直樹さんは下線部Bの存在を知り，堺という地域に興味をもった。

①　中世における堺の説明として最も適切なものを，次の**ア**～**エ**から１つ選び，その記号を書け。

ア　守護を倒した一向一揆の拠点となった。

イ　元寇の際に，上陸を防ぐ石の防壁が築かれた。

ウ　アイヌの人々と交易を行う館《たて》が築かれた。

エ　日明貿易の拠点となり，商人が力をもった。

②　資料Ⅰは，古代より堺と奈良の地域を結ぶ街道付近の２万５千分の１地形図を拡大して示したものである。資料Ⅰ中の土地は，おもにどのように利用されているか。最も適切なものを，次の**ア**～**エ**から１つ選び，その記号を書け。

ア　田

イ　果樹園

ウ　針葉樹林

エ　広葉樹林

[資料Ⅰ]

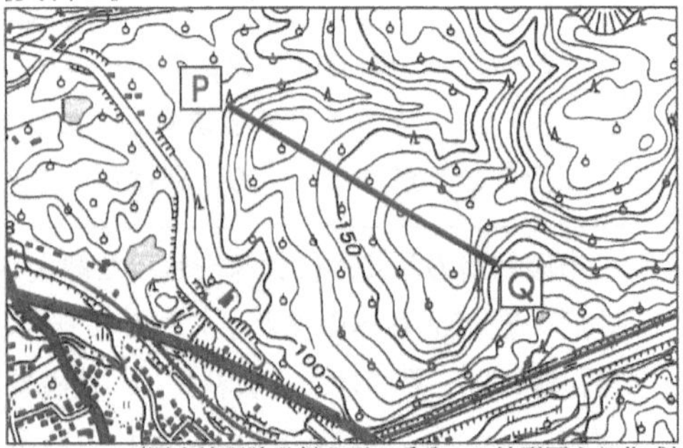

（国土地理院発行２万５千分の１地形図より作成）

③　資料Ⅰ中のP——Qの断面図として，最も適切なものはどれか。後の**ア**～**ウ**から１つ選び，その記号を書け。

ア

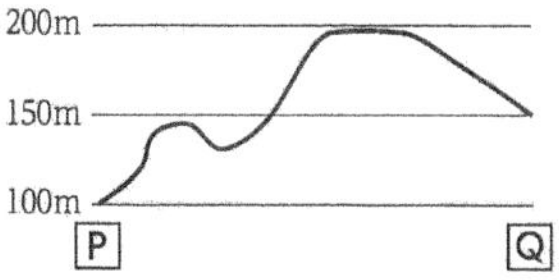

イ

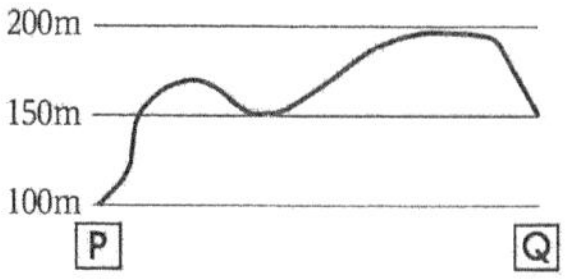

ウ

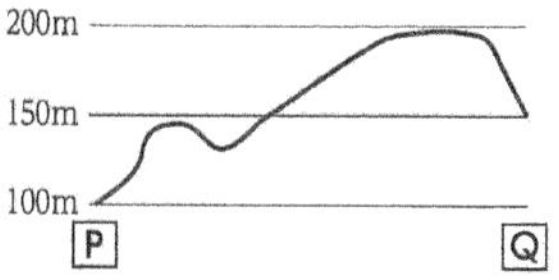

(3)　直樹さんは，下線部Cを知るために，奈良県の取り組みについて調べ，メモにまとめた。次の□内は，そのメモの一部である。資料Ⅱは，奈良県の総人口と15歳未満人口を示したものである。奈良県がメモのような取り組みを行う目的は何か。資料Ⅱからわかる奈良県の課題に触れながら，「環境」の語を用いて簡潔に書け。

［資料Ⅱ］

年	総人口（千人）	15歳未満人口（千人）
2005	1,421	197
2010	1,401	184
2015	1,364	170
2019	1,330	158

（総務省統計局「人口推計」より作成）

・「奈良県パパ産休プロジェクト」による企業等を対象とした研修ツールの作成
・児童預かり等を行う「ファミリー・サポート・センター」の運営等の支援
・奈良県住みよい福祉のまちづくり条例に基づく，公共施設における，子どもが利用しやすい手洗い器や授乳場所等の整備

とについて、次の①、②の条件に従って書け。

条件① 二段落構成で書くこと。第一段落では、あなたを前向きな気持ちにしてくれることを具体的に書き、第二段落では、それについてのあなたの思いを書くこと。

条件② 原稿用紙の使い方に従って、百字以上百五十字以内で書くこと。ただし、題、自分の名前は書かないこと。

なものを、次の**ア**〜**エ**から一つ選び、その記号を書け。

ア　互いに相手の言葉をよく聞いてその場に合うせりふを即興で話すことが、稽古以上に優れた狂言をするためには必要だから。

イ　本番の舞台で息の合った狂言ができるように、すべてのせりふを十分に理解して話すことを日々の稽古で徹底しているから。

ウ　狂言においては、本番の舞台でせりふを間違えないことよりも、表情やしぐさと合わせて自然に話すことの方が大切だから。

エ　相手への言葉は、事前に準備するものではなく、相手の言葉を受けて出てくるという日常を手本として狂言をしているから。

五　春香さんの中学校では、卒業を控えた三年生が後輩に伝えたい言葉と、その言葉についての思いを文章に書き、冊子にまとめることになった。次の□内は、春香さんが書いた【文章の下書き】である。これを読み、各問いに答えよ。

【文章の下書き】

> 努力を放棄された理想は、単なる空想か、漠然とした憧れにすぎない。単なる空想なら現実になるわけがない。理想を実現しようと努力することこそが現実なんだ。
>
> （池田晶子《いけだあきこ》『14歳からの哲学　考えるための教科書』）
>
> 　これは、私が部活動で**ア**なかなか結果を出せずに悩んでいたときに、先輩から教わった言葉です。そのときの私は、先輩の意図がわからず、「こんなに頑張っているのに。」と、素直に受け止めることができませんでした。
>
> 　しかし、後日**イ**この言葉が書かれた本を読み、先輩と話をして、私は知ったのです。これは、私の努力不足を責めるものではありませんでした。〈先輩の意図を知った私は、その優しさに胸が一杯になりました。心が**ウ**軽くなった私は、再び前向きに練習に取り組むことができ、次の記録会では自己最高記録を出すことができました。それ以来、この言葉は、私を前向きな気持ちにしてくれる**エ**大切な言葉です。
>
> 　先輩から受け取った大切なこの言葉を、感謝と激励の気持ちを込めて、皆さんに贈ります。

㈠　——線部と同じ品詞の語を、【文章の下書き】の〰〰線**ア**〜**エ**から一つ選び、その記号を書け。

㈡　春香さんは、【文章の下書き】の〈のところに次の□内の一文を書き加えることにした。そのねらいとして最も適切なものを、後の**ア**〜**エ**から一つ選び、その記号を書け。

> 理想を見失わずに努力し続ける私を認め、励ますための言葉だったのです。

ア　不足している内容を加え、読み手に思いを正確に伝えようとする。

イ　これまでの内容をまとめ、読み手にわかりやすく伝えようとする。

ウ　話題を転換し、読み手に異なる考えを新たに伝えようとする。

エ　別の具体例を追加し、読み手に説得力をもって伝えようとする。

㈢　春香さんは、先輩から教わった言葉が自分を前向きな気持ちにしてくれると述べているが、あなたを前向きな気持ちにしてくれるこ

イ　フランス語はとても流ちょうな話しぶりだったが、日本語は言葉遣いに誤りがあり、どこかたどたどしさを感じさせるものであった。

ウ　フランス語は用務に役立つものであり、日本語はたいそう丁寧で時代がかった、現在の言葉遣いとは合わないものであった。

エ　フランス語も日本語も、若々しさは感じられないものの、とても美しい言葉遣いであり、上品な人柄が伝わってくるものであった。

㈣　――線④とあるが、筆者が言語や言葉を人間社会の文化の基礎だと考える理由に当たる一文を、文章中から抜き出し、その初めの五字を書け。

㈤　――線⑤とあるが、このように筆者が述べるのはなぜか。その理由を、文章中の言葉を用いて四十字以内で書け。

㈥　この文章の論理の展開の仕方について述べたものとして最も適切なものを、次の**ア**～**エ**から一つ選び、その記号を書け。

ア　筆者の体験に基づいて仮説を立て、その妥当性を複数の視点から検証し、新たな定義として整理している。

イ　一般的な考えを説明した上で、筆者の実体験を根拠として自らの見解を解説し、結論づけている。

ウ　はじめに複数の事例を挙げ、そこから共通して読み取れることを筆者の主張として示し、論をまとめている。

エ　身近な課題から書き始め、その背景の分析と検討を重ねた上で、筆者の考える解決策を示している。

三

次の□内の文は行書で書かれている。楷書で書くときと筆順が異なる漢字はどれか。当てはまるものを、後の**ア**～**オ**からすべて選び、その記号を書け。

山の緑に花の色が映える。

ア　山　**イ**　緑　**ウ**　花　**エ**　色　**オ**　映

四

次の文章は、役者の考えを記録した江戸時代の書物『耳塵集《にじんしゅう》』の一部である。これを読み、各問いに答えよ。

我も初日は同じく、うろたゆるなり。しかれども、よそめにしなれたる狂言をする①やうに見ゆるは、けいこの時、せりふをよく覚え、その時初日には、②ねから忘れて、舞台にて相手のせりふを聞き、その時おもひ出してせりふをいふなり。その故は、常々人と寄り合ひ、あるいは喧嘩《けんくわ》口論するに、かねてせりふにたくみなし。相手のいふ詞《ことば》を聞き、こちら初めて返答心にうかむ。狂言は常を手本とおもふ故、③けいこにはよく覚え、初日には忘れて出るとなり。

（注）初日＝舞台の最初の日　うろたゆる＝うろたえる
よそめにしなれたる＝他の人から見てやり慣れた
たくみなし＝用意しておくということはない　うかむ＝浮かぶ

㈠　――線①を現代仮名遣いに直して書け。

㈡　――線②とあるが、「ねから忘れる」とはどういうことか。最も適切なものを、次の**ア**～**エ**から一つ選び、その記号を書け。

ア　すっかり忘れるということ

イ　うっかり忘れるということ

ウ　緊張して忘れるということ

エ　知らぬ間に忘れるということ

㈢　――線③と「我」が述べるのはなぜか。その理由として最も適切

て、ほとんど使われなくなった。ところがパリ在住の日本人通訳はおそらく、変化する日本語を更新する機会もないままに、旧態を維持したものであろう。

　このように、異なった空間に並存しながらも、時間の経過によって、相互に異なった状況を呈する日本語の存在、といった現象を説明することができるのは、おそらく空間の側面からだけでも、時間の側面からだけでもないと思われるのである。

　パリにおいて耳にした日本語について、私が感じた印象は次のように言い換えることができそうである。つまり、いろいろな空間に存在するさまざまな事象（例えば日本語）は、すべてが時間的（歴史的）な存在（変化する。あるいは更新するか、しないか）であることの一証である、と。このことは逆に見れば、すべての歴史的事象は、それぞれが空間的に展開するという意味において、空間的存在であるとも言えよう。

　先の言葉の例に戻れば、この四十、五十年間における日本語の変化は、決して小さくない。戦後間もないころの人々が話した言葉は、すでに口語で記されたり、録音されたりした記録があるので、容易に確認できるであろうが、それと現代のわれわれが耳にする日本語はかなり異なっている。

　ところが『源氏物語』や『平家物語』などの古典の日本語と、現代の日本語との違いはさらに大きい。④言語が人間社会の文化の基礎であることは繰り返すまでもないが、その変化には人間社会の存在、人々の社会集団が必用である。一人だけの言葉の違いでは、それが別の人に通じたとしても、その一人の個性でしかないであろう。そもそもそれでは、情報の伝達や蓄積を目的とした言語の役割を、完全には果たさない。言語の変化には、時間の経過に加えて、一定量の人間社会からなる空間が不可欠なのであろう。

　改めて言い換えると、すべての空間的事象は時間的（歴史的）存在であり、すべての歴史的事象は空間的存在であることになろう。空間を考えるために歴史過程への視角を保ち、また歴史過程を考えるために空間への視角を保つことなくしては、さまざまな事象の実態へは十分に接近し難《がた》いことになる。前者が地理学の側からの歴史地理学の視角であり、後者における歴史学の側からの視角もまた、同様に歴史地理学と呼ばれる。

　つまり、歴史地理学は「空間と時間の学問」と言うべきであり、⑤歴史地理学は、カント以来の歴史学と地理学における空間と時間のギャップへの、架け橋の役割をも果たすことになろう。

（金田章裕『地形と日本人』による）

（注）カント＝ドイツの哲学者　必用＝必要　視角＝視点

㈠　――線①とほぼ同じ意味で用いられている言葉を、文章中から五字で抜き出して書け。

㈡　――線②と同じ働きをしている「くる」を、次の**ア**～**エ**から一つ選び、その記号を書け。

ア　喜びの便りがくるのを待つ。
イ　もうすぐ一雨くるようだ。
ウ　留学生が私のクラスにくる。
エ　よい考えが浮かんでくる。

㈢　――線③とあるが、この通訳が話したフランス語と日本語の説明として最も適切なものを、次の**ア**～**エ**から一つ選び、その記号を書け。

ア　フランス語はフランス人にとって違和感のない言葉遣いのようだが、日本語は発音が不明瞭で伝わりにくいものであった。

ウ　感受性が豊かで繊細な性格　　エ　思いやり深く優しい性格

(七)　この文章の表現上の特徴について述べたものとして適切なものを、次のア～オからすべて選び、その記号を書け。

ア　改まった言葉遣いで交わされる会話を描き、魚を食べることに対する、家族と「私」の認識の違いが生み出す緊迫感を伝えている。

イ　「私」がおそるおそる料理をしている様子を擬態語を用いて描写し、生き物の命を奪うことに「私」が恐怖を感じていることを表している。

ウ　過去の回想と現在の「私」の様子や気持ちを交互に語ることで、魚に対する「私」の思いを説き明かしている。

エ　魚との問答の中で「私」が何度も同じ言葉を繰り返して述べることで、魚に自分の思いを強く訴えていることを表している。

オ　終始「私」の視点から語ることで、読み手を「私」と同化させ、魚にまつわる「私」の思いについて共感しやすくしている。

二　次の文章を読み、各問いに答えよ。

近代科学としての地理学と歴史学の分類は、カントが、「地理学は相互に隣接している事象の記述であり、空間と関連する。」、また「歴史学は相互に継起する事象の記述であり、時間と関連がある。」としたことに①由来する。簡略に表現すれば、地理学を「空間的並存」の状況を記述する学問、歴史学を「時間的継起」の様相を記述する学問、と定義したのである。

確かに、空間の概念と時間の概念は別のものであり、空間と時間を理論的に区別することはできる。近代以後の、地理学と歴史学の研究対象の違い、あるいは地理の学校教科書と歴史の学校教科書にみられる違いは、カントによるこの分類に端を発すると言ってもよいであろうし、現在もその基本は変わっていない。

しかし、現実の空間の様相と時間の経過はどうであろうかと考えるとすれば、私には別の感覚が頭をもたげて②くる。

唐突に個人的経験を語ることになるが、私は空間の違いと時間の経過を、一つの事例から同時に実感したことがある。それは、言葉をめぐる印象的な体験であった。

もとより人間社会にとって言葉は、意思を疎通し、情報を伝達したり、それを蓄積したりするために不可欠である。言葉が人間の文化の基礎をなすことは改めて言うまでもない。その言葉が、例えば日本とフランスでは異なっていて、言葉を含むそれぞれの文化が、異なった空間において並存している状況は、確かに地理学にとっても重要課題となりうる。

私が体験した一つの事例とは、用務のためにかつてパリを訪れた際のことであった。その折、③パリ在住の日本人に通訳をしていただいた。フランス語ができないから通訳の世話になったのであり、通訳のフランス語について評価することはできない。しかし、おそらくは立派なフランス語であったと思われ、用務はきわめてスムーズに進行した。

違和感があったのはむしろ、通訳の日本人が話す日本語のほうであった。その折に年配の通訳が話した、非常に丁重な日本語は、現在からすれば随分古めかしい日本語だったのである。

その日本語はおそらく、通訳が若い時に日本で修得したものと思われる表現であった。私自身もおぼろげに、若い時に聞いたことがあったような気がするものの、現在の日常からは遠くなってしまった言葉遣いだったのである。その古めかしい日本語は、現在の日本におい

「あれあれ、歌ちゃんは魚を飼うつもりやったんかな。かわいそうなことしたな。」

と、私をかわいがっていた祖母が慰めてくれた。②そのあいだに妹は天ぷらを頭からばりばりたいらげており、私はいっそう悲しくなった。最終的には祖父の、

「釣った魚を、食いもせんでほかしたらバチが当たる。かわいそうでもありがたく食うのが、せめてもの供養《くよう》ちゅうもんや。」

という一言で、私は目をつぶって天ぷらを食べた。清流で育った小さな魚は、驚くほどおいしかった。細長いのに身はふくふくとして、ほんのりと甘かった。おじいちゃんたちはもう一匹食べられていいなと、あのとき私はたしかに思い、そんなふうに思う自分がうしろめたく、なんだかおかしくもあった。

いまなら、③「現金な」という形容がふさわしいとわかる。泣き笑いして食べた小魚ほどおいしい天ぷらには、その後もついぞ出会わず、私はなんとなく魚をまえにすると④腰が引けるというか身が引き締まる気持ちになる。見開いたまんまるな目が、「かわいそう。」と思ったくせにおいしく食べた私を見透かしている気がするからかもしれない。おまえも俺も、ほかのすべての生き物も、食ったり食われたりして生きて死ぬ。それだけのことだ、と言われている気もして、「なるほどたしかに。」などと一人うなずくうちに、だいたいいつも切り身を焼きすぎる。いや、理由の大半は私の料理の腕前にあるが、豚肉や牛肉が相手だとまだまだ想像が至らぬためか加減よく焼けるのもたしかで、魚と問答をはじめてしまうのがいけないと半ば本気で思ってもいる。

炊飯器が振動をやめ、かわりに猛然と蒸気を噴きあげはじめた。

（三浦しをん『魚の記憶』による）

（注）　ようけ＝たくさん　　卓袱台＝四脚の低い食卓
　　　はよせんと＝早くしないと　　ほかしたら＝捨てたら

(一)　□A、Cの漢字の読みを平仮名で書き、□B、Dの片仮名を漢字で書け。

(二)　――線①の意味として最も適切なものを、次のア～エから一つ選び、その記号を書け。

ア　上手に　　イ　用意周到に　　ウ　冷静に　　エ　臨機応変に

(三)　――線②とあるが、「私」をいっそう悲しくさせたのはどのようなことか。最も適切なものを、次のア～エから一つ選び、その記号を書け。

ア　魚の天ぷらを食べずに捨てるとバチが当たってしまうということ。
イ　食べようと思っていた魚の天ぷらを妹に食べられてしまったこと。
ウ　妹よりも食べ物の好き嫌いが激しい自分の幼さに気づいたこと。
エ　魚に対して自分が抱いたような思いが妹にはないと感じたこと。

(四)　――線③は、具体的にどのようなことを指すか。文章中の言葉を用いて書け。

(五)　――線④は、魚をまえにしたときの「私」の心情を表現したものである。この表現とほぼ同じ内容を表している言葉を、文章中から十字で抜き出して書け。

(六)　この文章からうかがえる妹の性格として最も適切なものを、次のア～エから一つ選び、その記号を書け。

ア　勝ち気で物おじしない性格　　イ　穏やかで落ち着いた性格

＜国語＞

時間　五〇分　　満点　五〇点

一　次の文章を読み、各問いに答えよ。

　私が魚に少々身がまえてしまうのには、子どものころの釣りが影響しているだろう。まだ小学校にも上がらないころ、家から歩いて一分の川に父と妹と行った。故郷の村は山がちで、遊び場といえば田んぼのあぜ道か清流だけだったが、就学まえの子どものみで川遊びをするのは禁じられていたため、その日は妹も私もおおはしゃぎだった。父は村の郵便局に勤めていて、休日はごろごろと昼寝したり寄り合いに出たりで、川につれていってくれるのはめずらしかった。

　川に入るには水温が低い、たしか五月ぐらいのことだった。父は幼い子どもを飽きさせぬよう、①ぬかりなく釣《つ》り竿《ざお》を持参しており、釣り竿といってもそれは細い竹に糸をくくりつけただけのお手製だった。妹と私、それぞれの背丈に合わせた釣り竿を手渡した父は、空き缶を橋のたもとの地面に置いた。なかには、庭をＡ掘り返してつかまえたミミズがうねうね入っていた。

　父はミミズをひきちぎり、自分の釣《つ》り鉤《ばり》に刺した。それでもまだ動くミミズの体に私はひるんだが、妹はむんずと缶のなかのミミズをつかみ、父を真似《まね》ようとする。けれど、子どもの力ではミミズをうまくひきちぎれない。結局、父が妹と私の釣り鉤にミミズをつけた。妹は不満そうだったが、私は心底からホッとした。

　私たち三人は並んで橋に立ち、川面《かわも》に糸をＢタらした。糸を引っぱられたら竿《さお》を上げろ、と父は言ったが、水の流れはときに魚に擬態して、くいくいと糸を引っぱる。てっきり食いついたとばかり思って私は竿を上げるのだが、鉤《はり》についたミミズに変化はない。歌子はせっかちだなと笑う父の隣で、妹は眼光鋭く川面をにらんでいた。

　妹は短い釣り竿を自在に操り、三十分ほどで五匹も魚を釣りあげた。父は三匹、私は一匹で、いずれも大人の中指ほどの細長い魚だ。なんという名の魚だったのか、たいがいの村のひとは、川に棲《す》むフナ、鮎《あゆ》、メダカ、ウナギ以外は、すべておおざっぱに「魚」としか呼ばなかった。父もご多分に漏れず、ようけ魚が釣れたのう、と言った。特に舞子は漁師になれるで、と褒められて妹はうれしそうだった。

　その経験があって、海沿いの〇市に住む男性との結婚を決めたのかもしれない、などとばかなことを考えつつ、卓袱台《ちゃぶだい》に向かって緑茶を飲む。炊飯器が不穏に振動しはじめた。そろそろ買い替えどきだろうか。けれど炊飯器よりさきに私の寿命が来るかもしれず、こうしてなにかしようかと思うつど、どちらが長生きするかを考慮しなければいけないのがＣ厄介だ。

　九匹の小魚が入ったバケツは父がぶらさげ、妹と私はそのあとについて、家に戻った。母と祖父母が釣果《ちょうか》を喜び、夕飯のおかずにするため、母と祖母はさっそく台所に立って、小魚に天ぷらの衣をつけた。

　私は衝撃を受けた。釣った魚を食べるとは思っていなかったのだ。包丁の腹で頭を叩《たた》かれ、気絶だか絶命だかした魚は、おとなしく衣をまぶされ、Ｄネッした油に投じられてあっというまに天ぷらになった。祖父母と父に二尾ずつ、母と妹と私が一尾ずつ。小皿に載って座卓へと登場した魚をまえに、食べたくないと私はべそをかいた。

「ふだんも魚の天ぷらを食べとるやろ。あれと同じじゃ。」

「おいしいよって食べなさい。はよせんと冷めるで。」

　両親が口々に言い、

2021年度

解 答 と 解 説

《2021年度の配点は解答用紙集に掲載してあります。》

＜数学解答＞

1　(1)　①　-7　②　-81　③　$12a$　④　$11x-44$　(2)　$x=-1$，$y=1$

(3)　$x=\dfrac{3\pm\sqrt{5}}{2}$　(4)　6　(5)　ア，エ

(6)　ウ　(7)　右図　(8)　①　$a+3$　②　673

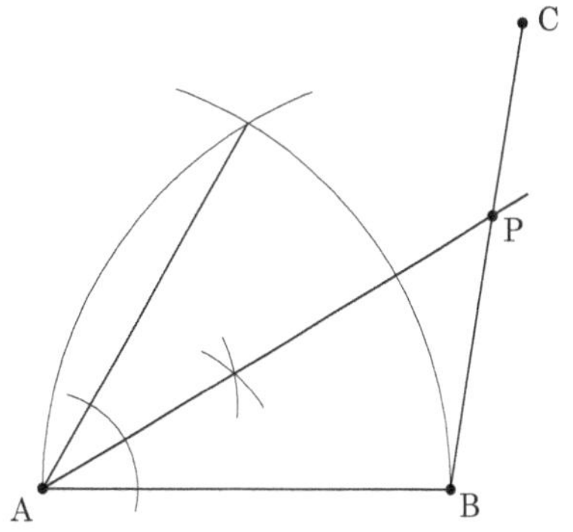

2　(1)　①　㋐　1200　㋑　200　②　$300x+200y$(円)　③　㋒　3　記号　ウ　(2)　$\dfrac{19}{27}$

3　(1)　①　イ　②　ア　(2)　$\dfrac{1}{2}$

(3)　①　$y=2x+4$　②　$-\dfrac{2}{3}$

4　(1)　解説参照　(2)　$90°-a°$　(3)　$\dfrac{5\sqrt{3}}{6}$倍

(4)　$\dfrac{42}{25}\text{cm}^2$

＜数学解説＞

1　(数・式の計算，式の展開，連立方程式，二次方程式，平方根，資料の散らばり・代表値，立方体の展開図，作図，文字を使った式，方程式の応用，数の性質)

(1)　①　同符号の2数の和の符号は2数と同じ符号で，絶対値は2数の絶対値の和だから，$-2-5=(-2)+(-5)=-(2+5)=-7$

②　$-3^2=-(3\times3)=-9$だから，$-3^2\times9=-9\times9=-(9\times9)=-81$

③　$(-2ab)^2=(-2ab)\times(-2ab)=4a^2b^2$だから，$8a^2b\div(-2ab)^2\times6ab=8a^2b\div4a^2b^2\times6ab=8a^2b\times\dfrac{1}{4a^2b^2}\times6ab=\dfrac{8a^2b\times6ab}{4a^2b^2}=12a$

④　**乗法公式$(x+a)(x+b)=x^2+(a+b)x+ab$**より，$(x+7)(x-4)=(x+7)\{x+(-4)\}=x^2+\{7+(-4)\}x+7\times(-4)=x^2+3x-28$　**乗法公式$(a-b)^2=a^2-2ab+b^2$**より，$(x-4)^2=x^2-2\times x\times4+4^2=x^2-8x+16$だから，$(x+7)(x-4)-(x-4)^2=(x^2+3x-28)-(x^2-8x+16)=x^2+3x-28-x^2+8x-16=x^2-x^2+3x+8x-28-16=11x-44$

(2)　連立方程式$\begin{cases}3x+4y=1\cdots①\\2x-y=-3\cdots②\end{cases}$　②をyについて解いて，$y=2x+3\cdots③$　これを①に代入して$3x+4(2x+3)=1$　$3x+8x+12=1$　$11x=-11$　$x=-1$　これを③に代入して，$y=2\times(-1)+3=1$

(3)　**2次方程式$ax^2+bx+c=0$の解は，$x=\dfrac{-b\pm\sqrt{b^2-4ac}}{2a}$**で求められる。問題の2次方程式は，$a=1$，$b=-3$，$c=1$の場合だから，$x=\dfrac{-(-3)\pm\sqrt{(-3)^2-4\times1\times1}}{2\times1}=\dfrac{3\pm\sqrt{9-4}}{2}=\dfrac{3\pm\sqrt{5}}{2}$

(4)　$\sqrt{9}<\sqrt{15}<\sqrt{16}$より，$3<\sqrt{15}<4$だから，$\sqrt{15}$の整数部分は3　よって，$\sqrt{15}$の小数部分$a$は$a=\sqrt{15}-3$　これより，$a^2+6a=a(a+6)=(\sqrt{15}-3)\{(\sqrt{15}-3)+6\}=(\sqrt{15}-3)(\sqrt{15}+3)=$

$(\sqrt{15})^2-3^2=15-9=6$

(5)　**相対度数**$=\dfrac{\textbf{各階級の度数}}{\textbf{度数の合計}}$　A中学校とB中学校の5時間以上6時間未満の**階級**の相対度数に関して，**度数**は5人で等しいが，度数の合計はA中学校の方が小さいから，相対度数はA中学校の方が大きい。アは適切である。睡眠時間が8時間以上の生徒の人数に関して，A中学校は$4+1=5$（人），B中学校は$3+2=5$（人）で，どちらも等しい。イは適切ではない。**度数分布表**の中で度数の最も多い階級の**階級値**が**最頻値**。A中学校の最頻値は，度数が12人で最も多い7時間以上8時間未満の階級の階級値$\dfrac{7+8}{2}=7.5$（時間），B中学校の最頻値は，度数が31人で最も多い7時間以上8時間未満の階級の階級値$\dfrac{7+8}{2}=7.5$（時間）で，どちらも等しい。ウは適切ではない。B中学校の，睡眠時間が7時間未満の生徒の割合は$\dfrac{7+5+25}{73}\times100=\dfrac{37}{73}\times100=50.6\cdots$（%）　エは適切である。

(6)　組み立てたときに重なる辺を目安に，問題の展開図の頂点Aが書いてある面の位置を変えると右図のような展開図になる。更に，この展開図を組み立てたときに重なる頂点を考えると，面㋑の各頂点は右図の展開図のようになる。これより，問題の展開図を組み立てたとき，面㋐と面㋑は平行となり，面㋐を下側の底面としたとき，面㋑は上側の底面となり，頂点Pの真上に頂点Aがあり，面㋑の各頂点は頂点Aから反時計回りにA→B→C→Dの順に並ぶ。これを見取図に表すと上図のようになり，これより，各線分の長さの大小関係は，線分PA＜線分PB＝線分PD＜線分PCとなる。

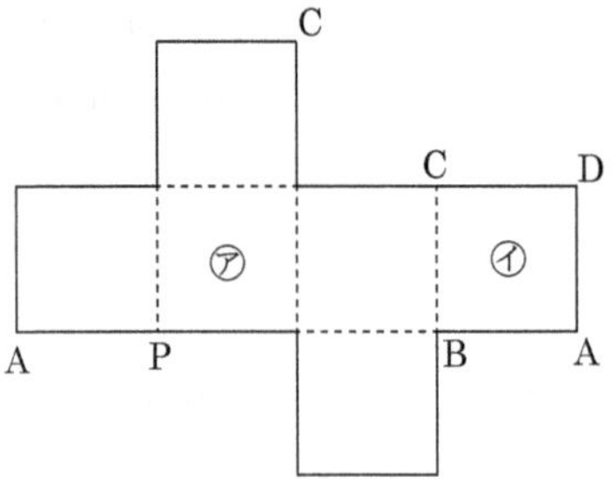

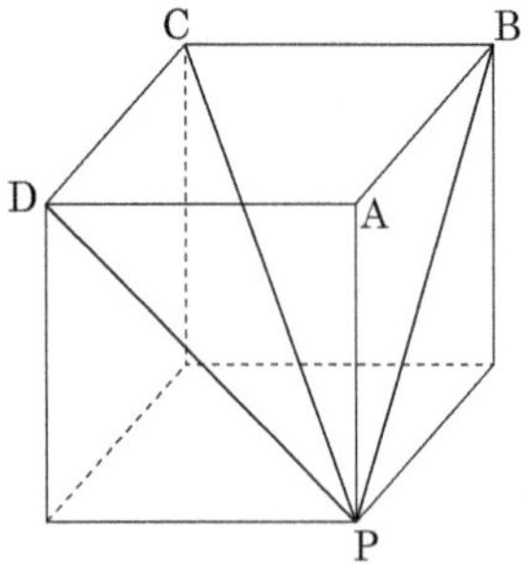

(7)　（着眼点）直線ABに関して，点Cと同じ側に，△ABDが正三角形となるように点Dをとると，∠BADの二等分線と線分BCとの交点が点Pとなる。　（作図手順）次の①～④の手順で作図する。　①　線分ABと線分BCを引く。　②　点A，Bをそれぞれ中心として，交わるように半径ABの円を描き，その交点をDとし，線分ADを引く。（△ABDは正三角形）　③　点Aを中心とした円を描き，線分AB，AD上に交点をつくる。　④　③でつくったそれぞれの交点を中心として，交わるように半径の等しい円を描き，その交点と点Aを通る直線（∠BADの二等分線）を引き，線分BCとの交点をPとする。（ただし，解答用紙には点Dの表記は不要である。）

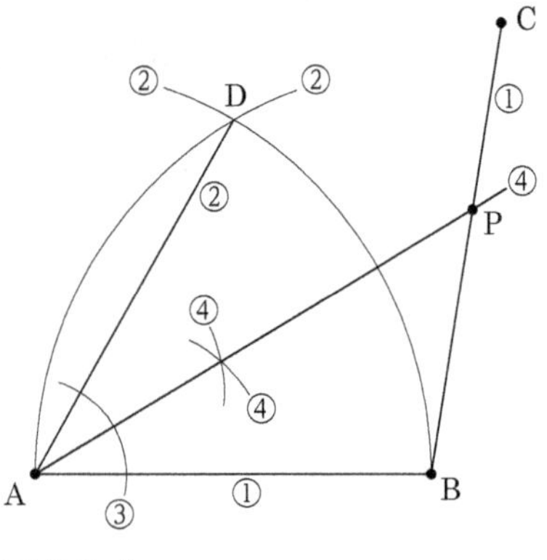

(8)　①　連続する4つの整数のうち，最も小さい数をaとするとき，連続する4つの整数は，a，$a+1$，$a+2$，$a+3$と表すことができる。

②　連続する3つの整数の和は，$a+(a+1)+(a+2)=3a+3=3(a+1)$，或いは，$(a+1)+(a+2)+(a+3)=3a+6=3(a+2)$のように，必ず3の倍数になる。これに対して，2021は，$2021\div3=673$余り2より，3で割ると2余る数であることから，除いた1つの数は，$a+1$か$a+2$のどちらかであることがわかる。除いた1つの数が$a+2$である場合，3つの整数の和は，$a+(a+1)+(a+3)=3a+4=3(a+1)+1$となり，3で割ると2余る数にならない。除いた1つの数

が$a+1$である場合，3つの整数の和は，$a+(a+2)+(a+3)=3a+5=3(a+1)+2$となり，3で割ると2余る数になる。以上より，$3(a+1)+2=2021$を解いて，$a=672$　除いた1つの数は$a+1=672+1=673$である。

2 (文字を使った式，方程式の応用，確率)

(1) ①　花子さんのグループの場合，訪れる日が特別割引の日だから，大人1人につき，同伴している子ども1人の入館料が無料となる。花子さんのグループの人数構成は大人2人，子ども3人だから，子ども2人の入館料が無料となり，入館料の合計金額は500(円)×2(人)＋200(円)×(3(人)−2(人))＝1200(円)…(あ)となる。太郎さんのグループが特別割引の日に訪れた場合，人数構成は大人3人，子ども5人だから，同様に考えて，入館料の合計金額は500(円)×3(人)＋200(円)×(5(人)−3(人))＝1900(円)…(え)となる。太郎さんのグループの場合，訪れる日が月末割引の日だから，入館者全員，入館料50円引きとなり，入館料の合計金額は(500(円)−50(円))×3(人)＋(200(円)−50(円))×5(人)＝2100(円)…(お)となる。これは，特別割引の日に訪れるよりも入館料の合計は(お)−(え)＝2100(円)−1900(円)＝200(円)…(い)高くなる。

②　大人x人，子どもy人のグループが特別割引の日に訪れる場合，グループの入館料の合計金額は500(円)×x(人)＋200(円)×(y(人)−x(人))＝$500x+200y-200x=300x+200y$(円)…(か)となる。

③　大人x人，子どもy人のグループが月末割引の日に訪れる場合，グループの入館料の合計金額は$(500-50)\times x+(200-50)\times y=450+150y$(円)…(き)となる。(か)，(き)より，大人の人数より子どもの人数の方が多い場合，2種類の割引でグループの入館料の合計金額が等しくなるのは，$300x+200y=450x+150y$　整理して，$y=3x$より，子どもの人数が大人の人数の3倍…(う)のときである。(か)，(き)より，大人1人の増減に対して，特別割引の日に訪れる場合は300円の増減があり，月末割引の日に訪れる場合は450円の増減がある。また，子ども1人の増減に対して，特別割引の日に訪れる場合は200円の増減があり，月末割引の日に訪れる場合は150円の増減があるから，子どもの人数が大人の人数の3倍のときより，大人の人数が1人減る…Xと，特別割引の日より，月末割引の日に訪れる方が，グループの入館料の合計金額は450−300＝150円安くなり，子どもの人数が1人増える…Yと，特別割引の日より，月末割引の日に訪れる方が，グループの入館料の合計金額は200−150＝50(円)安くなる。

(2)　一般に，ことがらAについて，**(Aの起こる確率)＋(Aの起こらない確率)＝1**が成り立つ。したがって，これより，(少なくとも1人は「クリアファイル」がプレゼントされる確率)＝1−(3人とも「ポストカード」がプレゼントされる確率)が成り立つ。ここで，「スクラッチカードの3つの○のうち1つだけ削る」を，「A，B，Bの記号が1つずつ書かれた3個の玉の中から1個を取り出す」と読み替えることができる。1人の取り出し方は3通りあるから，3人の取り出し方はそれぞれ3通りずつあり，すべての取り出し方は3×3×3＝27(通り)ある。このうち，Bの記号が書かれた玉を取り出す取り出し方はそれぞれ2通りずつあるから，3人がすべてBの記号が書かれた玉を取り出す取り出し方，つまり「ポストカード」がプレゼントされる取り出し方は2×2×2＝8(通り)ある。これより，(3人とも「ポストカード」がプレゼントされる確率)＝$\frac{8}{27}$であり，(少なくとも1人は「クリアファイル」がプレゼントされる確率)＝$1-\frac{8}{27}=\frac{19}{27}$となる。

3 (図形と関数・グラフ)

(1) ①　関数$y=ax^2$のグラフは，aの値の**絶対値**が大きいほど，グラフの開き方は小さくなる。

②　点A，Bは$y=ax^2$上にあるから，そのy座標はそれぞれ　$y=a\times(-1)^2=a$　$y=a\times 2^2=4a$

よって，A$(-1,\ a)$　B$(2,\ 4a)$　点Aを通りx軸に平行な直線と，点Bを通りy軸に平行な直線との交点をHとすると，直角三角形ABHにおいて，AH$=2-(-1)=3$，BH$=4a-a=3a$　よって，aの値が大きくなると，線分AHの長さは一定だが，線分BHの長さが長くなるから，線分ABの長さは長くなる。

(2)　関数$y=ax^2$がxの**変域**に0を含むときのyの変域は，$a>0$なら，$x=0$で**最小値**$y=0$，xの変域の両端の値のうち絶対値の大きい方のxの値でyの値は最大になる。また，$a<0$なら，$x=0$で**最大値**$y=0$，xの変域の両端の値のうち絶対値の大きい方のxの値でyの値は最小になる。本問はxの変域に0を含み，$a>0$の場合だから，xの変域の両端の値のうち絶対値の大きい方の$x=2$で最大値$y=2$　よって，$2=a\times2^2$　$a=\frac{1}{2}$

(3)　①　$a=2$のとき，(1)②より，A$(-1,\ 2)$，B$(2,\ 8)$　よって，直線ABの傾き$=\frac{8-2}{2-(-1)}=2$であり，直線ABの式を$y=2x+b$とおくと，点Aを通るから，$2=2\times(-1)+b$　$b=4$　直線ABの式は$y=2x+4$

②　△BED＝△ODCのとき，△BEC＝△BED＋△CDE＝△ODC＋△CDE＝△OECより，**平行線と面積の関係**から，CE//OBとなる。A$(-1,\ 2)$より，直線OAの式は$y=-2x$…㋐　B$(2,\ 8)$より，直線OBの式は$y=4x$　直線ABの式が$y=2x+4$であることより，E$(0,\ 4)$　CE//OBより，直線CEは点Eを通り傾き4の直線だから$y=4x+4$…㋑　もとめる点Cのx座標は㋐と㋑の連立方程式の解。㋑を㋐に代入して，$4x+4=-2x$　$x=-\frac{2}{3}$

4　**(平面図形，円の性質，三平方の定理，相似の証明，角度，線分の長さの比，面積)**

(1)　(証明)　(例)△ACDと△EBDにおいて　1つの弧に対する**円周角**は等しいから　∠ACD＝∠EBD…①　**対頂角は等しい**から　∠ADC＝∠EDB…②　①，②より　2組の角がそれぞれ等しいから，△ACD∽△EBD

(2)　$\overset{\frown}{\mathrm{BC}}$に対する円周角なので，∠BEC＝∠BAC＝$a°$　△BCEはBC＝CEの二等辺三角形なので，∠CBE＝∠BEC＝$a°$　$\overset{\frown}{\mathrm{CE}}$に対する**中心角と円周角の関係**から，∠COE＝2∠CBE＝$2a°$　△OCEはOC＝OEの二等辺三角形だから，∠OCD$=\frac{180°-\angle\mathrm{COE}}{2}=\frac{180°-2a°}{2}=90°-a°$

(3)　**直径に対する円周角は90°**だから，∠AEB＝90°　$\overset{\frown}{\mathrm{AE}}$に対する中心角と円周角の関係から，∠ABE$=\frac{1}{2}$∠AOE$=\frac{1}{2}\times60°=30°$　よって，△ABEは**30°，60°，90°の直角三角形で，3辺の比は2：1：$\sqrt{3}$**だから，EB$=\frac{\sqrt{3}}{2}$AB$=\frac{\sqrt{3}}{2}\times5=\frac{5\sqrt{3}}{2}$(cm)　△ACD∽△EBDより，**相似な図形では，対応する線分の長さの比はすべて等しい**から，AD：ED＝AC：EB$=3:\frac{5\sqrt{3}}{2}=1:\frac{5\sqrt{3}}{6}$

線分DEの長さは線分ADの長さの$\frac{5\sqrt{3}}{6}$倍である。

(4)　点Cから線分ABへ垂線CHを引く。∠ACB＝∠AHC＝90°…①　共通の角より，∠BAC＝∠CAH…②　①，②より，2組の角がそれぞれ等しいから，△ABC∽△ACH よって，AB：AC＝AC：AH　AH$=\frac{\mathrm{AC}\times\mathrm{AC}}{\mathrm{AB}}=\frac{3\times3}{5}=\frac{9}{5}$(cm)　△ACDはAC＝CDの二等辺三角形で，**二等辺三角形の頂角からの垂線は底辺を2等分する**から，AD＝2AH$=2\times\frac{9}{5}=\frac{18}{5}$(cm)　△ACD∽△EBDより，△EBDもEB＝BDの二等辺三角形だから，EB＝BD＝AB－AD$=5-\frac{18}{5}=\frac{7}{5}$(cm)　直径に対する円周角は90°だから，∠AEB

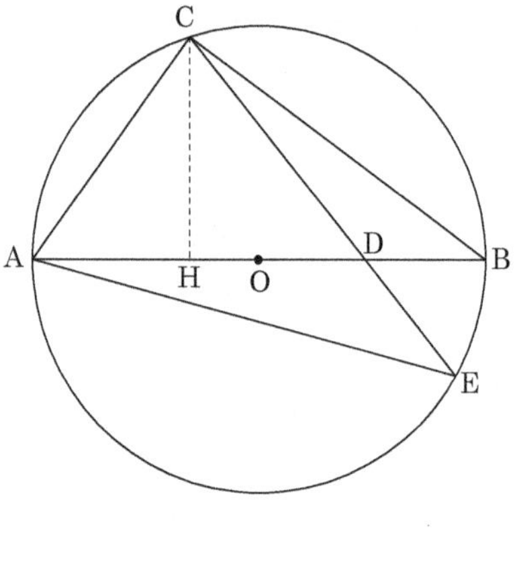

$=90°$　△ABEに**三平方の定理**を用いると，$AE=\sqrt{AB^2-EB^2}=\sqrt{5^2-\left(\frac{7}{5}\right)^2}=\frac{24}{5}$(cm)　△OEBと△ABEで，**高さが等しい三角形の面積比は，底辺の長さの比に等しい**から，△OEB：△ABE＝OB：AB＝1：2　以上より，$△OEB=\frac{1}{2}△ABE=\frac{1}{2}\times\frac{1}{2}\times AE\times EB=\frac{1}{2}\times\frac{1}{2}\times\frac{24}{5}\times\frac{7}{5}=\frac{42}{25}$(cm^2)

＜英語解答＞

1　(1)　①　ウ　②　ウ　(2)　①　エ　②　イ　(3)　ア　(4)　ウ，カ

2　(1)　イ　(2)　ア　(3)　(例)I will not be afraid of making mistakes. I can learn a lot from mistakes.

3　(1)　ウ　(2)　①　イ　②　エ

4　(1)　オ→エ→ア→ウ→イ　(2)　(a)　No, they did not.　(b)　He went back once.　(3)　ウ　(4)　ア，カ　(5)　(例)I am trying to say "thank you" with a smile. Kind words and smiles have power to make people happy.

＜英語解説＞

1　(リスニング)

放送台本の和訳は，43ページに掲載。

2　(会話文：語句補充・選択，文の挿入，自由・条件付き英作文，不定詞，動名詞，関係代名詞，比較，文の構造，現在・過去・未来と進行形，形容詞・副詞)

(全訳)　Ichiro：君は将来何になりたい，Emily？

Emily：私は自分の国で日本語を教えたい。私のように日本に興味がある生徒を手伝いたい。あなたはどう，Ichiro？

Ichiro：ぼくは看護師になりたいんだ。健康の問題がある多くの人々を支援したい。これを見て。これはぼくたちの学校の3年生に人気のある仕事のランキングだ。生徒の中では，スポーツ選手が最も人気のある仕事だね。看護師は5番目だ。

アオバ中学校で人気のある仕事ランキング	
1	スポーツ選手
2	動画投稿者
3	ゲーム・クリエーター
4	ア
5	看護師
6	イ
7	獣医師
8	医師
9	ウ
10	調理師

Emily：面白いランキングね！　あ，教師は看護師ほど人気がないけれども，医師よりも人気があるのね。アメリカでは，教師と医師はとても人気のある仕事なの。

Ichiro：面白いね。将来，生徒の間で人気のある仕事は変わると思う？

Emily：そうね。今では動画投稿者がとても人気があるけれども，10年前にそのような仕事はなかったと聞いたことがある。社会はとても早く変わっているから。

Ichiro：その通り。すぐにより多くの AI 技術を，ぼくたちの周りで見るようになる，そして AI 技術はぼくたちのために働き，ぼくたちの生活を変えることができる。実際，お互いに異なった言葉を話す人々が意思疎通する時に，翻訳アプリを使うことができるよ。多くの新

しい技術が，将来開発されるだろう。それらの技術は，ぼくたちの生活をより良いものにできる。

Emily：お互い意思疎通をするために，私たちは外国語を勉強する必要があるのかな？

Ichiro：今，ぼくは君と意思疎通ができる，なぜなら，ぼくは数年間英語を勉強したから。英語の会話を通してお互い理解できることで，ぼくはとてもたのしい。翻訳アプリは，ぼくたちが意思疎通をする時，大きな手助けになる。けれども，さまざまな文化の人々を理解するために，ぼくは外国語を勉強し続けるつもり。

(1)　ランキングの会話は，対話文本文の第 4 番目 Emily の発話第2文 Oh, a teacher～にあり，これによると「教師は看護師ほど人気がないが，医師より人気がある」とあるので，表のイが適当。第2文のnot as popular as a nurse は，「看護師ほど人気がない」となる。

(2)　ア　私は外国語を勉強し続けるだろう。(○)　イ　私は仕事の人気ランキングを変えるだろう。　ウ　私はスポーツ選手になることをあきらめるだろう。　エ　私は健康の問題を持つ人々を支援するだろう。　空欄の文は but(けれども，しかし，だが)に続くので，but の前の文 Translator application～we communicate の意味(翻訳アプリは手助けになる)を受けて意味の通る文を空欄に入れたい。選択肢ではアが適当。選択肢エの who have～は**関係代名詞**で，その前の語 people を説明して「健康の問題を持つ人々」となる。

(3)　(解答例と訳)私は失敗することを恐れないでしょう。私は失敗から多くを学ぶことができます。　解答例中の making は make の**動名詞**で「つくること，すること」となる。

3 **(読解問題：メモ・手紙，要約文などを用いた問題，内容真偽，英問英答，関係代名詞，不定詞，助動詞，受け身，前置詞)**

まほろば市イングリッシュキャンプ 2021

まほろば市で英語を話して楽しみ，そして，ALT と一緒に楽しみましょう！

場所　まほろば・リバー・パーク

日付　7 月 31 日（土曜）- 8 月 1 日（日曜日）

〔＊参加者は，7 月 31 日の午後 1 時に，まほろば駅に集まります。〕

参加できる人　まほろば市に住んでいる生徒（9 歳 - 15 歳）

＊以前このキャンプに参加したことがない生徒が申し込みできます。

＊このキャンプには両親は参加できません。

＊キャンプの前のミーティングは 7 月 24 日午前 10 時にまほろば市役所で開催されます。参加者は必ずミーティングに参加してください。両親もミーティングに参加できます。

＊英語力については心配しないでください。ALT があなたを手助けします。

費用　3,000 円

申し込み方法　ウェブサイトを見てください：http://www.mhrbcityenglishcamp.jp

〔6 月 30 日までにウェブサイトで申し込む必要があります。〕

プログラム　＊雨の場合，いくつかの活動は変更されます。

一日目 (7/31)	午後	★自己紹介 ★ゲームをする
	晩	★料理（ピザを作りましょう！） ★キャンプファイヤー（英語の歌をうたいましょう！）
二日目 (8/1)	午前	★公園を散歩 ★文化を学ぶ（ALT が彼らの国について話をします）

(1) ア 両親と一緒にキャンプへ参加する生徒　イ 去年キャンプに参加した生徒　ウ まほろば市に住み，13歳の生徒(○)　エ セント市に住み，15歳の生徒　ポスターの Who Can Join(参加できる人)には，「まほろば市に住んでいる生徒(9歳～15歳)とあるので，選択肢ウが適当。各選択肢の who は関係代名詞として使われている。

(2) ① (問い)7月31日午後1時に，参加者はどこで会いますか？　ア まほろばリバー・パークで　イ まほろば駅で(○)　ウ まほろば中学校で　エ まほろば市役所で　ポスターの Date の下には，「参加者は，7月31日の午後1時に，まほろば駅に集まる」とあるので，選択肢イが適当。　② (問い)キャンプについてどれが正しいですか？　ア キャンプに参加するために，参加者は英語を上手に話す必要がある。　イ 1日目の午前中に，ALT から外国の文化を学ぶことができる。　ウ もし生徒がキャンプに参加したいのならば，彼らは6月30日までにまほろば市役所を訪れなければならない。　エ もし雨なら，キャンプの活動は変わるだろう。(○)　ポスターの後半 PROGRAM (プログラム)の右側に「雨ならば活動が変わる」とあるので，エが適当。エの will be changed は受け身で「変えられるだろう」となる。

4 **(長文読解：文の並べ換え，英問英答，語句の解釈，自由・条件付き英作文，不定詞，動名詞，現在完了，文の構造，接続詞)**

(全訳) 大玉村は，福島県にある美しい町です。そこは，ペルーのマチュピチュ村の最初の友好都市です。マチュピチュ村は，世界遺産で有名です，そして，毎年多くの人々がそこを訪れます。なぜ大玉村は，マチュピチュ村の友好都市になったのでしょうか？

ある日本人の男性が，二つの村をつなげました。彼の名前は，野内与吉でした。彼は，1895年に大玉村で生まれました。彼の両親は農家でした，そして，彼には多くの兄弟と姉妹がありました。彼が 21 歳の時，両親は行ってほしくはなかったにも関わらず，彼は移民としてペルーへ行くことを決めました。彼は，外国で成功したかった。彼は 1917 年に一人で日本を去りました。

ペルーに到着した後，与吉は農場で働きました。彼は，農場の仕事がとてもたいへんで，続けていくことができませんでした。彼は仕事をあきらめ，別の仕事を探すために旅をしました 。彼は数回仕事を変えました。彼が28歳の時，ペルーの国有鉄道会社で働き始めました。その時，その会社には，コーヒー豆を運ぶために，長い線路を作るという計画がありました。彼はマチュピチュのふもとにある村に滞在し，そして線路を作るために働きました。村の周りには，多くの自然がありました。彼は村が気に入り，そしてそこへ住むことに決めました。

しかし，村での生活は，容易ではありませんでした。村人は，水を手に入れるために，長い道を歩く必要がありました。また，彼らには電気がありませんでした。与吉は，水を村へ運ぶために，村人と一緒に水路を作りました。その後，彼らはより簡単に水を得ることができました。村人は電気のことについて，よく知りませんでした，だから彼が電気について村人に教えました。彼は村人とともに，小さな水力発電所を建てました。村人は彼を尊敬し始めました。

村に来る前，与吉は彼自身のためだけに働きました。しかし，その村での彼の経験は彼を変えました。彼は村人のために働くとき，喜びを感じました。彼は「もっと多くの人々が村を訪れるならば，村は発展するだろう」と考えました。1935年，彼が40歳の時，村にホテルを建てました。このホテルは，訪問者だけではなく，村人のためでもありました。ホテルの中には，郵便局と警察署がありました。村人にとってホテルは，とても重要な場所になりました。彼は常に村と村人のことを考えました。もはや彼は，日本からのただの移住者ではありませんでした。村の生活は，彼のおかげで改善されました。彼は村にとって欠かせない人でした。

1941年に太平洋戦争が始まりました。ペルーでは，軍警察が日本人の人々を捕え始めました。

まもなく，警察が日本人を探すために村にきました。全ての村人が警察に「この村には日本の人々はいません」と言いました。与吉と彼の家族は，村人たちによって助けられました。戦争の後，彼が53歳の時に，最初の村長になりました。

与吉は，73歳の時に初めて大玉村に戻りました。彼は滞在している間に，マチュピチュ村を人々へ紹介しました。日本の彼の家族は，日本に留まるように彼へ言いましたが，彼は次の年にペルーへ帰りました。彼は大玉村には二度と戻りませんでした。彼の人生は，1969年に終わりました。

1983年マチュピチュは世界遺産になりました。マチュピチュ村は，世界中の多くの都市から友好都市になるようたずねかけられました，しかし，村は最初の友好都市として大玉村を選びました。これは与吉の偉大な功績によるものでした。彼の功績は，いまだに日本とペルーをともにつなげています。

(1)　正答は次の順番になる。　オ　与吉は，国有鉄道会社で働き始めました。　→エ　与吉は，村へ水を運ぶために水路を作りました。　→ア　与吉は，訪問者と村人の両方のために，村にホテルを建てました。　→ウ　与吉は，マチュピチュ村の最初の村長になりました。　→イ　与吉は，ペルーから大玉村へ戻りました。　問題本文の物語の流れと，各選択肢の文の意味を考え合わせて順に並べ替えたい。オの to work は不定詞で「働くこと」となる。

(2)　(a)　(問題文訳)与吉の両親は，彼が21歳の時に彼にペルーに行ってほしかったのですか？　(正答)No, they did not.(いいえ，そうではありませんでした)　問題文は Did Yokichi's～で始まっているので，yes/no で答える。問題本文第2段落第5文 When he was ～には，「彼が21歳の時，両親は行ってほしくはなかったにも関わらず，彼は移民としてペルーへ行くことを決めた」とあるので，答えは No～が適当。parents(両親)なので複数形の they とする。　(b)　(問題文訳)与吉は，ペルーから大玉村へ何回戻りましたか？（正答)He went back once.(彼は一度戻った。)　問題本文第7段落最初の文 Yokichi went back～，第3文 His family in～，そして第4文 He did not～には，「与吉は，73歳の時に初めて大玉村に戻り，ペルーへ帰った後は，大玉村には二度と戻らなかった」とあるので，与吉は大玉村へ一度行ったことになる。「一度，一回」は once を使う。戻るは go back だが，過去形にすることを忘れずに。

(3)　ア　国際的な　イ　神経質な　ウ　重要な(○)　エ　恐ろしい　下線部の前の文では，「村の生活は彼のおかげで改善された」とあり，だから indispensable person なので，選択肢ではウが適当。indispensable は，「不可欠な，欠かせない，絶対必要な」といった意味がある。

(4)　ア　ペルーの農場の仕事はとてもたいへんで，与吉は続けることができなかった。(○)　イ　与吉は，28歳の時にペルーでコーヒー豆を栽培し始めた。　ウ　村人は与吉を尊敬した。なぜならば，彼は村に農場を作ったから。　エ　与吉は，ホテルを立てる前に，村に郵便局と警察署を建てた。　オ　与吉と彼の家族は，太平洋戦争の間村人の命を助けた。　カ　与吉のおかげで，大玉村はマチュピチュ村の友好都市になった。(○)　問題本文第3段落第2文 The work on～には，「彼は，農場の仕事がとてもたいへんで，続けていくことができなかった」とあるので，選択肢アが適当。問題本文 The work on～では，<too…to～>が使われていて，「あまりにも…すぎて～できない」という意味になる。また，問題本文の最後の段落第2文 Machu Picchu Village～と，次の第3文 This was because～には，「マチュピチュ村は，最初の友好都市として大玉村を選んだ。これは与吉の偉大な功績によるもの」とあるので，カが適当。カの文の has become は現在完了形になっている。

(5)　(問題文と解答例訳)Brown：与吉は，一人でペルーへ行きました。そして，そこで人々のために働きました。それは素晴らしかった。／Haruko：彼は努力を通して村人を幸せにしました。／Brown：そうですね。あなたは周りの人々を幸せにするために何がしたいですか，Haruko？ ／Haruko：私は笑顔とともに「ありがとう」と言うように努力しています。親切な言葉と笑顔は，人々を幸せにする力があります。

2021年度英語　聞き取り検査

〔放送台本〕

これから，英語の聞き取り検査を行います。放送中に問題用紙の空いているところに，メモを取ってもかまいません。それでは，問題用紙1を見なさい。1には，(1)～(4)の4つの問題があります。

まず(1)を見なさい。(1)では，①，②の英語が流れます。英語の内容に合うものを，それぞれ問題用紙のア～エのうちから1つずつ選び，その記号を書きなさい。なお，英語はそれぞれ1回ずつ流れます。それでは，始めます。

① The woman is taking a picture of flowers.
② This is used to produce electricity when wind blows.

〔英文の訳〕

① 女性は花の写真を撮っている。
選択肢ウが適当。
② これは，風が吹いている時に電気を作るために使われる。
選択肢ウが適当。

〔放送台本〕

次に，(2)に移ります。(2)では，①，②のそれぞれの場面で，2人が会話を行います。それぞれの会話の最後にチャイムが鳴ります。そのチャイムの部分に入る英語として最も適切なものを，それぞれ問題用紙のア～エのうちから1つずつ選び，その記号を書きなさい。なお，会話はそれぞれ1回ずつ行います。それでは，始めます。

① *Clerk:* May I have your name, please?
Ms. Suzuki: My name is Suzuki Yukiko.
Clerk: Could you say it again?
Ms. Suzuki: <チャイム>
② *Woman:* I haven't watched movies these days.
Man: I watched an anime movie last week.
Woman: How was it?
Man: <チャイム>

〔英文の訳〕

① 店員　：お名前をいただけますか？
スズキ：私の名前は，スズキユキコです。
店員　：もう一度言っていただけますか？
スズキ：<　エ　>

ア　私はあなたの名前は知りません。　イ　ユキコは私の友人です。　ウ　私は日本の出身です。
エ　スズキ，私はスズキユキコです。(○)

② 女性：最近私は映画を観ていない。
男性：私は先週アニメ映画を観た。
女性：どうだった?
男性：<　イ　>
ア　11時に始まる。　イ　とても楽しかった。(○)　ウ　私はそれをまだ見ていない。
エ　私は大丈夫です，ありがとう。

〔放送台本〕

次に，(3)に移ります。(3)では，問題用紙に示されたデパートの案内表示を見ながら2人が会話を行います。その後，会話の内容について質問をします。質問に対する答えとして最も適切なものを，問題用紙のア～エのうちから1つ選び，その記号を書きなさい。なお，会話と質問は2回ずつ行います。それでは，始めます。

Tom: You said you wanted to buy shoes, Lucy.
Lucy: Yes.
Tom: We are on the first floor now. Let's go to the shoe shop on this floor first.
Lucy: Sure. What are you going to buy, Tom?
Tom: I want to buy a tennis racket and look for a good dictionary to study Spanish.
Lucy: Let's buy a racket after buying my shoes. Then, we can go to the bookstore. I want to buy a comic book, too.
Tom: Perfect. After shopping, shall we eat dinner at a restaurant?
Lucy: Sounds nice, but I have to go home by five o'clock because my parents and I are going to have dinner together.
Tom: OK. Let's leave here after we finish shopping.
Lucy: Thank you, Tom.
質問　Which floors will they visit for shopping?

〔英文の訳〕

Tom: 靴を買いたいと言っていたね，Lucy。
Lucy: ええ。
Tom: ぼくたちは今1階にいる。最初にこの階の靴屋に行こうか。
Lucy: もちろん。何を買うつもりなの，Tom？
Tom: ぼくはテニスのラケットを買いたくて，そしてスペイン語を勉強するための良い辞書を探しているんだ。
Lucy: 私の靴を買ってから，ラケットを買いましょう。それから，本屋に行くことができるね。私もコミック・ブックが買いたい。
Tom: いいね。買い物の後，レストランで夕食を食べようか？
Lucy: いいね，けれども，私は5時までに家へ帰らなければならないの，両親と私は一緒に夕食を食べに行くから。

Tom: わかった。買い物が終わった後，ここを出ようか。
Lucy: ありがとう，トム。
(質問)彼らは買い物のために，どのフロアを訪れますか？
ア　1階，4階と6階(○)　　イ　1階，5階と7階
ウ　1階，2階，5階と6階　　エ　1階，4階，6階と7階

〔放送台本〕
次に，(4)に移ります。(4)では，イギリスに留学しているMikaが授業で行った，自分の町を紹介したスピーチが流れます。この英語の内容と合っているものを，問題用紙のア～カのうちから2つ選び，その記号を書きなさい。なお，スピーチは2回流れます。それでは，始めます。

Hello. Today, I'm going to talk about my town.

Look at these pictures. These are pictures of my town. In spring, you can see beautiful flowers along the river. In summer, many people come to my town because we have a big festival. You can enjoy many kinds of food at the festival.

Look at the next picture. You can see a street with old houses near the river. Some houses are more than 200 years old. The street has a long history and students in my town learn about it. l think it is important for us to learn about our town.

There are not only old things but also new things in my town. This is the picture of a new library built last year. It is very big and has many books. It also has a room for studying. Many students study there on weekends. Some people visit the library to take pictures of it because it is made of wood and beautiful.

In the future, I want to make a website to show my town to people around the world. I hope many people will know about my town through the website.

I love my town. Thank you.

これで，英語の聞き取り検査の放送を終わります。次の問題に進んでよろしい。

〔英文の訳〕
こんにちは。今日は，私の町についてお話しします。
これらの写真を見てください。これらは私の町の写真です。春には，川沿いに美しい花を見ることができます。夏には，多くの人々が私の町に来ます，なぜなら，大きなお祭りがあるからです。お祭りでは多くの種類の食べ物を楽しむことができます。
次の写真を見てください。川のそばに古い家のある通りが見えます。築200年以上の家もあります。その通りには長い歴史があり，そして私の町の生徒は，その歴史について学びます。私たちの町について学ぶことは，私たちにとって大切だと思います。
私の町には，古いものだけではなく，新しいものもあります。この写真は，去年建てられた新しい図書館の写真です。とても大きくて多くの本を有してます。勉強のための部屋もあります。多くの生徒は，週末そこで勉強します。それの写真を撮るために，図書館を訪れる人々もいます，なぜなら，木でできていて美しいからです。
世界中の人々に私の町を見せるために，将来ウェブサイトを作りたいのです。ウェブサイトを通して，多くの人々が私の町について知ることを望みます。

私は私の町が大好きです。ありがとう。

ア　春に人々は，大きなお祭りと多くの種類の食べ物を，Mikaの町で楽しむことができる。

イ　夏には美しい花を買うために，多くの人々がMikaの町を訪れる。

ウ　Mikaの町の古い建物の中には，200年以上前に建てられたものがある。(○)

エ　Mikaの町の図書館は古いので，来年新しい図書館が建てられることになっている。

オ　Mikaの町の生徒は，町の図書館について勉強する。

カ　Mikaは，将来彼女の町に関するウェブサイトを作りたい。(○)

<理科解答>

1　(1)　示準化石　(2)　①　イ　②　e

2　(1)　ウ　(2)　0.23　秒　(3)　①　けん　②　ア

(4)　①　恒温動物　②　右図　③　(例)生息する環境に都合のよい

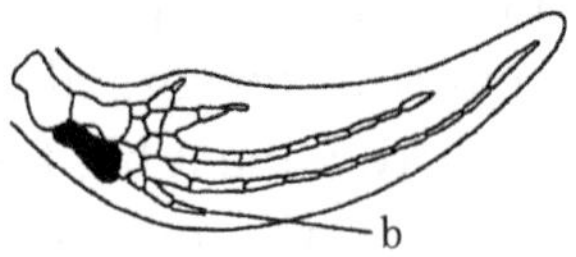

3　(1)　(例)水溶液どうしが混ざることを防ぐため。　(2)　ウ，エ　(3)　ウ

(4)　(用語)　中和　(反応)　(例)発熱反応である。

4　(1)　ア　(2)　56%　(3)　(例)まわりの気圧が低くなるため，膨張して温度が下がり，露点に達すると，ふくまれていた水蒸気の一部が水滴になる。

(4)　ア　(5)　イ

5　(1)　$48.5cm^3$　(2)　(化学式)　Al　(記号)　ウ

(3)　(例)鉄が磁石につく。

6　(1)　①　イ　②　イ　(2)　エ　(3)　右図

(4)　(例)物体と凸レンズの距離が，焦点距離より近いとき。　(5)　エ

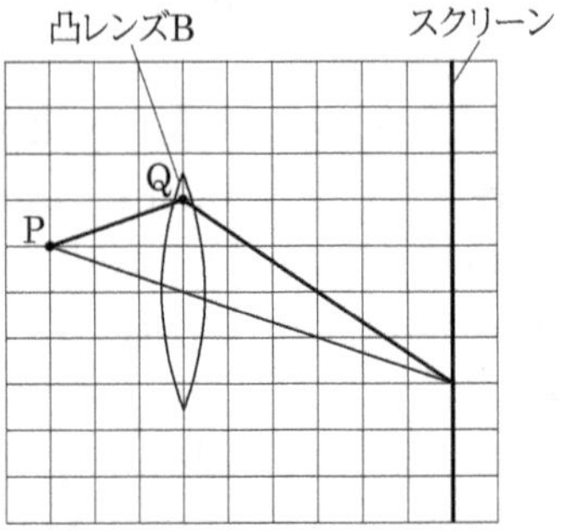

<理科解説>

1　(地層の重なりと過去の様子：示準化石，電流と磁界：磁界の向き・磁力)

(1)　地層の堆積した年代が推定できる化石を示準化石という。

(2)　①　方位磁針のN極がいつも北をさすのは，**地球が北極付近にS極，南極付近にN極をもつ1つの磁石のようになっている**と考えられるからである。図1の**磁力線の磁界の向きは地球のN極からS極に向かう向き**である。**磁界の向きは**，磁界の中の各点で**方位磁針のN極がさす向き**である。　②　磁石の極の近くのように，磁力線の間隔がせまいところは磁界が強く，大きな磁力をおよぼす。逆に極から遠く，磁力線の間隔が広いところは磁界が弱く，磁力も小さい。よって，磁力が最も小さい点はeである。

2　(動物の体のつくりとはたらき：刺激と反応・骨格と筋肉，動物の分類と生物の進化：相同器官)

(1)　刺激に対して無意識に起こる，生まれつきもっている反応を反射という。『暗い部屋から明るい部屋へ移動すると，ひとみの大きさが変化した。』は，その一例である。

(2)　**1人あたりが脳で判断や命令を行うのにかかった時間＝1人あたりの右手の皮ふから左手の**

皮ふの筋肉まで信号が伝わる時間－1人あたりのヒトの中枢神経や末しょう神経を刺激や命令の信号が伝わる時間＝(3.19[s]＋2.75[s]＋2.64[s])÷3÷11－1.8[m]÷60[m/s]＝0.26[s]－0.03[s]＝0.23[s]，である。

(3)　筋肉の両端はけんというじょうぶなつくりになって骨についており，実験2では，図2のように筋肉Xをピンセットで直接⇨の向きに引くことで先端部が➡矢印の向きに動いたが，実際には筋肉Xが縮むことで先端部が➡矢印の向きに動く。

(4)　①　多くの鳥類とほ乳類は恒温動物とよばれ，まわりの温度が変化しても体温がほぼ一定に保たれている。　②　クジラのひれは，ヒトのうでと**相同器官**である。図5のbは，図4のaと同じ指にあたる。**図5のbとつながっている骨で，ヒトの親指側の手首からひじまでの骨(とう骨)にあたる部分**を黒く塗りつぶす。　③　ニワトリの翼やほ乳類の前あしの，現在の形やはたらきが異なるのは，それぞれの動物が，**同じ基本的つくりをもつ共通の祖先から，生息する環境に都合のよいように進化したから**だと考えられている。

3　**(中和と塩：水溶性の塩が生じる中和実験にともなうイオンの数の変化，酸・アルカリとイオン：pH，水溶液とイオン：電気分解・実験操作)**

(1)　1つの水溶液について調べるごとに，ステンレス電極の先を蒸留水でよく洗うのは，水溶液どうしが混ざることを防ぐためである。

(2)　電解質の水溶液に電流が流れるとき，**陽極や陰極付近で物質(金属や気体)が発生する化学変化が起こる**。塩酸では，$HCl \rightarrow H^+ + Cl^-$，により、陰極付近では水素の気体が発生し，陽極付近では塩素の気体が発生する。石灰水はpH12であり，セッケン水はpH10であり，どちらも**pH7より大きい値であるため，アルカリ性**である。石灰水の方がセッケン水よりpHの値が大きいので，アルカリ性がより強いのは石灰水である。

(3)　BTB溶液は，中性のとき緑色で，酸性のとき黄色，アルカリ性のとき青色を示す。塩酸の中での塩化水素の電離は，$HCl \rightarrow H^+ + Cl^-$，のように表せる。水酸化ナトリウムの水溶液中の電離は，$NaOH \rightarrow Na^+ + OH^-$，のように表せる。よって，うすい塩酸に，うすい水酸化ナトリウム水溶液を加えると，塩酸の中の**水素イオンH^+は**，加えた水酸化ナトリウム水溶液の中の**水酸化物イオンOH^-と結びついて水ができ**，たがいの性質を打ち消し合う。この反応を**中和**という。緑色のBTB溶液数滴とうすい塩酸10cm³を入れた試験管に，うすい水酸化ナトリウム水溶液を2cm³ずつ10cm³まで加えていくと，**加えるごとに中和，$H^+ + OH^- \rightarrow H_2O$，が起き**，水溶液は酸性(BTB溶液は黄色)から中性(BTB溶液は緑色)，そしてさらに，アルカリ性(BTB溶液は青色)へと変化する。**実験2をイオン式と化学式を用いてモデルで表すと**，うすい水酸化ナトリウム水溶液を少量加えた場合は，たとえば，$(H^+ + Cl^-) + (H^+ + Cl^-) + (H^+ + Cl^-) + (Na^+ + OH^-) \rightarrow H_2O + Na^+ + 3Cl^- + 2H^+$，**であり，水素イオン$H^+$があるため酸性である**。さらに，水酸化ナトリウム水溶液を加えた場合は，$(H^+ + Cl^-) + (H^+ + Cl^-) + (H^+ + Cl^-) + (Na^+ + OH^-) + (Na^+ + OH^-) \rightarrow 2H_2O + 2Na^+ + 3Cl^- + H^+$，**であり，水素イオン$H^+$の数は減少し，酸としての性質は弱くなる**。水酸化ナトリウム水溶液を8cm³加えて中性になった場合は，$(H^+ + Cl^-) + (H^+ + Cl^-) + (H^+ + Cl^-) + (Na^+ + OH^-) + (Na^+ + OH^-) + (Na^+ + OH^-) \rightarrow 3H_2O + 3Na^+ + 3Cl^-$，**であり，水素イオン$H^+$と水酸化物イオン$OH^-$がないため中性である**。水酸化ナトリウム水溶液をさらに加えてアルカリ性になった場合は，$(H^+ + Cl^-) + (H^+ + Cl^-) + (H^+ + Cl^-) + (Na^+ + OH^-) + (Na^+ + OH^-) + (Na^+ + OH^-) + (Na^+ + OH^-) \rightarrow 3H_2O + 4Na^+ + 3Cl^- + OH^-$，**であり，水酸化物イオン$OH^-$があるためアルカリ性である**。塩酸と水酸化ナトリウムの中和により水と塩化ナトリウムができるが，**塩化ナトリウムは水溶液中にイオ**

ンとして存在する。よって，加えたうすい水酸化ナトリウム水溶液の体積を横軸に，ビーカー内の混合した水溶液中に存在する4種類のイオンの，種類別の数を縦軸にして模式化した図においては，水素イオンH^+は②であり，水酸化物イオンOH^-は③であり，ナトリウムイオンNa^+は①であり，塩化物イオンCl^-は④である。

(4)　(3)より，酸とアルカリが，たがいの性質を打ち消し合う反応を中和という。混合した水溶液の温度上昇から，塩酸と水酸化ナトリウムによる中和は，発熱反応である。

4　(天気の変化：金属コップを用いた水蒸気が水滴に変わる条件を調べる実験・真空容器を用いた空気を膨張させたときの変化を調べる実験・空気の体積変化と雲のでき方の実験)

(1)　水蒸気が水に変わる現象の例は，『寒いところで，はく息が白くなる。』である。

(2)　図1において，金属製のコップの表面がくもり始めたときの温度16℃が露点であり，飽和水蒸気量は，13.6[g/m^3]である。よって，26℃の理科室の空気1m^{3}中にふくまれる水蒸気量は13.6[g/m^3]であり，26℃の飽和水蒸気量は24.4[g/m^3]であることから，実験1を行ったときの理科室の湿度は，13.6[g/m^3]÷24.4[g/m^3]×100≒56[%]，である。

(3)　地上付近にある，水蒸気をふくんだ空気が上昇すると，まわりの気圧が低くなるため，膨張して温度が下がり，露点に達すると，ふくまれていた水蒸気の一部が水滴になり，雲ができると考えられている。

(4)　空気が上昇するしくみは，太陽の光であたためられた地面が，周囲の空気をあたためることで，空気が上昇する。

(5)　気温30℃，湿度64%の空気1m^{3}中にふくまれる水蒸気量は，飽和水蒸気量が30.4[g/m^3]であることから，30.4[g/m^3]×0.64≒19.5[g/m^3]である。19.5[g/m^3]が露点になるのは，22℃のときで，高さ0mの地表の気温30℃より8℃低い。空気が100m上昇するごとに温度は1℃下がるとして計算すると，雲ができ始めたとき，上昇した空気は，約800mの高さにある。

5　(身のまわりの物質とその性質：メスシリンダーの使い方・密度・金属の見分け方)

(1)　メスシリンダーを用いて，液体の体積を読みとるときは，目の位置を液面と同じ高さにして，液面のいちばん平らなところを，1目盛りの10分の1まで，目分量で読みとる。図2は，100cm^{3}用メスシリンダーなので，48.5cm^{3}である。

(2)　金属Aの密度[g/cm^3]＝8.1[g]÷3.0[cm^3]＝2.7[g/cm^3]，であるため，表1よりアルミニウムであり，化学式はAlである。密度が同じ金属が同じ物質であると考えられ，密度が7.1[g/cm^3]の金属Bと金属Dが同じ物質であると考えられる。

(3)　鉄だけが磁石につく。アルミニウム，亜鉛，銅は磁石につかない。

6　(光と音：凸レンズによりできる像の実験と作図・焦点距離が異なる凸レンズによる像)

(1)　表より，凸レンズAも凸レンズBも物体から凸レンズまでの距離Xを大きくしていくと，凸レンズからスクリーンまでの距離Yは小さくなった。そのため，Xを20cmから30cmにして物体を焦点から遠ざけていくと，スクリーンにできる実像の大きさは小さくなる。このことは作図によって確かめられる。

(2)　凸レンズを通った物体からの光がスクリーン上に集まり，実像が映った場合，同じ方向から見ると，すなわちスクリーンの後方から見ると，物体とスクリーン上にできる物体の実像は上下左右が逆向きになる。問題は，凸レンズ側から見た場合，スクリーン上にできる実像の見え方について問うているので，実験者が逆方向を向いてスリーンを見るので，物体の「ラ」の形の穴は，**上下は逆で，左右は同じ**である。よって，凸レンズ側から見た，スクリーン上にできる物体の像は，エである。

(3)　図2は，スクリーンにはっきりした物体の実像ができているので，点Pから凸レンズの中心を通る光は，そのまま直進してスクリーンに当たる。**点Pから点Qに向かって進んだ光は，点Pから凸レンズの中心を通った光が直進したスクリーンとの交点に向かって進む**。よって，点Pから点Qに向かって進んだ光の道すじは，点Qと交点を結ぶ直線である。点Qからスクリーンへ向かう光は焦点を通らない。点Pから凸レンズの軸に平行に進みレンズを通過した光のみが焦点を通る。

(4)　物体と凸レンズの距離が，焦点距離より近いとき，すなわち，**物体が焦点と凸レンズの間にあるとき**，凸レンズをのぞくと，物体より大きな**上下左右が同じ向きの虚像**が見える。

(5)　「ア」は，表より，物体から凸レンズまでの距離Xが同じ場合，凸レンズからスクリーンまでの距離Yは，焦点距離が10cmの凸レンズBの方が，焦点距離が15cmの凸レンズAより**小さい**。「イ」は，表より，凸レンズからスクリーンまでの距離Yが同じ場合，物体から凸レンズまでの距離Xは，焦点距離が10cmの凸レンズBの方が，焦点距離が15cmの凸レンズAより**小さい**。実験結果の表から，**物体を焦点に近づけていくと，スクリーンにできる実像の位置は物体とは反対側の焦点からだんだん遠くなることがわかり**，実験または作図から，**実像は大きくなることがわかる**。したがって，実像の大きさを問う「ウ」と「エ」は，以下のようになる。「ウ」は，**物体から凸レンズまでの距離Xが同じ場合**，凸レンズAからスクリーンまでの距離をY_A，凸レンズBからスクリーンまでの距離をY_Bとすると，各焦点からスクリーンまでの距離は，(Y_B-10)，(Y_A-15)で表せる。表から，物体から凸レンズまでの距離X＝30cmの場合，Y_B〔cm〕－10〔cm〕＝15〔cm〕－10〔cm〕＝5〔cm〕であり，Y_A〔cm〕－15〔cm〕＝30〔cm〕－15〔cm〕＝15〔cm〕である。よって，$(Y_B-10)<(Y_A-15)$より，焦点距離が小さいほど，スクリーンにできる実像の位置は物体とは反対側の焦点に近くなるので，**実像は小さくなる**。「エ」は，**凸レンズからスクリーンまでの距離Yが同じ場合**，表から，**Y＝30cmの場合**，物体から凸レンズAまでの距離は30cm，物体から凸レンズBまでの距離は15cmであるが，物体の位置に関係なく凸レンズの軸に平行に進む光は同じ道を通る。**屈折率が異なるレンズを通過した後は，レンズの焦点距離により，同じ位置のスクリーンに実像ができる場合は，実像の大きさが異なる**。凸レンズAの焦点からスクリーンまでの距離は，Y〔cm〕－15〔cm〕＝30〔cm〕－15〔cm〕＝15〔cm〕であり，凸レンズBの焦点からスクリーンまでの距離は，Y〔cm〕－10〔cm〕＝30〔cm〕－10〔cm〕＝20〔cm〕であることから，**焦点からスクリーンまでの距離は，焦点距離が小さい凸レンズ＞焦点距離が大きい凸レンズである**。よって，**焦点からより遠い位置にあるスクリーンに実像ができる，焦点距離が小さい凸レンズを用いた場合ほど，スクリーンにできる像は大きい**。

<社会解答>

1　(1)　イ　(2)　①　(例)幕府のために戦うこと。　②　書院造　③　イ　(3)　①　ア，ウ　②　寺子屋　③　(例)年貢が増える　④　(例)清がイギリスとの戦いに敗れたこと。　(4)　イ→ウ→ア　(5)　(例)武家諸法度により大名を統制し，違反した大名を罰する

2　(1)　ウ　(2)　(例)高速道路が整備されていることで，効率的に製品の輸送ができるため。　(3)　イ　(4)　エ　(5)　(例)国内の生産拠点が海外に移ることで，国内の産

業が衰退する現象。　(6)　①　エコツーリズム　　②　ア　　③　(例)植民地として支配されていたときに引かれた境界線

3　(1)　①　ア　　②　株主総会　　(2)　労働基準法　　(3)　①　エ　　②　イ
(4)　(例)商品を販売したときに得られる情報を集計する　　(5)　(例)企業間の自由な競争をうながし，消費者の利益を確保すること。

4　(1)　調　　(2)　①　エ　　②　イ　　③　ウ　　(3)　(例)子育てがしやすい環境を整えて，少子化の進行を防ぐこと。

＜社会解説＞

1　(歴史的分野―日本史―時代別―旧石器時代から弥生時代鎌倉・室町時代，安土桃山・江戸時代，明治時代から現代，日本史―テーマ別―政治・法律，経済・社会・技術，文化・宗教・教育，外交)

(1)　邪馬台国や卑弥呼に関する記述は**『魏志』倭人伝**に見られることから判断する。

(2)　①　承久の乱とは，後鳥羽上皇を中心とする朝廷方と鎌倉幕府との間でおこった戦乱。**御恩**とは，将軍が御家人の働きに応じて所領の支配を認めたり，新たな所領を与えること。　②　**書院造**は，和風建築のもととなった建築様式。　③　**石見銀山**は島根県に位置し，世界文化遺産に登録されている。

(3)　①　**徳川吉宗**は1716年から**享保の改革**を行った江戸幕府第8代将軍で，他にも新田開発をすすめたり，上米の制を実施するなどした。　イ　蛮社の獄(1837年)。　エ　5代将軍徳川綱吉が出した法令。　②　庶民の子どもが**寺子屋**で学ぶのに対して，武士の子弟は藩校で学んだ。
③　**松平定信**は**寛政の改革**において，江戸へ出稼ぎに来ていた農民を農村へ帰るよううながす法令を出したり，囲米の制を実施するなど，農村の復興に尽力する政策を行うことで年貢収入を増やし，幕府の財政を立て直そうとした。　④　水野忠邦が老中になる前年(1840年)に**アヘン戦争**がおこり，大国である清が敗れたことで，列強諸国に対する政策の転換に踏み切ったことがわかる。

(4)　アが大正時代，イが明治時代中期，ウが明治時代後期のようす。

(5)　Yの直後の「全国の大名の力を抑え」から，問題文中の「幕府の定めた法令」が**武家諸法度**を指すと判断する。

2　(地理的分野―日本―工業，世界―地形・気候，産業，資源・エネルギー)

(1)　愛知県瀬戸市で生産される陶磁器は伝統的工芸品に指定されている。

(2)　高速道路網の発達に加えて，北関東は地価が安く広大な工場用地を確保しやすいため，沿岸部の工業地帯から移転してきた工場も多く，機械工業の割合が高い。

(3)　**メルカトル図法**で描かれた略地図Ⅱは，高緯度地域ほど東西方向に引き延ばされて描かれる特徴がある。略地図Ⅱ中のイが**赤道**に沿って引かれていることから，イが最も長く，アが最も短いことがわかる。

(4)　略地図Ⅱ中の国bのブラジルが生産量世界一であることから判断する。なお，アメリカで生産される**バイオ燃料**は，とうもろこしを原料とすることが多い。

(5)　自動車を生産する日本企業の多くは，人件費が安く済む東南アジア諸国やインドなどへ生産拠点を移転し，海外の工場で生産した製品を日本に逆輸入する現象がおきている。

(6)　①　世界自然遺産に登録され観光客が増加した白神山地(青森・秋田県境)や屋久島(鹿児島

県)などで取り組みが始まった**エコツーリズム**が注目されているが，ガイドの人員不足など対策が不十分な観光地も存在する。　②　地熱発電は火山が多く分布する新期造山帯に含まれる地域でさかん。選択肢の4か国のうち，アルプス・ヒマラヤ造山帯もしくは環太平洋造山帯に属する国はインドネシアのみ。インドネシアの大部分はアルプス・ヒマラヤ造山帯に属する。　③　植民地時代にアフリカ州に引かれた，経線や緯線に沿った直線的な境界線が現在でも国境線として使用されている。

3　(公民的分野―国民生活と社会保障，財政・消費生活・経済一般)

(1)　①　家計が労働力を提供する対価として，企業から賃金を受け取ることなどから判断する。イに政府，ウに企業があてはまる。　②　株式を購入した出資者のことを，**株主**という。**株主総会**は，株式会社における最高議決機関。

(2)　労働条件の最低基準を定めた内容であることから判断する。

(3)　①　資料Ⅱ中のA曲線が需要曲線，B曲線が供給曲線。Pの価格が，需要曲線と供給曲線の交点での価格(**均衡価格**)を上回っていることが読み取れる。　②　アメリカの企業から1個5ドルのチョコレートを輸入する場合，2019年の4月は112(円)×5＝560(円)であるのに対して，8月は106(円)×5＝530(円)となる。

(4)　POSとはPoint of Saleの略で，販売時点情報管理のこと。

(5)　資料Ⅳは，寡占市場における価格カルテルの例について示している。**公正取引委員会**が**独占禁止法**の運用を担っている。

4　(地理的分野―日本―地形図の見方，人口・都市，歴史的分野―日本史―時代別―古墳時代から平安時代，鎌倉・室町時代，日本史―テーマ別―政治・法律，経済・社会・技術)

(1)　収穫した稲の3%を納める税を**租**，麻布などを納める税を**庸**という。

(2)　①　**堺**は日明貿易や朱印船貿易の拠点となったほか，近江の国友とともに鉄砲の主要生産地の一つとなった。　②　等高線が多く見られる斜面に果樹園の地図記号が多く見られる。
③　資料Ⅰ中のP－Q上には山頂が二つ存在することが読み取れる。Pに近い方の山頂付近の標高が140m，Qに近い山頂付近の標高が190mであることから判断する。

(3)　資料Ⅱから，奈良県の総人口の減少や総人口に占める15歳未満人口の割合が年々低下していることから，総人口の減少と少子化の進行が奈良県の課題であることが読み取れる。

＜国語解答＞

一　(一)　A　ほり　B　垂　C　やっかい　D　熱　(二)　イ　(三)　エ
(四)　(例)釣った魚を食べることをかわいそうと思ったのに，食べるとおいしく，祖父たちはもう一匹食べられていいなとまで思ったこと。　(五)　少々身がまえてしまう
(六)　ア　(七)　ウ，オ

二　(一)　端を発する　(二)　エ　(三)　ウ　(四)　もとより人　(五)　(例)歴史地理学は，空間と時間の両方の視覚を保って事象の実態へ接近する学問だから。　(六)　イ

三　イ，ウ

四　(一)　ように　(二)　ア　(三)　エ

五　(一)　イ　(二)　ア　(三)　(例)私は毎朝早起きをして，自宅から近所の公園までの

往復三キロメートルをジョギングしています。私の気持ちを前向きにしてくれるのは，このジョギングです。
朝の澄んだ空気の中を走ると，心も体もすっきりします。たとえ嫌なことがあっても頑張ろうという気持ちがわいてくるので，これからも続けようと思っています。

＜国語解説＞

一 (随筆―情景・心情，内容吟味，文脈把握，漢字の読み書き，語句の意味)

(一) A「掘る」は，てへん。 B「垂」は総画数が八画である。 C 手数がかかり，面倒なことになる様子。 D「熱する」は，熱を加えて温度をあげること。

(二) 傍線①「ぬかりなく」は，**注意が行き届かないために生じるミスがない状態**。ここでは釣りの準備が万端で用意周到だということだ。

(三) 私にとって**悲しいことは釣った魚が食べられてしまうこと**だ。こうした子どもならではのデリケートな感覚を同じ子どもである妹にはないことを悲しんでいる。

(四) 傍線③「現金な」とは，**損得によってころりと態度をかえる様子**をいう。ここでは，幼い私が釣った魚を**かわいそうで食べられない**と思っていたのに，目をつぶって食べてみると**驚くほどにおいしくて祖父たちはもう一匹食べられていいな**とまで思ったことを指す。

(五) 本文の冒頭に「私が魚に少々身構えてしまう」とあり，魚を前にしたときの私を表現している。

(六) 妹は，動くミミズに**ひるむことなく**，つかんで釣り竿に付けようとするし，付けられずに父に付けられて**不満を覚えて**いた。釣った魚をかわいそうとも思わず**ばりばりとたいらげ**たりもする。妹は物おじしない勝ち気な性格だ。

(七) 本文は，魚釣りの回想の合間に「その経験があって」や「いまなら」で始まる段落のような**現在の「私」を登場させ，今の「私」の思いを述べる随筆**となっている。また，この本文の**視点は，つねに「私」**だ。幼い「私」も自分自身である。

二 (論説文―内容吟味，文脈把握，段落・文章構成，語句の意味，品詞・用法)

(一) 次段落の**「端を発する」は，それがその後に起こるものごとの始まりになる**，という意味。「由来する」と同義である。文脈からも，カントの地理学と歴史学の分類が地理の学校教科書と歴史の学校教科書に見られる違いを**生じさせるきっかけ**になったことがわかる。

(二) 傍線②「くる」は，**補助動詞で，上の文節「もたげて」に何らかの意味を添える働き**をしている。選択肢エのみが補助動詞の「くる」である。上の文節に「―て」という助詞が付くのも目安になる。

(三) 通訳が話したフランス語は「おそらく立派なフランス語であったと思われ，用務はきわめてスムーズに進行した」とある。一方で日本語は「非常に丁重な日本語は，現在からすれば随分古めかしい日本語だった」とある。これらをふまえて選択肢を選ぶ。

(四) 「言葉」については，筆者が「言葉をめぐる印象的な体験」を示すことから本文で展開されていく。その始まりとして，「もとより人間社会にとって言葉は，意思を疎通し，情報を伝達したり，それを蓄積したりするために不可欠である。」と言葉を定義していて，この一文に筆者の言葉についての考えが示されている。

(五) 傍線⑤を含む**「つまり」で始まる段落は，前段落「改めて……」の要約**になっている。したがって，前段落を読み解いていく。さまざまな事象の実態に接近するために，空間を考える際には歴史(時間)過程への地理学側からの視角が必要であり，一方で歴史(時間)過程を考える際には空間への歴史学側からの視覚も必要とする。この二つの視角とも歴史地理学という。すなわち**歴史地理学とは，空間と時間の両方の視角を保ってさまざまな事象の実態へと接近する学問**なのである。このように二つの領域を双方向で行き来する学問であることが，歴史地理学を「架け橋」と称している理由である。

(六)　冒頭の段落「近代科学……」から始まって「……もたげてくる。」までの複数の段落では地理学や歴史学についての一般的な説明がなされている。そのあとで筆者は「個人的経験」を語り，「歴史地理学は『空間と時間の学問』である」という結論に至る，というのがこの文章の構成である。

三 (書写)

イ 「緑」は，いとへんの四～六画目の書き順が変わる。行書だと左から順に書く。　ウ 「花」は，くさかんむりの書き順が変わり，楷書だと一画目は横から入るが，行書だと左の縦画から入る。

四 (古文―内容吟味，仮名遣い，古文の口語訳)

【現代語訳】　私も舞台の最初の日は，うろたえる。しかし，他の人から見てやり慣れたような狂言をするように見えるのは，稽古の時に，台詞をよく覚え，初日にはすっかり忘れ，舞台において相手の台詞を聞いてその時に(自分の台詞を)思い出して台詞を言うのである。その理由は，常に人と寄り合ったり，または喧嘩や口論をする際に，あらかじめ台詞を用意しておくということはない。相手の言う言葉を聞くことで，こちらは初めて返答する気持ちが浮かぶのだ。狂言は日常が手本だと考えているので，稽古ではよく覚え，初日には忘れて舞台に出るのである。

(一)　歴史的仮名遣いで「アウ(―au)」は現代仮名遣いにすると「オウ(―ou)」になる。したがって「やうに(yauni)」は「youni」となり，「ように」と読む。

(二) 「ね」は「根」で，物事のおおもと・根源・根本である。

(三) 「相手のいふ詞を聞き，こちら初めて返答心にうかむ。狂言は常を手本とおもふ」という記述をふまえて選択肢を選ぶ。

五 (作文，段落・文章構成，品詞・用法)

(一)　傍線部「単なる」は，**「空想か」を修飾する連体修飾語で，連体詞**である。　ア 「なかなか」は「出せずに」を修飾する連用修飾語で，副詞。　イ 「この」は「言葉が」を修飾する連体修飾語で，連体詞。　ウ 「軽く」は活用語で基本形が「軽い」となり，形容詞。　エ 「大切な」は活用語で基本形が「大切だ」となり，形容動詞。

(二)　加える一文には，先輩のこの言葉を春香さんに教えた意図が説明されている。この一文により，先輩がどうしてこの言葉を教えたのかが明らかになり，読み手にとって分かりやすくなる。

(三)　第一段落には，**自分を前向きにしてくれるもの**を挙げる。簡潔かつ明確に示そう。そして第二段落には**「それについてのあなたの思い」**を書くように指示があるので，それが自分を前向きにしてくれる理由などについて自由に考えを述べればよい。

MEMO

大切なことはメモしておこうネ！

2020年度

★★★★★★★★★★★★★★★★★★★★★★★★

入　試　問　題

●くわしい解説……17ページ

＜数学＞

時間　30分　　満点　40点

1　次の各問いに答えよ。

⑴　次の①～⑤を計算せよ。

①　$2\times(-5)$　　②　$4a+1+2(a-2)$　　③　$8x^3y\div 2xy^2$

④　$(x-3)^2+(x+1)(x-3)$　　⑤　$4\sqrt{7}-\sqrt{28}$

⑵　２次方程式 $x^2+x-12=0$ を解け。

⑶　図１で，$\ell \mathbin{/\!/} m$ であるとき，$\angle x$ の大きさを求めよ。

図１

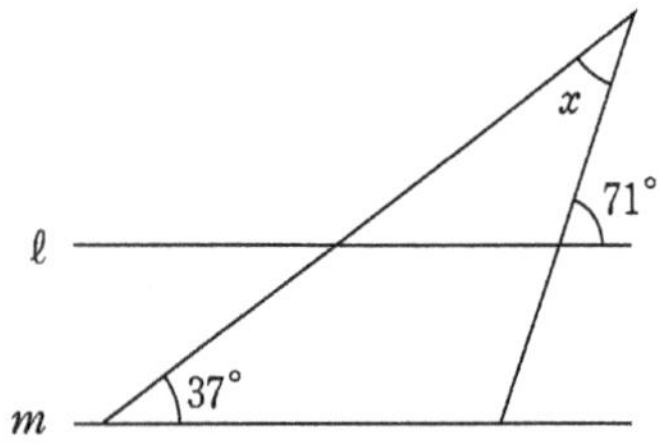

⑷　２つの対角線の長さがそれぞれ a cm，b cmであるひし形の面積を表した式が，次の**ア**～**オ**の中に１つある。その式を選び，**ア**～**オ**の記号で答えよ。

ア　$2\ (a+b)$　　**イ**　$2\ ab$　　**ウ**　$\dfrac{ab}{2}$　　**エ**　$\dfrac{b}{2a}$　　**オ**　$\dfrac{a+b}{2}$

⑸　２つのさいころＡ，Ｂを同時に投げるとき，出る目の数の積が10以上になる確率を求めよ。

⑹　次の資料は，ある中学校の陸上部員８人が反復横とびを20秒間行ったときの結果である。この資料における中央値（メジアン）を求めよ。

37，46，64，41，57，50，62，43

（単位は回）

⑺　図２は，半径が３cmの半球である。この半球の体積を求めよ。ただし，円周率は π とする。

図２

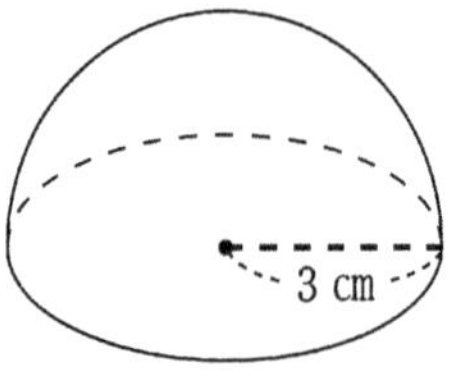

⑻　図3のように，直線ℓと2点A，Bがある。次の条件①，②を満たす点Pを，定規とコンパスを使って解答欄の枠内に作図せよ。なお，作図に使った線は消さずに残しておくこと。

［条件］
①　点Pは，直線ℓ上にある。
②　∠PAB＝∠PBAである。

図3

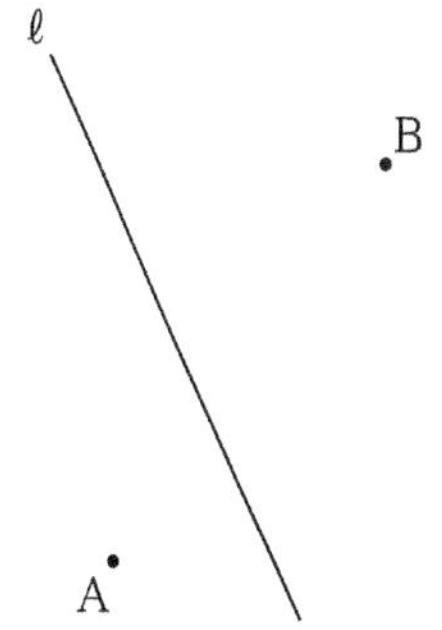

2　右の図で，四角形ABCDは，AB＝8㎝，BC＝13㎝の平行四辺形である。点Eは辺AB上の点であり，∠BEC＝90°である。点Fは辺BC上の点であり，AB＝BFである。また，平行四辺形ABCDの面積は96㎝^{2}である。各問いに答えよ。

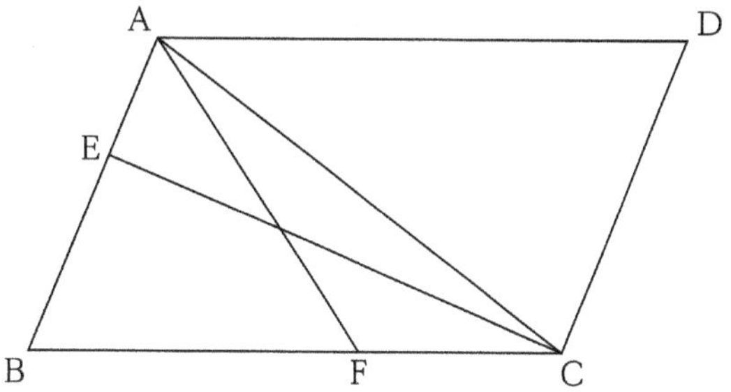

⑴　△ABC≡△CDAを証明せよ。

⑵　線分AEの長さを求めよ。

⑶　対角線ACと線分DFとの交点をGとする。このとき，△AFGの面積を求めよ。

3　右の図で，点Oは原点であり，四角形OABCは，4点O，A（5，0），B（5，2），C（0，7）を頂点とする台形である。また，直線ℓは関数$y=-\frac{1}{4}x+a$のグラフである。各問いに答えよ。

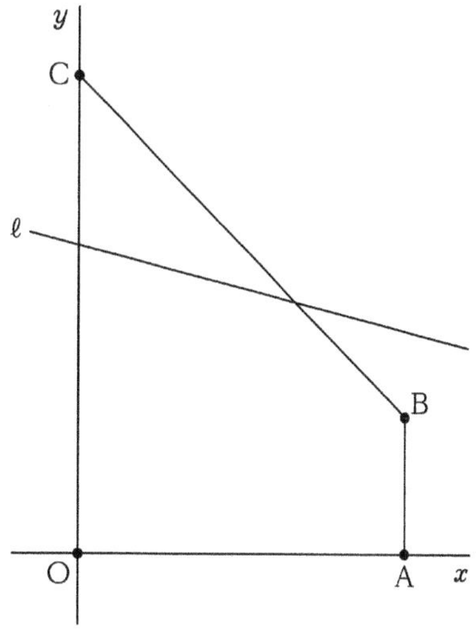

⑴　点Aを通り直線ℓに平行な直線の式を求めよ。

⑵　直線ℓと直線BCとの交点をDとする。$a=4$のとき，線分CDの長さは線分DBの長さの何倍か。

⑶　直線ℓが台形OABCの面積を2等分するとき，aの値を求めよ。

受検番号	

※

得点	※

令和２年度

奈良県公立高等学校入学者特色選抜学力検査

数　学　　解答用紙

問題番号		答　え				採　点
1	(1)	①		②		
		③		④		
		⑤				
	(2)		(3)	度		
	(4)		(5)			
	(6)	回	(7)	cm^3		
	(8)	［作図］				

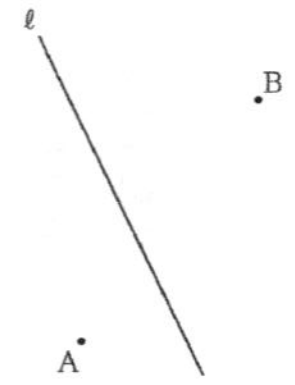

問題番号		答　え			採　点
2	(1)	［証明］			
	(2)	cm	(3)	cm^2	
3	(1)		(2)	倍	
	(3)				

※この解答用紙は189％に拡大していただきますと，実物大になります。

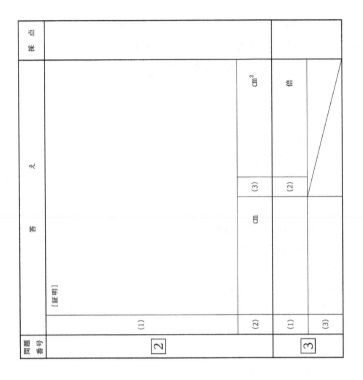

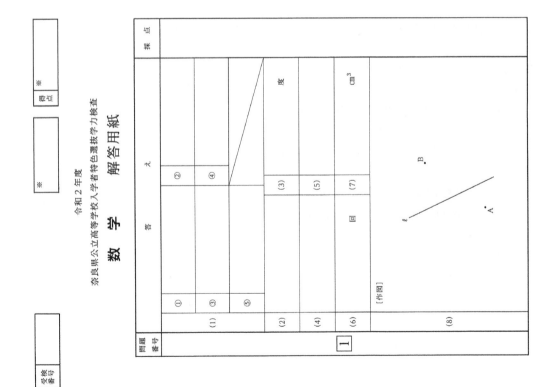

＜英語＞

時間　30分　　満点　40点

1　放送を聞いて，各問いに答えよ。

(1)　①～③の会話の内容についての質問に対する答えとして最も適切なものを，それぞれア～エから１つずつ選び，その記号を書け。

①

ア

イ

ウ

エ

②

ア

イ

ウ

エ

③

ア

イ

ウ
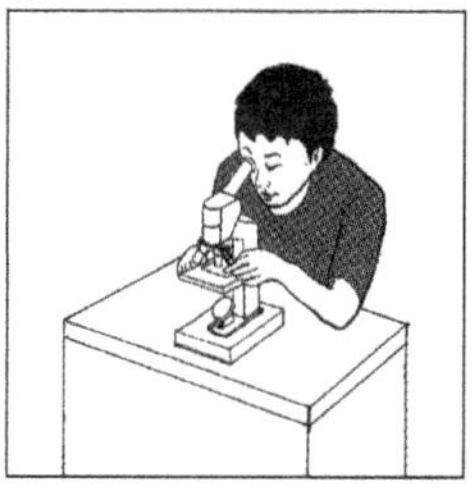

エ

(2)　聞き取った英語の内容についての質問①，②に対する答えとして最も適切なものを，それぞれア～エから１つずつ選び，その記号を書け。

①

ア

イ

ウ

エ

② ア To decide who gives cards.
　イ To decide who writes a word on the card.
　ウ To decide who takes a card.
　エ To decide who answers first.

2 下の表は，4つの都市（City A，City B，City C，City D）における昨年の6月の平均気温（average temperature）を示したものである。この表からわかることとして最も適切なものを，後のア～エから1つ選び，その記号を書け。

	City A	City B	City C	City D
average temperature	22.4℃	17.0℃	21.4℃	13.4℃

ア The average temperature in City D was as high as the average temperature in City A.
イ The average temperature in City B was higher than the average temperature in City C.
ウ The average temperature in City A was the highest of the four.
エ Each average temperature in these four cities was higher than 17°C.

3 次の英文を読んで，各問いに答えよ。

Ken and Tom are high school students. Tom came to Japan from the United States two weeks ago. They are going shopping.

Tom: Ken, I want to buy some postcards for my family and my friends.
Ken: [①] them at the shop over there?
Tom: OK. Let's walk across the street.
Ken: Stop, Tom! The traffic light is red.
Tom: Oh, I didn't see it. Thank you, Ken.
<One minute later.>
Tom: It's green, now. Let's go.
Ken: Hey, Tom. Did you say, "It's green"?
Tom: Yes, what's wrong?
Ken: I know it looks green, but we [②] the color of the light "*ao*". "*Ao*" means blue.
Tom: Oh, that's interesting. You don't say "green light". Why?
Ken: I'm not sure, but [③]. For example, "green apple". We say "*ao-ringo*" in Japanese. "*Ringo*" means apples.
Tom: Oh, you don't use "green" for green apples, right?
Ken: That's right.

（注） traffic light：信号

(1) 文脈に合うように, ① に入る最も適切な英語を, 次のア～エから１つ選び, その記号を書け。

ア Did you buy　　イ How much is it for

ウ When can I buy　　エ Why don't you buy

(2) 文脈に合うように, ② に入る最も適切な英語を, 次のア～エから１つ選び, その記号を書け。

ア change　イ call　ウ leave　エ send

(3) 文脈に合うように, ③ に入る最も適切な英語を, 次のア～エから１つ選び, その記号を書け。

ア most of us are interested in the colors of traffic lights

イ most of us like fruit and sometimes have it after dinner

ウ we use "*midori*" when we want to say green apples

エ we use "*ao*" for some green things in Japanese

4 次の英文を読んで, 各問いに答えよ。なお, 英文の左側の［１］～［４］は各段落の番号を示している。

[1] This year, Tokyo will be an exciting place in the world. The Paralympic Games will be held in Tokyo. During the Tokyo 2020 Paralympic Games, more than 4,000 athletes with disabilities will come to Tokyo and take part in the games from all over the world. The Tokyo 2020 Paralympic Games will be the 16th summer Paralympic Games, and twenty-two kinds of sports will be carried out.

[2] One of the popular sports in the Paralympic Games is blind soccer. Blind soccer was played in the Paralympic Games in 2004 for the first time. Japanese blind soccer teams have never taken part in the Paralympic Games before, but the Japanese team will play in the Tokyo 2020 Paralympic Games. There are special rules in blind soccer. Blind soccer is played with four field players and one goalkeeper. The field players are blind, and they must wear special masks that cover their eyes. So they cannot see anything during the games. Only the goalkeeper doesn't have to wear a mask, and the goalkeeper can see everything on the field. When the players approach the opponent who has the ball, they must keep saying the Spanish word "*voy*" to the opponent. In blind soccer, the word means "I am approaching."

[3] How can they play soccer without seeing anything? The ball in blind soccer makes sounds when it is moved on the field. The players listen to the sounds from the ball, and they know where the ball is. The sounds from the ball and the voices from the other players or team members have great importance in blind soccer. By listening to many kinds of sounds, the players know what is happening on the field. The people watching the games in the

stadium should be quiet during the games. However, they can make sounds when the players score. With their voices, the players know that they have scored. The people watching the games can support the players with their voices and enjoy the games together with the players. The encouragement from the people who watch the games is a part of the blind soccer games.

[4] The Paralympic Games are not just sports events for people with disabilities. They are great chances to think about a better society for all people around the world. In the Paralympic Games, athletes with disabilities try to do their best in each sport, and many people watch. The athletes in the Paralympic Games have made many world records these days. This is because they have improved their skills in each sport and have made their bodies strong. Improving the equipment of each sport is also one of the reasons for the new records. However, the true power of making many world records in the Paralympic Games comes from the challenge of doing these sports with a lot of encouragement.

（注）The Paralympic Games：パラリンピック　athlete：選手　disability：障害
carry out：実施する　blind：目の不自由な　field：フィールド
goalkeeper：ゴールキーパー　approach：～に近づく　opponent：相手選手
voy：ボイ（かけ声）　make sound：音を出す　importance：重要性
however：しかしながら　score：得点する　encouragement：声援　society：社会
record：記録　equipment：器具　challenge：挑戦

(1) 英文の段落ごとの見出しを下の表のようにつけるとき，表中の A ， B ， C に入る最も適切な英語を，後の**ア**～**カ**から１つずつ選び，その記号を書け。

段落	見　出　し
[1]	About the Tokyo 2020 Paralympic Games
[2]	A
[3]	B
[4]	C

ア The challenge of having blind soccer in the Paralympic Games
イ The history of the Paralympic Games
ウ The importance of sounds and voices in blind soccer
エ The power of making new records in the Paralympic Games
オ The rules of blind soccer in the Paralympic Games
カ The skills needed to improve the equipment of each sport

(2) 英文の内容について，次の問いにそれぞれ３語以上の英語で答えよ。ただし，コンマやピリオドなどは語数に含めないこと。

(a) Do the field players in blind soccer wear the special masks that cover their eyes?

(b) What do the players in blind soccer know by the sounds from the ball?

(3) 英文の内容と合っているものを，次の**ア**～**カ**から２つ選び，その記号を書け。

ア Sixteen kinds of sports will be carried out during the Tokyo 2020 Paralympic Games.

イ The Japanese blind soccer team will take part in the Paralympic Games for the first time this year.

ウ The player who has the ball must keep saying "*voy*" to the opponent in blind soccer.

エ The people watching blind soccer in the stadium keep making sounds during the games.

オ The Paralympic Games are good chances to think about a better society for all people.

カ Improving the equipment is so difficult that athletes with disabilities can't make new records.

(4) 東京2020パラリンピック競技大会に参加する海外の選手団があなたのまちで合宿をすることになり，あなたの学校では生徒一人一人が選手団に応援メッセージを贈ることになった。選手団に贈るメッセージを10語程度の英語で書け。ただし，１文または２文で書き，コンマやピリオドなどは語数に含めないこと。

受検番号	

※

得点	※

令和２年度

奈良県公立高等学校入学者特色選抜学力検査

英　語　　解答用紙

問題番号	答え						採点
1	(1)	①		②		③	
	(2)	①		②			
2							
3	(1)						
	(2)						
	(3)						

問題番号	答え							採点
4	(1)	A		B		C		
	(2)	(a)						
		(b)						
	(3)							
	(4)							

※この解答用紙は189％に拡大していただきますと，実物大になります。

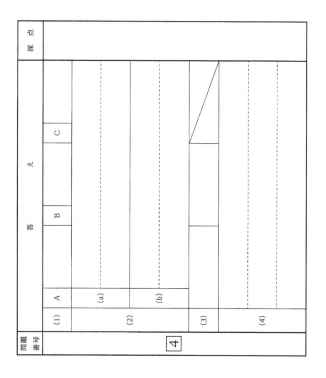

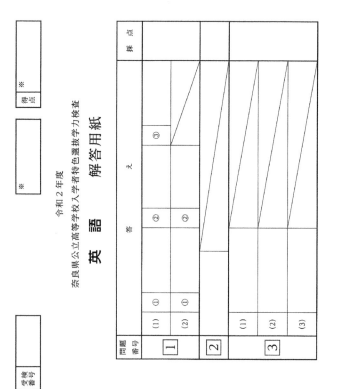

受検番号

※　得点　※

令和２年度　奈良県公立高等学校入学者特色選抜学力検査

国語　解答用紙

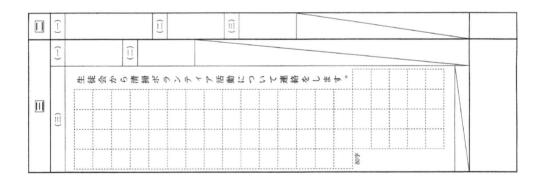

問題番号		答え	採点
一	(一)	A 漢字　　んで　B 読み　　な	
	(二)	(二)　　(三)	
	(四)		
	(五)	(五)　　(六)　　(七)	
	(八)		
二	(一)	(一)　　(二)　　(三)	
三	(一)	(一)　　(二)	
	(三)	生徒会から清掃ボランティア活動について連絡をします。　80字	

※この解答用紙は１８９％に拡大していただきますと、実物大になります。

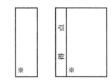

ア　全員から意見を引き出そうとして、発言を促す呼びかけをしている。

イ　それまでに出た意見をまとめた上で、疑問点に対して質問している。

ウ　別の立場の意見との両立を図るために、譲歩した考えを示している。

エ　他の人の意見を踏まえ、根拠を示しながら自分の意見を述べている。

(三)　次の□内は、春香さんたちが確認したアンケートの調査項目とその回答である。この話し合いの後、春香さんたちは、全校集会で【ちらし】を配り、活動の魅力を伝えて参加を呼びかけることにした。あなたならどのように呼びかけるか。□内のアンケートの回答を用いて、「生徒会から清掃ボランティア活動について連絡をします。」に続けて八十字以内で書け。

　なお、【ちらし】は、【　】を付けずにちらしと書いてよい。

「清掃ボランティア活動を通して感じたこと」（主な回答）

・　地域の人にお礼を言ってもらってうれしかった。
・　人と協力して活動する楽しさを知った。
・　自分が住んでいる地域に愛着を感じるようになった。
・　新しい自分を発見することができた。

エ　似た言葉が並んでいるときは、意味の違いを意識すること。

(三)　――線③と筆者が述べるのはなぜか。最も適切なものを、次のア～エから一つ選び、その記号を書け。

ア　文章を書くのは、言いたいことを伝えるためだから。
イ　力強い文字で書かれた文章には、説得力があるから。
ウ　わかりやすく書くことは、とても難しいことだから。
エ　写し間違えることは、誰にでもよくあることだから。

三　春香さんの学校では、地域の清掃ボランティア活動を行っている。次は、生徒会役員の春香さんが作成した【ちらし】と生徒会役員の【話し合いの一部】である。これらを読み、各問いに答えよ。

【ちらし】

第４回清掃ボランティア活動

日　　時：令和２年２月28日（金）
　　　　　午後１時から午後２時30分
　　　　　（雨天時は中止）
集合場所：生徒昇降口前
持 ち 物：軍手
　　　　　水分補給ができるもの
服　　装：体操服（防寒着着用可）
清掃場所：まほろば公園

まほろば中学校生徒会

【話し合いの一部】

春香　【ちらし】を作ってみました。多くの人に参加してもらうには、何か工夫が必要だと思うのですが、どうですか。

陽一　復興庁の学生ボランティア促進キャンペーンのポスターに、「未熟な僕らだからこそ出来ることがきっとある。」と書いてあるのを見たことがあります。ボランティア活動への前向きな思いが表されていて、印象に残る呼びかけになっていました。【ちらし】にも、活動への参加を呼びかける文章を付け加えてみませんか。

若菜　なるほど。それは効果的な方法ですね。それなら、前回の清掃ボランティア活動の後に行ったアンケートの回答を使いませんか。以前、災害時のボランティア活動に参加した人の体験談を聞き、その言葉に感動したことがあります。体験した人の言葉を使えば、説得力のある呼びかけになると思います。

春香　アンケートの回答を使って呼びかけるのはいいですね。しかし、【ちらし】に文字が増えると、読みづらくなるように思います。

陽一　たしかにそうですね。それなら、【ちらし】には手を加えず、直接、活動の魅力を伝えて、参加を呼びかけませんか。

春香　それはいいですね。早速、アンケートの回答を確認しましょう。

(一)　――線部とあるが、「未熟だ」という意味をもつ語を、次のア～エから一つ選び、その記号を書け。

ア　軽い　　イ　青い　　ウ　固い　　エ　丸い

(二)　若菜さんの発言の仕方について述べたものとして最も適切なものを、次のア～エから一つ選び、その記号を書け。

書け。

(二)　——線①とあるが、ここでの「ふるまい」とは、具体的にどの動作のことか。それが含まれる一文を、文章中から抜き出し、その初めの五字を書け。

(三)　——線②から一水さんが感じ取った筆者の思いはどのようなものか。それを説明したものとして最も適切なものを、次の**ア**～**エ**から一つ選び、その記号を書け。

ア　世界で活躍する多くの詩人たちと友情の輪を広げることができ、有意義な時間を過ごすことができたという満足。

イ　各国の多彩な表現者たちとの交流は最高の体験であり、このような機会はもう訪れないのではないかという不安。

ウ　韓国でのすばらしい体験をきっかけとして、この先の自分の人生をさらに充実したものにしていこうという意欲。

エ　一生の思い出となる国際的な催しに参加することができたが、本当に自分が参加してもよかったのかという疑問。

(四)　——線③とあるが、筆者は、ひとつ上の世界に足を踏み入れることを、どのようなことだと考えているか。文章中の言葉を用いて、三十五字以内で書け。

(五)　——線④の意味として最も適切なものを、次の**ア**～**エ**から一つ選び、その記号を書け。

ア　言葉の本来の意味を超えて　　**イ**　言葉の力を感じながら

ウ　言葉の多様な解釈とともに　　**エ**　言葉の意味そのままに

(六)　——線⑤とは、どのような言葉か。最も適切なものを、次の**ア**～**エ**から一つ選び、その記号を書け。

ア　客観的な事実に裏打ちされた論理的な思考から導かれる言葉

イ　生まれながらの表現者としての豊かな感性からわき出る言葉

ウ　積み重ねた経験に基づく揺るぎない考えから生まれる言葉

エ　流派を代表する者としての重圧や不安から発せられる言葉

(七)　〰〰線a、bの一水さんの様子から、筆者が受けた印象を一語で表した言葉として最も適切なものを、文章中から抜き出して書け。

(八)　═線部を全体の調和を考え、楷書で、一行で丁寧に書け。

二　次の文章を読み、各問いに答えよ。

ふみを写すに、同じくだりのうち、あるはならべるくだりなどに、同じ詞《ことば》のあるときは、見まがへて、その①あひだなる詞どもを、写しもらすこと、つねによくあるわざなり。又一ひらと思ひて、二ひら重ねてかへしては、そのあひだ一ひらを、みながらおとすこともあり。これらつねに心すべきわざなり。又よく似て、見まがへやすき文字などは、ことにまがふまじく、たしかに書くべきなり。②これは写し書きのみにもあらず、おほかた物書くに、心得《こころう》べき事ぞ。すべて物を書くは、事のこころをしめさむとてなれば、おふなおふな③文字さだかにこそ書かまほしけれ。

（『玉勝間』による）

（注）　ふみ＝書物　　くだり＝行　　見まがへて＝見間違えて
　　　一ひら＝一枚　　みながら＝すべて　　ことに＝特に
　　　おふなおふな＝できるだけ

(一)　——線①を現代仮名遣いに直して書け。

(二)　——線②の指している内容として最も適切なものを、次の**ア**～**エ**から一つ選び、その記号を書け。

ア　並んだ行の中に同じ言葉があるときに、写しもらしてしまうこと。

イ　二枚を重ねてめくって、文章を見落としてしまうこと。

ウ　似ていて見間違えやすい文字は、正確に書くこと。

〈国語〉

時間　三〇分　満点　四〇点

一　次の文章を読み、各問いに答えよ。

二〇〇九年の秋に、済州島で国際文化フェスティバルがあり、初めて韓国を訪れた。ダンス、音楽、演劇、絵画、デザイン、彫刻……などさまざまな分野の表現者たちが世界じゅうから集まる中に、各国の詩人たちもいた。ぼくは韓国の詩人に誘われて参加したのだけれど、同じく日本から来た一絃琴《いちげんきん》という琴の奏者、峯岸一水《みねぎしいっすい》さんと親しくなった。

聞けば一絃琴というのは、江戸時代には精神修養の一環として武士がたしなむ楽器だったそうだ。坂本龍馬《さかもとりょうま》も一絃琴をAコノんで弾いたらしい。一水さんは思いがけず若くして、先代のひいおばあさんから流派を継ぐことになり、周囲からの高い期待や厳しい目、重たい責任などを一身に引き受けて研鑽《けんさん》を積んできた人だった。

帰国したら家に遊びに来てくださいと誘われるままに、いちどおじゃまして、彼女の演奏を聴かせてもらった。大切そうに布から一絃琴を取り出す所作が、とくに印象に残っている。すっと背筋を伸ばし、つねに緊張感を身に纏《まと》わせながら、それを自然なこととして受け容《い》れてこの人は生きてきたのだろうなと、①ほんのささいなふるまいからも伝わってきた。

歓談し、ではそろそろ、というときだっただろうか。済州島でのできごとに話が及んだ。世界じゅうの表現者たちと一緒に町じゅうをパレードしたり、さまざまな国の詩人とともに詩をリーディングしたり、そんなことってこの先あるんだろうか？　②あれがぼくの人生のピークだったりして……、などと冗談のつもりで言ったところ、a一水さんが涼やかな顔をして首を横に振った。

「いちど段階が上がったら、そこから下には下がらないものです。」

b静かな話し方だったが、きっぱり言い切る口ぶりに、一水さん自身の覚悟を見る思いがした。ともに、B柔和な笑みを浮かべ、だから大丈夫、とこちらを励ますように言ってくれたやさしさも感じた。

甘えが許されない芸事の世界で、どんなときも流派を代表するふるまいを示さなければならない立場の彼女にとって、その言葉は覚悟であり、信念であり、そして事実なのだと思う。ひたすら鍛錬し、③ひとつ上の世界に足を踏み入れた人にとって、そこより下の世界というのは、後戻りすれば帰れる場所などではなく、足元に積み重なった地層のひとつなのではないか。

たしかにスポーツ選手などは全盛期を過ぎれば下がっていくと見なされるかもしれないが、「下がらない」というのはそういう意味でもない気がする。むしろ技芸への理解の深まりや、人間の器としての成熟度といったことではないだろうか。

そうか、いまより下がることはないのか、だったらいいな、とそのときぼくは④言葉を額面どおり素直に受けとって、一水さんのすがすがしさに勇気をもらった。それは、停滞や限界、慢心や堕落など考えもせず、一本の道をまっすぐに歩み続ける人ならでは⑤の哲学から来る言葉だった。

この言葉を思い出すとき、言葉の意味以上に、そう言い切った一水さんの姿にこそ励まされる。

（白井明大『希望はいつも当たり前の言葉で語られる』による）

（注）　済州島＝チェジュ島、朝鮮半島の南西海上にある島

(一)　[　]Aの片仮名を漢字で書き、[　]Bの漢字の読みを平仮名で

MEMO

大切なことはメモしておこうネ！

2020年度

解　答　と　解　説

《2020年度の配点は解答用紙集に掲載してあります。》

＜数学解答＞

1　(1)　①　-10　②　$6a-3$　③　$\dfrac{4x^2}{y}$

④　$2x^2-8x+6$　⑤　$2\sqrt{7}$　(2)　$x=-4$，$x=3$

(3)　34度　(4)　ウ　(5)　$\dfrac{19}{36}$　(6)　48回

(7)　$18\pi\,\mathrm{cm}^3$　(8)　右図

2　(1)　解説参照　(2)　3cm　(3)　$\dfrac{40}{3}\mathrm{cm}^2$

3　(1)　$y=-\dfrac{1}{4}x+\dfrac{5}{4}$　(2)　4倍　(3)　$\dfrac{23}{8}$

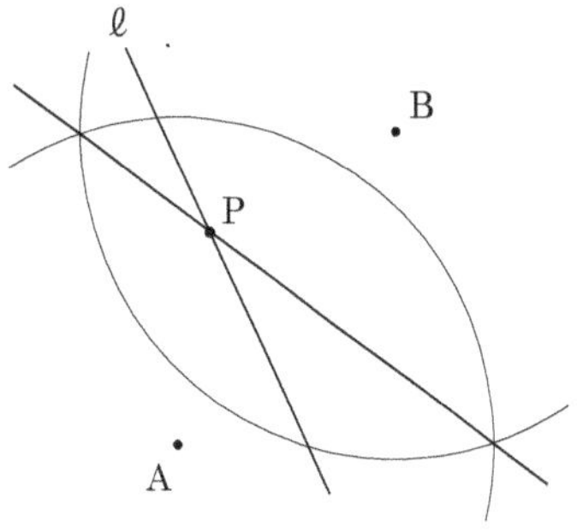

＜数学解説＞

1　(数・式の計算，式の展開，平方根，二次方程式，角度，文字を使った式，確率，資料の散らばり・代表値，半球の体積，作図)

(1)　①　**異符号の2数の積の符号は負で，絶対値は2数の絶対値の積**だから，$2\times(-5)=-(2\times5)=-10$

②　$4a+1+2(a-2)=4a+1+2a-4=4a+2a+1-4=(4+2)a+(1-4)=6a-3$

③　$8x^3y\div2xy^2=\dfrac{8x^3y}{2xy^2}=\dfrac{4x^2}{y}$

④　**乗法公式$(a-b)^2=a^2-2ab+b^2$**より，$(x-3)^2=x^2-2\times x\times3+3^2=x^2-6x+9$，**乗法公式$(x+a)(x+b)=x^2+(a+b)x+ab$**より，$(x+1)(x-3)=(x+1)\{x+(-3)\}=x^2+\{1+(-3)\}x+1\times(-3)=x^2-2x-3$だから，$(x-3)^2+(x+1)(x-3)=(x^2-6x+9)+(x^2-2x-3)=x^2-6x+9+x^2-2x-3=2x^2-8x+6$

⑤　$\sqrt{28}=\sqrt{2^2\times7}=2\sqrt{7}$だから，$4\sqrt{7}-\sqrt{28}=4\sqrt{7}-2\sqrt{7}=(4-2)\sqrt{7}=2\sqrt{7}$

(2)　$x^2+x-12=0$　たして$+1$，かけて-12になる2つの数は，$(+4)+(-3)=+1$，$(+4)\times(-3)=-12$より，$+4$と-3だから　$x^2+x-12=\{x+(+4)\}\{x+(-3)\}=(x+4)(x-3)=0$　$x=-4$，$x=3$

(3)　平行線の同位角は等しいから，$\angle\mathrm{ABC}=\angle\mathrm{ADE}=37^\circ$　$\triangle\mathrm{ABC}$の内角と外角の関係から，$\angle x=\angle\mathrm{ACF}-\angle\mathrm{ABC}=71^\circ-37^\circ=34^\circ$

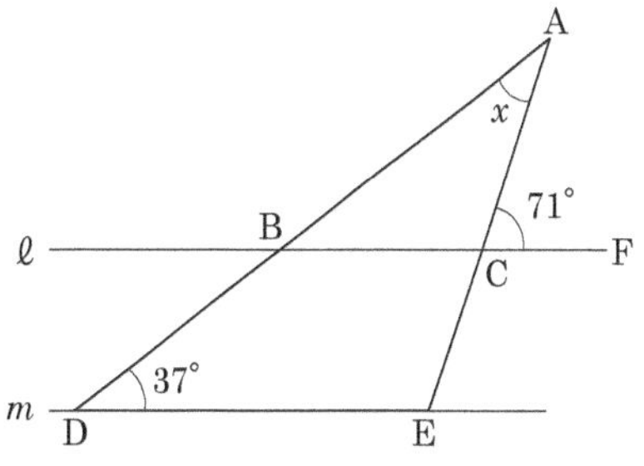

(4)　(ひし形の面積)＝(一方の対角線)×(もう一方の対角線)÷2＝$a\times b\div2=\dfrac{ab}{2}\mathrm{cm}^2$

(5)　2つのさいころA，Bを同時に投げるとき，全ての目の出方は，$6\times6=36$通り。このうち出る目の数の積が10以上になるのは，(A，B)＝(2，5)，(2，6)，(3，4)，(3，5)，(3，6)，(4，3)，(4，4)，(4，5)，

(4, 6), (5, 2), (5, 3), (5, 4), (5, 5), (5, 6), (6, 2), (6, 3), (6, 4), (6, 5), (6, 6) の19通り。よって，求める確率は，$\frac{19}{36}$

(6)　**中央値(メジアン)**は資料の値を大きさの順に並べたときの中央の値。8人の結果を小さい順に並べると，37, 41, 43, 46, 50, 57, 62, 64。よって，中央値(メジアン)は結果の小さい方から4番目と5番目の平均値$\frac{46+50}{2}=48$回

(7)　**半径rの球の体積は，$\frac{4}{3}\pi r^3$**　だから，半径3cmの半球の体積は　$\frac{4}{3}\pi \times 3^3 \times \frac{1}{2} = 18\pi\,\mathrm{cm}^3$

(8)　(着眼点)∠PAB＝∠PBAより，△PABはPA＝PBの二等辺三角形であり，点Pは底辺ABの**垂直二等分線**上にある。(作図手順)次の①～②の手順で作図する。①　点A, Bをそれぞれ中心として，交わるように半径の等しい円を描く。　②　①で作った交点を通る直線(線分ABの垂直二等分線)を引き，直線ℓとの交点をPとする。

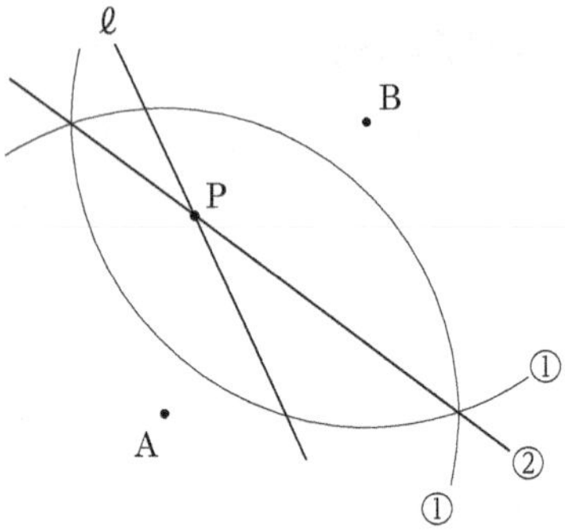

[2]　(平面図形，合同の証明，線分の長さ，面積)

(1)　(証明)(例)△ABCと△CDAにおいて**平行線の錯角は等しい**からAD//BCより，∠ACB＝∠CAD…①　AB//DCより∠BAC＝∠DCA…②　また，ACは共通…③　①，②，③より1組の辺とその両端の角がそれぞれ等しいから，△ABC≡△CDA

(2)　**平行四辺形の面積は対角線によって2等分される**から，$\triangle ABC = \frac{1}{2}$(平行四辺形ABCD)$=\frac{1}{2}\times 96 = 48\mathrm{cm}^2$　△ABCの底辺をABとすると，高さは線分CEだから，△ABCの面積の関係から $\frac{1}{2}\times AB \times CE = 48$　$CE=\frac{48\times 2}{AB}=\frac{48\times 2}{8}=12\mathrm{cm}$　△BCEに**三平方の定理**を用いると，$BE=\sqrt{BC^2-CE^2}=\sqrt{13^2-12^2}=\sqrt{25}=5\mathrm{cm}$　よって，AE＝AB－BE＝8－5＝3cm

(3)　CF＝BC－BF＝BC－AB＝13－8＝5cm　AD//BCより，**平行線と線分の比についての定理**を用いると，AG：CG＝AD：CF＝13：5　**高さが等しい三角形の面積比は，底辺の長さの比に等しい**から，$\triangle ACF = \triangle ABC \times \frac{CF}{BC} = 48\times\frac{5}{13}=\frac{240}{13}\mathrm{cm}^2$　$\triangle AFG=\triangle ACF\times\frac{AG}{AC}=\frac{240}{13}\times\frac{13}{13+5}=\frac{40}{3}\mathrm{cm}^2$

[3]　(図形と関数・グラフ)

(1)　**平行な直線同士の傾きは等しい**から，点Aを通り直線ℓに平行な直線の式は，$y=-\frac{1}{4}x+a$に，点Aの座標を代入して，$0=-\frac{1}{4}\times 5+a$　$a=\frac{5}{4}$　よって，求める直線の式は，$y=-\frac{1}{4}x+\frac{5}{4}$

(2)　直線ℓは$y=-\frac{1}{4}x+4$とy軸との交点をEとするとE(0, 4)　直線ABと直線ℓとの交点をFとすると，点Fのx座標は5だから，y座標は$y=-\frac{1}{4}\times 5+4=\frac{11}{4}$であり，$\mathrm{F}\left(5,\ \frac{11}{4}\right)$　DE//FBより，平行線と線分の比についての定理を用いると，CD：DB＝CE：FB＝$(7-4):\left(\frac{11}{4}-2\right)=4:1$　これより，線分CDの長さは線分DBの長さの4倍である。

(3)　(台形OABC)$=\frac{1}{2}\times(AB+OC)\times OA=\frac{1}{2}\times(2+7)\times 5=\frac{45}{2}$だから，台形OABCの面積の$\frac{1}{2}$は$\frac{45}{2}\times\frac{1}{2}=\frac{45}{4}$　直線ℓが点A，Bを通るときのy軸との交点をそれぞれG，Hとすると，前問(1)より$\mathrm{G}\left(0,\ \frac{5}{4}\right)$　(台形OABH)$=\frac{1}{2}\times(AB+OH)\times OA=\frac{1}{2}\times(AB+OG+GH)\times OA=\frac{1}{2}\times$(AB＋OG

$+AB)\times OA=\frac{1}{2}\times\left(2+\frac{5}{4}+2\right)\times 5=\frac{105}{8}$　$\frac{105}{8}>\frac{45}{4}$であることから，直線$\ell$が台形OABCの面積を2等分するときの，直線$\ell$と$y$軸，直線ABとの交点をそれぞれ点P，Qとすると，点Qは線分AB上にある。また，P(0, a)である。(台形OAQP)$=\frac{45}{4}$となることから，$\frac{1}{2}\times(AQ+OP)\times OA=\frac{1}{2}\times(GP+OP)\times OA=\frac{1}{2}\times(OP-OG+OP)\times OA=\frac{1}{2}\times\left(a-\frac{5}{4}+a\right)\times 5=5a-\frac{25}{8}=\frac{45}{4}$　これを解いて，$a=\frac{23}{8}$

<英語解答>

1　(1)　①　イ　②　ア　③　エ　(2)　①　ア　②　ウ
2　ウ
3　(1)　エ　(2)　イ　(3)　エ
4　(1)　A　オ　B　ウ　C　エ　(2)　(a)　Yes, they do.　(b)　They know where the ball is.　(3)　イ，オ　(4)　(例)I want you to win the game. Do your best !

<英語解説>

1　(リスニング)

放送台本の和訳は，22ページに掲載。

2　(資料短文読解問題：表を用いた問題，内容真偽，比較)

ア　「D市の平均気温はA市の平均気温と同じだった」(×)　A市は22.4度，D市は13.4度なので不一致。**<A + 動詞 + as + 形容詞／副詞 + as + B>**「AはBと同じくらい～」　イ　「B市の平均気温はC市の平均気温よりも高い」(×)　B市は17度，C市は21.4度なので不可。higher「より高い」high の比較級**<比較級[規則変化：原級 + -er]+ than～>「～よりももっと… [比較級]」**　ウ　「A市の平均気温は4市の中で最も高い」(○)　A市の22.4度を上回る市の平均気温はない。**<the + 形容詞の最上級[規則変化：原級 + -est]+ of + 複数名詞[in + 単数名詞]>「…の中で最も～」**　エ　「これらの4市の各平均気温は17度よりも高い」D市の平均気温は13.4度で17度を下回っている。**<比較級[規則変化：原級 + -er] + than>「～よりももっと…」**

3　(会話文問題：語句補充・選択，助動詞，文の構造(目的語と補語)，前置詞，受け身，代名詞，接続詞，不定詞)

(全訳)　ケンとトムは高校生だ。2週間前にトムはアメリカ合衆国から日本へやって来た。彼らは買い物に来ている。／トム(以下T)：ケン，私は家族と友人のために，葉書を数枚買いたいのです。／ケン(以下K)：向こうの店でそれらを①エ買ったらどうですか。／T：わかりました。通りを横切りましょう。／K：トム，止まって。信号が赤です。／T：あっ，見ていなかったです。ケン，ありがとう。／(1分後)／T：さあ，緑です。行きましょう。／K：あれっ，トム。あなたは『緑』って言いましたか。／T：はい，何かおかしいですか。／K：緑に見えるのはわかりますが，私達は信号の色を“あお”②イと呼びます。“あお”は青色を意味します。／T：えっ，それは興味深いです。

あなたたちは“緑の信号”とは言わないのですね。なぜですか。／K：はっきりはしませんが，③エ日本語では，緑色のものに対して，“青”を使うことがあります。例えば，“緑色のリンゴ”です。私達は日本語で“青リンゴ”と言います。“リンゴ”はアップルを意味します。／T：へえー，緑のリンゴに対して“緑”を使わないのですね。／K：その通りです。

(1)「葉書を購入したい」というトムの言葉に対するケンの返答を完成させる。その直後，道の向かい側にある店に行くために，通りを横切ろうとしているので，店で購入することを提案する文を完成させること。正解は，エ　Why don't you buy(them at the shop over there ?)「(向こうの店でそれら)を購入してはいかがですか」。<**Why don't you ＋ 原形～?**>「～**してはどうですか**」 他の選択肢は次の通り。 ア 「(向こうの店でそれら)を買いましたか」(×) まだ葉書を購入していないので，不可。 イ 「(向こうの店でそれらは)いくらですか」(×) 後続箇所で，値段を答えている返答文がないので不適。**How much is it ?**「**いくらですか**」 ウ 「(向こうの店でそれら)をいつ買うことができますか」(×) 葉書を購入したいのは対話相手のトムで，トムはその場で葉書を入手したい，ということが文脈から判断できるので，不適。<**can ＋ 原形**>「**～することができる**」

(2) 2週間前にアメリカから来日したトムに対して，ケンが日本の信号の色の呼び方を説明している場面。日本では，信号の色に緑は使わず，青と呼んでいることから考えること。完成文は「緑のように見えるのはわかっているが，我々日本人は信号のその色を青と呼ぶ」となる。従って，答えは call である。<**call ＋ A ＋ B**>「**AをBと呼ぶ**」 他の選択肢は次の通り。ア 「変える」 ウ 「～を去る／残す，置き忘れる」 エ 「送る」

(3)「トム：なぜ緑の信号とは言わないのですか。／ケン：はっきりはしませんが，[③] 例えば，緑色のリンゴを，日本語では青リンゴと言います」 後続のせりふで，緑色のものを青と呼ぶ例が挙げられていることから考えること。正解は，エ「日本語では緑のものに対して“青”を使うことがある」。<in ＋ 言語>「～語で」 他の選択肢は次の通りだが，前述の説明により，不適。 ア 「私達のほとんどが交通信号の色に興味がある」(×) 後続のリンゴの話しにつながらない。most「(形容詞・副詞)最も(多数の)／代名詞(theをつけずに)大部分」 <**人＋ be動詞 ＋ interested ＋ in ＋もの**>「**人がものに対して興味がある**」 イ 「私達のほとんどは果物が好きで，食事の後にそれらを時々食べる」(×) 空所③前の信号に関するやりとりにつながらない。 ウ 「緑のリンゴと言いたい時に，私達は“緑”を使う」(×) 後続のせりふ「日本語で青リンゴと言う」に矛盾する。**when**「**いつ(疑問詞)／～する時に(接続詞)**」 want to say「言いたい」← **不定詞[to ＋原形]の名詞的用法「～すること」**

4 **(長文読解問題・エッセイ：表を用いた問題，要約文を用いた問題，英問英答・記述，内容真偽，自由・条件英作文，動名詞，分詞の形容詞的用法，関係代名詞，助動詞，間接疑問文，未来，受け身，現在完了，不定詞，比較)**

(全訳) [1] 今年，東京は(世界において)人々をわくわくさせる場所になるだろう。東京でパラリンピックが開催される。東京2020パラリンピックの開催中には，障害を持つ4,000人以上の選手が世界中から東京にやって来て，競技に参加する。東京2020パラリンピックは，第16回目の夏期パラリンピックとなり，22種類の競技が実施される予定だ。

[2] パラリンピックで人気のある競技の一つが，ブラインドサッカーだ。ブラインドサッカーは，2004年のパラリンピックで初めて実施された。日本のブラインドサッカーチームは，これまでパラリンピックに参加したことはなかったが，日本チームは東京2020パラリンピックには出場する予定だ。ブラインドサッカーには特別な規則がある。ブラインドサッカーは，4人のフ

ィールドプレーヤーと1人のゴールキーパーにより競技が実施される。目が不自由な人が，フィールドプレーヤーとなり，かつ，彼らは目を覆う特別のマスクを着用しなければならない。よって，試合中には，彼らは何も見えないのだ。ゴールキーパーのみが，マスクを着用する必要がないので，フィールド上のすべてを見ることが可能となる。選手がボールを持つ敵に近づく時には，スペイン語の“ボイ”という言葉をその相手に言い続けなければならない。ブラインドサッカーでは，その言葉は『私は近づいている』ということを意味する。

[3]　何も見ずに，どうやって(ブラインドサッカーの)選手はサッカーをすることができるのか。ブラインドサッカーで使われるボールは，競技場を移動する際に，音が出るのだ。選手はボールから出る音を聞いて，どこにボールがあるのかを察知する。ボールからの音と他の選手やチームメートからの声が，ブラインドサッカーでは非常に重要な意味を持つ。多くの種類の音を聞くことで，選手には競技場で何が起きているかがわかるのである。競技場で試合を見ている観衆は，試合中には静寂を保たなければならない。しかし，選手が得点した場合には，観衆は声をあげることができる。観衆の声で，選手は得点したことを知るのだ。試合を見ている人々は，その声援で選手を支えて，選手と一緒に試合を楽しむことができる。試合を見る人々からの激励が，ブラインドサッカーの試合の一部となっている。

[4]　パラリンピックは，障害のある人々に対するだけのスポーツの催しではない。世界中のすべての人々にとって，より良い社会について考える素晴しい機会である。パラリンピックでは，障害を有する選手が，各競技において自己の最善を尽くそうとして，多くの人々がそれを見守る。パラリンピックにおいて，最近，選手が多くの世界記録を残してきた。このことは，選手が各競技でその技量を向上させて，身体を鍛えたという理由による。各競技の用具の革新もまた，新記録の要因の一つとなっている。だが，パラリンピックにおける多くの世界記録の達成につながる真の力は，多くの声援を得ながら，これらのスポーツに挑もうとする姿勢に由来している。

(1)　[第1段落]「東京2020パラリンピックに関して」　[第2段落]　ブラインドサッカー，特にそのルールについて述べられているので，正解は，オ「パラリンピックにおけるブラインドサッカーのルール」。　[第3段落]　第1文で「何も見えずにどうやってサッカーをやるのか」という問題提示をした後に，ボールからの音や他の選手，メンバーからの声を頼りにボールの位置を知ることや，観衆からの声援に関しても触れられている。従って，正解は，ウ「ブラインドサッカーにおける音や声の重要性」。　[第4段落]　パラリンピックで新記録が出ている要因について言及されているので，正解は，エ「パラリンピックにおける世界記録を樹立する力」。the power of making ← ＜前置詞 ＋ 動名詞[原形＋ -ing]＞ 前置詞の後ろに不定詞は不可。他の選択肢は次の通り。ア「パラリンピックでブラインドサッカーを行うことの課題」the challenge of having ← ＜前置詞 ＋ 動名詞[原形 ＋ -ing]＞　イ「パラリンピックの歴史」カ「各スポーツ道具を改良するために必要な技術」the skills needed to improve「～を改良するために必要な技能」← **＜名詞＋過去分詞＋他の語句＞「～された名詞」過去分詞の形容詞的用法　不定詞[to ＋原形]の副詞的用法「～するために」(目的)**

(2)　(a)「ブラインドサッカーのフィールドプレーヤーは，目を覆う特別のマスクを着用するか」第2段落6文に一致するので，肯定で答える。Yes, they do.　masks that cover their eyes ← **＜先行詞＋主格の関係代名詞 that ＋動詞＞「～[動詞]する先行詞」**　wear「身につけている」くつ・帽子・めがね・時計などにも使用可。　**must「～しなければならない／に違いない」**　(b)「ブラインドサッカーの選手はボールからの音により何を知るのか」第3段落3文を参照のこと。They know where the ball is. ← Where is the ball?　**疑問文が他の文に組み込まれた形**(間接疑問文)では，**＜疑問文＋主語＋動詞＞**の語順になることに注意。

(3)　ア「東京2020パラリンピックの開催期間中に，16種類のスポーツが開催されることになっている」(×)　開催競技数は22種目で，16という数字は，東京2020パラリンピックが，第16回目の夏期パラリンピックに該当するということ(第1段落最終文)。**助動詞を含む受け身＜助動詞＋過去分詞＞** → ＜will be ＋過去分詞＞「～されるだろう」(未来＋受け身) 16th ＝ sixteenth「16番目」　イ「日本のブラインドサッカーチームは今年初めてパラリンピックに参加することになる」(○)　第2段落3文に「日本のブラインドサッカーチームはこれまでパラリンピックに参加したことがないが，東京2020パラリンピックではプレーする」と書かれている。take part in「～に参加する」 for the first time「初めて」 have never taken part in「～に参加したことがない」← 現在完了の否定形 ＜have[has]＋ never[not]＋過去分詞＞ **現在完了＜have[has]＋過去分詞＞(完了・経験・継続・結果)**　ウ「ブラインドサッカーでは，ボールを持っている選手が敵に『ボイ』と言い続けなければならない」(×)　ボールを持つ相手に対して近づいていく選手が「近づいている」という意味のスペイン語ボイを発するのである(第2段落最後から2文)。the player[opponent]who has the ball「ボールを持つ選手[敵]」← **＜先行詞(人)＋主格の関係代名詞 who ＋動詞＞「～[動詞]する先行詞」must「～しなければならない／に違いない」** ＜keep ＋ -ing形＞「～し続ける」　エ「競技場でブラインドサッカーを見ている人々は，試合中に音を出し続けなければならない」(×)　観衆は試合中には静かにしていなければならない(第3段落6文) the people watching blind soccer[the games]「ブラインドサッカー［試合］を見ている人々」← **＜名詞＋現在分詞[原形＋ -ing]＋他の語句＞「～している名詞」**現在分詞の形容詞的用法　＜keep ＋ -ing形＞「～し続ける」 **should「すべきである／きっと～するはずだ」**　オ「パラリンピックは，すべての人々にとってより良い社会について考える良い機会だ」(○)　第4段落2文に一致。chances to think about ← **＜名詞＋不定詞[to ＋原形]＞「～するための[するべき]名詞」**不定詞の形容詞的用法 **better「より良い／より良く」← good／well の比較級**　カ「用具の改良はとても困難なので，障害のある選手は新記録をつくることができない」(×)　第4段落4・6文で，「用具の改良が新記録につながっている」ことが記されている。improving the equipment ← **動名詞＜原形＋ -ing＞「～すること」 ＜so ＋形容詞[副詞]＋ that …＞「とても～[形容詞・副詞]なので…である」** these days「この頃」

(4)　パラリンピックに参加する海外の選手団への応援メッセージを10語程度の英語で書く問題。(解答例訳)「私はあなた方に試合に勝って欲しいと思っています。全力を尽くしてください」

2020年度英語　聞き取り検査

〔放送台本〕

(1)では，①～③の3つの会話が行われます。それぞれの会話の後で会話の内容について質問を1つずつします。質問に対する答えとして最も適切なものを，それぞれ問題用紙のア～エのうちから1つずつ選び，その記号を書きなさい。なお，会話と質問はそれぞれ2回ずつ行います。

① *Man:*　What animal do you like, Lisa?
Lisa:　Please guess.
Man:　I have no idea. Can you keep it in your house?
Lisa:　Yes. It has four legs and long ears.

質問 What animal does Lisa like?

② *Mike:* I'll get up early for the soccer game tomorrow, Mom.
Mother: What time will you get up, Mike?
Mike: I'm going to get to the station at seven thirty, so I have to get up at six and leave home at seven.
Mother: OK. Go to bed early.
質問 What time does Mike have to get up?

③ *Woman:* Did you watch the baseball game on TV last night, Ken?
Ken: No. I went to a restaurant for dinner with my family. After that, I read a book at home.
Woman: What was the book about?
Ken: It was about famous scientists around the world. It was interesting.
質問 What did ken do after dinner?

〔英文の訳〕

① 男性：リサ，あなたはどの動物が好きですか。／リサ：推測してみて下さい。／男性：全くわかりません。それは家で飼うことが出来ますか。／リサ：はい。4本の脚があり，長い耳を持っています。
質問：リサはどの動物が好きですか。

② マイク：お母さん，明日，サッカーの試合のために僕は早く起きます。／母：マイク，あなたは何時に起きるの？／マイク：7時30分に駅に着くつもりなので，6時に起きて，7時に自宅を出なければなりません。／母：わかったわ。早く寝なさい。
質問：何時にマイクは起きなければならないか。

③ 女性：ケン，昨晩，テレビで野球の試合を見ましたか。／ケン：いいえ。家族と夕食のためにレストランへ行きました。その後，家で本を読みました。／女性：その本は何に関するものですか。／ケン：世界中の有名な科学者に関するものでした。面白かったです。
質問：ケンは夕食後，何をしたか。

〔放送台本〕

(2)では，英語の授業で，これからグループで行う活動について，スミス先生が説明した英語が2回流れます。その後で，その内容について2つ質問をします。質問に対する答えとして最も適切なものを，それぞれ問題用紙のア～エのうちから1つずつ選び，その記号を書きなさい。

Let's start a new activity. I will tell you how to do it.

First, I will give cards to each group. An English word is written on each card.

Next, do *janken* in your groups. The student who wins *janken* takes one card. Only this student can see the word on the card.

Then, the student who has the card tells the group members about the word. The word is the name of a food. The student must not use the word on the card. Of course, speak in English.

質問① Which card do students use in this activity?

質問② Why do students need to do *janken*?

〔英文の訳〕

新しい活動を始めましょう。そのやり方を皆さんに教えましょう。

まず，各グループにカードを渡します。ある英語の単語が各カードに書かれています。

次に，グループ内でじゃんけんをして下さい。じゃんけんに勝った生徒が1枚カードを取ります。この生徒だけが，カードの単語を見ることができます。

それから，カードを持っている生徒がグループメンバーにその単語について話します。その単語は食べ物の名前です。その生徒はカードの単語を使ってはいけません。もちろん，英語で話しをして下さい。

質問①：この活動では，生徒はどのカードを使いますか。

質問②：なぜ生徒はじゃんけんをする必要がありますか。

〔設問の選択肢の訳〕

ア　誰がカードを与えるかを決めるため。
イ　誰がカードに単語を書くかを決めるため。
ウ　誰がカードを受け取るかを決めるため。
エ　最初に誰が答えるかを決めるため。

＜国語解答＞

一　(一)　A　好　　B　にゅうわ　　(二)　大切そうに　　(三)　イ　　(四)　(例)技芸への理解が深まったり，人間の器としての成熟度が高まったりすること。　　(五)　エ
(六)　ウ　　(七)　すがすがしさ　　(八)　(例)周囲からの高い期待

二　(一)　あいだ　　(二)　ウ　　(三)　ア

三　(一)　イ　　(二)　エ　　(三)　(例)ちらしのとおり，二月二十八日に活動を行います。清掃ボランティア活動を通して，新しい自分を発見することができたという声もあります。皆さんも参加してみませんか。

＜国語解説＞

一　**(随筆―内容吟味，文脈把握，漢字の読み書き，語句の意味，書写)**

(一)　A「好んで」は，そうすることが好きで，積極的に行うことを表す。　B「柔和な」は，人柄や態度が優しくて穏やかな様子。

(二)　傍線①は，**琴を取り出す動作のこと**だ。したがって，同段落の「大切そうに布から一弦琴を取り出す所作が」とある一文を抜き出す。

(三)　傍線②に対しての一水さんの言葉は「こちらを励ますよう」なものだった。**励ますという表現から，私が不安でいること**が読み取れる。

(四)　傍線③「ひとつ上の世界に足を踏み入れ」るというのは，次段落の**「下がらない」と同じこと**である。これが読み取れれば，「下がらない」ことが「技芸への理解の深まりや，人間の器としての成熟度といったこと」だとわかる。ここを用いてまとめる。

(五)　「額面どおり」とは，**記されたとおりの解釈をする**ということだ。したがって，裏を探ったり，想像したりという複雑な行動ではなく，**見たままの単純な内容である**ことを選ぶ。

(六)　傍線⑤の「哲学」は，「停滞や限界，慢心や堕落など考えもせず，一本の道をまっすぐに歩

み続ける」ことから生まれることに着目する。「ひたすら鍛錬し」たことで至った考えである。

(七)　一水さんの人柄については，「一水さんのすがすがしさ」とあるところを示せばよい。**「すがすがしい」とは，さわやかで，気持ちがいい様子**のことだ。a「涼やかな顔」やb「きっぱり言い切る」という表現と一致する。

(八)　**漢字と仮名のバランス**を考える。平仮名は漢字よりも少し小さく書く。字間を考慮しながら，中心線を意識して真っ直ぐに書き進めたい。

二　(古文―内容吟味，文脈把握，指示語の問題，仮名遣い)

【現代語訳】　書物を写し取るときに，同じ行の中やもしくは並んだ行などに，同じ言葉があるときは，見間違えてその間にある言葉などを，写し忘れてしまうことが，だいたいよくあることだ。また，一枚と思って，二枚もめくってしまい，その間の一枚を，すべて写しもらすこともある。こうしたことはいつも肝に銘じておくべきことだ。また，よく似ていて，見まちがいやすい文字などは，とくに間違わないように，正しく書くべきである。こうしたことは写し書きだけのことではなく，だいたい何かを書くときには，心得ておくべきことだ。全て物を書くということは，言いたいことを伝えようとして行うのだから，できるだけ文字は正しく書きたいものである。

(一)　語中の「は・ひ・ふ・へ・ほ」は，現代仮名遣いでは「ワ・イ・ウ・エ・オ」になる。

(二)　傍線②は，直前の「よく似て，見まがへやすき文字などは，ことにまがふまじく，たしかに書くべきなり」を指している。ここを訳すと，適切な選択肢を選べよう。

(三)　理由は「すべて物を書くは，事のこころをしめさむとてなれば」という記述に見られる。これをふまて選択肢を選ぶ。

三　(会話・議論・発表―作文，段落・文章構成，語句の意味)

(一)　「青い」には，**実などがまだ熟さない**という意味がある。

(二)　若菜さんは，「なるほど」と，**陽一さんの意見を受け入れ，それをふまえて意見を述べ**始めている。そして、アンケート回答の使用を提案し，**なぜそれを使用するとよいと考えたかの理由・根拠を説明**している。

(三)　まず，**ボランティア活動の実施時期を明確に伝える**のが大切だ。そのうえで，**ボランティア活動が有意義であることを示す**ために，アンケート回答から「良い点」や「自分も参加してみようかなと思える要素」を示すとよいだろう。

MEMO

大切なことはメモしておこうネ！

2020年度

★★★★★★★★★★★★★★★★★★★★★★★

入 試 問 題

●くわしい解説……41ページ

＜数学＞

時間　50分　　満点　50点

1　次の各問いに答えよ。

⑴　次の①～④を計算せよ。

①　$5-8$　　　　②　$-4\times(-3)^2$

③　$(4a^3b+6ab^2)\div 2ab$　　　　④　$(x+y)^2-5xy$

⑵　絶対値が4より小さい整数は何個あるか。

⑶　2次方程式 $x^2+5x+2=0$ を解け。

⑷　y が x に反比例し，x と y の値が表1のように対応しているとき，表1のAに当てはまる数を求めよ。

表1

x	…	-3	-2	-1	…
y	…	-4	A	-12	…

⑸　図1は，円すいの展開図で，底面の半径は5㎝，側面のおうぎ形の半径は12㎝である。$\angle x$ の大きさを求めよ。

図1

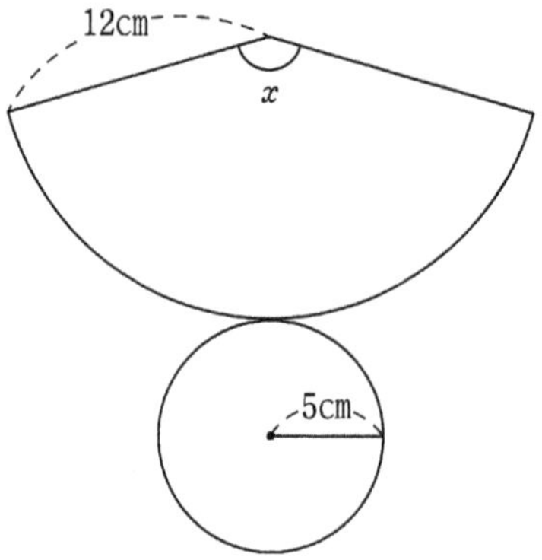

⑹　表2は，ある市における，7月の日ごとの最高気温を度数分布表にまとめたものである。この表から読み取ることができることがらとして適切なものを，次の**ア**～**オ**からすべて選び，その記号を書け。

ア　32.0℃ 以上34.0℃ 未満の階級の相対度数は，0.16より大きい。

イ　階級の幅は，12.0℃ である。

ウ　最高気温が28.0℃ 以上の日は，5日である。

エ　最頻値（モード）は，27.0℃ である。

オ　30.0℃ 以上32.0℃ 未満の階級の階級値は，30.0℃ である。

表2

階級(℃)	度数(日)
以上　　未満	
24.0 ～ 26.0	1
26.0 ～ 28.0	8
28.0 ～ 30.0	5
30.0 ～ 32.0	7
32.0 ～ 34.0	5
34.0 ～ 36.0	5
計	31

(7) 次の □ 内の【A】,【B】の文章は，確率について述べたものである。これを読み，①，②の問いに答えよ。

【A】 図 2 のように，袋の中に，1，2，3，4，5 の数字を 1 つずつ書いた 5 個の玉が入っている。この袋から，同時に 2 個の玉を取り出すとき，奇数の数字が書かれた玉と偶数の数字が書かれた玉を 1 個ずつ取り出す確率を p とする。

図 2

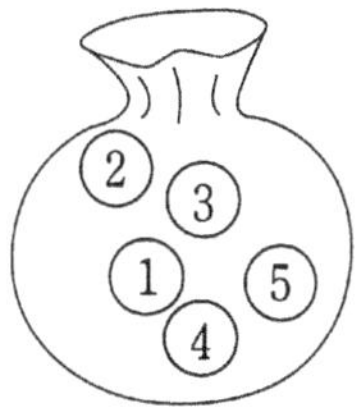

【B】 図 3 のように，袋の中に，赤玉が 3 個，白玉が 2 個入っている。この袋から，同時に 2 個の玉を取り出すとき，異なる色の玉を取り出す確率を q とする。

図 3

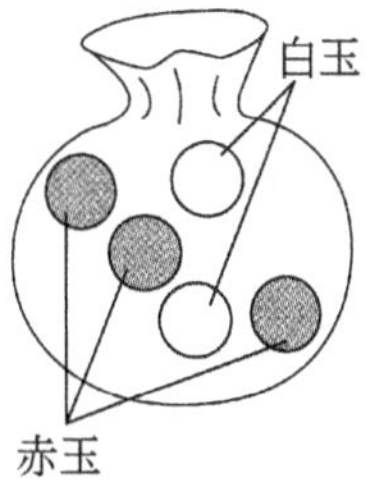

① p の値を求めよ。

② p の値と q の値の関係について正しく述べているものを，次の**ア**～**ウ**から 1 つ選び，その記号を書け。

ア p の値は q の値より大きい。
イ p の値は q の値より小さい。
ウ p の値と，q の値は等しい。

(8) 一の位の数が 0 でない 2 桁の自然数 A がある。A の十の位の数と一の位の数を入れかえてできる数を B とする。①，②の問いに答えよ。

① A の十の位の数を x，一の位の数を y とするとき，B を x，y を使った式で表せ。

② A の十の位の数は一の位の数の 2 倍であり，B は A より36小さい。このとき，A の値を求めよ。

2 花子さんと太郎さんは，クラスの文集をつくるときに，紙には，A判やB判とよばれる規格があることを知り，A判とB判の紙について調べた。次の □ 内は，2人が調べたことをまとめたものである。後の問いに答えよ。

【A判の紙について調べたこと】

1 A 0 判の紙は，面積が $1\,\mathrm{m}^2$ の長方形であり，短い方の辺の長さと長い方の辺の長さの比は，$1:\sqrt{2}$ である。

2 次のページの図 1 のように，A 0 判の紙を，長い方の辺を半分にして切ると，A 1 判の紙になり，Ａ０判の紙とＡ１判の紙は，相似になっている。

3　図２のように，次々と長い方の辺を半分にして切っていくと，Ａ２判，Ａ３判，Ａ４判，Ａ５判，…の紙になり，それらの紙はすべて相似になっている。

図１

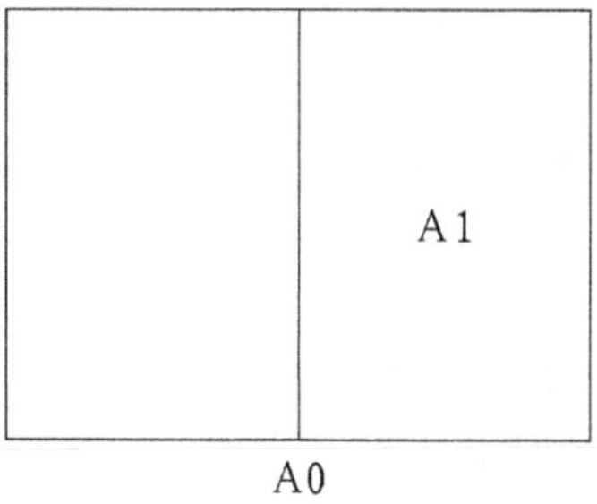

図２

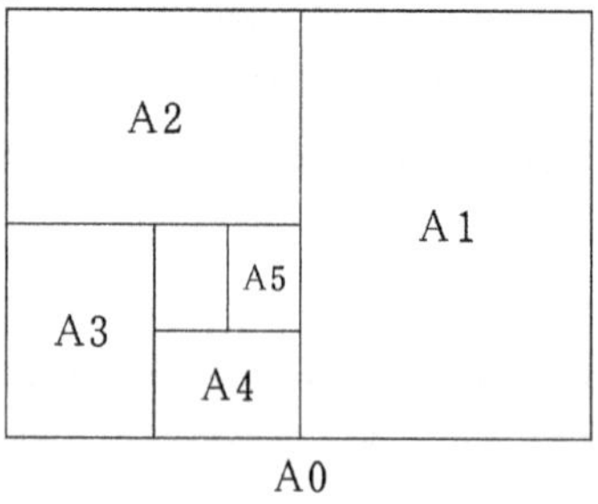

【Ｂ判の紙について調べたこと】

1　Ｂ０判の紙は，面積が1.5m²の長方形であり，短い方の辺の長さと長い方の辺の長さの比は，$1:\sqrt{2}$である。

2　Ｂ０判の紙を，Ａ判のときと同じように，次々と長い方の辺を半分にして切っていくと，Ｂ１判，Ｂ２判，Ｂ３判，Ｂ４判，Ｂ５判，…の紙になり，それらの紙はすべて相似になっている。

【Ａ判の紙とＢ判の紙の関係について調べたこと】

1　図３のように，Ａ０判の紙の対角線の長さとＢ０判の紙の長い方の辺の長さは，等しくなっている。

2　Ａ１判とＢ１判，Ａ２判とＢ２判，Ａ３判とＢ３判，…のように，Ａ判とＢ判の数字が同じとき，Ａ判の紙の対角線の長さとＢ判の紙の長い方の辺の長さは，等しくなっている。

図３

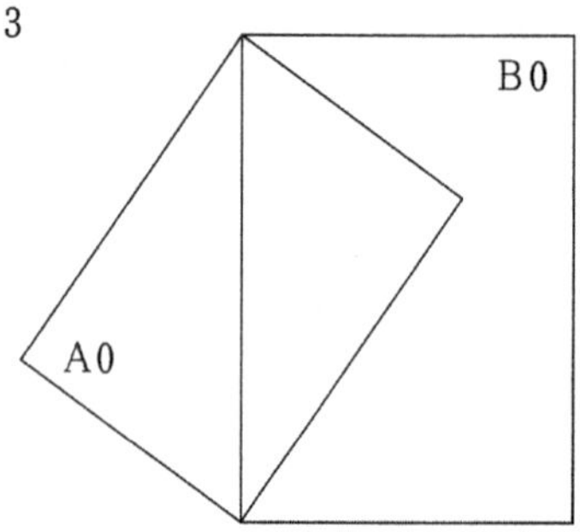

⑴　図４の四角形ABCDは，Ａ判の規格の紙と相似な長方形である。辺BCは，辺ABを１辺とする正方形ABEFの対角線の長さと等しい。解答欄にある線分ABをもとに，点Ｃを，定規とコンパスを使って解答欄の枠内に作図せよ。なお，作図に使った線は消さずに残しておくこと。

図４

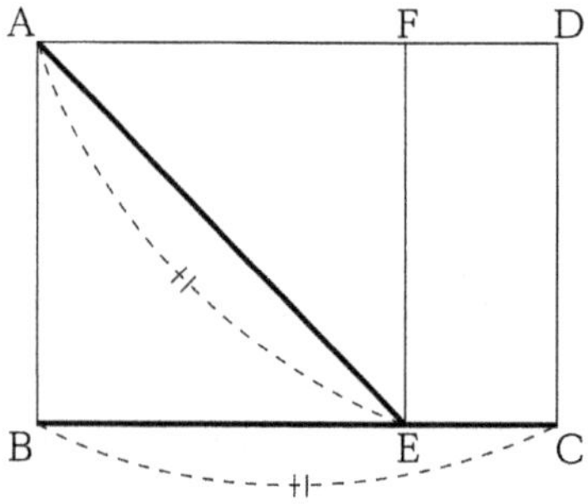

⑵　Ａ０判の紙の短い方の辺の長さを a cmとするとき，①，②の問いに答えよ。

①　Ａ１判の紙の短い方の辺の長さを，a を用いて表せ。

②　Ａ３判の紙の面積を，a を用いて表せ。

(3) 花子さんは，A３判の資料を，コピー機でB６判に縮小して文集に使用することにした。次の［　］内は花子さんと太郎さんの会話である。この会話を読んで，①，②の問いに答えよ。ただし，$\sqrt{2}=1.414$，$\sqrt{3}=1.732$，$\sqrt{6}=2.449$とする。

> 花子：コピー機で，資料を拡大したり縮小したりしてコピーをするときには，倍率を指定するよね。
> 太郎：そうだね。例えば，ある長方形を縮小するとき，対応する辺の長さを0.7倍に縮小したいのなら，倍率を70％にすればいいよ。
> 花子：A３判の資料を，B６判に縮小するには，倍率を何％にすればいいのかな。
> 太郎：まず，A３判とB３判の関係に着目してみようよ。B３判の紙の短い方の辺の長さは，A３判の紙の短い方の辺の長さの［あ］倍になるね。

① ［あ］に当てはまる数を，小数第３位を四捨五入した値で答えよ。

② A３判の資料をB６判に縮小するには，何％の倍率にすればよいか。小数第１位を四捨五入した値で答えよ。

［3］ 右の図の放物線は，関数$y=2x^2$のグラフである。３点A，B，Cは放物線上の点であり，その座標はそれぞれ（1，2），（2，8），（−2，8）である。また，点Pはx軸上を，点Qは放物線上をそれぞれ動く点であり，２点P，Qのx座標はどちらも正の数である。原点をOとして，各問いに答えよ。

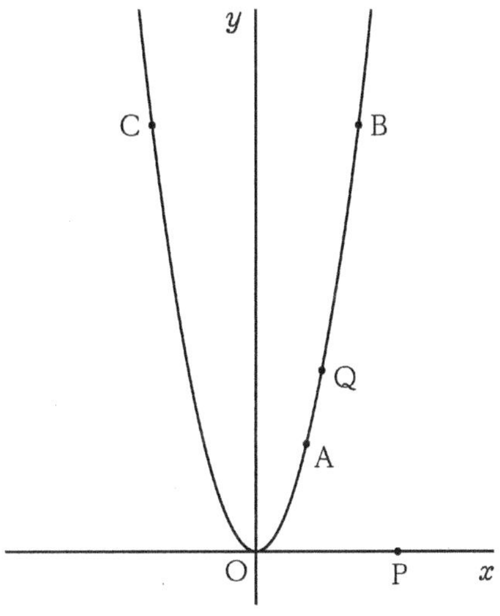

(1) ２点A，Cを通る直線の式を求めよ。

(2) 関数$y=2x^2$について，次の**ア**～**エ**のうち，変化の割合が最も大きくなるものを１つ選び，その記号を書け。また，そのときの変化の割合を求めよ。

ア xの値が１から２まで増加するとき
イ xの値が−２から０まで増加するとき
ウ xの値が０から２まで増加するとき
エ xの値が−２から２まで増加するとき

(3) ∠OPA＝45°となるとき，△OPAを，x軸を軸として１回転させてできる立体の体積を求めよ。ただし，円周率はπとする。

(4) 四角形APQCが平行四辺形となるとき，点Pのx座標を求めよ。

4　右の図で，3点A，B，Cは円Oの周上にある。点Dは線分BC上の点であり，∠ADB＝90°である。点Eは線分AC上の点であり，∠AEB＝90°である。また，点Fは線分ADと線分BEとの交点であり，点Gは，直線ADと円Oとの交点のうち点A以外の点である。各問いに答えよ。

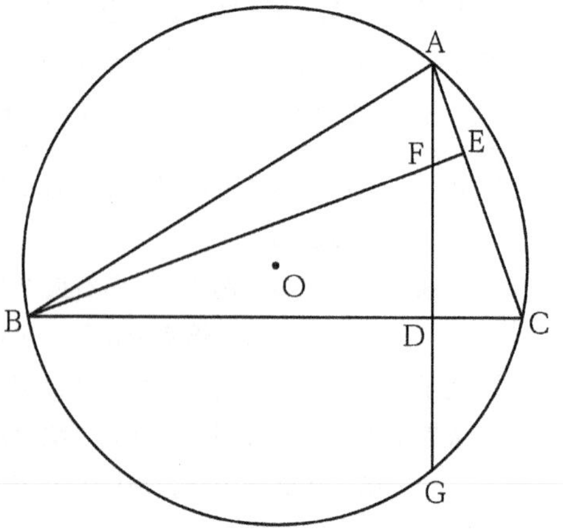

(1)　△AFE∽△BCEを証明せよ。

(2)　∠AFE＝a°のとき，∠OABの大きさをaを用いて表せ。

(3)　BC＝10㎝，AF＝2㎝，DF＝3㎝のとき，①，②の問いに答えよ。

①　線分AGの長さを求めよ。

②　円Oの面積を求めよ。ただし，円周率はπとする。

受検番号	

※

得点	※

令和２年度

奈良県公立高等学校入学者一般選抜学力検査

数　学　　解答用紙

問題番号		答　え			採点
1	(1)	①	②		
		③	④		
	(2)	個	(3)		
	(4)		(5)	度	
	(6)				
	(7)	①	②		
	(8)	①	②		
2	(1)	[作図]			

問題番号		答　え			採点
2	(2)	①　cm	②　cm^2		
	(3)	①	②　%		
3	(1)				
	(2)	記号	変化の割合		
	(3)		(4)		
4	(1)	[証明]			
	(2)				
	(3)	①　cm	②　cm^2		

※この解答用紙は189％に拡大していただきますと，実物大になります。

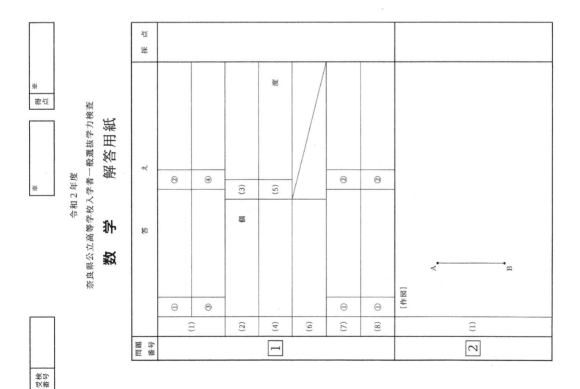

＜英語＞　時間　50分　　満点　50点

1　放送を聞いて，各問いに答えよ。

(1)　①，②の英文の内容に合うものを，それぞれア～エから１つずつ選び，その記号を書け。

①

ア

イ

ウ

エ

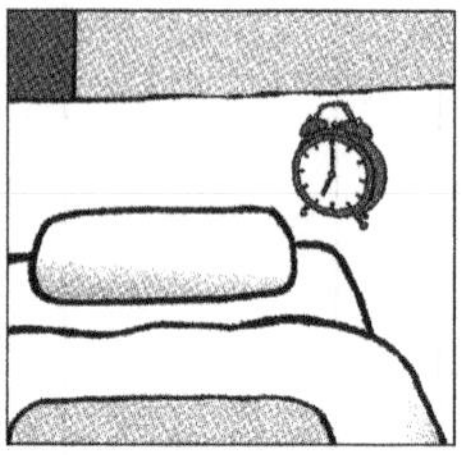

②

ア

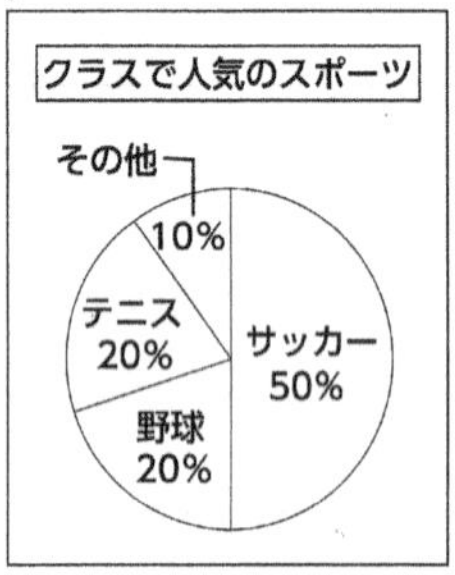

イ

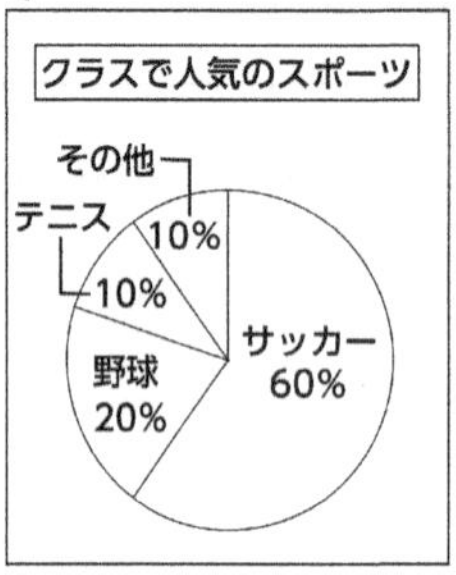

ウ

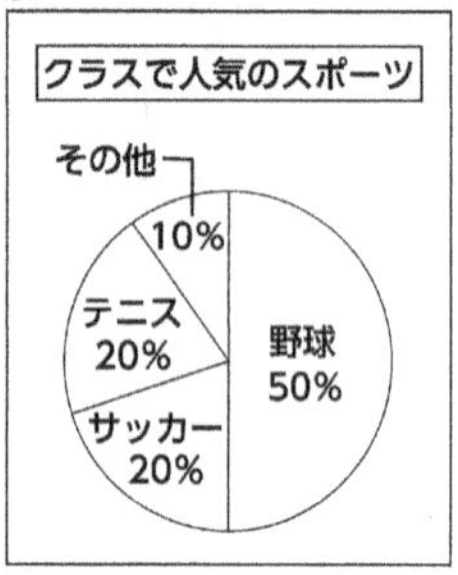

エ

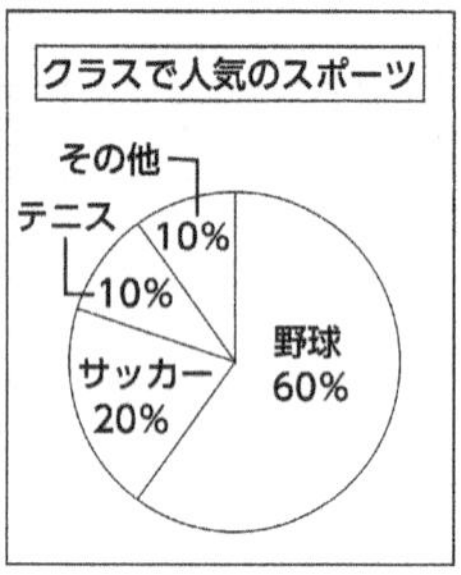

(2)　①，②の【会話の流れ】の □ に入る英語として最も適切なものを，続けて読まれるア～エから１つずつ選び，その記号を書け。

①

②

【会話の流れ】

Woman:　・・・・・・・・・・・・・
Man:　・・・・・・・・・・・・・
Woman:　・・・・・・・・・・・・・
Man:　□

【会話の流れ】

Jack's mother:　・・・・・・・・・・・・・
Tom:　・・・・・・・・・・・・・
Jack's mother:　・・・・・・・・・・・・・
Tom:　・・・・・・・・・・・・・
Jack's mother:　・・・・・・・・・・・・・
Tom:　□

⑶　会話の内容についての質問に対する答えとして最も適切なものを，後のア～エから１つ選び，その記号を書け。

時間割表

	月	火	水	木	金
1	数	理	社	国	英
2	体	英	音	数	国
3	理	体	数	理	社
4	技/家	社	英	道徳	理
5	社	国	学活	美	総合
6	英	数	＼	体	総合

ア　On Monday.　　イ　On Tuesday.　　ウ　On Wednesday.　　エ　On Thursday.

⑷　聞き取った英文の内容と合っているものを，次のア～カから２つ選び，その記号を書け。

ア　Mary has never seen snow in her town in Canada.
イ　Mary felt very cold when she first visited the classroom in Japan.
ウ　Mary went to school by school bus during her stay in Japan.
エ　Mary was surprised because students cleaned their schools in Japan.
オ　Mary did not enjoy cleaning the school when she was staying in Japan.
カ　Mary cleaned the river in her town after coming back to Canada.

2　次の英文を読んで，各問いに答えよ。

Keiko and Emma are high school students. Emma came to Japan from Australia one month ago, and she goes to Keiko's school. They are visiting Nara Park.

Emma: This is my first time to visit Nara Park. I'm so excited. Look! The deer are so cute! I want to give them *shika-sembei*.

Keiko: Oh, you know *shika-sembei*?

Emma: Yes. It is a snack for the deer, right? One of my friends in Australia visited Nara last year, and she told me about it. Our food is not good for the deer's health. We should feed them with *shika-sembei* only.

Keiko: That's right. When you feed them with *shika-sembei*, be careful with the plastic bag you have.

Emma: This plastic bag? What do you mean?

Keiko: Plastic bags are not their food, but they eat plastic bags if the bags smell of food. So, we need to be careful when we bring lunch or snacks to the park.

Emma: Eating plastic bags must be very dangerous for them.

Keiko: Right. Plastic stays in the deer's stomachs. If they eat plastic many times, they die. About 3.2kg of plastic was found in one dead deer's stomach. I saw this on the news.

Emma: 3.2kg! Terrible!

Keiko: When volunteers cleaned Nara Park last July, the garbage ①(collect) in the park was about 53kg and much of it was plastic.

Emma: I think it is a big problem for the deer in Nara Park. Some of the people who visit the park throw plastic bags away in the park. People who visit the park need to think more about the deer. They should act to protect the deer. For example, they should bring their own shopping bags without receiving plastic bags from shops. What do you think, Keiko?

Keiko: [　②　]

Emma: Oh, tell me your idea.

Keiko: Actually, the number of visitors is increasing in Nara, but I think shops around the park can do something for this problem, too. In Japan, we can get plastic bags easily at many shops. In some countries in the world, providing plastic bags is banned. I think shops around the park should stop providing plastic bags, or at least they should reduce the plastic bags which shops provide for the customers.

Emma: I see. ③ Both (あ) and (い) should change to help the deer in the park.

Keiko: Of course, people who live in Nara can do something to protect them, too.

Emma: Why don't you clean Nara Park as a volunteer? I want to join you, too.

（注） deer：シカ（単複同形）　feed 〜 with ...：〜に…をえさとして与える
plastic bag：ビニール袋　smell of：〜のにおいがする　must：〜にちがいない
plastic：プラスチック　dead：死んだ　throw 〜 away：〜を捨てる　act：行動する
provide：提供する　ban：禁止する　at least：少なくとも

(1) 文脈に合うように，①の（　）内の英語を正しい形に直して書け。

(2) 文脈に合うように，[②] に入る最も適切な英語を，次のア～エから１つ選び，その記号を書け。

ア I agree with your idea.　　イ I have another idea.

ウ I share the same idea.　　エ I don't have any idea.

(3) 英文の内容について，次の問いにそれぞれ３語以上の英語で答えよ。ただし，コンマやピリオドなどは語数に含めないこと。

(a) Has Emma ever visited Nara Park before?

(b) How did Emma know about *shika-sembei*?

(4) 下線部③は Emma と Keiko の２人の考えをまとめた文である。(あ) に入る英語を Emma の言葉から５語で，(い) に入る英語を Keiko の言葉から４語で，それぞれ英文中から抜き出して書け。

3 次の会話で，あなたが Ken なら Mr. Smith にどのように答えるか。□ に入る英語を理由も含めて20語程度で書け。ただし，コンマやピリオドなどは語数に含めないこと。

Mr. Smith: What are you doing?

Ken: We are making our yearbook now.

Haruko: We have to decide the design of the cover. We have two different designs. Look.

Mr. Smith: Both are nice. Which do you like better, Ken? A or B?

Ken: □

【A】

【B】

（注） yearbook：卒業文集　　cover：表紙

4 次の英文を読んで，各問いに答えよ。

Have you ever heard about WWF? WWF, World Wide Fund for Nature, is the largest organization which works for the conservation of the natural environment and wild animals around the world. It was established in 1961. The logo for WWF is cute. It was made by Peter Scott.

WWF（世界自然保護基金）のロゴ

Peter was born in London in 1909. His father was a famous adventurer who traveled around the world and loved nature. His mother was a kind woman who loved art. His father died when he was two years old. He grew up without knowing his father well. In the last letter from Peter's father to Peter and his mother, his father told her that he wanted Peter to be interested in nature. Peter got older, and he became a boy who loved nature and was able to draw pictures well.

Peter became a junior high school student. He did not like reading books or writing essays, but he was very interested in nature. Fishing was one of his favorite activities at that time. He liked fishing better than playing soccer. He was also interested in drawing birds, especially birds living near water. He often went out to rivers and lakes. He watched birds for a long time and drew beautiful pictures of the birds around him. After he finished university, he traveled around the world many times. He enjoyed watching and drawing birds on the trips. During these trips, he found that there were some kinds of wild animals which were almost extinct on the earth.

ピーター・スコット
(Peter Scott)

After that, Peter established WWF with many people who were interested in the conservation of the natural environment and wild animals. He hoped to stop the destruction of the natural environment on the earth, and he also hoped to build a better world for both people and wild animals. People can live comfortably in the world, and wild animals can also live there without becoming extinct. He believed people should live together with wild animals without killing them. Now, WWF is supported by over 5,000,000 people in more than 100 countries around the world.

One of the wild animals which was saved by Peter was the bird called Nene. Nene is a kind of bird which lives in the Hawaiian Islands. There were a lot of fruits and seeds in the mountains, and Nene ate them. When many people started to live there, they hunted Nene for food. People brought cats and dogs there. They could catch Nene easily because Nene did not move fast. The number of Nene decreased quickly, and Nene became almost extinct around 1950. When Peter learned about this situation, he started trying to save Nene with the members of WWF. He tried to increase the number of Nene through captive breeding. The number of Nene is still almost extinct today, but it began to increase slowly after the activities.

ネーネー
(Nene)

Peter saved many kinds of wild animals with the members of WWF. He wanted people to make a better world for both people and wild animals. We can learn many things from his idea, and we should try to support the conservation of the natural environment and wild animals around the world.

(注) World Wide Fund for Nature：世界自然保護基金　organization：団体　conservation：保護
natural environment：自然環境　wild：野生の　establish：設立する　logo：ロゴ

adventurer：冒険家　nature：自然　essay：作文　extinct：絶滅した　destruction：破壊
comfortably：快適に　Hawaiian Islands：ハワイ諸島　seed：種　hunt：狩りをする
decrease：減少する　captive breeding：人工繁殖

(1) Peter Scott について述べたものとして英文の内容と合っているものを，次のア～エからすべて選び，その記号を書け。

ア WWFを設立したメンバーの1人である。
イ ロンドンで生まれた。
ウ 魚釣りよりサッカーをすることの方が好きだった。
エ 500万人の命を助けた。

(2) 英文の内容について，①，②の問いに対する答えとして最も適切なものを，それぞれ後のア～エから1つずつ選び，その記号を書け。

① What did Peter's father ask Peter's mother in his last letter?
ア To love art.
イ To establish WWF.
ウ To make Peter interested in soccer.
エ To make Peter interested in nature.

② What did Peter find during his trips around the world after he finished university?
ア He found that the number of some kinds of wild animals was very small.
イ He found that pictures of wild animals near rivers and lakes were beautiful.
ウ He found that there were so many members of WWF in the world.
エ He found that the natural environment was getting better for wild animals.

(3) Nene について述べられている段落の内容を以下のようにまとめたとき，次の（**あ**），（**い**）に入る英語を，それぞれ1語で書け。ただし，その段落中の英語が入る。

Nene is a bird which lives in the Hawaiian Islands. There was a lot of (**あ**) for Nene in the mountains, like fruits and seeds. After many people arrived with cats and dogs, the number of Nene decreased. It was easy for them to catch Nene because Nene moved (**い**). Peter worked hard to save Nene with the members of WWF. After their efforts, the number of Nene began to increase.

(4) 英文の内容と合っているものを，次のア～カから2つ選び，その記号を書け。

ア Reading books was one of Peter's favorite activities when he was in junior high school.
イ Peter was interested in birds living near water, and drew many pictures of them.
ウ Peter's father went to the Hawaiian Islands, and found Nene for the first time.
エ WWF was established in 1950 because Nene became almost extinct.

オ WWF tried to save Nene, but we cannot see Nene in the Hawaiian Islands today.

カ Peter hoped that wild animals could live in the world without becoming extinct in the future.

(5) Peter Scott は多くの人々と協力して野生動物保護に取り組んだ。あなたが周りの人と一緒に取り組みたいと考えることは何か。15語程度の英語で書け。ただし，1文または2文で書き，コンマやピリオドなどは語数に含めないこと。

受検番号		※	得点	※

令和２年度

奈良県公立高等学校入学者一般選抜学力検査

英　語　　解答用紙

問題番号		答　え		採　点
1	(1)	①	②	
	(2)	①	②	
	(3)			
	(4)			
2	(1)			
	(2)			
	(3)	(a)		
		(b)		
	(4)	あ		
		い		

問題番号		答　え		採　点
3				
4	(1)			
	(2)	①	②	
	(3)	あ	い	
	(4)			
	(5)			

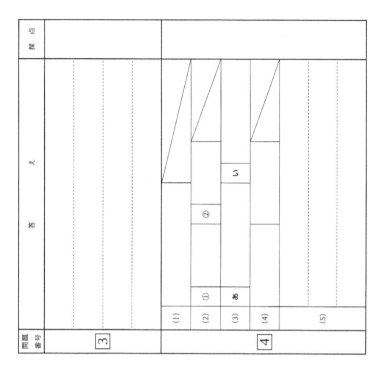

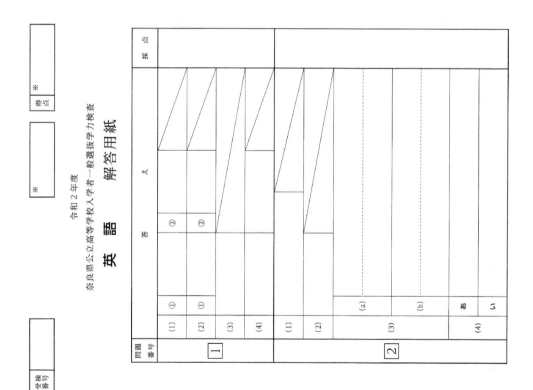

＜理科＞

時間 50分　　満点 50点

1 真理さんは，ノーベル化学賞受賞者の吉《よし》野《の》彰《あきら》さんが持続可能な社会の実現について語っているニュースを見て，エネルギー資源の有効利用について興味をもち，調べることにした。次の □ 内は，真理さんが，各家庭に普及し始めている燃料電池システムについてまとめたものである。各問いに答えよ。

> 家庭用燃料電池システムは，都市ガスなどからとり出した水素と空気中の酸素が反応して水ができる化学変化を利用して，電気エネルギーをとり出す装置である。電気をつくるときに発生する熱を給湯などに用いることで，エネルギーの利用効率を高めることができる。

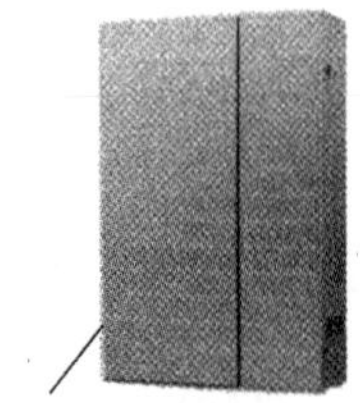

家庭用燃料電池システム

(1) 下線部に関して，水素と酸素が反応して水ができる化学変化を化学反応式で書け。

(2) 図1は従来の火力発電について，図2は家庭用燃料電池システムについて，それぞれ発電に用いた燃料がもつエネルギーの移り変わりを模式的に表したものである。なお，図中の □ 内は，燃料がもつエネルギーを100としたときの，エネルギーの割合を示している。

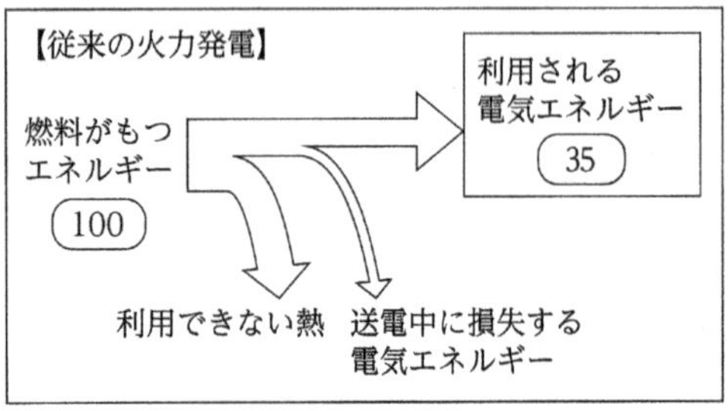

図1

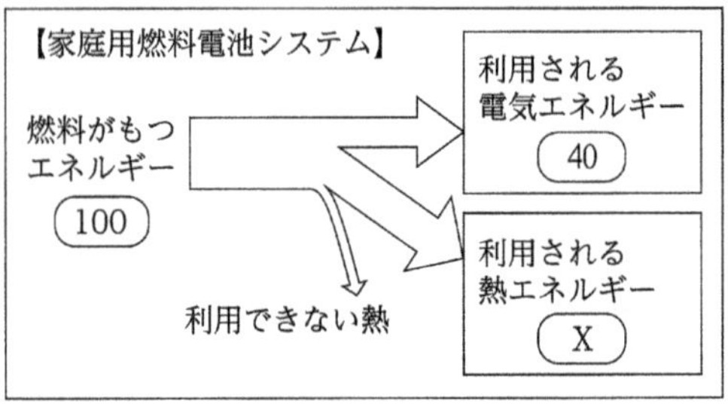

図2

① 図1において，送電中に損失する電気エネルギーは，主にどのようなエネルギーに変わることで失われるか。最も適切なものを，次のア～エから1つ選び，その記号を書け。

ア 光エネルギー　**イ** 運動エネルギー　**ウ** 音エネルギー　**エ** 熱エネルギー

② 図2において，利用される電気エネルギーが，消費電力が40Wの照明器具を連続して10分間使用できる電気エネルギーの量であるとき，利用される熱エネルギーの量は34200Jである。Xに当てはまる値を書け。

2 物体にはたらく力について調べるために，次の実験1～3を行った。各問いに答えよ。ただし，質量100gの物体にはたらく重力の大きさを1Nとし，ばねや糸の質量はないものとする。

実験1 水平な台の上にスタンドを置き，ばねをつり棒につるした。次に，図1のように，1個の質量が20gのおもりを，1個から8個まで個数を変えてばねにつるし，ばねののびをそれぞれはかった。表1は，その結果をまとめたものである。

おもりの数〔個〕	1	2	3	4	5	6	7	8
ばねののび〔cm〕	1.0	2.0	3.0	4.0	5.0	6.0	7.0	8.0

表1

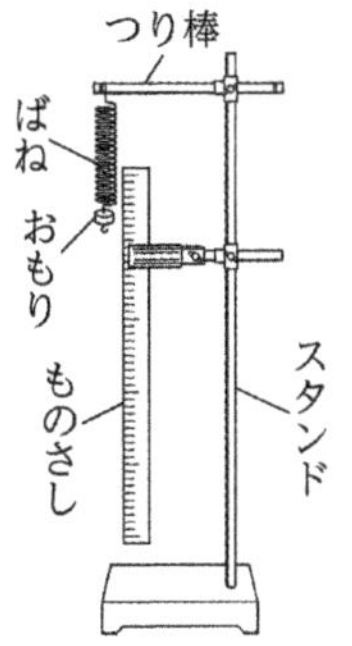

図1

実験2　質量160gで一辺の長さが5.0cmの立方体である物体Aと，実験1で用いたばねを使って，水平な台の上に図2のような装置をつくり，物体Aの底面のすべてが電子てんびんの計量皿に接するまでつり棒を下げた。この状態から，ゆっくりとつり棒を下げていきながら，ばねののびがなくなるまで，ばねののびと電子てんびんの示す値との関係を調べた。

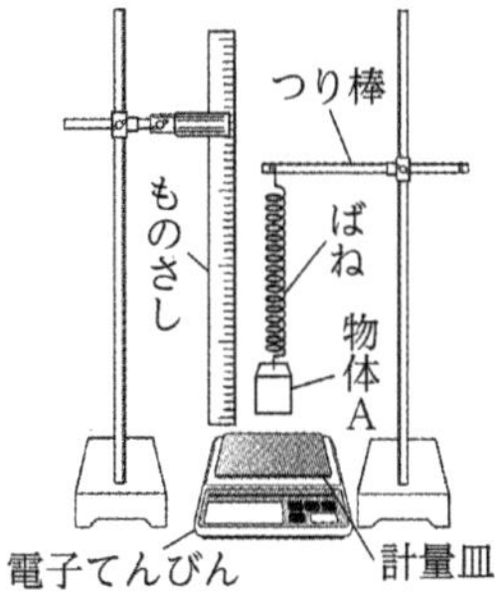

図2

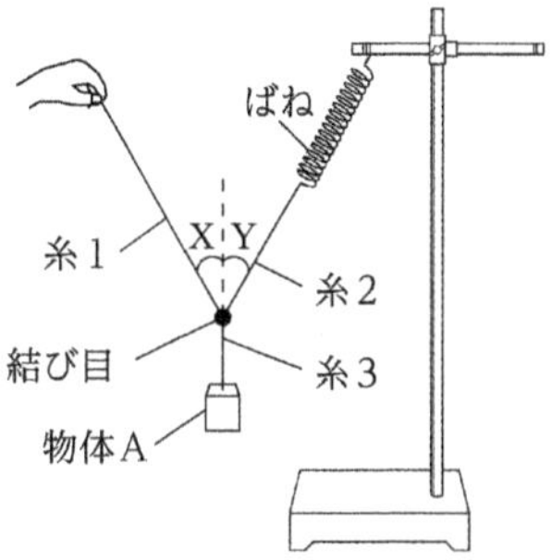

図3

実験3　図3のように，実験1で用いたばねと，糸1～3を使って，実験2で用いた物体Aを持ち上げた。次に，糸3を延長した線と糸1および糸2がそれぞれつくる角X，Yの大きさが常に等しくなるようにしながら，角X，Yの大きさを合わせた糸1，2の間の角度が大きくなる方向に糸1を動かし，ばねののびの変化を調べた。表2は，その結果をまとめたものである。

糸1，2の間の角度〔°〕	60	90	120
ばねののび〔cm〕	4.6	5.7	8.0

表2

(1)　実験1で用いたばねを使って，質量110gの物体をつるしたときのばねののびは何cmになると考えられるか。その値を書け。

(2)　実験2で，ばねののびが6.0cmのとき電子てんびんの値は40gを示していた。このとき，計量皿が物体Aの底面から受けた圧力の大きさは何Paか。その値を書け。また，物体Aの底面のすべてが電子てんびんの計量皿に接してからばねののびがなくなるまでの間の，ばねののびと電子てんびんの示す値との関係を述べたものとして，最も適切なものを，次の**ア**～**ウ**から1つ選び，その記号を書け。

ア　ばねののびが小さくなるにしたがって，電子てんびんの示す値は大きくなる。

イ　ばねののびが小さくなるにしたがって，電子てんびんの示す値は小さくなる。

ウ　ばねののびが小さくなっても，電子てんびんの示す値は変わらない。

(3)　実験３で，糸１，２がそれぞれ結び目を引く力を合成し，その合力を解答欄に矢印で表せ。なお，合力を矢印で表すために用いた線は消さずに残しておくこと。

(4)　図４は，斜張橋《しゃきょうちょう》とよばれる橋を模式的に表したものである。塔からななめに張った多数のケーブルが橋げたに直接つながっており，このケーブルが橋げたを引くことで，橋げたを支えている。図５のように，ケーブルａ，ｂが橋げたを引くようすに着目したとき，図６のように塔をより高くし，ケーブルをより高い位置から張ると，ケーブルａ，ｂがそれぞれ橋げたを引く力の大きさはどのように変化すると考えられるか。ケーブルａ，ｂの間の角度に触れながら，簡潔に書け。ただし，橋げたの質量や塔の間隔は変わらないものとし，ケーブルの質量はないものとする。

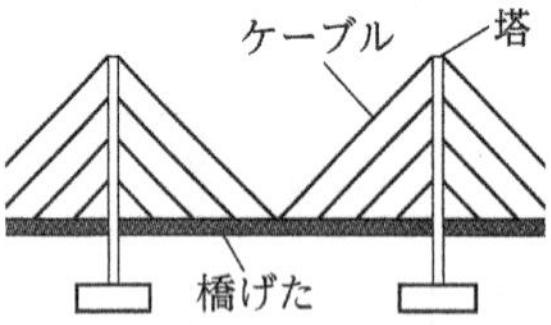

図４

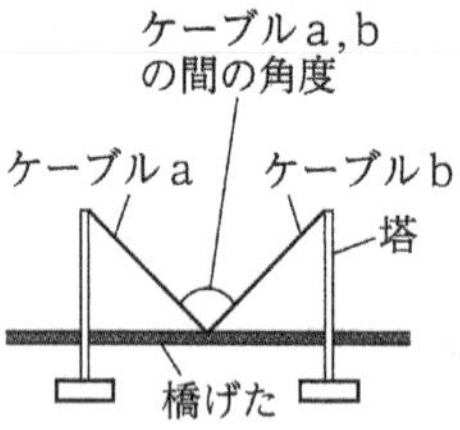

図５

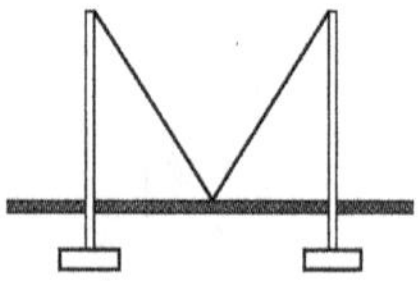
図６

3　遺伝の規則性を調べるために，エンドウを用いて次の実験１，２を行った。なお，エンドウには図のような丸い種子としわのある種子がある。また，丸い種子をつくる遺伝子をＡ，しわのある種子をつくる遺伝子をａとし，丸い種子をつくる純系のエンドウがもつ遺伝子の組み合わせをＡＡ，しわのある種子をつくる純系のエンドウがもつ遺伝子の組み合わせをａａで表すものとする。各問いに答えよ。

丸い種子　しわのある種子

実験１　丸い種子をつくる純系のエンドウの花粉を，しわのある種子をつくる純系のエンドウのめしべに受粉させると，子はすべて丸い種子になった。次に，子の種子を育てて自家受粉させると，孫には丸い種子としわのある種子の両方ができた。

実験２　遺伝子の組み合わせがわからないエンドウの苗を４本育てて，咲いた花をかけ合わせた。表１は，その結果をまとめたものである。ただし，エンドウの苗は，①～④でそれぞれの個体を表すものとする。

かけ合わせ		できた種子の形質と割合
エンドウの苗①の花粉	エンドウの苗②のめしべ	すべて丸い種子だった。
エンドウの苗①の花粉	エンドウの苗③のめしべ	丸い種子としわのある種子の数が３：１の割合となった。
エンドウの苗①の花粉	エンドウの苗④のめしべ	丸い種子としわのある種子の数が１：１の割合となった。

表１

(1)　エンドウの花粉は，受粉したのちに花粉管をのばす。花粉管の中を移動する生殖細胞を何というか。その名称を書け。

(2)　実験１でできた孫の丸い種子がもつ遺伝子の組み合わせとして考えられるものをすべて書け。

(3) 実験2でできた種子の結果から，エンドウの苗がもつ遺伝子の組み合わせを推定することができる。エンドウの苗①～④がそれぞれもつ遺伝子の組み合わせを正しく表しているものを，表2の**ア**～**エ**から1つ選び，その記号を書け。

	エンドウの苗			
	①	②	③	④
ア	AA	Aa	AA	aa
イ	Aa	AA	Aa	aa
ウ	AA	AA	aa	Aa
エ	Aa	aa	Aa	AA

表2

(4) 遺伝子は，細胞の核内の染色体にある。染色体の中に存在する遺伝子の本体は何という物質か。その名称を書け。

(5) エンドウは有性生殖で子をつくるが，無性生殖で子をつくる生物もある。無性生殖について述べたものとして正しいものを，次の**ア**～**エ**から1つ選び，その記号を書け。

ア　減数分裂によって子がつくられるので，子は親と同じ遺伝子を受けつぎ，子に現れる形質は親と同じである。

イ　減数分裂によって子がつくられるので，子は親と同じ遺伝子を受けつぐが，子に現れる形質は親と異なる。

ウ　体細胞分裂によって子がつくられるので，子は親と同じ遺伝子を受けつぎ，子に現れる形質は親と同じである。

エ　体細胞分裂によって子がつくられるので，子は親と同じ遺伝子を受けつぐが，子に現れる形質は親と異なる。

4　気象庁のWebサイトのデータを活用して，日本列島付近で発生した地震について調べた。図1は，図2の地点Xを震央とする地震が起きたときの，地点Aでの地震計の記録である。表は，この地震を観測した地点A，Bについて，震源からの距離と，小さなゆれと大きなゆれが始まった時刻をまとめたものである。ただし，地震のゆれを伝える2種類の波はそれぞれ一定の速さで伝わるものとする。各問いに答えよ。

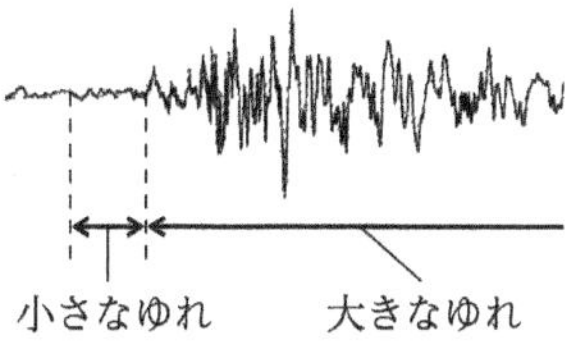

図1

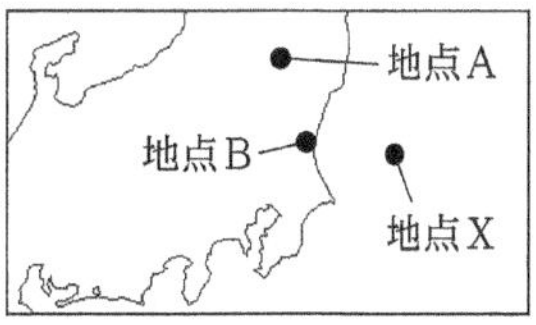

図2

地点	震源からの距離	小さなゆれが始まった時刻	大きなゆれが始まった時刻
A	150km	15時15分59秒	15時16分14秒
B	90km	15時15分49秒	15時15分58秒

(1) 図1のように，小さなゆれの後にくる大きなゆれを何というか。その用語を書け。また，小さなゆれの後に大きなゆれが観測される理由として最も適切なものを，次の**ア**～**エ**から1つ選び，その記号を書け。

ア　震源ではP波が発生した後にS波が発生し，どちらも伝わる速さが同じであるため。

イ　震源ではP波が発生した後にS波が発生し，P波の方がS波より伝わる速さが速いため。

ウ　震源ではS波が発生した後にP波が発生するが，P波の方がS波より伝わる速さが速いため。

エ　震源ではP波もS波も同時に発生するが，P波の方がS波より伝わる速さが速いため。

(2) この地震が発生した時刻は15時何分何秒か。表から考えられる，その時刻を書け。

(3) 調べた地震のマグニチュードの値は7.6であった。マグニチュード7.6の地震のエネルギーは，マグニチュード5.6の地震のエネルギーの約何倍になるか。最も適切なものを，次のア～エから１つ選び，その記号を書け。

ア　約２倍　　　イ　約60倍

ウ　約1000倍　　エ　約32000倍

⑷　図３は，2013年から2017年の間に，この地域で起きたマグニチュード5.0以上の規模の大きな地震について，震央の位置を○で示したものである。また，図４は，図３に表す地域の大陸プレートと海洋プレートを模式的に表したものである。図３で規模の大きな地震が太平洋側に集中しているのはなぜか。その理由を「沈みこむ」の言葉を用いて簡潔に書け。

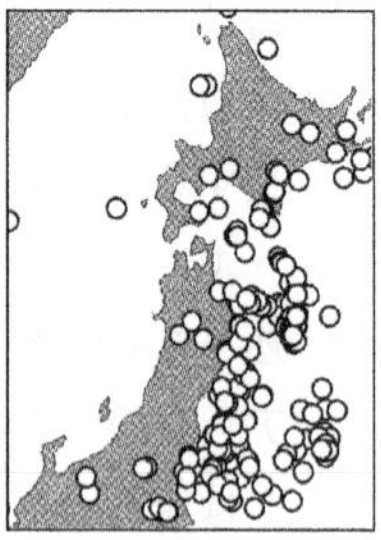

図３

⑸　地震によって起こる現象や災害対策について述べたものとして正しいものを，次のア～エから１つ選び，その記号を書け。

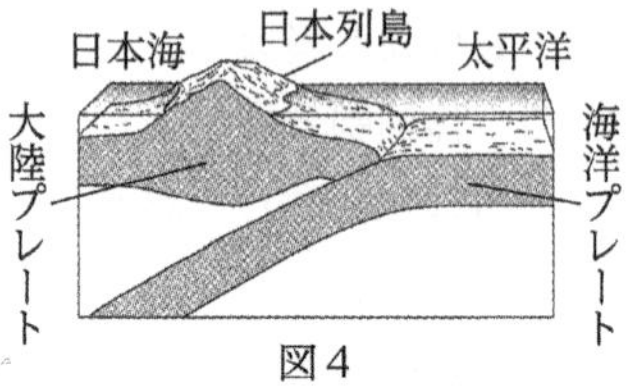

図４

ア　地震にともない海底が大きく変動することにより，津波が起こる。

イ　地震のゆれによって，地面がとけてマグマになる現象を液状化現象という。

ウ　科学技術の発展により災害への対策は進歩しているため，今日では地震が起こったときの行動を考える必要はない。

エ　地震が発生する前に震源を予測し，発表されるのが緊急地震速報である。

5　春香さんは12月に，学校の裏山の地面や土の中のようすを観察した。各問いに答えよ。

観察　地面をおおっている落ち葉や，落ちているまつかさのりん片を図１のようなルーペで観察した。図２は，観察したまつかさのりん片の写真である。まつかさのりん片は，５月に観察したマツの雌花のりん片とは形がずいぶん違っていた。

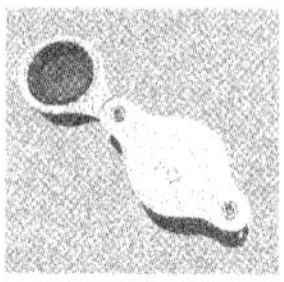

図１

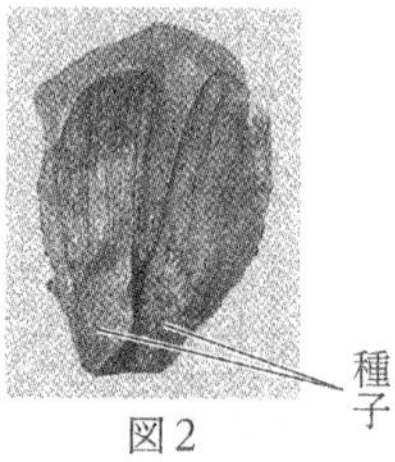

図２

落ち葉やその下の土を観察すると，落ち葉のようすは下にいくほど細かいものに変化しており，落ち葉の下にはダンゴムシやミミズが見られた。また，地面を10㎝ほど掘った土の中は全体が黒っぽくなっており，落ち葉の形はほとんどわからなかった。

⑴　落ち葉を見るときの，図１のルーペの使い方として最も適切なものを，次のア～エから１つ選び，その記号を書け。

ア

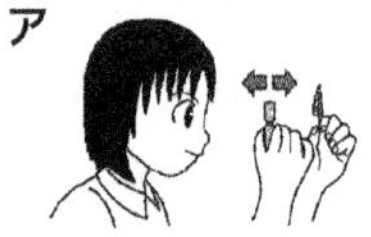

ルーペを落ち葉に近づけ，ルーペだけを前後に動かす。

イ

ルーペを目に近づけ，落ち葉だけを前後に動かす。

ウ

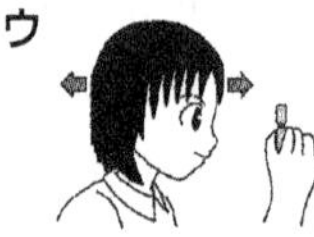

ルーペを落ち葉に近づけ，顔だけを前後に動かす。

エ

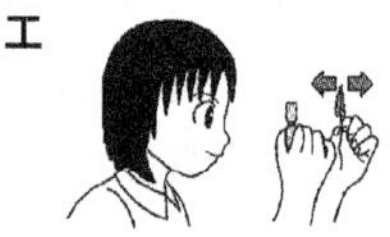

ルーペを落ち葉に近づけ，落ち葉だけを前後に動かす。

⑵　図３のＸは，春香さんが５月に観察したマツの雌花である。解答欄にあるＸのりん片の模式図に，胚珠の大まかな図をかき入れよ。

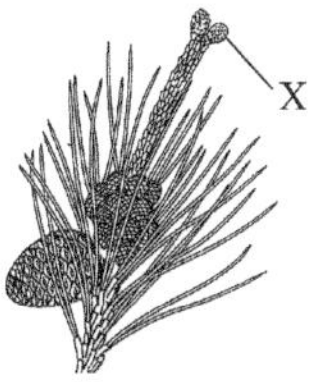

図3

⑶　観察で，地面を10cmほど掘った土の中で，落ち葉の形がほとんどわからなかったのはなぜか。「菌類や細菌類」，「有機物」という言葉を用いて簡潔に書け。

6　研一さんと花奈さんは，化学変化と物質の質量の関係について調べるために，次の実験１，２を行った。□内は，それぞれの実験後の，２人の会話である。各問いに答えよ。

実験１　図１のように，うすい硫酸20cm^{3}を入れたビーカーＡと，うすい水酸化バリウム水溶液20cm^{3}を入れたビーカーＢの質量をまとめてはかったところ，165.9ｇであった。その後，ビーカーＡにビーカーＢの水溶液をすべて入れたところ白い沈殿が生じ，図２のように質量をはかると，165.9ｇであった。

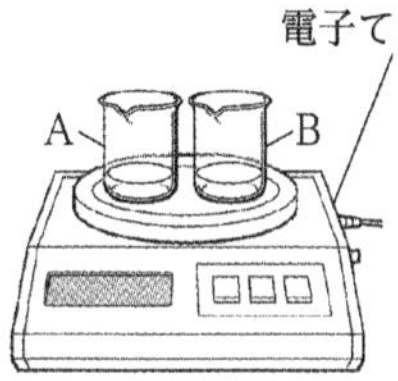

図1

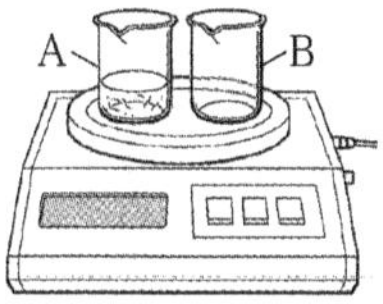

図2

> 研一：反応前の質量と反応後の質量が同じだね。
> 花奈：そうだね。これまでの学習では，①化学変化を原子や分子のモデルで表すことで，いろんな反応がわかりやすくなったね。だから，反応の前後の質量が同じになったことも，モデルで表すとわかりやすくなるのではないのかな。

実験２　図３のように，炭酸水素ナトリウム1.0ｇを入れたビーカーＣと，うすい塩酸40cm^{3}を入れたビーカーＤの質量をまとめてはかり，反応前の全体の質量とした。その後，ビーカーＣにビーカーＤの水溶液をすべて加えたところ気体が発生し，反応が終わってから全体の質量をはかった。同様の操作を，炭酸水素ナトリウムのみ，2.0ｇ，3.0ｇ，4.0ｇ，5.0ｇ，6.0ｇと質量を変えて行った。表は，その結果をまとめたものである。

炭酸水素ナトリウムの質量〔ｇ〕		1.0	2.0	3.0	4.0	5.0	6.0
全体の質量　〔ｇ〕	反応前	171.0	172.0	173.0	174.0	175.0	176.0
	反応後	170.5	171.0	171.5	172.0	172.5	173.5

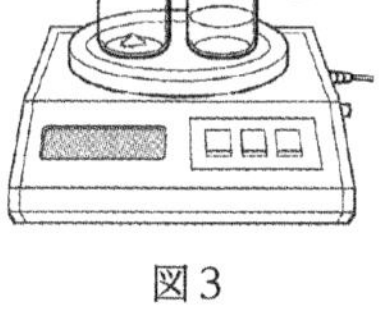

図3

> 花奈：すべての結果で，反応前の全体の質量より反応後の全体の質量が小さくなっているね。
> 研一：実験１の結果から考えると，実験２においても，②反応前の全体の質量と反応後の全体の質量が同じになるはずだよね。どんな方法で実験を行えば，それが証明できるのかな。

⑴　実験１で生じた白い沈殿は，陽イオンと陰イオンが結びついてできた物質である。陽イオンと結びついてこの白い沈殿をつくった陰イオンを，イオン式で書け。

⑵　下線部①について，化学変化を原子や分子のモデルで適切に表したものを，次の**ア**～**エ**から1つ選び，その記号を書け。なお，○は原子とし，○の中の記号は原子の種類を表している。

ア 

イ 

ウ 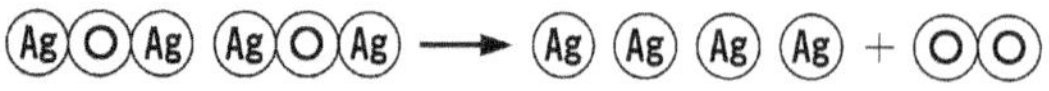

エ 

⑶　実験２のすべての結果をもとに，炭酸水素ナトリウムの質量と，発生した気体の質量との関係をグラフに表せ。また，実験２の結果について考察した次の**ア**～**エ**から，内容が正しいものを１つ選び，その記号を書け。

ア　発生した気体は酸素である。

イ　炭酸水素ナトリウム6.0 gをすべて反応させるには，同じ濃度のうすい塩酸が48cm^{3}必要である。

ウ　発生した気体の質量は，炭酸水素ナトリウムの質量に常に比例する。

エ　炭酸水素ナトリウム5.0 gにうすい塩酸40cm^{3}を入れたビーカーには，反応していない炭酸水素ナトリウムが2.5 g存在する。

⑷　花奈さんは，ベーキングパウダーに炭酸水素ナトリウムが含まれていることを知り，炭酸水素ナトリウムの代わりにベーキングパウダー 2.0 gを使って実験２の操作を行ったところ，気体が0.22 g発生した。炭酸水素ナトリウムとうすい塩酸との反応でのみ気体が発生したものとすると，使用したベーキングパウダーに含まれる炭酸水素ナトリウムの質量の割合は何％であると考えられるか。その値を書け。

⑸　実験２で，下線部②を証明するための適切な方法を，簡潔に書け。

受検番号	

※	

得点	※

令和２年度

奈良県公立高等学校入学者一般選抜学力検査

理　科　　解答用紙

問題番号		答　え			採　点
1	(1)				
	(2)	①	②		
2	(1)	cm			
	(2)	圧力　Pa	関係		
	(3)	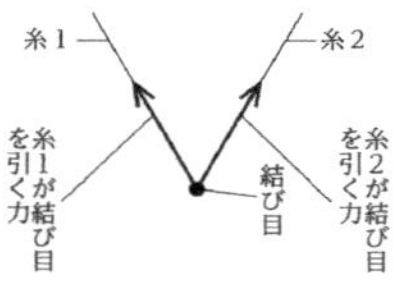	(4)		
3	(1)		(2)		
	(3)		(4)		
	(5)				
4	(1)	用語	理由		
	(2)	15時　分　秒	(3)		

問題番号		答　え			採　点
4	(4)				
	(5)				
5	(1)				
	(2)	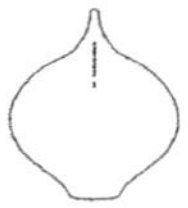	(3)		
6	(1)		(2)		
	(3)	考察	(4)	%	
	(5)				

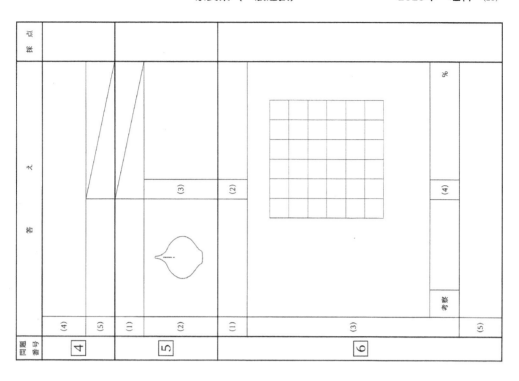

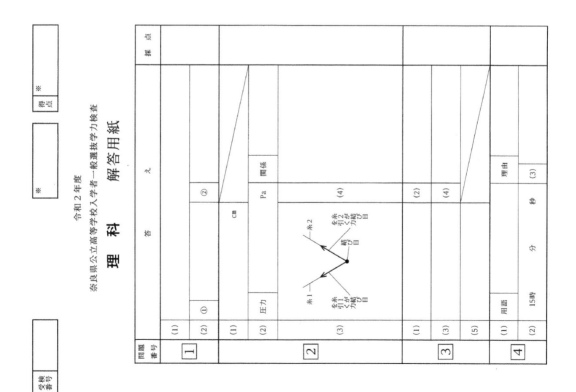

＜社会＞

時間　50分　　満点　50点

1　絵里さんと秀一さんは，一万円，五千円，千円の紙幣が20年ぶりに刷新されることを知って，日本銀行発行の紙幣の図柄に興味をもち，調べた。各問いに答えよ。

(1)　次の表は，絵里さんと秀一さんが，これまでに発行された紙幣の図柄となった人物とそれぞれが行ったことを調べて整理したものの一部である。

人物	行ったこと
A聖徳太子	蘇我馬子と協力しながら，天皇を中心とする政治制度を整えようとした。
藤原鎌足	中大兄皇子とともに蘇我氏を倒し，B大化の改新と呼ばれる改革に関わった。
板垣退助	C自由民権運動の始まりとなる民撰議院設立建白書を政府に提出し，国会の開設を要求した。
新渡戸稲造	世界平和と国際協調を目的としたD国際連盟の事務局次長を務めた。

①　資料Ⅰは，下線部Aが定めたきまりの一部である。このきまりは誰の心がまえとして示されたものか。次のア～エから１つ選び，その記号を書け。

[資料Ⅰ]

二に曰《いわ》く，あつく三宝を敬え。三宝とは
　仏・法・僧なり。
三に曰く，詔《みことのり》を承りては，必ず謹め。

（「日本書紀」より作成）

ア　民衆　　**イ**　天皇　　**ウ**　役人　　**エ**　僧

②　下線部Bと呼ばれる改革以来めざしてきた律令国家が大宝律令の制定により形づくられた。次のａ～ｃは，大化の改新から大宝律令の制定までの期間の出来事である。年代の古いものから順に正しく並べられているものを，後のア～エから１つ選び，その記号を書け。

ａ　白村江の戦いが起こる。　　ｂ　藤原京に都を移す。　　ｃ　壬申の乱が起こる。

ア　ａ→ｂ→ｃ　　**イ**　ａ→ｃ→ｂ　　**ウ**　ｂ→ａ→ｃ　　**エ**　ｂ→ｃ→ａ

③　資料Ⅱは，下線部Cに対して政府が定めた法令の一部を要約したものである。また，資料Ⅲは，自由民権運動の演説会の様子を示したものである。資料Ⅱ，資料Ⅲにみられる，自由民権運動に対する政府の方針を，「言論」，「批判」の語を用いて簡潔に書け。

[資料Ⅱ]

第６条　集会が届け出の内容と違うときや，社会秩序を妨げるようなとき，（略）警察官は集会を解散させることができる。

（「法令全書」より作成）

[資料Ⅲ]

④　下線部Dの設立を提案したアメリカの大統領は誰か。その人物名を書け。

(2)　資料Ⅳは，2000年に発行が開始された二千円札の裏面を示したものである。資料Ⅳの左側の図柄は，紫式部の作品を題材にした絵巻物の一場面である。この図柄にみられるような，平安時代に生まれた絵画の様式の名称と，絵巻物となった紫式部の作品の名称は何か。

[資料Ⅳ]

その組み合わせとして正しいものを，次の**ア**～**エ**から１つ選び，その記号を書け。

ア　大和絵・源氏物語　　**イ**　大和絵・枕草子

ウ　浮世絵・源氏物語　　**エ**　浮世絵・枕草子

⑶　右の表は，絵里さんと秀一さんが，2004年に発行が開始された紙幣の図柄を調べて整理したものである。

紙幣	表面	裏面
一万円	福沢諭吉	E平等院鳳凰堂の鳳凰像
五千円	樋口一葉	F尾形光琳の「燕子花図《かきつばた》」
千円	野口英世	富士山と桜

①　資料Ⅴは，一万円，五千円，千円のいずれかの紙幣の表面に描かれた人物を採用した理由を財務省が示したものである。資料Ⅴは，どの人物の採用理由に当たるか。次の**ア**～**ウ**から１つ選び，その記号を書け。

ア　福沢諭吉

イ　樋口一葉

ウ　野口英世

［資料Ⅴ］

今まで日本銀行券の肖像として選択したことのなかった科学者を採用することとし，また，学校の教科書にも登場するなど，知名度の高い文化人の中から採用したものです。

（財務省Webサイトより）

②　資料Ⅵは，世界の出来事を年代の古い順に表し，それぞれの出来事で区切られた期間を**ア**～**エ**としたものである。下線部Eが建てられたのは，どの期間に当てはまるか。資料Ⅵ中の**ア**～**エ**から１つ選び，その記号を書け。

［資料Ⅵ］

世界の出来事

ムハンマドがイスラム教を開く。
↕ **ア**
唐が滅亡する。
↕ **イ**
チンギス＝ハンがモンゴルを統一する。
↕ **ウ**
ルターが宗教改革を始める。
↕ **エ**
フランスで人権宣言が発表される。

③　下線部Fが活躍したころは，幕府政治の安定とともに都市が繁栄し，新しい文化が栄えていた。この文化の特色を，中心となった地域に触れながら，簡潔に書け。

⑷　次の□内は，絵里さんと秀一さんが，20年ぶりに刷新される紙幣の図柄について話したときの会話の一部である。

絵里：新しく発行される紙幣の図柄に採用されたのは，渋沢栄一，津田梅子，北里柴三郎の３人ですね。

秀一：はい。渋沢栄一はフランスで学んだ経験を生かし，日本で多くの企業を設立し，G産業の発展に貢献しました。津田梅子は政府が募集した最初の女子留学生の一人として，H岩倉具視を大使とする使節団に同行し，アメリカへ渡りました。帰国後は教師になり，生涯を通じて女子教育に尽力しました。ペスト菌を発見した北里柴三郎は留学のためにドイツへ渡り，医学の研究を続けました。

絵里：３人は日本を代表する偉大な人物であり，ぞれぞれの功績は日本の産業・教育・医学分野の発展をもたらし，現代社会にも大きな影響を与えています。このような観点から，私も紙幣の図柄にしたい人物を考えてみました。

秀一：それは興味があります。どのような人物を選んだのか，教えてください。

①　次のページの資料Ⅶは，下線部Gの過程における，1914年と1919年の国内の生産総額を示したものである。資料Ⅶの生産総額の変化にみられる経済状況を表す言葉として最も適切な

ものを，次のア～エから１つ選び，その記号を書け。

ア　高度経済成長

イ　金融恐慌

ウ　世界恐慌

エ　大戦景気

[資料Ⅶ]

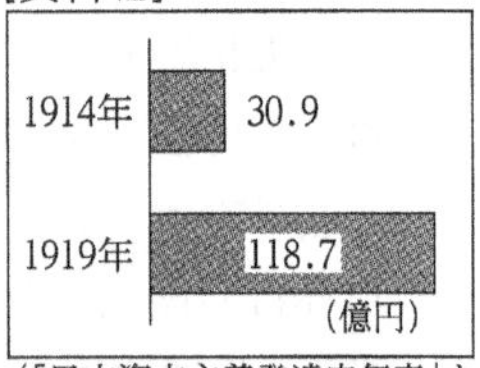

（「日本資本主義発達史年表」より作成）

② 下線部Hは，当初の主な目的の達成が困難なことが明らかになると，その後は欧米の制度や文化を学んで帰国した。この当初の主な目的とは何か。簡潔に書け。

③ 下のメモは，絵里さんが紙幣の図柄にしたい人物についてまとめたものである。（X）に当てはまる言葉を，「女性」の語を用いて簡潔に書け。

> ・図柄にしたい人物＝平塚らいてう
> ・選んだポイント＝青鞜社を結成して，女性に対する古い慣習や考え方を批判する活動を行い，さらに市川房枝らと女性の社会的地位の向上を求めて，本格的な活動に取り組んだことです。第二次世界大戦後に（　　X　　）ことにより，写真のような様子がみられました。このことは，日本の社会が平塚らのめざした社会に一歩近づいたことを示しています。
>
> 
>
> 　このような人物を紙幣の図柄にすることで，人々の願いの実現に向けて努力した先人の働きを忘れないようにしたいと思います。

2　今年は，2020年東京オリンピック・パラリンピック競技大会が開催されるため，世界や日本の各地から多くの人々が東京を訪れることが予想される。世界や日本の各地と東京との結びつきについて，各問いに答えよ。

(1) 右の地図は，東京からの距離と方位が正しい地図である。地図中の**a**～**d**は，東京都の姉妹友好都市であり，**a**はカイロ，**b**はジャカルタ，**c**はペキン，**d**はニューヨークを示している。

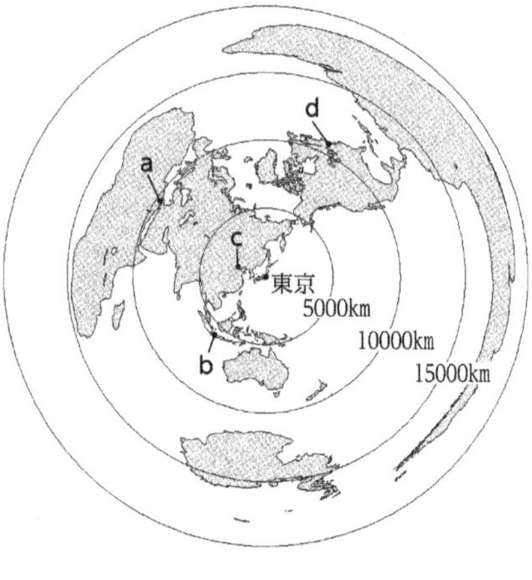

① 次の□内のどちらの条件にも当てはまる都市を，地図中の**a**～**d**から１つ選び，その記号を書け。

> ・東京から約10000km離れている。
> ・東京から見て，北西の方位にある。

② 次のページの資料Ⅰは，地図中の**a**～**d**のいずれかの都市の雨温図である。この雨温図に当てはまる都市を，**a**～**d**から１つ選び，その記号を書け。

③ 次のページの資料Ⅱは，地図中の**a**～**d**の都市があるエジプト，インドネシア，中国，ア

メリカの，2018年における日本への輸出額，日本へ輸出する主な品目と日本への輸出額に占める割合を示したものである。アメリカに当たるものはどれか。資料Ⅱ中の**ア**～**エ**から１つ選び，その記号を書け。

[資料Ⅰ]

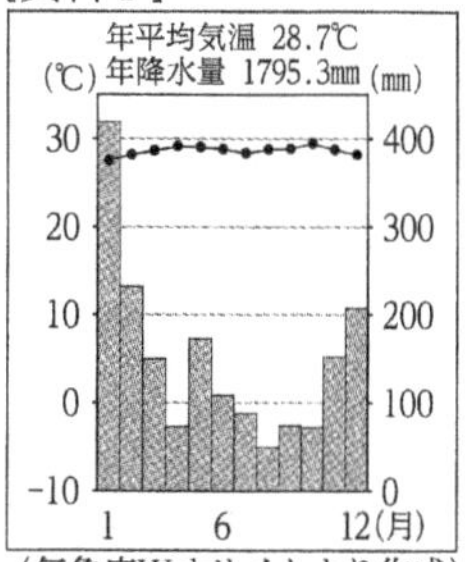

（気象庁Webサイトより作成）

[資料Ⅱ]

国	日本への輸出額(億円)	日本へ輸出する主な品目と日本への輸出額に占める割合(%)		
ア	191,937	機械類 46.3	衣類 10.1	金属製品 3.5
イ	23,789	石炭 14.7	液化天然ガス 12.4	機械類 11.1
ウ	90,149	機械類 28.1	航空機類 5.3	医薬品 5.1
エ	300	石油製品 46.8	液化天然ガス 26.9	機械類 6.1

（「財務省貿易統計」より作成）

④　資料Ⅲは，イスラム教徒の訪日外国人旅行者が増加していることから，東京駅に2017年に設置された施設の床にある表示を描いたものである。資料Ⅲ中の●の印は何を示しているか。簡潔に書け。

[資料Ⅲ]

⑵　資料Ⅳは，2018年の成田国際空港と東京国際空港の貨物量及び旅客数と，その国際線と国内線の内訳を示したものである。資料Ⅳから読み取ることができる内容として適切なものを，次の**ア**～**エ**からすべて選び，その記号を書け。

ア　成田国際空港と東京国際空港の旅客数を合わせると，１億２千万人を超えている。

イ　東京国際空港は，成田国際空港に比べ，国際線の貨物量が多い。

ウ　成田国際空港は，貨物量，旅客数ともに，国際線よりも国内線が多い。

エ　東京国際空港の旅客数は，国際線よりも国内線が多い。

[資料Ⅳ]

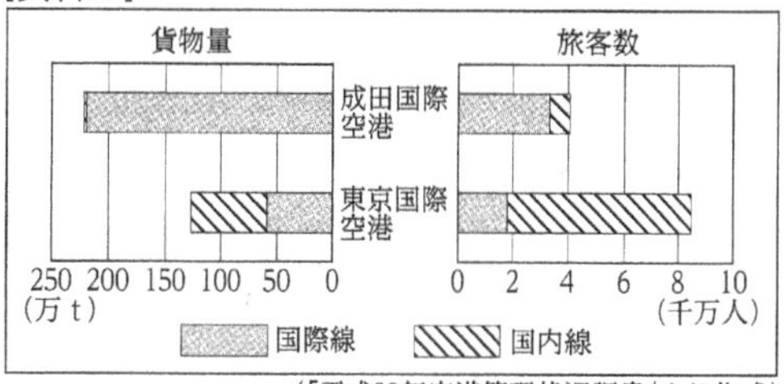

（「平成30年空港管理状況調書」より作成）

⑶　資料Ⅴは，2017年の東京都中央卸売市場における，なすの月別入荷量とその内訳を示したものである。

①　資料Ⅴ中の群馬県や栃木県では，大消費地である東京に近いことを生かして，都市向けに，野菜を新鮮なうちに出荷する農業がさかんである。このような農業を何というか。その名称を書け。

②　次のページの資料Ⅵは，2017年の東京都中央卸売市場における，なすの月別平均卸売価格を示したものである。また，資料Ⅶは，高知県，群馬県，栃木県それぞれのなすの主な産地の月別平均気温を示したものである。資

[資料Ⅴ]

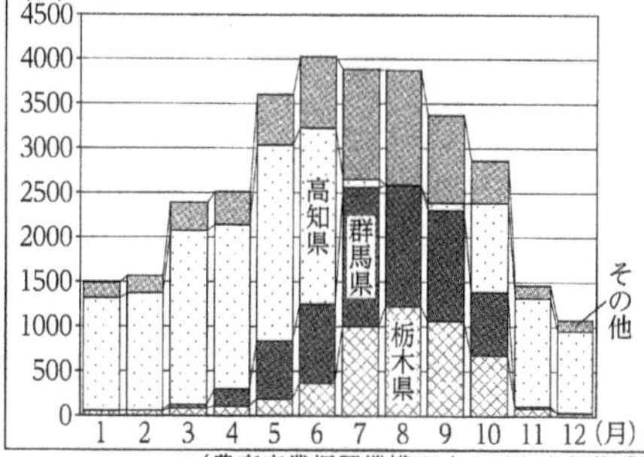

（農畜産業振興機構Webサイトより作成）

料Ⅴ，資料Ⅵ，資料Ⅶから読み取ることができる，高知県のなすの出荷の特徴を簡潔に書け。

［資料Ⅵ］

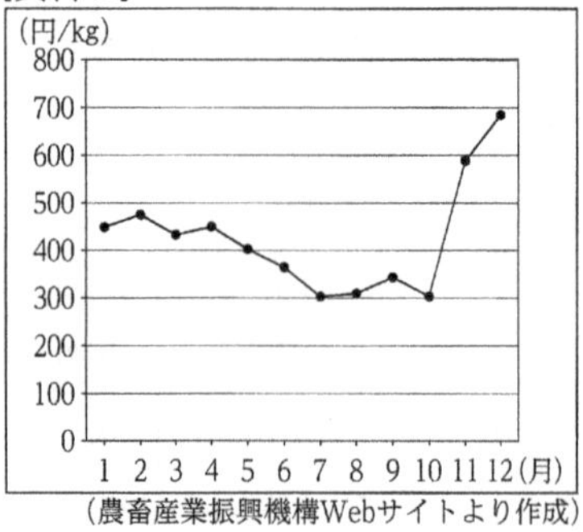

（農畜産業振興機構Webサイトより作成）

［資料Ⅶ］

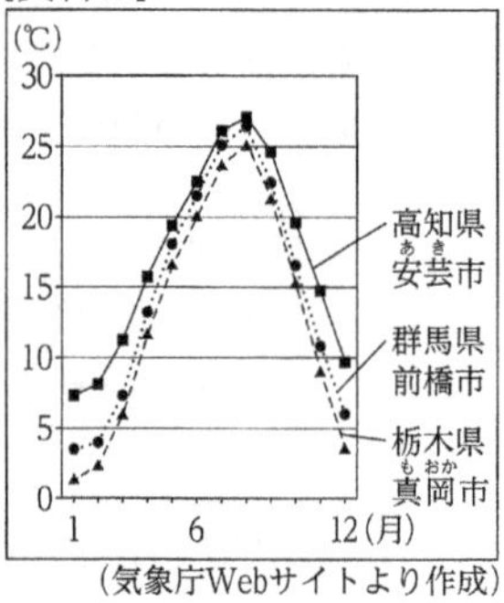

（気象庁Webサイトより作成）

3　現在，中学校３年生である健太さんは，2022年４月１日から成年年齢が18歳に引き下げられることを知り，先生と話をした。次の［　］内は，その会話の一部である。各問いに答えよ。

> 健太：私たちの学年から，18歳になると成人として扱われることになるそうですね。なぜ，成年年齢が20歳から18歳に引き下げられることになったのですか。
>
> 先生：近年，A日本国憲法の改正手続きにおける国民投票の投票権年齢やB公職選挙法の選挙権年齢が満18歳以上と定められ，国の政治に関わる重要な判断について，20歳以上の成人と同様に，18歳，19歳の人々の意見を聞くことになりました。そこで社会生活の上でも，18歳以上の人を成人として扱った方がよいという議論が起こりました。また，世界的にも成年年齢を18歳とするのが主流です。このようなことから，「民法の一部を改正する法律」がC国会で制定され，成年年齢が18歳に引き下げられたのですよ。
>
> 健太：成年年齢に達すると，社会生活の上では，未成年のときと何が変わるのですか。
>
> 先生：保護者の同意を得なくても，携帯電話の契約を結ぶことなどができます。ただ，現在でも，成年年齢を迎えた直後の若者が，D消費者トラブルにあう事例が多くみられるので注意が必要です。

(1)　下線部Aには，さまざまな人権が規定されている。しかし，社会の変化とともに，日本国憲法に直接的には規定されていない権利が，日本国憲法の第13条にある幸福追求権などにもとづいて主張されるようになった。このような新しい人権に当てはまるものを，次の**ア**～**エ**から１つ選び，その記号を書け。

ア　労働者が団結して行動できるように労働組合をつくる権利

イ　自由に職業を選び，選んだ職業を営む権利

ウ　権利が侵害された場合に裁判を受ける権利

エ　個人の私的な生活や情報を他人の干渉から守る権利

(2)　右の表は，下線部Bが改正され，選挙権年齢が満18歳以上に引き下げられてから行われた国政選挙の実施年月について示したものである。

実施年月	国政選挙
（　X　）年７月	第24回参議院議員通常選挙
2017年10月	第48回衆議院議員総選挙
2019年７月	第25回参議院議員通常選挙

①　表中の（X）に当てはまる年を書け。

②　第48回衆議院議員総選挙は，小選挙区制と比例代表制を組み合わせた小選挙区比例代表並

立制で行われた。小選挙区制について述べた文として最も適切なものを，次の**ア**～**エ**から１つ選び，その記号を書け。

ア　１つの選挙区から複数名を選出する。

イ　いずれかの政党が単独で議会の過半数の議席を獲得しやすい。

ウ　各政党の得票に応じて議席を配分する。

エ　落選者に投じられた票が少なくなる傾向がある。

(3)　資料Ⅰは，下線部Cと内閣との関係を示したものである。次の□内は，衆議院において内閣不信任決議が可決された場合に，内閣が行わなければならないことについて述べたものである。資料Ⅰを参考にして，□内の（Y）に当てはまる言葉を簡潔に書け。

内閣は，10日以内に（　　Y　　）か，総辞職をしなければならない。

［資料Ⅰ］

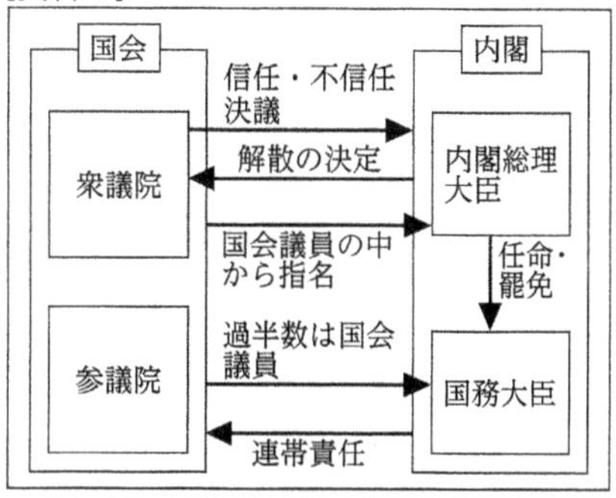

(4)　下線部Dを防ぐために，さまざまな法律が制定され，行政による取り組みが行われている。

①　消費者を保護する法律の１つとして，消費者が商品の欠陥によって身体や財産に損害を受けたときに，消費者が製造業者の過失を証明しなくても，製造業者に賠償の責任を負わせることを定めたものがある。この法律を何というか。その名称を書け。

②　資料Ⅱは，消費者庁が管理する国民生活センターのWebサイトに掲載されている相談事例とそれに対する回答である。また，資料Ⅲは，国民生活センターが発行している書籍の内容の一部である。国民生活センターが資料Ⅱや資料ⅢをWebサイトや書籍に掲載することは，消費者が自立した消費者として行動するための支援につながっている。自立した消費者とは，どのような消費者か。資料Ⅱ，資料Ⅲを参考にして，「判断」の語を用いて簡潔に書け。

［資料Ⅱ］

【相談事例】

インターネットによる通信販売で靴を購入しました。届いてから数日後に箱をあけてみたら，イメージしていたものと違うものが入っていることに気づきました。クーリング・オフはできますか。

【回答】

通信販売は，クーリング・オフができません。Webサイト上に表示されている「返品の可否と返品可能な条件」をよく確認しましょう。また，返品できる場合でも，返品期限を設けている場合がよくみられますので，商品が手元に届いたら，すぐに中身を確認しましょう。

（国民生活センターWebサイトより作成）

［資料Ⅲ］

ワンクリック詐欺

パソコンやスマートフォンで，Webサイトにアクセスして，動画の再生ボタン等をクリックすると，突然「登録完了」といった画面が表示され，登録料などの名目で高額な料金を請求されることがあります。

（「2020年版くらしの豆知識」より作成）

4　和夫さんは，社会科の授業で「源平の争乱」について学習し，その後，国語科の授業で「平家物語」を学習した。２つの学習をもとに，「平氏が都を離れてから滅亡するまでの戦い」というテーマで，レポートをまとめた。次のページの□内は，その一部である。各問いに答えよ。

平氏が都を離れてから滅亡するまでの戦い

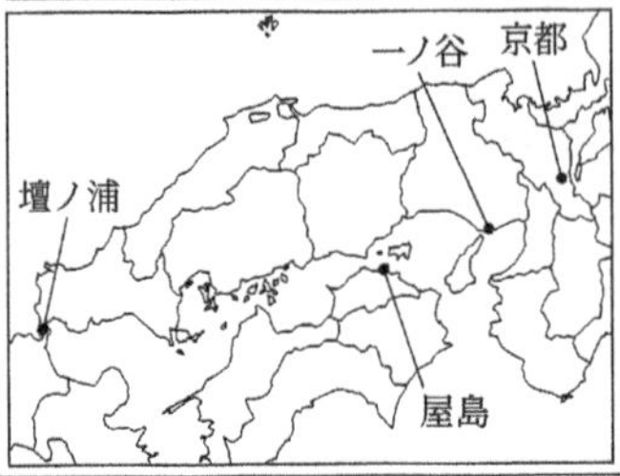

〔A一ノ谷の戦い〕（1184年）

一ノ谷（兵庫県神戸市）で源義経が平氏を奇襲し，平氏は四国に敗走する。「平家物語」では，平《たいらの》敦盛《あつもり》が源氏方に討たれる場面が描かれている。

〔屋島の戦い〕（1185年）

源義経がB屋島（香川県高松市）で平氏を攻め，平氏は瀬戸内海を西へ敗走する。「平家物語」では，源氏方の弓の名手である那須《なす》与一《のよいち》が平氏方の船上に立てられた扇の的を見事に射る場面が描かれている。

〔壇ノ浦の戦い〕（1185年）

壇ノ浦（山口県下関市）の海上で源平最後の戦いが行われ，平氏は滅亡する。「平家物語」では，C安徳天皇が水中に身を投げる場面が描かれている。

〔資料Ⅰ〕

〔資料Ⅱ〕

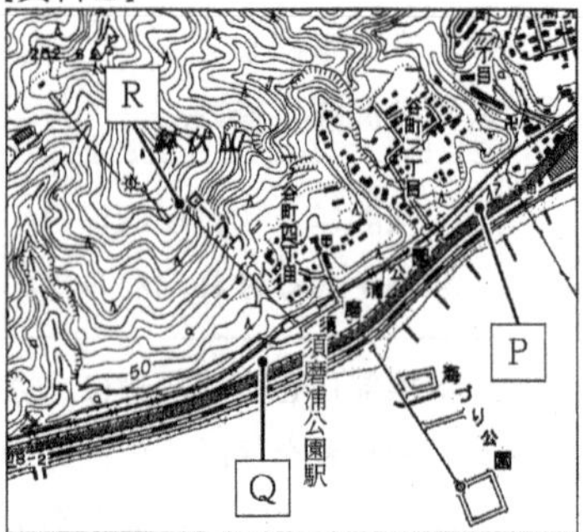

（国土地理院発行２万５千分の１地形図「須磨」より作成）

(1)　資料Ⅰは，武士や民衆の間に平家物語を広めた人を描いたものである。このような人を何と呼ぶか。その名称を書け。

(2)　資料Ⅱは，下線部Aが行われた場所の周辺の地形図である。

①　和夫さんは，地形図中のP地点に下線部Aの記念碑があり，Q地点に一ノ谷の戦いで亡くなった平敦盛の墓があることを知り，見学に行った。地形図上でP地点とQ地点を直線で結んだ長さは，2.6cmである。実際の直線距離は何mになるか。その距離を書け。

②　須《す》磨《ま》浦公園《うらこうえん》駅からロープウェイに乗った和夫さんは，地形図中のR地点（鉢伏山上《はちぶせさんじょう》駅）で降り，一ノ谷町を眺めた。R地点（鉢伏山上駅）の標高は約何mか。最も適切なものを，次のア～エから１つ選び，その記号を書け。

ア　150m　　**イ**　200m　　**ウ**　250m　　**エ**　300m

(3)　下線部Bでは，歴史的資源を活用した観光客の誘致が進められ，観光客や市民の利便を図るために駐車場を設置する条例が，2017年に制定された。このように全国ではさまざまな条例が制定されている。条例とはどのようなものか。簡潔に書け。

(4)　資料Ⅲは，レポート内の略地図に示された場所がある，京都府，兵庫県，香川県，山口県の４府県における2016年の，人口密度，県内総生産，農業産出額，重要文化財の件数を示した表である。兵庫県に当たるものはどれか。資料Ⅲ中のア～エから１つ選び，その記号を書け。

〔資料Ⅲ〕

府県	人口密度（人/km²）	県内総生産（億円）［2016年度］	農業産出額（億円）	重要文化財の件数
ア	518.0	38,022	898	120
イ	564.9	104,876	740	2,162
ウ	228.1	60,875	681	135
エ	657.1	209,378	1,690	466

（「2018/19日本国勢図会」ほかより作成）

(5)　資料Ⅳは，下線部Cを含む皇室と平氏の系図の一部である。武士である平清盛が政治の実権を握ることができた理由のうち，資料Ⅳから読み取ることができるものを簡潔に書け。

〔資料Ⅳ〕

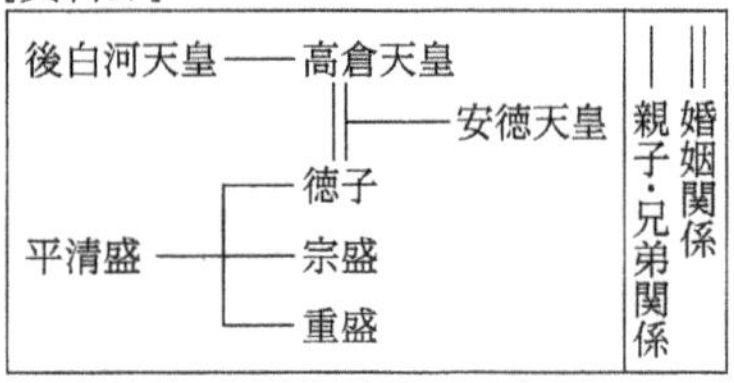

受検番号		※	得点	※

令和２年度

奈良県公立高等学校入学者一般選抜学力検査

社　会　　解答用紙

問題番号			答　え			採　点
1	(1)	①		②		
		③				
		④				
	(2)					
	(3)	①		②		
		③				
	(4)	①				
		②				
		③				
2	(1)	①		②		
		③				
		④				
	(2)					
	(3)	①				
		②				
3	(1)					
	(2)	①		②		
	(3)					
	(4)	①				
		②				
4	(1)					
	(2)	①	m	②		
	(3)					
	(4)					
	(5)					

※この解答用紙は189％に拡大していただきますと，実物大になります。

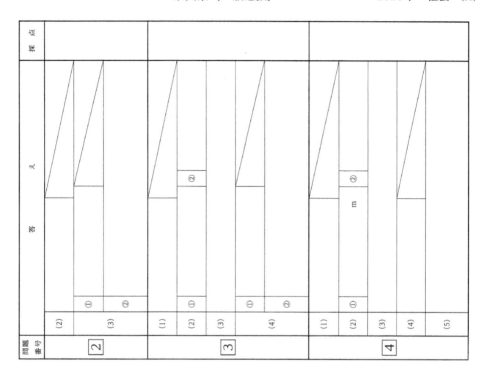

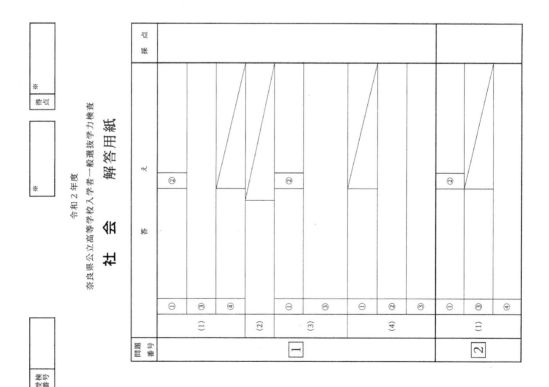

受検番号

※

得点 ※

令和２年度　奈良県公立高等学校入学者一般選抜学力検査

国語解答用紙

問題番号		答え	採点
一	(一)	A 読み　やかな　B 漢字　じて　C 漢字　ぎ　D 読み	
	(二)	(三)	
	(四)		
	(五)	コケの緑が、	
	(六)	(七) X　Y	
二	(一)	(二)　(三)	
	(四)		
	(五)	(六)	
三			
四	(一)	(二)　(三)	
五	(一)	(二)	
	(三)	100字　150字	

※この解答用紙は189％に拡大していただきますと、実物大になります。

(一)　――線部が「時間がかかる」という内容を表すとき、（　）にどのような言葉が入るか。最も適切なものを、次の**ア**～**エ**から一つ選び、その記号を書け。

ア　一進一退　　**イ**　一長一短

ウ　一喜一憂　　**エ**　一朝一夕

(二)　春香さんは、どのような意図で質問をしたと考えられるか。最も適切なものを、次の**ア**～**エ**から一つ選び、その記号を書け。

ア　相手の発言内容を確かめ、その具体的な例を聞き出そうとした。

イ　相手の発言内容を整理し、その発言の意図を確かめようとした。

ウ　相手の発言内容を踏まえ、さらに詳しい情報を聞き出そうとした。

エ　相手の発言内容をまとめ、他の考えとの違いを確かめようとした。

(三)　あなたは、陽一さんたちのように、地域の方にインタビューをすることになった。あなたなら、どのようなことに気をつけてインタビューをするか。次の①、②の条件に従って、あなたの考えを書け。

条件①　二段落構成で書くこと。第一段落では、インタビューで気をつけたいことを具体的に書き、第二段落では、そのことに気をつける理由を書くこと。

条件②　原稿用紙の使い方に従って、百字以上百五十字以内で書くこと。ただし、題、自分の名前は書かないこと。

り。」といひし。

（注）ただに心もちゆる＝ひたすら心がける
得べし＝自分のものとすることができる
めしくひしるすふ＝食事をすること
いをのほねたてしよ＝魚の骨が刺さったよ

（『花月草紙』による）

(一) ――線①の「いささかも」が直接かかる部分はどれか。次のア～エから一つ選び、その記号を書け。

ア おこたらず　**イ** する　**ウ** あらば　**エ** 秀でぬべし

(二) ――線②の意味として最も適切なものを、次のア～エから一つ選び、その記号を書け。

ア 駆ける　**イ** 隠れる　**ウ** 欠ける　**エ** 掛ける

(三) この文章で筆者は、食事の例を取り上げて、何かを身につけるためには何が大切であると述べているか。最も適切なものを、次の**ア**～**エ**から一つ選び、その記号を書け。

ア 真面目に取り組むこと。　**イ** 何度も繰り返すこと。
ウ 幼少期から始めること。　**エ** 目的意識をもつこと。

五 陽一さんのクラスでは、総合的な学習の時間に「未来に伝えたい奈良の魅力」をテーマにした学習を行っている。陽一さんのグループでは、「木」を取り上げて、奈良の木について調べるためにインタビューをすることにした。次の□内は、製材所を経営する山田さんへのインタビューの一部である。これを読み、各問いに答えよ。

陽一　お忙しい中、私たちのためにお時間をいただき、ありがとうございます。私たちは今、「未来に伝えたい奈良の魅力」をテーマにした学習の中で、「木」を取り上げて調べています。本日は、奈良の木について教えていただきたいと思います。どうぞよろしくお願いします。さて、山田さんの製材所では、奈良県産のスギやヒノキを製材し、住宅の柱や床、壁などの建材として販売されていますが、なぜ、奈良の木を使われるのですか。

山田　地元の木であることも理由ですが、建材にする木として適しているからです。

陽一　どのような点で適しているのですか。

山田　美しさと強さを兼ね備えている点です。さらに、製材したときに無駄になる部分が少ないというよさもあります。製材所を経営する者にとって、とてもありがたい木です。

春香　そうなのですね。奈良の木は、美しさ、強さだけでなく、無駄になる部分が少ないという点でも優れているのですね。では、奈良の木にそのような特徴があるのには、何か秘密があるのでしょうか。

山田　植え方と育て方にその秘密があります。奈良の木は、昔から、他の地域よりも密集して植えられています。そして、木を間引いたり、下枝を切ったりするタイミングを工夫しながら、長い時間をかけてゆっくり丁寧に育てています。そのような植え方や育て方によって、幹の上の部分と下の部分の太さがあまり変わらないまっすぐな木、しかも、年輪の幅が狭くて均一な木が育つのです。良質な木は、植え方や育て方を確立した先人の知恵と、それを受け継いできた人々の手間の結晶です。決して（　　）にできるものではありません。

葉は、筆者にとってどのような言葉か。文章中の言葉を用いて、四十五字以内で書け。

㈤ ――線④とあるが、少年の言葉を聞いて、筆者はどのように考えるようになったか。その説明として最も適切なものを、次の**ア**～**エ**から一つ選び、その記号を書け。

ア 言葉の意味ばかりにこだわっていたが、言葉というのはぴったりのリズムや響きがあれば伝わるものだと考えるようになった。

イ 弾むような言葉遣いは父にしかできないと考えていたが、ルイジンニョや自分自身にもできることなのだと考えるようになった。

ウ 言葉は心地よいリズムさえあれば相手に伝わるものだと考えていたが、まずは意味を捉えることが重要だと考えるようになった。

エ 言葉の意味を教わることが大切だと考えていたが、リズムに乗せて話すことができれば意味は必要ないと考えるようになった。

㈥ この文章の表現上の工夫とその効果について述べたものとして当てはまらないものを、次の**ア**～**エ**から一つ選び、その記号を書け。

ア 問いかけることによって、相手の関心を引きつけている。

イ 具体的な体験を交えながら、話の内容を印象づけている。

ウ 直喩を用いながら、場面をイメージしやすくしている。

エ 結論から話し始めることで、考えを明確に伝えている。

三 次の□内は、陽一さんが書いた、クラスの目標の【下書き】と【清書】である。陽一さんは【清書】をしたときに、【下書き】をどのように書き直したか。改善点の説明として最も適切なものを、後の**ア**～**エ**から一つ選び、その記号を書け。

【下書き】
思いやりの心を大切に
【清書】
思いやりの心を大切に

ア 用紙の大きさに合わせて、文字がすべて同じ大きさになるように書き直した。

イ 書体を統一するように書き直すとともに、画数の少ない漢字はやや小さくなるように書き直した。

ウ 字間がそれぞれそろうように書き直すとともに、画数の少ない漢字はやや大きくなるように書き直した。

エ 行の中心に文字の中心をそろえ、平仮名は漢字よりやや小さくなるように書き直した。

四 次の文章を読み、各問いに答えよ。

「生まれてものおぼゆるころより、老い行くまで、①いささかもおこたらずする事あらば、かならずいかなるわざにも秀《ひい》でぬべし。」といへば、「ただに心もちゆるにあらざれば、いくたびなすとても得《う》べしとは思はず。このめしくひしるすふは、ものおぼえてより、日にみたび②はかくることなけれども、かくせんと思ふこころなければ、めしくふに上手もなく、かへりてくひこぼし、または『いをのほねたてしよ。』などいふもあるべし。されば、かくせんと思ふこころざしのひとつな

こうして、父のおかげで、私は、物語が大好きな子ども、そして、本を読むのが大好きな子どもになりました。それ以来三十年以上、私はとても熱心な「読む人」でした。「書く人」になるなんて、考えたこともありませんでした。

ところが、三十四歳のある日、大学時代の恩師から電話があり、「君はブラジルで二年暮らしてきたのだから、『ブラジルの子ども』について、ノンフィクションを書いてみないか。」といわれたのです。

私は大変驚き、とても無理だと思いました。すぐさま「できません。」と答えました。でも先生は「書きなさい。」というのです。そのときふっと、ブラジルで仲良くなった少年、ルイジンニョのことなら書けるかな？　と思ったのです。私は仕方なく書き始めました。本当に仕方なくです。恩師はいくつになっても、尊敬すべき存在ですから。

ブラジルで暮らした二年の間、同じアパートに住む九歳の魅力的な男の子、ルイジンニョと仲良くなり、ポルトガル語を教えてもらいました。九歳の先生と二十四歳の生徒です。彼に言葉を教えてもらいながら、町を歩いた毎日は、発見の連続でした。ルイジンニョの母親はサンバの歌手で、彼は生まれたときから、サンバを聴いて育ったのです。私に教えるときも、歌うように、踊るように、言葉を教えてくれました。よくわからない言葉なのに、心地よいリズムに乗せて語られると、不思議なことに意味が伝わってくるのでした。彼はブラジルの少年らしく、踊るのもとても上手で、一緒に踊れと私を誘うのです。でも日本で育った私は、恥ずかしくて踊れません。すると、彼はこういったのです。

「エイコ、あんたにも心臓（コラソン）があるでしょ、とくとくとくとくと動いているでしょ。それを聞きながら踊れば、踊れる。だって、④人間はそんなふうにできているのだから。」

九歳の少年のこの言葉に、私ははっとしました。そして、小さいとき、私の父がお話を語ってくれたときの、弾むような言葉遣いを思い出しました。父の物語を聞いていたとき、確かに私の胸は、とくとくとくと動いていました。言葉って、たとえ語彙は少なくても、ぴったりのリズムや響きがあれば、不思議なほど相手に伝わる、また忘れられないものになる。それまで言葉の意味ばかり追いかけていた私に、ルイジンニョは、言葉の持つ不思議と奥深さを気づかせてくれたのです。

（角野栄子『「作家」と「魔女」の集まっちゃった思い出』による）

（注）　オノマトペ＝擬声語・擬態語
　　　ノンフィクション＝作りごとを交えず、事実を伝えようとする作品

㈠　――線①とあるが、「伺う」の敬語の種類を、次の**ア**～**ウ**から一つ選び、その記号を書け。

ア　尊敬語
イ　謙譲語
ウ　丁寧語

㈡　――線②のような家のつくりの影響を受けて、人々は周囲の状況をどのようにして認識してきたか。そのことが述べられている部分を、文章中から抜き出し、その初めの五字を書け。

㈢　――線③の文と、その直前の文とを、文脈を変えないように一語の接続詞でつなぎたい。どのような接続詞でつなぐのがよいか。最も適切なものを、次の**ア**～**エ**から一つ選び、その記号を書け。

ア　しかし　　**イ**　あるいは　　**ウ**　つまり　　**エ**　ところで

㈣　文章中の【Ⅰ】の部分では、父が語った「オノマトペ」にまつわる話が述べられている。「書く人」としての筆者が、仕事がうまくいかず、父が語った「オノマトペ」を無意識に口にするとき、この言

る。ここで詠まれた「蘿蓆」とは、多様なコケが生えている様子を、「敷物」に（　X　）たものであろう。さまざまな緑が織りなす「蘿蓆」の美しさを詠んだ。『万葉集』のこの和歌からは、詠んだ人に「蘿蓆」を（　Y　）が備わっていたことがわかる。

二　次の文章は、筆者が国際的な児童文学賞を受賞した際に、ギリシャのアテネで行ったスピーチの一部である。これを読み、各問いに答えよ。

さて、ここで私の思い出の「オノマトペ」をひとつ声に出していってみようと思います。

「どんぶらこっこーう　すっこっこーう
どんぶらこっこーう　すっこっこーう」

みなさん、どんな情景を思い浮かべましたか？

一人一人お答えを①お伺いしたいところですが、時間がかかりますので、私がお答えいたしましょう。これは日本の昔話の冒頭に出てくる言葉です。五歳で母をなくして泣き虫だった私を、父は膝の中に座らせて、体を揺らしながら、このようにお話を語り始めました。

「川上から大きな桃が、『どんぶらこっこーう　すっこっこーう』って流れてきました。この桃を、川で洗濯していたおばあさんがすくいあげ、家に持ち帰り、食べようとすると、中から男のあかちゃんが『オギャーオギャー』と泣きながら生まれてきたのです。」

この「桃太郎」という昔話は日本人であれば、だれでも知っているお話です。この桃が川を流れてくるときの「オノマトペ」は語る人によってさまざまです。私の父はいつも「どんぶらこっこーう　すっこっこーう」と歌うようにいいました。今でも、私のこの耳のあたりに聞こえています。とっても懐《なつ》かしい。

日本の家は、②玄関や窓などの開口部が大きくできています。引き戸になっていて、朝起きて全部開けると、家の中と外の世界は一体になります。家の中も、部屋を仕切る障子や襖《ふすま》（引き戸）を開ければ、他の部屋や廊下とつながるように作られています。現在は多少変わってしまいましたが。ですから私の国では、鳥の鳴き声、風や雨の音、生活の音などが、常に人々の暮らしの中にあり、音を聞いて想像力を働かせ情報を得てきました。こういった中で、「オノマトペ」も自然にたくさん生まれてきました。③「オノマトペ」には窮屈なルールはなく、感じたままの表現を許してくれます。とっても自由なものです。ひとつの「オノマトペ」が、その語感、リズム、音の響きから、どれほど多くのことを伝えてくれることでしょうか。

子どものとき、父は「オノマトペ」や独自の表現を生み出して、子どもたちに語る物語をいっそう楽しいものにしてくれました。私は、それらの言葉に誘われて、物語に入り込み、元気な子どもになったり、主人公と一緒に問題を解決しようとしたり、さまざまな世界へと想像を巡らしました。私の物語との出会いは、ここから出発したのだと思います。

【Ⅰ】

仕事がうまくいかないで、書く手が止まってしまったとき、無意識に「どんぶらこっこーう　すっこっこーう」と口にしていることがあります。すると、幼いときのワクワクした気持ちがよみがえって、原稿を書き進めることができたことが何度もありました。これは私のおまじないの言葉なのです。こんなとき、父へ向けて、またこのような豊かな言葉を持っている日本語に、「ありがとう。」といいたくなります。

【Ⅰ】築山《つきやま》は、コケにとっては大きな丘にみえるはずだ。丘の上では生えることはできても下では生育できないことや、その逆もあるだろう。庭園のデザインによってつくられた多様な環境が、コケの豊かさにつながっているのだ。

さらに、庭園ではその景観を維持するため、草むしりや落ち葉かきなど、細やかな管理がなされている。こうした管理は雑草や落ち葉によってコケが覆い隠されてしまうことを、C フセぎ、コケの維持にD 貢献している。庭のコケの美しさの裏には、日々のたゆまぬ管理があるのだ。

庭園デザインと日々の細やかな管理の恩恵をうけ、多様なコケが生える庭園。深い緑からくすんだ緑、黄緑、赤みがかった緑……。さまざまな緑が織りなすコケのじゅうたんは繊細で、美しい。なお、『万葉集』にあるコケの和歌十二首のうち、一首はコケのじゅうたんの美しさを詠《よ》んでいる。コケのじゅうたんをめでる感性は、きっと日本文化の美意識の根底に深く関わっているのだろう。

み吉野の青根が峰《たけ》の蘿蓆《こけむしろ》誰《たれ》か織りけむ経緯《たてぬき》なしに

（『万葉集』作者不明）

（大石善隆『コケはなぜに美しい』による）

（注）沙羅双樹（夏椿）＝夏に白い花を咲かせる木

㈠ □ A、Dの漢字の読みを平仮名で書き、□ B、Cの片仮名を漢字で書け。

㈡ ――線①の文脈上の意味として最も適切なものを、次のア～エから一つ選び、その記号を書け。

ア 指示するもの　**イ** 代わりとなるもの
ウ 代表するもの　**エ** 同じたぐいのもの

㈢ ――線②を説明したものとして最も適切なものを、次のア～エから一つ選び、その記号を書け。

ア 現代人にとって、日本庭園がコケを身近に感じることのできる唯一の空間になったこと。

イ 日本庭園においては、もともと使われていなかったコケが不可欠なものになったこと。

ウ 戦乱の後に寺が荒廃していき、日本庭園の多くが広くコケに覆われるようになったこと。

エ 豪勢な貴族の庭園より、実用的で質素な武家の庭園の方が好まれるようになったこと。

㈣ ――線③とあるが、そのように言えるコケの印象を表している言葉を、文章中から抜き出して書け。

㈤ ――線④とあるが、コケの緑が季節の移ろいをひきたてるとは、具体的にどのようなことか。「コケの緑が、」に続け、これを含めて三十字以内で書け。

㈥ 文章中の【Ⅰ】の部分を読んで、春香さんはコケの生態に興味をもち、そのことを調べるために地域の図書館に行った。その図書館の本は「日本十進分類法」に従って分類されていた。春香さんは、まず、どの分類の本棚を探せばよいか。次のア～エから一つ選び、その記号を書け。

ア 歴史　**イ** 自然科学　**ウ** 芸術　**エ** 文学

㈦ 次の□内は、文章中の和歌について述べたものである。X、Yに当てはまる言葉は何か。Xには三字以内の言葉を書き、Yには文章中の言葉を抜き出して書け。

この和歌を現代語訳すると、「吉野の青根が峰の苔の敷物は誰が織ったのであろうか。縦糸横糸の区別もないのに。」とな

＜国語＞

時間　五〇分　満点　五〇点

一　次の文章を読み、各問いに答えよ。

現代の人々にとって、もっともコケを身近に感じるのはいつだろうか。おそらく「日本庭園（＝コケ庭）」を訪れたときではないだろうか。わび・さびの風情《ふぜい》を醸《かも》し出す日本庭園においては、コケが主役級の存在感をみせる。しかし今でこそ、庭園になくてはならないコケではあるが、日本庭園ではもともとコケは使われていなかったらしい。苔《こけ》寺《でら》として世界的に有名な西芳寺《せいほうじ》（京都）でさえ、作庭当初は白砂の広がる庭だったようだ。しかし、室町時代の応仁《おうにん》の乱の後に寺が荒廃し、いつしか庭園が広くコケに覆われるようになったとされる。今では「苔寺」とよばれ、コケが西芳寺の①代名詞にもなっている。

②こうした趣向の変化には、日本文化の変遷が深く関わっている。何にでも流行《はや》りすたりがあるように、文化も時代ごとに大きく変化する。この流れを大まかにみると、平安時代のA華やかな貴族の文化から、鎌倉時代の素朴で力強い武家の文化。そして室町時代の禅の精神をとりいれた文化へと移り変わっていく。庭園もこうした文化の変化に呼応して豪勢な貴族の庭園から、実用的で質素な武家の庭園、禅のための庭へと流行が変化していった。そして風情を追求した庭園として登場したのが「コケ庭」だったのだ。

庭でコケが大切に扱われているのも、その美しさが和の文化の美意識、「わび・さび」を見事に体現しているためだ。③コケほどわび・さびの風情にぴったりの植物はほかにはない、といってもいい。ではなぜ、コケがわび・さびの風情を醸し出すのだろう？

「わび」「さび」は、本来は別の意味の二つの言葉である。わびは「侘《わび》しさ」からきており、BテンじてB「十分でないもの・不足しているもののなかに見出す美しさ」を表す。その一方、さびは「寂しさ」に由来し、「ひっそりと寂しいもののなかに見出す美しさ」につながっている。この二つが組み合わさった「わび・さび」は、静寂さや質素なもののなかに美しさを見出す美意識、とされる。静かで質素なものがもつ美しさ……これは小さくて花もないために目立たず、しかし透き通るような美しさをもつコケの印象そのものではないだろうか。

さらに、コケは庭園にわび・さびの風情を添えるだけではない。コケのしっとりとした色合いには、間接的に庭園の美しさをひきたてる効果もある。コケの上に、春には桜が、夏には白い沙羅双樹（夏椿《なつつばき》）が、秋には深紅の紅葉が舞い落ち、冬には真っ白な雪が覆う。④コケの緑が季節の移ろいを鮮やかにひきたて、庭園の四季をより美しくみせてくれる。

コケが景観をつくっている日本庭園。一見してコケが多そうだが、ではどのくらいの種が生えているのだろうか。庭園の規模などによって多少の差はあるが、大きな庭園では百種以上のコケがみられることも少なくない。一体なぜ、このように多くのコケが庭に生えているのだろうか。その秘密は庭のデザインと管理にある。

庭園では、大自然の風景をミニチュアで表現するデザイン技法、「縮景」が好んで用いられる。例えば、大きな石を置いて山を表したり、池をつくって海を表したりするなどして、庭をキャンバスにして大自然を表す。そのため小さな空間であっても、庭はさまざまに環境が変化する。

これらは人間にとっては些細《ささい》な変化であっても、小さなコケにとっては分布を決定するほどの要因にもなりうる。例えば、庭園の小さな

MEMO

大切なことはメモしておこうネ！

2020年度

解 答 と 解 説

《2020年度の配点は解答用紙集に掲載してあります。》

＜数学解答＞

1 (1) ① -3　② -36　③ $2a^2+3b$　④ $x^2-3xy+y^2$　(2) 7個

(3) $x=\dfrac{-5\pm\sqrt{17}}{2}$　(4) -6　(5) 150度

(6) ア，エ　(7) ① $\dfrac{3}{5}$　② ウ

(8) ① $10y+x$　② 84

2 (1) 右図　(2) ① $\dfrac{\sqrt{2}}{2}a$cm　② $\dfrac{\sqrt{2}}{8}a^2\text{cm}^2$

(3) ① 1.22　② 43%

3 (1) $y=-2x+4$　(2) （記号） ア　（変化の割合） 6

(3) 4π　(4) $3+\sqrt{3}$

4 (1) 解説参照　(2) $90°-a°$　(3) ① 8cm　② $26\pi\text{cm}^2$

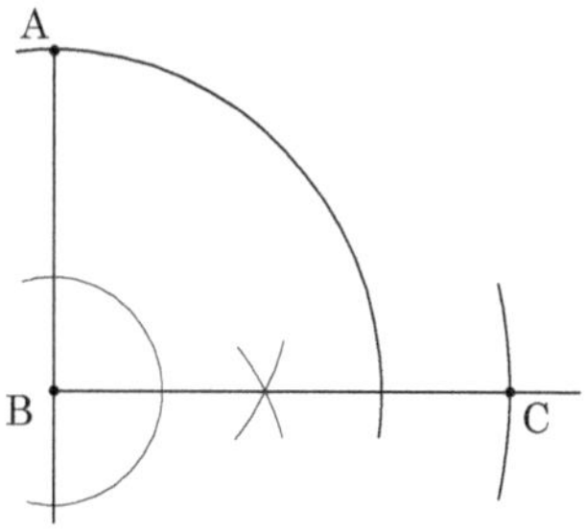

＜数学解説＞

1 （数・式の計算，絶対値，二次方程式，比例関数，おうぎ形の中心角，資料の散らばり・代表値，確率，文字を使った式，方程式の応用）

(1) ① **異符号の2数の和の符号は絶対値の大きい方の符号で，絶対値は2数の絶対値の大きい方から小さい方をひいた差**だから，$5-8=(+5)+(-8)=-(8-5)=-3$

② $(-3)^2=(-3)\times(-3)=9$だから，$-4\times(-3)^2=-4\times9=-36$

③ $(4a^3b+6ab^2)\div2ab=(4a^3b+6ab^2)\times\dfrac{1}{2ab}=4a^3b\times\dfrac{1}{2ab}+6ab^2\times\dfrac{1}{2ab}=\dfrac{4a^3b}{2ab}+\dfrac{6ab^2}{2ab}=2a^2+3b$

④ **乗法公式$(a+b)^2=a^2+2ab+b^2$**より，$(x+y)^2=x^2+2xy+y^2$だから，$(x+y)^2-5xy=x^2+2xy+y^2-5xy=x^2+2xy-5xy+y^2=x^2-3xy+y^2$

(2) 数直線上で，ある数に対応する点と原点との距離を，その数の**絶対値**という。絶対値が4より小さい整数とは，数直線上で，原点との距離が4より小さい整数のことであり，-3，-2，-1，0，1，2，3の7個

(3) **2次方程式$ax^2+bx+c=0$の解は，$x=\dfrac{-b\pm\sqrt{b^2-4ac}}{2a}$**で求められる。問題の2次方程式は，$a=1$，$b=5$，$c=2$の場合だから，$x=\dfrac{-5\pm\sqrt{5^2-4\times1\times2}}{2\times1}==\dfrac{-5\pm\sqrt{25-8}}{2}=\dfrac{-5\pm\sqrt{17}}{2}$

(4) **yがxに反比例する**とき，xの値が2倍，3倍，4倍，…になると，yの値は$\dfrac{1}{2}$倍，$\dfrac{1}{3}$倍，$\dfrac{1}{4}$倍，…になる。よって，xの値が$\dfrac{-2}{-1}=2$倍になると，yの値は$\dfrac{1}{2}$倍になり，$\text{A}=-12\times\dfrac{1}{2}=-6$

(5) **1つの円で，中心角の大きさは弧の長さに比例する**から，$\angle x=360°\times\dfrac{\text{側面のおうぎ形の弧の長さ}}{\text{半径12cmの円周の長さ}}=360°\times\dfrac{\text{底面の円周の長さ}}{\text{半径12cmの円周の長さ}}=360°\times\dfrac{2\pi\times5}{2\pi\times12}=150°$

(6) **相対度数$=\dfrac{\text{各階級の度数}}{\text{度数の合計}}$**　**度数**の合計は31，32.0℃以上34.0℃未満の**階級**の度数は5で，その相対度数は$\dfrac{5}{31}=0.161\cdots$だから，0.16より大きい。アは適切である。資料を整理するために用

いる区間を階級，区間の幅を**階級の幅**という。最高気温の記録を2.0℃ごとに区切って整理してあるから，この2.0℃が階級の幅である。イは適切ではない。最高気温が28.0℃以上の日は$5+7+5+5=22$(日)である。ウは適切ではない。**度数分布表**の中で度数の最も多い階級の**階級値**が**最頻値**だから，8日で度数の最も多い26.0℃以上28.0℃未満の階級の階級値$\frac{26.0+28.0}{2}=27.0$℃が最頻値。エは適切である。度数分布表で各階級のまん中の値が階級値だから，30.0℃以上32.0℃未満の階級の階級値は$\frac{30.0+32.0}{2}=31.0$℃である。オは適切ではない。

(7)　①　袋から，同時に2個の玉を取り出すとき，全ての取り出し方は，(①，②)，(①，③)，(①，④)，(①，⑤)，(②，③)，(②，④)，(②，⑤)，(③，④)，(③，⑤)，(④，⑤)の10通り。このうち，奇数の数字が書かれた玉と偶数の数字が書かれた玉を1個ずつ取り出す取り出し方は，～～を付けた6通りだから，$p=\frac{6}{10}=\frac{3}{5}$

②　3個の赤玉を赤$_1$，赤$_2$，赤$_3$，2個の白玉を白$_4$，白$_5$と区別すると，この袋から，同時に2個の玉を取り出すとき，全ての取り出し方は，(赤$_1$，赤$_2$)，(赤$_1$，赤$_3$)，(赤$_1$，白$_4$)，(赤$_1$，白$_5$)，(赤$_2$，赤$_3$)，(赤$_2$，白$_4$)，(赤$_2$，白$_5$)，(赤$_3$，白$_4$)，(赤$_3$，白$_5$)，(白$_4$，白$_5$)の10通り。このうち，異なる色の玉を取り出す取り出し方は，＝＝を付けた6通りだから，$q=\frac{6}{10}=\frac{3}{5}$　よって，正しく述べているものはウである。

(8)　①　Aの十の位の数をx，一の位の数をyとするとき，Bの十の位の数はy，一の位の数はxだから，$\mathrm{B}=10y+x$

②　Aの十の位の数は一の位の数の2倍であるから，Aの一の位の数をaとするとき，十の位の数は$2a$で，$\mathrm{A}=10\times 2a+a=21a$　また，このとき，Bの十の位の数はa，一の位の数は$2a$だから，$\mathrm{B}=10a+2a=12a$　BはAより36小さいから，$\mathrm{B}=\mathrm{A}-36$より，$12a=21a-36$　これを解いて，$a=4$　よって，Aの値は$\mathrm{A}=21a=21\times 4=84$

2　(平面図形，作図，相似の利用，線分の長さ，面積)

(1)　(着眼点)点Bを通る，直線ABの垂線上に，点Eを$\mathrm{BE}=\mathrm{AB}$となるようにとるとき，点Cは直線BE上の$\mathrm{BC}=\mathrm{AE}$となる点である。　(作図手順)　次の①～⑤の手順で作図する。①　線分ABを点Bの方に延長する。　②　点Bを中心とした円を描き，直線AB上に交点を作る。　③　②で作ったそれぞれの交点を中心として，交わるように半径の等しい円を描き，その交点と点Bを通る直線(点Bを通る，直線ABの垂線)を引く。　④　点Bを中心として，半径ABの円を描き，③で描いた垂線との交点をEとする。　⑤　点Bを中心として，半径AEの円を描き，③で描いた垂線との交点をCとする。(ただし，解答用紙には点Eの表記は不要である。)

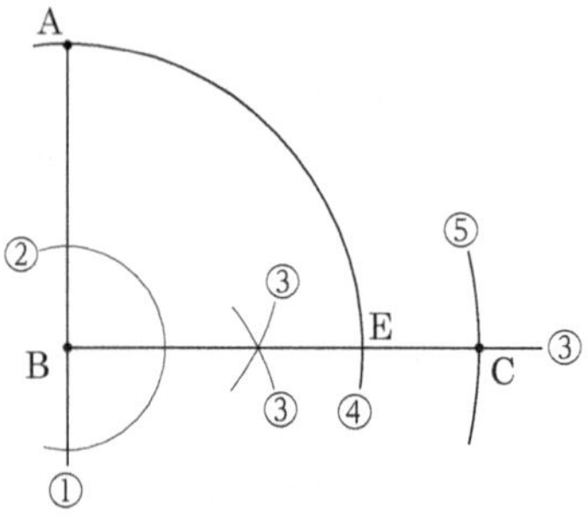

(2)　①　A判の紙の短い方の辺の長さと長い方の辺の長さの比は$1:\sqrt{2}$であるから，A0判の紙の短い方の辺の長さを$a$cmとすると，長い方の辺の長さは$a\times\sqrt{2}=\sqrt{2}a$cm　A1判の紙の短い方の辺の長さは，A0判の紙の長い方の辺の長さの半分だから，A1判の紙の短い方の辺の長さは$\sqrt{2}a\times\frac{1}{2}=\frac{\sqrt{2}}{2}a$cm

②　A0判の紙の短い方の辺の長さを$a$cmとするとき，A0判の紙の面積は$a\times\sqrt{2}a=\sqrt{2}a^2$cm^2　A1判の紙の面積はA0判の紙の面積の半分，A2判の紙の面積はA1判の紙の面積の半分，A3判の紙の面積はA2判の紙の面積の半分だから，A3判の紙の面積は$\sqrt{2}a^2\times\frac{1}{2}\times\frac{1}{2}\times\frac{1}{2}=\frac{\sqrt{2}}{8}a^2$cm^2

(3) ① A3判の紙の短い方の辺の長さを1とすると，長い方の辺の長さは$1\times\sqrt{2}=\sqrt{2}$　A3判の紙の対角線の長さは，**三平方の定理**を用いると$\sqrt{1^2+(\sqrt{2})^2}=\sqrt{3}$　よって，B3判の紙の長い方の辺の長さも$\sqrt{3}$　B判の紙の短い方の辺の長さと長い方の辺の長さの比も$1:\sqrt{2}$であるから，B3判の紙の短い方の辺の長さは$\sqrt{3}\times\frac{1}{\sqrt{2}}=\frac{\sqrt{3}}{\sqrt{2}}$　以上より，B3判の紙の短い方の辺の長さは，A3判の紙の短い方の辺の長さの$\frac{\sqrt{3}}{\sqrt{2}}\div1=\frac{\sqrt{3}}{\sqrt{2}}=\frac{\sqrt{3}\times\sqrt{2}}{\sqrt{2}\times\sqrt{2}}=\frac{\sqrt{6}}{2}=\frac{2.449}{2}=1.2245$倍　小数第3位を四捨五入して，1.22倍になる。

② 前問(2)①より，A1判の紙の短い方の辺の長さは，A0判の紙の短い方の辺の長さの$\frac{\sqrt{2}}{2}a\div a=\frac{\sqrt{2}}{2}$倍となる。これより，A版の紙もB版の紙も，数字が1増えるごとに短い方の辺の長さは$\frac{\sqrt{2}}{2}$倍になることから，B3判の紙の短い方の辺の長さを$\frac{\sqrt{3}}{\sqrt{2}}$とすると，B6判の紙の短い方の辺の長さは$\frac{\sqrt{3}}{\sqrt{2}}\times\frac{\sqrt{2}}{2}\times\frac{\sqrt{2}}{2}\times\frac{\sqrt{2}}{2}=\frac{\sqrt{3}}{4}$となる。よって，B6判の紙の短い方の辺の長さは，A3判の紙の短い方の辺の長さの$\frac{\sqrt{3}}{4}\div1=\frac{\sqrt{3}}{4}=\frac{1.732}{4}=0.433$倍となり，A3判の資料をB6判の資料に縮小するには，$0.433\times100=43.3$%　小数第1位を四捨五入して，43%の倍率にすればよい。

3 (図形と関数・グラフ)

(1) 直線ACの傾きは$\frac{2-8}{1-(-2)}=-2$だから，直線ACの式を$y=-2x+b$とおいて点Aの座標を代入すると，$2=-2\times1+b$　$b=4$　よって，直線ACの式は，$y=-2x+4$

(2) $y=2x^2$について，xの値がpからqまで増加するときの**変化の割合**は，$x=p$のとき$y=2p^2$，$x=q$のとき$y=2q^2$だから，$\frac{2q^2-2p^2}{q-p}=\frac{2(q+p)(q-p)}{q-p}=2(q+p)$…①　①を用いると，$x$の値が1から2まで増加するときの変化の割合は，$2(2+1)=6$…ア　xの値が-2から0まで増加するときの変化の割合は，$2\{0+(-2)\}=-4$…イ　xの値が0から2まで増加するときの変化の割合は，$2(2+0)=4$…ウ　xの値が-2から2まで増加するときの変化の割合は，$2\{2+(-2)\}=0$…エ　以上より，変化の割合が最も大きくなるものはアで，そのときの変化の割合は6である。

(3) 点Aからx軸へ垂線AHを引くと，H(1, 0)である。また，△APHは直角二等辺三角形となるから，PH=AH=2である。よって，△OPAを，x軸を軸として1回転させてできる立体は，底面の半径がAH，高さがOHの円錐と，底面の半径がAH，高さがPHの円錐を合わせた立体であり，その体積は，$\frac{1}{3}\times\pi\times2^2\times1+\frac{1}{3}\times\pi\times2^2\times2=4\pi$

(4) 点Pのx座標をpとするとP(p, 0)　また，点Qのy座標をqとする。AC//PQ，AC=PQより，点Aと点Cのy座標の差は，点Pと点Qのy座標の差と等しいから，$8-2=q-0$　$q=6$　点Qは$y=2x^2$上の点だから，点Qのx座標は，$6=2x^2$より，$x^2=3$　$x>0$より$x=\sqrt{3}$　よって，Q($\sqrt{3}$, 6)　AC//PQ, AC=PQより，点Aと点Cのx座標の差は，点Pと点Qのx座標の差と等しいから，$1-(-2)=p-\sqrt{3}$　$p=3+\sqrt{3}$

4 (平面図形，円の性質，相似の証明，角度，線分の長さ，面積)

(1) (証明) (例)△AFEと△BCEにおいて，仮定から∠AEF=∠BEC=90°…①　△ACDにおいて，仮定から∠CAD=180°−90°−∠ACD…②　△BCEにおいて，仮定から∠CBE=180°−90°−∠BCE　よって，∠CBE=180°−90°−∠ACD…③　②，③より，∠CAD=∠CBE　よって，∠FAE=∠CBE…④　①，④より，2組の角がそれぞれ等しいから，△AFE∽△BCE

(2) △AFE∽△BCEより，∠ACB=∠BCE=∠AFE=a°　$\overset{\frown}{AB}$に対する**円周角**なので，∠AGB=

$\angle ACB = a°$　$\overset{\frown}{AB}$に対する中心角と円周角の関係から，$\angle AOB = 2\angle AGB = 2a°$　△OABはOA＝OBの二等辺三角形だから，$\angle OAB = \dfrac{180° - \angle AOB}{2} = \dfrac{180° - 2a°}{2} = 90° - a°$

(3)　①　線分BGを引く。△BDFと△BDGにおいて　∠BDF＝∠BDG＝90°…㋐　共通な辺なので，BD＝BD…㋑　△AFE∽△BCEより，∠DBF＝∠CBE＝∠FAE…㋒　$\overset{\frown}{CG}$に対する円周角なので，∠DBG＝∠CBG＝∠CAG＝∠FAE…㋓　㋒，㋓より　∠DBF＝∠DBG…㋔　㋐，㋑，㋔より，1組の辺とその両端の角がそれぞれ等しいから，△BDF≡△BDG　よって，AG＝AF＋DF＋DG＝AF＋DF＋DF＝2＋3＋3＝8cm

②　弦BCと弦AGの中点をそれぞれ点P，Qとする。**弦の垂直二等分線はその円の中心を通る**から，点Pを通る弦BCの垂線と，点Qを通る弦AGの垂線を引くと，点Oで交わり，四角形OPDQは長方形となる。よって，$BP = \dfrac{BC}{2} = \dfrac{10}{2} = 5$cm，$OP = QD = \dfrac{AG}{2} - DG = \dfrac{8}{2} - 3 = 1$cmだから，△OBPに三平方の定理を用いると，$OB = \sqrt{BP^2 + OP^2} = \sqrt{5^2 + 1^2} = \sqrt{26}$cm　以上より，円の面積は，$\pi \times OB^2 = \pi \times (\sqrt{26})^2 = 26\pi$ cm^2

＜英語解答＞

1　(1)　①　ウ　②　ア　(2)　①　イ　②　ウ　(3)　イ　(4)　エ，カ

2　(1)　collected　(2)　イ　(3)　(a)　No, she has not.　(b)　One of her friends told her about it.　(4)　あ　people who visit the park　い　shops around the park

3　(例)I think A is better than B because the bird looks happy.　When we see it, we always feel happy.

4　(1)　ア，イ　(2)　①　エ　②　ア　(3)　あ　food　い　slowly　(4)　イ，カ
(5)　(例)I want to support sports events as a volunteer with my friends in the future.

1　**(リスニング)**

放送台本の和訳は，48ページに掲載。

2　**(会話文問題：語形変化，文の挿入・選択，英問英答・記述，語句補充・記述，分詞の形容詞的用法，形容詞，現在完了，助動詞，不定詞)**

(全訳)　ケイコとエマは高校生だ。エマは1か月前にオーストラリアから日本にやって来て，ケイコの学校に通学している。彼女らは奈良公園を訪問している。

エマ(以下E)：奈良公園へ来たのは初めてよ。とても興奮しているわ。見て！　鹿がとても可愛いわね！　私は鹿に鹿せんべいをあげたいわ。／ケイコ(以下K)：えっ，あなたは鹿せんべいのことを知っているの？／E：ええ。鹿のための軽食でしょう。オーストラリアの私の友人の一人が，去年，奈良を訪れて，そのことを私に話してくれたわ。私達の食べ物は鹿の健康にとっては好ましくないのよね。私達は鹿に対しては，鹿せんべいのみ与えるべきなのでしょう。／K：その通り。鹿せんべいを与える時には，あなたが持っているビニール袋に注意してね。／E：このビニール袋？　どういうことかしら。／K：ビニール袋は鹿にとって食べ物ではないけれど，食べ物の匂いがす

ると，鹿がビニール袋を食べてしまうの。だから，昼食や軽食を公園に持ってくる時には，注意する必要があるのよ。／E：鹿がビニール袋を食べてしまと，非常に危険なはずだわ。／K：その通り。ビニールは鹿のお腹の中に留まるの。もし鹿がビニールを何度も食べると，死んでしまうのよ。およそ3.2キログラムのビニールが，一頭の死んだ鹿の腹部から発見されたわ。このことはニュースで見たのよ。／エマ：3.2キロ！　ひどいわ！／K：この前の7月にボランティアが奈良公園を清掃した際に，公園で①集められたごみは53キログラムで，そのほとんどがビニールだったの。／E：それは奈良公園の鹿にとって大問題だと思うわ。公園を訪れる人々の中には，ビニール袋を公園に捨てる人がいるの。公園を訪れる人々は，もっと鹿について考える必要があるわ。鹿を保護するために行動するべきなの。例えば，店でビニール袋を受け取らずに，自分自身の買い物袋を持参するべきだわ。ケイコ，あなたはどう思っているのかしら。／K：②イ私に別の考えがあるの。／E：えっ，あなたの考えを教えてくれない。／K：実際，奈良では訪問者数が増加しているけれど，公園周辺の店舗もこの問題に対して，何かすることができる，と私は考えているわ。日本では多くの店で，簡単にビニール袋を入手できるの。世界には，ビニール袋を提供することを禁止している国もあるのよ。公園周辺の店は，ビニール袋を提供するのを止める，あるいは，少なくとも，店が客に与えるビニール袋を減らすべきだと，私は考えているのよ。／E：なるほど。あ(公園を訪れる人々)といい(公園周辺の店)の双方が，公園の鹿を助けるために，変わるべきだわ。／K：もちろん，奈良に住む人々も，鹿を守るためにできることがあるわね。／E：ボランティアとして，奈良公園を清掃してみてはどうかしら。私もあなたと一緒に参加したいわ。

(1)　the garbage と collect の関係から考えること。「集められたごみ」なので，**過去分詞[規則動詞：原形 ＋ -ed]**にする。**<名詞＋過去分詞＋他の語句>「～された名詞」過去分詞の形容詞的用法**

(2)　エマ：鹿を守るために，買い物袋を持参するべきだわ。あなたはどう思う？ → ケイコ：［ ② ］ → エマ：あなたの考えを聞かせて。以上から，正解は，イ「私には別の考えがある」。another「もう一つの，ほかの／もう一つ，もう一人」 他の選択肢は次の通り。ア「あなたの考えに賛成だ」(×)／ウ「同じ考えを共有している」(×)／エ「考えが全く思いつかない」(×)いずれも空所②直後のエマのせりふにつながらない。<agree with ＋ 人>「～の意見に賛成する」 share「～を共有する」 **not ～ any**「全く～ない」

(3)　(a)　質問：「エマは奈良公園に以前訪れたことがあるか」 エマの最初のせりふから，初めて当地を訪れたことがわかるので，否定で答えること。**現在完了形の疑問文 <Have[Has]＋主語＋過去分詞 ～ ?>**　(応答)**<Yes, 主語＋ have[has].>／<No, 主語＋ have[has]＋ not[haven't／hasn't].>**　**現在完了**には，**完了・経験・継続・結果**の用法があるが，ここでは経験の有無の質疑応答になっている。　(b)　質問：「エマはどうやって鹿せんべいについて知ったのですか」 エマの2番目のせりふ(One of my friends ～ visited Nara ～ and she told me about it「友人の一人が奈良を訪問して，そのことを話してくれた」)を参考にすること。その際に，代名詞の変換(me → her)が必要なので注意すること。

(4)　文脈から，「客と店の双方の姿勢を変えるべきだ」という英文を完成させることになる。該当する英語を語数の指示に従って，探すこと。both A and B「AとBの双方」 people who visit「～を訪れる人々」← **<先行詞(人)＋主格の関係代名詞 who ＋動詞>「～[動詞]する先行詞」** **should**「～するべきだ／きっと～するはずだ」 to help「助けるために」**不定詞[to ＋ 原形]の副詞的用法「～するために」目的**

3　(文法：条件英作文：進行形，助動詞)

(解答例を含む全訳)　スミス先生：何をしているところですか。／ケン：今，私達は卒業文集を作っているところです。／ハルコ：私達は表紙の図案を決めなければなりません。2つの異なった図案があります。見て下さい。／スミス先生：両方とも良いですね。ケン，あなたはどちらが好きですか。Aですか，それとも，Bですか？／ケン：私はAの方がBよりも良いと思います。鳥が楽しそうに見えるからです。私達がそれを見ると，いつも幸せに感じます。

20語程度という語数の指示，及び，理由も添えて，空所に適する英語を答えること。**進行形 <be動詞 + 現在分詞[原形 + -ing]>**「～しているところだ」 **<have[has]+不定詞[to+原形]>**「～しなければならない／に違いない」 **better**「より良い／より良く」← **good／well**の比較級　Which do you like better, A or B ?「AとBのどちらが好きですか」 A is better than B「AがBより良い」 **理由を表す接続詞 because**「～なので」

4　**(長文読解問題・歴史・伝記：内容真偽，英問英答・選択，要約文を用いた問題，自由・条件英作文，関係代名詞，受け身，不定詞，文の構造(目的語と補語)，進行形，比較，副詞，不定詞，助動詞，動名詞，分詞の形容詞的用法)**

(全訳)　あなたは今までにWWFについて聞いたことがあるか。WWF，世界自然保護基金は，世界中の自然環境や野生動物の保護のために活動している最大の機関である。1961年に設立された。WWFのロゴは可愛い。それはピーター・スコットにより作られた。

ピーターは1909年にロンドンで生まれた。彼の父は世界中を旅して，自然を愛する有名な冒険家だった。彼の母は芸術を愛する優しい女性だった。ピーターが2歳の時に，彼の父は亡くなった。父のことを良く知らずに，彼は育ったことになる。ピーターの父からピーターと彼の母へ宛てた最期の手紙では，ピーターに自然に興味を持って欲しい，と父は母に告げている。ピーターは年齢を重ねて，自然を愛し，絵を上手く描くことのできる少年に成長した。

ピーターは中学生になった。彼は本を読んだり，作文を書いたりするのが好きではなかったが，自然にはとても関心を寄せていた。当時，魚釣りが彼の好きな活動の一つだった。彼はサッカーをするよりも，魚釣りが好きだった。鳥，特に水辺に生息する鳥を描くことにも彼は興味を抱いていた。彼はしばしば川や湖へと出かけて行った。彼は長い時間鳥を観察して，彼の周囲にいる鳥の美しい絵を描いた。彼は大学を卒業すると，世界中を何度も旅して巡った。旅先にて，彼は鳥を見て，その姿を描き，楽しんだ。このような旅に出ている間に，地球上では，ほぼ絶滅しかかっている野生生物が存在していることに彼は気づく。

その後，ピーターは，自然環境と野生動物の保護に興味のある多くの人々と共に，WWFを設立した。彼は地球上の自然環境の破壊を食い留めることを願い，人と野生動物の双方にとって，より良い世界を築くことを希求した。人々は世界で快適に過ごすことができ，野生動物もまた絶滅することなく，そこで生きることが可能なのだ。人々が野生動物を殺戮することなく，それらと共存するべきだ，と彼は信じていた。現在では，WWFは世界中の100か国以上の国々で500万人以上の人々によって支えられている。

ピーターによって助けられた野生動物の一つが，ネーネーと呼ばれる鳥だった。ネーネーはハワイ諸島に生息する鳥類である。山間部には多くの果物と種子があり，ネーネーはそれらを食していた。多くの人々がその地で暮らし始めると，彼らは食材としてネーネーを探して捕えるようになった。人々により猫や犬がもたらされた。ネーネーは動きが素早くないので，ネーネーを簡単に捕まえることができた。ネーネーの数は急速に減り，1950年頃にはほぼ絶滅状態となった。ピーターがこの状況を知ると，彼はWWFの構成員と共に，ネーネーを救出し始めた。彼は人工繁殖を通じてネーネーの数を増やそうと試みた。今日でも，ネーネーの数は未だにほぼ絶滅に近い状態だが，

(保護)活動後には，ゆっくりとその数が増え始めた。

ピーターはWWFのメンバーと多くの種類の野生動物を救った。人々と野生動物の双方にとって，より良い世界を人々に築いて欲しい，と彼は願っていた。私達は彼の考え方から多くのことを学ぶことが可能であり，世界中の自然環境と世界中の野生動物の保護を支持しようとするべきなのである。

(1) ア「WWFの設立したメンバーの一人」(○) 第4段落1文に一致。 many people who were ← <先行詞(人)＋主格の関係代名詞 **who** ＋動詞>「～[動詞]する先行詞」 <**be**動詞＋ **interested** ＋ **in**>「～に興味がある」 イ「ロンドンで生まれた」(○) 第2段落1文に一致。<**be**動詞＋ **born**>「生まれる」 ウ「魚釣りよりサッカーをすることの方が好きだった」(×) サッカーをするより，魚釣りの方が好きだったのである。(第3段落4文)like fishing better than playing soccer における fishing／playing は，動名詞 <原形＋ -**ing**>「～すること」。 like A better than B「BよりAが好き」 **better**「より良い／より良く」← **good**／**well** の比較級 エ「500万人の命を助けた」(×) 助けたのは多くの種類の野生動物。(第6段落1文)500万という数はWWFを支援している人の数。(第4段落最終文) is supported ← 受け身 <**be**動詞 ＋ 過去分詞>「～される」

(2) ①「ピーターの父が彼の最後の手紙でピーターの母に何を頼んだか」 第2段落6文で he [Peter's father]wanted Peter to be interested in nature と書かれている。よって，正解は，エ「ピーターが自然に興味を抱くこと」。不定詞[**to** ＋原形]「～すること」名詞的用法 <be動詞＋ **interested in**>「～に興味がある」 <**make A**[名詞相当語句]＋ **B**>「AをBの状態にする」 次に記す他の選択肢は，前述の説明によりすべて不可。ア「芸術を愛すること」 イ「WWFを設立すること」 ウ「ピーターがサッカーに興味を持つこと」 ②「大学を卒業後，世界中を旅している間に，ピーターは何を見つけたか」 第3段落の最終文に he found that there were some kinds of wild animals which were almost extinct on the earth(絶滅の状態にある野生動物がいることに気づいた)とある。従って，正解は，ア「野生動物のある種の数は非常に少ない，ということに気づいた」。<先行詞(人以外)＋主格関係代名詞 **which** ＋動詞>「～[動詞]する先行詞」 <the number of ＋複数名詞>「～の数」(単数扱い) 次に記す他の選択肢は，前述の説明によりすべて不可。 イ「川や湖の近くの野生動物の写真[絵]が美しいことに気づいた」 ウ「世界には非常に多くのWWFの構成員がいることに気づいた」<**There** ＋ **be**動詞＋ **S** ＋場所>「Sが場所にいる[ある]」 エ「野生動物に対する自然環境が，良くなっていることに気づいた」was getting「～になっている」← 進行形 <**be**動詞 ＋ 現在分詞[原形＋ -**ing**]>「～しているところだ」 get「～を得る／着く／になる」 **better**「より良い／より良く」← **good**／**well** の比較級

(3) (全訳)「ネーネーはハワイ諸島に生息する鳥だ。山間部には，ネーネーにとって，果物や種のような多くのあ食べ物(food)があった。多くの人々が猫や犬と共にやって来ると，ネーネーの数は減少してしまった。ネーネーはいゆっくりと(slowly)動くので，捕まえるのが簡単だった。ピーターはWWFのメンバーと一緒に，ネーネーを救出するために懸命に活動した。彼らの努力で，ネーネーの数は増え始めた」 (あ)第5段落3文に「山間部に果物や種子が豊富にあり，ネーネーはそれらを食べた」と書かれているので参考にすること。<**There** ＋ **be**動詞 ＋ **S** ＋場所>「Sが～[場所]にある[いる]」 a lot of「たくさんの」数えられる名詞と数えられない名詞の両方に使用可。 (い)第5段落6文に「ネーネーは速く動かないので，簡単に捕獲できた」と記されていることから考えること。fast ⇔ slowly <**It** ＋ **be**動詞＋形容詞＋ **for** ＋人＋不定詞[**to** ＋原形]>「人が～[不定詞]することは…[形容詞]だ」 **could**「で

きた」← **canの過去形**　a bird which lives ← **＜先行詞(人以外)＋主格の関係代名詞 which ＋動詞＞「～［動詞］する先行詞」**　前置詞 like「～のように[な]」 decrease「減る」⇔ increase「増える」

(4)　ア「中学に在籍した時に，本を読むことがピーターの好きな活動のひとつだった」(×)　第3段落2文を参考にすること。reading books「本を読むこと」← **動名詞＜原形＋ -ing＞「すること」**　イ「ピーターは水の近くに生息する鳥に興味を持ち，それらの多くの絵を描いた」(○)　birds living near water ← **＜名詞＋現在分詞[原形＋ -ing]＋他の語句＞「～している名詞」**現在分詞の形容詞的用法　ウ「ピーターの父はハワイ諸島へ行き，ネーネーを初めて発見した」(×)　ピーターの父がハワイ諸島に行き，ネーネーを発見したという記述はない。for the first time「初めて」　エ「ネーネーはほぼ絶滅してしまったので，1950年にWWFは設立された」(×)　WWFの設立は1961年で(第1段落3文)，ネーネーの絶滅がWWFの設立と関連して書かれている箇所はない。　オ「WWFはネーネーを救出しようとしたが，現在，ハワイ諸島でネーネーは見られない」(×)　第5段落最終文に「今日，ネーネーの数はいまだにほぼ絶滅状態であるが，(保護)活動後に，ゆっくりと増え始めた」とあるので，不一致。still「静かな／今でも，まだ／なおいっそう／それでも」 almost「ほとんど，おおかた，もう少しで」　カ「野生動物が将来絶滅することなく，世界中で生存することができる，ということをピーターは望んでいた」(○)　第4段落に描かれたWWFの設立趣旨や最終段落の記述に一致。**＜without＋動名詞[原形＋ -ing]＞「～しないで」**

(5)　周囲の人と一緒に取り組みたいと考えることを15語程度の英語で書く問題。(解答例の訳)「将来，私は友人達とボランティアとしてスポーツの催しを支援したい」「～したい」＜want＋不定詞[to＋原形]＞

2020年度英語　聞き取り検査

〔放送台本〕

(1)では，①，②の英文を2回ずつ読みます。英文の内容に合うものを，それぞれ問題用紙のア～エのうちから1つずつ選び，その記号を書きなさい。

① A clock is on the wall.

② In our class, soccer is the most popular among students. Baseball is as popular as tennis.

〔英文の訳〕

① 時計が壁に掛けられている。

② 私達の組では，サッカーが生徒の間で最も人気があります。野球はテニスと同じくらい人気があります。

〔放送台本〕

(2)では，①，②の場面での会話を行います。会話はそれぞれ問題用紙の【会話の流れ】に示されている順に進みます。［　　］に入る英語として最も適切なものを，続けて読まれるア～エのうちから1つずつ選び，その記号を書きなさい。なお，会話とア～エは2回ずつ読みます。

① *Woman:* Excuse me, but could you tell me how to get to Mahoroba Stadium?
Man: Sure. Take the Yamato Line and get off at Mahoroba Chuo Station.
Woman: How long does it take?
ア Five kilometers.
イ About ten minutes.
ウ Three stations from here.
エ It's in front of the station.

② *Jack's mother:* Hello.
Tom: Hello. This is Tom. May I speak to Jack?
Jack's mother: Hi, Tom. Sorry, but he is not at home now.
Tom: I want to tell him something about the math lesson. When will he come home?
Jack's mother: He will be back soon.
ア Is he there?
イ How about the math lesson?
ウ Will you ask him to call me?
エ Can I take a message?

〔英文の訳〕
① 女性：すみませんが，まほろばスタジアムへの行き方を教えてくれませんか。／男性：もちろんです。ヤマト線に乗り，まほろば中央駅で降りて下さい。／女性：どのくらいかかりますか。
ア 5キロです。　イ 約10分です。　ウ ここから3駅です。
エ それは駅の正面にあります。
② ジャックの母：もしもし。／トム：もしもし。こちらはトムです。ジャックと話すことができますか。／ジャックの母：こんにちは，トム。ごめんなさい，でも，今，彼は留守です。／トム：数学の授業に関して彼に告げたいことがあります。彼はいつ帰宅しますか。／ジャックの母：彼はすぐに戻ります。
ア 彼はそこにいますか。　イ 数学の授業はいかがですか。
ウ 私に電話をかけるように彼に言っていただけますか。　エ 伝言を伺いましょうか。

〔放送台本〕
(3)では，問題用紙に示された時間割表を見ながら2人が会話を行います。その後，会話の内容について質問をします。その質問に対する答えとして最も適切なものを，問題用紙のア～エのうちから1つ選び，その記号を書きなさい。なお，会話と質問は2回ずつ行います。
Girl: How was today's English lesson?
Boy: I think it was very difficult. What will we do in the English lesson tomorrow?
Girl: I'm not sure, but Ms. White will come to our class. She will talk about her country.
Boy: It's exciting. How about the music lesson tomorrow?
Girl: We will sing a new song.

Boy: Oh, that sounds nice.　I like music lessons.
質問　When are they talking?

〔英文の訳〕
少女：今日の英語の授業はどうでしたか。／少年：とても難しかったと思います。明日の英語の授業では，私達は何をするのですか。／少女：はっきりしませんが，ホワイト先生が私達の授業に来ることになっています。彼女は自分の国について話します。／少年：わくわくします。明日の音楽の授業はどうですか。／少女：私達は新しい歌を歌います。／少年：あっ，それはおもしろそうです。私は音楽の授業が好きです。
質問：いつ彼らは話しをしていますか。
〔選択肢の訳〕 ア　月曜日に。　イ　火曜日に。　ウ　水曜日に。　エ　木曜日に。

〔放送台本〕
(4)では，留学生のMaryがカナダに帰国した後，日本で共に学んだクラスの生徒にあてて送った手紙の英文を2回読みます。この英文の内容と合っているものを，問題用紙のア～カのうちから2つ選び，その記号を書きなさい。

Dear classmates,

How are you?　Is it cold in Japan?　In my town, we had some snow last week.

Thank you very much for spending time with me.　When I first visited your class, I was so nervous, but all of you talked to me.　I was very glad because everyone was so kind, and I could have a good time in Japan.

During my school life in Japan, I was sometimes surprised.　First, I was surprised to know that you don't go to school by school bus in Japan.　Many students in Japan go to school by bike or by train.　Some of you walk to school.　In Canada, many students go to school by school bus.　It was the first time in my life to go to school by train.　There were so many people on the train every day.　I got tired before the lessons, but I enjoyed talking with my friends on the train.

Second, I was surprised to know that students cleaned their schools in Japan, so your classrooms are always clean.　After I cleaned the classroom with you, I felt good.　I have never cleaned my school in Canada, but I really enjoyed cleaning the school in Japan.　After coming back to Canada, I joined a volunteer activity to clean the river in my town.

I had a good time with you in Japan.　I will not forget my time in Japan or all of you.　I hope I can see you soon in Japan or in Canada.

Your friend,
Mary

〔英文の訳〕
級友の皆さん，／元気ですか。日本は寒いですか。私の町では先週雪が少し降りました。／私と時間を共に過ごしてくれて，どうもありがとうございます。私が初めて皆さんのクラスを訪れた際に，私はとても緊張していたけれど，皆さん全員が私に話しかけてくれました。皆さんがとても親切だったので，わたしはとてもうれしく思い，日本で楽しい時間を過ごすことができました。／日本で学校生活を過ごす間に，時には私にとって驚くことがありました。まず，日本では，スクール・バスを利用して学校へ通学しないことを知って，私は驚きました。日本では多くの生徒が自転車，あるいは，電車で通学します。皆さんの中には学校まで歩く人もいます。カナダでは，多くの生徒がスクール・バスで通学します。電車で通学するのは，私の人生で初めてのことでした。毎日，電車にはとても多くの人々が乗車していました。私は授業前に，疲れてしまいましたが，電車で友達と話しをするのは楽しかったです。／2番目に，日本では生徒が彼らの学校を清掃するので，教室が常に清潔であることを知って，私は驚きました。皆さんと教室を掃除した後に，私は気分が爽快になりました。カナダでは自分の学校を清掃したことがありませんが，日本で学校を清掃することは，私にとって非常に楽しかったです。カナダに帰国してから，自分の町で川を清掃するボランティア活動に参加しました。／私は日本で皆さんと有意義な時を過ごすことができました。日本で私が過ごした時間と皆さん全員のことを，私は決して忘れないでしょう。皆さんとすぐに，日本，あるいは，カナダで，お目にかかることを願っています。／あなた達の友人，／メアリより

〔選択肢の訳〕

ア　カナダの自身の町で，メアリは雪を一度も見たことがない。

イ　メアリが初めて日本の教室を訪れた時に，非常に寒いと感じた。

ウ　日本で滞在する間に，メアリはスクール・バスで学校へ通った。

エ　日本では生徒が自分の学校を清掃していたので，メアリは驚いた。

オ　メアリは日本に滞在中に，学校を清掃することが楽しくなかった。

カ　メアリはカナダに帰国後，彼女の町で川を清掃した。

＜理科解答＞

1　(1)　$2H_2 + O_2 \rightarrow 2H_2O$　(2)　①　エ　②　57

2　(1)　5.5 cm　(2)　(圧力)　160Pa　(関係)　ア

(3)　右図1　(4)　(例)ケーブルa，bの間の角度が小さくなるため，引く力の大きさは小さくなる。

3　(1)　精細胞　(2)　AA，Aa　(3)　イ

(4)　DNA　(5)　ウ

4　(1)　(用語)　主要動　(理由)　エ

(2)　15時15分34秒　(3)　ウ

(4)　(例)海洋プレートが大陸プレートの下に沈み込む境界があるから。　(5)　ア

5　(1)　イ　(2)　右図2　(3)　(例)菌類や細菌類が葉の有機物を分解したから。

6　(1)　SO_4^{2-}　(2)　ウ　(3)　右図3　考察　イ

(4)　22%　(5)　(例)密閉された容器の中で物質を反応させる方法。

図1

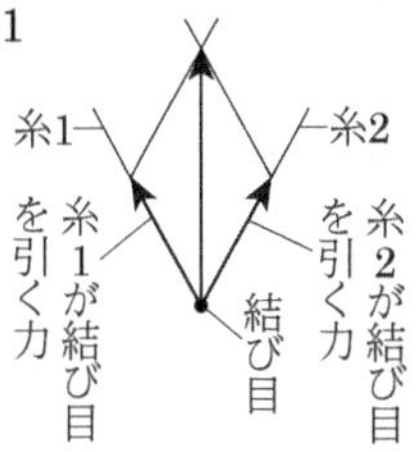

図2

図3

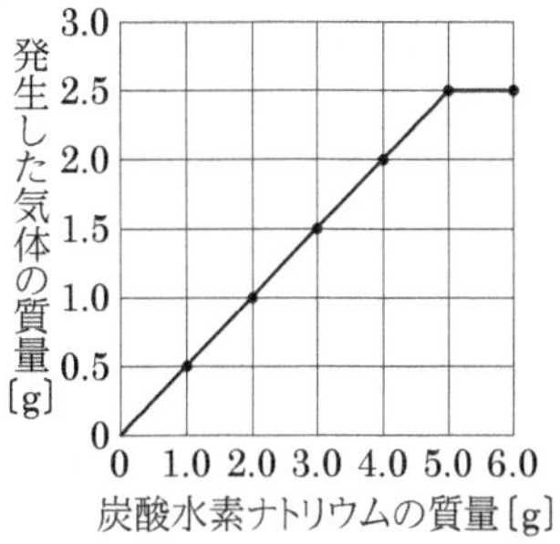

＜理科解説＞

1 （科学技術の発展：燃料電池，化学変化：化学反応式，電流：電力量・熱量，いろいろなエネルギー：エネルギーの移りかわり）

(1)　水の合成の化学反応式は，$2H_2+O_2 \rightarrow 2H_2O$，である。

(2)　①　送電線で発生する熱エネルギーに変わるために，電気エネルギーの一部は失われてしまう。　②　利用される電気エネルギー〔J〕＝40〔W〕×(60〔s〕×10)＝24000〔J〕である。よって，34200〔J〕：24000〔J〕＝x：40である。x＝57である。

2 （力の規則性：合力と分力，力と圧力：フックの法則・重力）

(1)　フックの法則より，ばねののびはばねを引く力の大きさに比例する。よって，表1より，(20〔g〕×4)：4.0〔cm〕＝110〔g〕：x〔cm〕である。x〔cm〕＝5.5〔cm〕である。

(2)　計量皿が物体Aの底面から受けた圧力〔Pa〕$=\dfrac{0.4[\mathrm{N}]}{0.05[\mathrm{m}]\times 0.05[\mathrm{m}]}=\dfrac{0.4[\mathrm{N}]}{0.0025[\mathrm{m}^2]}=160[\mathrm{Pa}]$である。実験2で**物体Aが電子てんびんをおす力と物体Aがばねを引く力の和が物体Aにはたらく重力である。**よって，ばねののびが小さくなるにしたがって物体Aがばねを引く力が小さくなり，電子てんびんの示す値は大きくなる。

(3)　解答用紙に作図された大きさが等しい糸1が結び目を引く力と糸2が結び目を引く力を，となりあった2辺とする平行四辺形をかく。結び目から引いた対角線の長さが糸1と糸2がそれぞれ結び目を引く力の合力の大きさであり，矢印をかき，合力とする。この力は，糸3が結び目を引く力とつり合う力である。

(4)　実験3の表2より，**糸1，2の間の角度が小さいほど，ばねののびは小さく，ばねを引く力の大きさは小さい。**よって，図6のようにすると，ケーブルa，bの間の角度が小さくなるため，ケーブルa，bがそれぞれ橋げたを引く力の大きさは小さくなる。

3 （遺伝の規則性と遺伝子：メンデルの実験，生物の成長と生殖）

(1)　めしべの柱頭についた花粉は，子房の中の胚珠に向かって，花粉管をのばす。花粉の中につくられた雄の生殖細胞である精細胞は，花粉管の中を移動する。

(2)　遺伝子の組み合わせがAAである丸い種子をつくる純系のエンドウと，遺伝子の組み合わせがaaであるしわのある種子をつくる純系のエンドウをかけ合わせると，子がもつ遺伝子の組み合わせはすべてAaである。子の種子を自家受粉させると，孫の遺伝子の組み合わせは，AA：Aa：aa＝1：2：1，であり，孫の丸い種子がもつ遺伝子の組み合わせは，AAとAaである。

(3)　エンドウの苗①と②のかけ合わせにより，**すべて丸い種子ができる遺伝子のかけ合わせは，AAとAA，または，AAとAa，または，AAとaa，**である。エンドウの苗①と③のかけ合わせにより，丸い種子としわのある種子の数が3：1の割合となる遺伝子のかけ合わせは，**AaとAa，**である。エンドウの苗①と④のかけ合わせにより，丸い種子としわのある種子の数が1：1の割合となる遺伝子のかけ合わせは，**Aaとaa，**である。以上，3種類のどのかけ合わせにも共通していた遺伝子の組み合わせは，Aaであるため，エンドウの苗①がもつ遺伝子の組み合わせは，Aaである。よって，②はAAであり，③はAaであり，④はaaである。

(4)　染色体の中に存在する遺伝子の本体は，DNA(デオキシリボ核酸)という物質である。

(5)　分裂でふえるゾウリムシや栄養生殖でふえるジャガイモなどは無性生殖であり，体細胞分裂によって子がつくられるので，子は親と同じ遺伝子を受けつぎ，子に現れる形質は親と同じである。

4 **(地震と地球内部のはたらき：地震のゆれ・地震発生時刻・プレートの動きと地震)**

(1) 図1において，小さなゆれを初期微動，その後にくる大きなゆれを主要動という。初期微動は伝わる速さが速い波(P波)によるゆれで，主要動は伝わる速さが遅い波(S波)によるゆれである。よって，地震が起こると，震源ではP波もS波も同時に発生するが，S波はP波より遅れて到着するため，小さいゆれの後に大きなゆれが観測される。

(2) まず，P波の速さをもとめる。**P波の速さ＝(150〔km〕−90〔km〕)÷(15時15分59秒−15時15分49秒)＝6〔km/s〕**，である。よって，震源から出たP波がA地点に到着するまでにかかった時間〔s〕＝150〔km〕÷6〔km/s〕＝25〔s〕，である。以上から，地震が発生した時刻は，A地点において小さなゆれが始まった時刻15時15分59秒の25秒前であり，15時15分34秒である。

(3) **マグニチュード**が1ふえると地震のエネルギーは約32倍，2ふえると約1000倍になる。よって，マグニチュード7.6の地震のエネルギーは，マグニチュード5.6の地震のエネルギーの約1000倍である。

(4) 規模が大きな地震が太平洋側に集中しているのは，図4から，**海洋プレートが日本海溝付近で大陸プレートの下に沈みこむため，プレートの境目に巨大な力がはたらき，地下の岩石が破壊されて地震が起こる。そのため，日本海溝付近から大陸プレート側にかけて震源が集中して分布している。**

(5) 地震にともない海底が大きく変動することにより，**津波**がおこる。**液状化現象**は，海岸の埋め立て地や河川沿いなどの砂地で，地震によるゆれで土地が急に軟弱になる現象である。**緊急地震速報**は，地震の発生直後に，各地での強い揺れの到達時刻や震度を予想し，可能な限り素早く知らせる情報のことである。

5 **(生物の観察・調べ方の基礎：ルーペの使い方・図解，植物の体のつくりとはたらき：裸子植物，自然界のつり合い：土の中の分解者)**

(1) ルーペを目に近づける。次に，落ち葉のように観察するものが動かせるときは，観察するものを前後に動かして，ピントを合わせる。観察するものが動かせないときは，観察するものに自分が近づいたり離れたりして，ピントを合わせる。

(2) 雌花のりん片には子房がなく，**2個の胚珠がむきだし**でついている図をかく。

(3) 地面を10cmほど掘った土の中で，落ち葉の形がほとんどわからなかったのは，**土の中の分解者である菌類や細菌類などの微生物の呼吸によって，葉の有機物が水や二酸化炭素などの無機物に分解されたからである。**

6 **(化学変化と物質の質量：質量保存の法則・たがいに反応する物質の質量の比・実験・化学変化を原子や分子のモデルで表す・グラフ作成・応用問題，中和と塩：イオン式)**

(1) 実験1のうすい硫酸にうすい水酸化バリウム水溶液を入れると，中和によって水と塩ができる。この化学変化をイオン式と化学式で表すと，$(2H^{+}+SO_4{}^{2-})+Ba^{2+}+2OH^{-} \rightarrow BaSO_4+2H_2O$，である。よって，陽イオンと結びついて白い沈殿をつくった陰イオンは，イオン式が$SO_4{}^{2-}$，の硫酸イオンである。

(2) **質量保存の法則**から化学変化の前後で物質をつくる原子の組み合わせは変わるが，反応に関係する物質の原子の種類と数は変わらないため，ウが正しい。銀や銅などの金属や炭素などは，1種類の原子がたくさん集まってできているので、その原子の記号で表す。よって，銀の化学式はAgである。ウは酸化銀の熱分解をモデルで表しているが，化学反応式は，$2Ag_2O \rightarrow 4Ag+O_2$，である。

(3)　まず，グラフをかく。炭酸水素ナトリウムにうすい塩酸を加えたとき起こる化学変化を化学反応式で表すと，$NaHCO_3+HCl \rightarrow NaCl+H_2O+CO_2$，である。よって，表において，全体の質量が反応前に比べて反応後に減少した質量が，発生した二酸化炭素の質量である。炭酸水素ナトリウム1.0gにうすい塩酸40cm^3を加えたとき発生する二酸化炭素の質量は，171.0〔g〕−170.5〔g〕＝0.5〔g〕である。同様に計算し，(炭酸水素ナトリウムの質量〔g〕，発生した二酸化炭素の質量〔g〕)の各点をグラフ用紙に記入し，(5.0〔g〕，2.5〔g〕)までは，原点から各点の最も近くを通る直線を引く。**(5.0〔g〕，2.5〔g〕)から(6.0〔g〕，2.5〔g〕)は，増減なしの横軸に平行な直線を引く。** 考察については，炭酸水素ナトリウムの質量6.0gのすべてと反応するのに必要なうすい塩酸の体積をx cm^3とすると，5.0〔g〕：6.0〔g〕＝40〔cm^3〕：x〔cm^3〕，x〔cm^3〕＝48〔cm^3〕，である。よって，イが正しい。

(4)　二酸化炭素を0.22g発生したときの炭酸水素ナトリウムの質量をy〔g〕とすると，2.0〔g〕：y〔g〕＝1.0〔g〕：0.22〔g〕，y〔g〕＝0.44〔g〕，である。よって、使用したベーキングパウダーに含まれる炭酸水素ナトリウムの質量の割合〔%〕＝0.44〔g〕÷2.0〔g〕×100＝22〔%〕，である。

(5)　反応前の全体の質量と反応後の全体の質量が同じになることを証明するための適切な方法は，密閉された容器の中で物質を反応させる方法である。

<社会解答>

1　(1)　①　ウ　②　イ　③　(例)　言論による政府への批判を取りしまる。　④　ウィルソン　(2)　ア　(3)　①　ウ　②　イ　③　(例)上方を中心とする，経済力をもった町人が担い手となった文化。　(4)　①　エ　②　(例)不平等条約の改正。　③　(例)女性の選挙権が認められた

2　(1)　①　a　②　b　③　ウ　④　(例)礼拝を行う方角。　(2)　ア，エ　(3)　①　近郊農業　②　(例)温暖な気候を生かして栽培し，単価の高い冬から春の時期に出荷している。

3　(1)　エ　(2)　①　2016　②　イ　(3)　(例)衆議院を解散する　(4)　①　製造物責任法　②　(例)自ら情報を集め，適切な判断ができる消費者。

4　(1)　琵琶法師　(2)　①　650m　②　イ　(3)　(例)地方公共団体が独自に定める決まり。　(4)　エ　(5)　(例)娘を天皇のきさきにし，生まれた子を次の天皇に立てたこと。

<社会解説>

1　**(歴史的分野―日本史―時代別―古墳時代から平安時代，鎌倉・室町時代，安土桃山・江戸時代，明治時代から現代，歴史的分野―日本史―テーマ別―，政治・法律，経済・社会・技術，文化・宗教・教育，歴史的分野―世界史―政治・社会・経済史)**

(1)　①　資料1は**十七条憲法**。　②　aが663年，bが694年，cが672年の出来事。　③　**自由民権運動**とは，明治政府の藩閥政治を批判する言論活動を行うことで国会開設などを求める運動のこと。　④　**ウィルソン**の提案で結成された**国際連盟**だが，アメリカは議会の反対で不参加となった。

(2)　資料Ⅳの左側の図柄は，紫式部が著した『源氏物語』を題材に描かれた「源氏物語絵巻」。

枕草子を著したのは清少納言。彼女らが活躍した平安時代中期の文化を**国風文化**という。浮世絵は江戸時代の絵画。

(3)　①資料Ⅴ中の「科学者」から判断する。アは啓蒙思想家・教育者，イは作家，ウは医師・細菌学者。　②　平等院鳳凰堂を建てた藤原頼通は，11世紀に**摂関政治**を行った。資料Ⅵについて，遣唐使を廃止したのが894年，チンギス＝ハンがモンゴルを統一したのが13世紀初頭であることから判断する。　③　尾形光琳が活躍したのは，江戸時代前期の**元禄文化**の頃。菱川師宣(浮世絵)，井原西鶴(浮世草子)，近松門左衛門(人形浄瑠璃などの台本)なども活躍した。

(4)　①　資料Ⅶは大正時代の頃の国内の生産総額を表している。1914年から第一次世界大戦が始まったことでアジアへの輸出が増大し，わが国の輸出額が輸入額を上回って大戦景気をむかえた。アは1950年代後半から1970年代前半，イは1927年，ウは1929年。　②　**岩倉使節団**は江戸幕府が結んだ不平等条約の改正を目指して，1871年に日本を出発した。岩倉のほか，大久保利通，伊藤博文，木戸孝允らが同行した。　③　**平塚らいてう**が市川房江らとともに結成した新婦人協会は，女性参政権の獲得を目指して結成された。太平洋戦争後のGHQによる民主化政策の中で，有権者の条件が**満20歳以上の男女**に改められ，女性にも参政権が与えられた。

2　(地理的分野―日本―農林水産業，交通・通信，地理的分野―世界―人々のくらし，地形・気候，交通・貿易)

(1)　①　東京から約10000㎞離れている都市はaとd。dは東京からみて北北東の方角にある。
②　資料Ⅰの雨温図が**熱帯**気候であることから，赤道直下に位置するインドネシアの首都ジャカルタと判断する。　③　わが国の最大貿易相手国は**中国**。アメリカは中国に次いで日本への輸出額が多いことや，日本へ輸出する主な品目に航空機類が含まれていることから判断する。アが中国，イがインドネシア，エがエジプトに当たる。　④　**イスラム教**徒は1日5回聖地メッカに向かって礼拝を行う。メッカはサウジアラビアの都市で，正距方位図法で描かれた地図から，東京から見て西北西に位置することが，判断できる。

(2)　ア　成田国際空港の旅客数が約4千万人，東京国際空港が8千万人を超えている。　イ　国際線の貨物量が多いのは成田国際空港。　ウ　成田国際空港は，貨物量，旅客数ともに，国内線よりも国際線が多い。　エ　東京国際空港の国内線旅客数が約7千万人，国際線旅客数が2千万人を下回っている。

(3)　①　**近郊農業**を行う利点として，新鮮なうちに出荷できることに加えて，輸送費が抑えられる点が挙げられる。　②　資料Ⅵ・Ⅶから，なすの価格が高騰している冬から春にかけての高知県の気温が，他の主産地よりも温暖であることが読み取れる。高知県ではこの気候を利用して，なすの出荷を早める**促成栽培**を行っている。

3　(公民的分野―憲法の原理・基本的人権，三権分立・国の政治の仕組み，財政・消費生活・経済一般)

(1)　エは**プライバシーの権利**で，個人情報保護法によって保障されている。アが団結権(日本国憲法第28条)，イが職業選択の自由(第22条)，ウが裁判を受ける権利(第32条)。

(2)　①　参議院は解散がなく，**議員定数の半数を3年ごとに改選**することから，2019年の3年前に実施されたと判断する。　②　小選挙区制は，1つの選挙区から1名を選出する選挙制度。ウ・エは比例代表制について述べた文。

(3)　資料Ⅰはわが国の**議院内閣制**について示している。内閣は国会の信任のもとに成立し，国会に対して連帯して責任を負うことになっている。

(4) ①　解答はPL法でも可。　②　消費者が正しい情報を得たり，判断したりする力は生産者に及ばないため，消費者の生活を守るための法律や監視機関の整備が必要となってくる。

4 **(地理的分野―日本―地形図の見方，人口・都市，農林水産業，歴史的分野―日本史―時代別―古墳時代から平安時代，鎌倉・室町時代，歴史的分野―日本史―テーマ別―政治・法律，文化・宗教・教育，公民的分野―地方自治)**

(1)　平家物語は鎌倉時代に成立した軍記物。

(2) ①　資料Ⅱの地形図の縮尺が2万5千分の1なので，2.6cm×25000＝65000cm＝650mとなる。
②　2万5千分の1の縮尺の地形図では主曲線が**10mごと**に引かれる。Q地点の西側に「50」の計曲線が見られ，そこから10本目の等高線上にR地点が見られることから判断する。

(3)　条例は，地方議会が制定する。住民による制定・改廃の直接請求も認められている。

(4)　県内総生産が最も大きいことから判断する。アが香川県，イが京都府，ウが山口県。

(5)　平清盛は娘の徳子を高倉天皇のきさきにし，生まれた子を安徳天皇として即位させることで天皇家と外戚関係を結び，権力を維持しようとしたことが読み取れる。

＜国語解答＞

一 (一)　A　はな　　B　転　　C　防　　D　こうけん　　(二)　ウ　　(三)　イ
(四)　静かで質素なものがもつ美しさ　　(五)　(例)季節ごとの花や紅葉や雪の色をきわだたせること。　(六)　イ　　(七)　X　たとえ　　Y　めでる感性

二 (一)　イ　　(二)　音を聞いて　　(三)　ウ　　(四)　(例)幼いときのワクワクした気持ちがよみがえって，原稿を書き進めることができるおまじないの言葉。　(五)　ア
(六)　エ

三 エ

四 (一)　ア　　(二)　ウ　　(三)　エ

五 (一)　エ　　(二)　ウ　　(三)　(例)私は，「なぜ」や「どういうことですか」などの言葉を用いて，多くの情報を聞き出せるようにしたい。
　なぜなら,「はい」や「いいえ」で答えられる質問だけでは，自分の知識の確認しかできず，相手の考えを詳しく聞くことが難しいからだ。インタビューでしか聞き出せない情報が得られるように質問を工夫したい。

＜国語解説＞

一 **(随筆―情景・心情，内容吟味，文脈把握，脱文・脱語補充，漢字の読み書き，語句の意味)**

(一)　A「はなやか」は，送り仮名に注意する。「――やか」である。　B　用法が今までと変わること。　C「防」は，こざとへん。　D　その物事の発展・繁栄に役立つような何かをすること。

(二)　傍線①「代名詞」とは，**～といえばまずそのものは思い出される代表例**のこと。

(三)　前段落で,「今でこそ，庭園になくてならないコケ」が「もともとコケは使われていなかった」という変化を説明していることをふまえて選択肢を選べばよい。

(四)　「わび・さびの風情」が，どのようなものかをおさえればよい。次段落に説明が展開されて

いて**わび・さびの風情を象徴しているともいえるコケの印象**を「静かで質素なものがもつ美しさ」としているので，これをそのまま「わび・さびの風情」とすることができる。

(五)　具体的な説明は，傍線④の前文「コケの上に……雪が覆う。」である。これを要約すると，**季節ごとの花(ピンク)や枝葉(緑・赤)，雪景色(白)をコケの緑がひきたてるということ**だ。

(六)　**生物に関わる事項**なので，自然科学に分類される。

(七)　この和歌は**「コケ」を「敷物」に例えている**から，(X)には「たとえ」と補えばよい。(Y)には，**万葉人が備えていた力**を補えばよく，「コケのじゅうたんをめでる感性は，きっと日本文化の美意識の根底に深く関わっていた」という記述から，**コケを「めでる感性」が万葉人にも備わっていた**とわかる。

二 (論説文―内容吟味，文脈把握，接続語の問題，敬語，表現技法・形式，)

(一)　「伺う」は「聞く」の謙譲語。

(二)　家のつくりについて述べた傍線②と同段落の中から導き出そう。問いは，どのようにして認識したか，だ。**「どのように」という方法を答えた部分**がヒントになる。「音を聞いて想像力を働かせ」という部分で，方法を説明しているので，ここが解答となる。

(三)　前文の「感じたままの表現を許して」くれるというのと，後の「自由」という内容が同じだ。言い換えているのだから，補足・説明の接続詞「つまり」が適切だ。

(四)　父のオノマトペは**「幼いときのワクワクした気持ち」をよみがえらせ，「原稿を書き進めることができ」るようにさせる「私のおまじないの言葉」**である。これを指定字数でまとめよう。

(五)　最終段落の記述を確認する。**私は「それまで言葉の意味ばかり追いかけていた」**けれど，**少年が「言葉って，たとえ語彙は少なくても，ぴったりのリズムや響きがあれば，不思議なほど相手に伝わる」ことを教えてくれた**のだ。この二点をふまえて選択肢を選べばよい。

(六)　アの「問いかけ」，イの「具体的な経験」は合っている。エの「結論の提示」という点は適切で，たしかに本文は，**始まりのほうでオノマトペを示し，それが「その語幹，リズム，音の響きから，どれほど多くのことを伝えてくれる」かを述べ**ている。

三 (書写)

下書きは，**中心線を通って書け**ていない。また，平仮名も漢字と同じ大きさであるが，**平仮名は漢字よりもやや小さめに書く**とよい。この二点を改善した清書を選べばよい。

四 (古文―大意・要旨，内容吟味，文脈把握)

【現代語訳】「生まれてから物心がつくころから，老いるまで，少しも怠ることなく何かに取り組めば，必ずどのような技術であってもきっとすばらしく上達することだろう。」と言ったところ，「ただひたすらに心がけるのでなければ，なんどやっても自分のものとすることができるとは思わない。この食事をすることは，物心がついてから，日に三回はやらないことはないけれど，このようにしようと思う気持ちがなければ，食事をすることにおいて上手ということもなく，かえって食いこぼしたり，または『魚の骨が刺さったよ』などということもあるだろう。だから，このようにしようと思うこころがけひとつ(で，上達もするかもしれないし，さもなくば，しないまま)なのだ。」と答えた。

(一)　「いささかも」は副詞で，**打消し語を呼応**させる。したがって「おこたらず」が適切だ。

(二)　食事は一日三回だ。したがって，三回欠けることはない，と解釈できる。

(三)　筆者は何かを習得する際の「かくせんと思ふこころざし」の大切さを示している。したがって「目的意識」が適切である。

五 (作文，ことわざ・慣用句)

(一)　傍線部は，「時間がかからない」ということを打ち消している文である。したがって，「時間がかからない」意味の四字熟語を選べばよい。**「一朝一夕」は，わずかな時日**の意。

(二)　山田さんの**返答をふまえて，さらに「奈良の木の特徴」について聞こう**としている発言である。

(三)　生徒たちの質問を確認してみると，「なぜ」や「どのような」，「どんな」といった疑問詞を含んだ質問をしている。このような疑問文だからこそ，相手から詳しい情報を解答として導くことができるのだ。**よい答えを求めるためには，適切な問いが必要である**。こうした「聞く側」に求められる姿勢について考察してまとめるといいだろう。

解答用紙集

○月×日 △曜日　天気（合格日和）

◆ご利用のみなさまへ

＊解答用紙の公表を行っていない学校につきましては、弊社の責任において、解答用紙を制作いたしました。

＊編集上の理由により一部縮小掲載した解答用紙がございます。

＊編集上の理由により一部実物と異なる形式の解答用紙がございます。

人間の最も偉大な力とは、その一番の弱点を克服したところから生まれてくるものである。――カール・ヒルティ――

※データのダウンロードは 2024 年 3 月末日まで。

東京学参株式会社

※ 123%に拡大していただくと，解答欄は実物大になります。

受検番号		※	得点	※

令和５年度

奈良県公立高等学校入学者特色選抜学力検査

数　学　　解答用紙

問題番号		答　　え				採　点
1	(1)	①		②		
		③		④		
		⑤				
	(2)			(3)	(m)	
	(4)			(5)	本	
	(6)	度				
	(7)	[作図]				

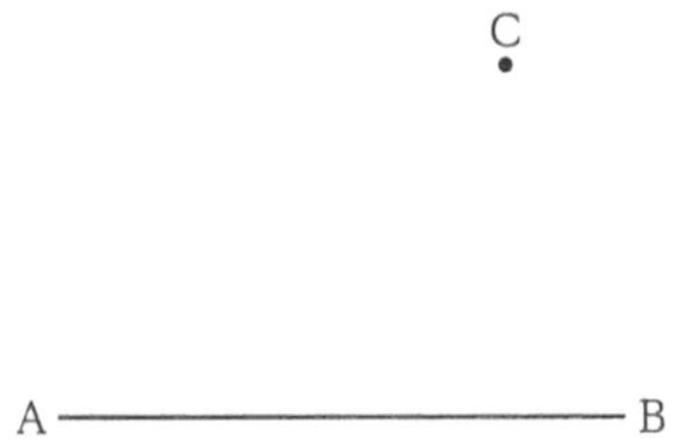

問題番号	答え				採点
1	(8)				
2	(1)	(,)	(2)		
	(3)				
3	(1)	cm			
	(2)	[証明]			
	(3)	倍			

※ 125%に拡大していただくと，解答欄は実物大になります。

受検番号		※	得点	※

令和５年度

奈良県公立高等学校入学者特色選抜学力検査

英　語　　解答用紙

問題番号	答　え						採点
1	(1)	①		②			
	(2)	①		②			
	(3)	①		②			
2							
3	①		②		③		

問題番号			答　え	採　点
4	(1)			
	(2)			
	(3)	①		
		②		
	(4)			
5				

※130%に拡大していただくと，解答欄は実物大になります。

受検番号	

令和5年度　奈良県公立高等学校入学者特色選抜学力検査

国語解答用紙

問題番号	一								
答え	(一)	A	めて	B	(二)	(三)	(四)	(五)	(六)	(七)	(八)
採点									

※

得点
※

二

（一）

（二）

初め

終わり

（三）

三

（一）

（二）

（三）

（四）

80字

※ 125％に拡大していただくと，解答欄は実物大になります。

受検番号		※	得点 ※

令和５年度

奈良県公立高等学校入学者一般選抜学力検査

数　学　　解答用紙

問題番号	答　え					採　点
1	(1)	①		②		
		③		④		
	(2)			(3)		
	(4)			(5)	cm^3	
	(6)					
	(7)	［作図］ 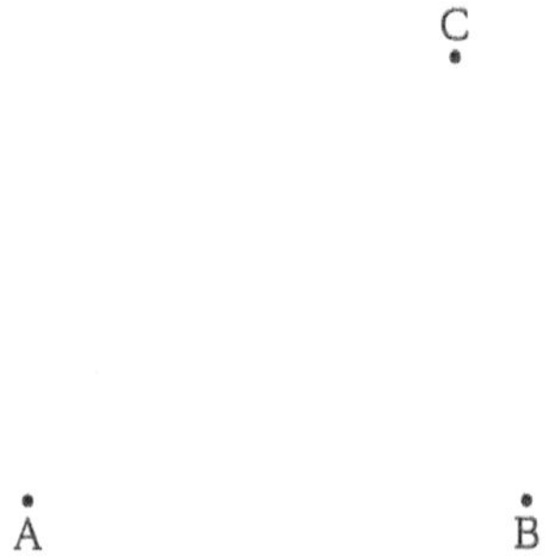 				
	(8)					

問題番号	答え					採点
2	(1)	①	度			
		②				
		③	(cm)			
	(2)	①		②	(cm^2)	
3	(1)			(2)		
	(3)			(4)		
4	(1)	[証明]				
	(2)					
	(3)	①	cm^2	②	cm	

※ 123％に拡大していただくと，解答欄は実物大になります。

受検番号	

※

得点	※

令和５年度

奈良県公立高等学校入学者一般選抜学力検査

英語　解答用紙

問題番号		答え				採点
1	(1)	①		②		
	(2)	①		②		
	(3)					
	(4)					
2	(1)					
	(2)					

<table>
<tr><th>問題
番号</th><th colspan="6">答　　　　　え</th><th>採　点</th></tr>
<tr><td rowspan="3">3</td><td>(1)</td><td colspan="2"></td><td colspan="3"></td><td rowspan="3"></td></tr>
<tr><td>(2)</td><td colspan="2"></td><td colspan="3"></td></tr>
<tr><td>(3)</td><td colspan="5"></td></tr>
<tr><td rowspan="4">4</td><td>(1)</td><td>A</td><td></td><td>B</td><td></td><td>C　</td><td rowspan="4"></td></tr>
<tr><td rowspan="2">(2)</td><td>①</td><td colspan="4"></td></tr>
<tr><td>②</td><td colspan="4"></td></tr>
<tr><td>(3)</td><td colspan="2"></td><td colspan="2"></td><td></td></tr>
</table>

※ 125%に拡大していただくと，解答欄は実物大になります。

受検番号	

※

得点	※

令和5年度

奈良県公立高等学校入学者一般選抜学力検査

理　科　　解答用紙

問題番号			答　え			採点
1	(1)					
	(2)					
	(3)					
2	(1)			(2)		
	(3)					
	(4)					
	(5)	①	g	②	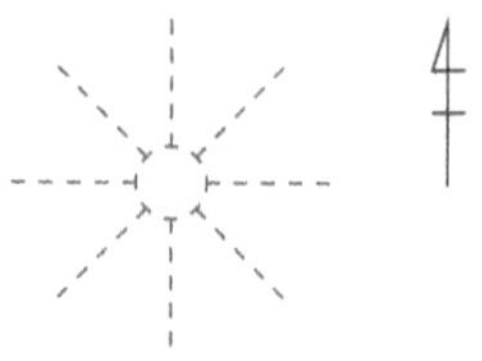	
		③	記号			
			理由			
3	(1)					

問題番号	答				え	採　点
3	(2)		番目	(3)		
	(4)	①		②		
4	(1)		J			
	(2)	①		②		
	(3)		cm	(4)		
	(5)		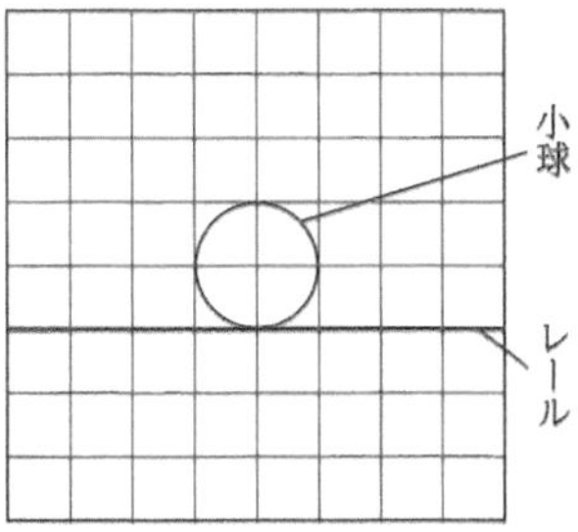	(6)		
5	(1)					
	(2)		%			
6	(1)	①		②		
	(2)					
	(3)	①				
		②	g			
		③				

※ 125％に拡大していただくと，解答欄は実物大になります。

受検番号		※	得点	※

令和５年度

奈良県公立高等学校入学者一般選抜学力検査

社　会　　解答用紙

問題番号	答え					採点
1	(1)					
	(2)	①		②		
		③				
	(3)					
	(4)					
2	(1)					
	(2)					
	(3)			(4)		
	(5)					
3	(1)			(2)		
	(3)	記号				
		理由				

問題番号	答　　え					採　点
3	(4)	①				
		②				
	(5)					
	(6)					
4	(1)	P		Q		
	(2)					
	(3)			(4)		
	(5)	W		Z		
	(6)					
5	(1)					
	(2)					
	(3)			(4)		
	(5)					

※ 128％に拡大していただくと，解答欄は実物大になります。

受検番号	

令和５年度　奈良県公立高等学校入学者一般選抜学力検査

国語解答用紙

問題番号
答え

一
（一）
A 読み
B 漢字 に
C 漢字
D 読み け
（二）
（三）
（四）
（五）
（六）
（七）

二
（一）
（二）
（三）
（四）
（五）
（六）
(1)

採点

※

得点
※

二

(六)

(2)

三

(一)

(二)

(三)

四

五

(一)

(二)

(三)

150字 100字

2023年度入試配点表 (奈良県・特色選抜)

数学	1	2	3	計
	(1)　各1点×5 (7),(8)　各3点×2((8)完答) 他　各2点×5	(1)　2点 (2)　3点(完答) (3)　4点	(1)　2点 他　各4点×2	40点

英語	1	2	3	4	5	計
	各2点×6	3点	各2点×3	(3)　各3点×2 他　各2点×4	5点	40点

国語	一	二	三	計
	(一)　各1点×2 (三),(八)　各3点×3　(七)　4点 他　各2点×4	各2点×3	(四)　5点 他　各2点×3	40点

2023年度入試配点表（奈良県・一般選抜）

数学	1	2	3	4	計
	(1)　各1点×4 (8)　3点 他　各2点×6	(1)①　1点 (2)②　3点 他　各2点×3	(1),(2)　各2点×2 他　各3点×2	(2)　2点 他　各3点×3	50点

英語	1	2	3	4	計
	各2点×7	(1)　各2点×2 (2)　4点	(1)　2点 (2)　3点 (3)　5点	(1)　各2点×3 他　各3点×4	50点

理科	1	2	3	4	5	6	計
	(1)　1点 他　各2点×2	(2),(4)各1点×2 他　各2点×5 ((1),(5)③各完答)	(2),(3)各2点×2 他　各1点×3 ((3)完答)	(2)　各1点×2 他　各2点×5	各2点×2	(1)　各1点×2 他　各2点×4	50点

社会	1	2	3	4	5	計
	(1),(2)①,(3) 各1点×3 他　各2点×3	(1),(4)　各1点×2 他　各2点×3	各2点×7 ((3)完答)	(2),(6)　各2点×2 他　各1点×6	(1)　1点 他　各2点×4 ((4)完答)	50点

国語	一	二	三	四	五	計
	(一)　各1点×4 (四)　3点 他　各2点×5	(六)(2)　3点 他　各2点×6	各2点×3	2点	(三)　6点 他　各2点×2	50点

※ 123％に拡大していただくと，解答欄は実物大になります。

受検番号		※	得点	※

令和４年度

奈良県公立高等学校入学者特色選抜学力検査

数　学　　解答用紙

問題番号	答　え					採　点
1	(1)	①		②		
		③		④		
		⑤				
	(2)			(3)	個	
	(4)			(5)	度	
	(6)	［作図］				
	(7)			(8)		

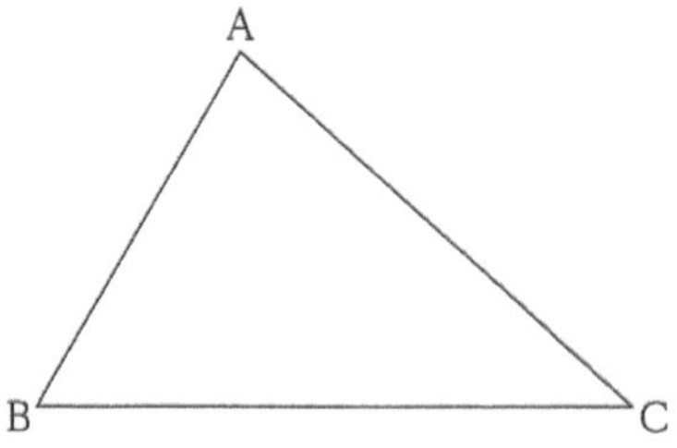

問題番号	答　　　え				採　点
2	(1)		(2)		
	(3)				
3	(1)	cm			
	(2)	[証明]			
	(3)	倍			

※ 125%に拡大していただくと，解答欄は実物大になります。

受検番号	

※

得点	※

令和４年度

奈良県公立高等学校入学者特色選抜学力検査

英　語　　解答用紙

問題番号		答	え				採　点
1	(1)	①		②			
	(2)	①		②			
	(3)	①		②			
2	①		②				
3	(1)						
	(2)						
4	(1)	①					
		②					
	(2)						
	(3)	①		②		③	
	(4)						

問題番号	答　　　え	採　点
5		

※ 130%に拡大していただくと，解答欄は実物大になります。

受検番号	

令和4年度　奈良県公立高等学校入学者特色選抜学力検査

国語解答用紙

問題番号	一								
答え	(一) A かせる	(一) B えて	(二)	(三)	(四)	(五)	(六)	(七)	(八)
採点									

※

得点
※

一

（九）

80字

二

（一）

A

B

（二）

三

（一）

（二）

（三）

（四）

※125%に拡大していただくと，解答欄は実物大になります。

受検番号		※	得点	※

令和４年度

奈良県公立高等学校入学者一般選抜学力検査

数　学　　解答用紙

問題番号	答　え				採　点
1	(1) ①		(1) ②		
	(1) ③		(1) ④		
	(2)		(3)		
	(4)		(5)		
	(6)	倍	(7)		
	(8)	[作図]			

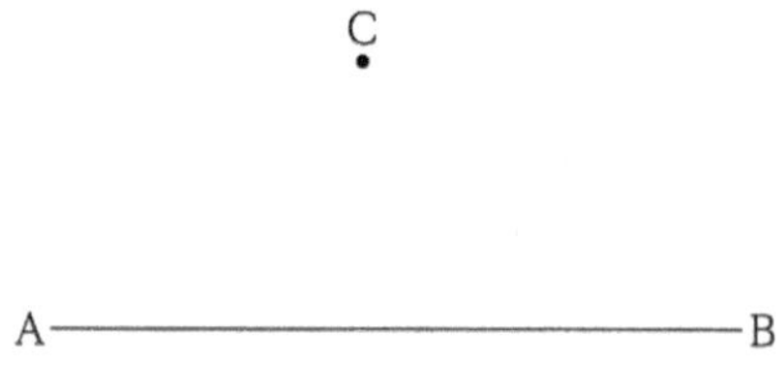

問題番号	答え					採点
2	(1)	①		②		
	(2)	①				
		②				
	(3)	分　　秒後				
3	(1)			(2)		
	(3)			(4)		
4	(1)					
	(2)	[証明]				
	(3)	①	倍	②	cm	

※ 123%に拡大していただくと，解答欄は実物大になります。

受検番号	

※

得点	※

令和４年度

奈良県公立高等学校入学者一般選抜学力検査

英　語　　解答用紙

問題番号	答　　え						採　点
1	(1)	①		②			
	(2)	①		②			
	(3)	①		②			
	(4)						
2	(1)						
	(2)						
	(3)						

<table>
<tr><th>問題番号</th><th colspan="7">答　　え</th><th>採　点</th></tr>
<tr><td rowspan="3">3</td><td>(1)</td><td colspan="3"></td><td colspan="3"></td><td rowspan="3"></td></tr>
<tr><td>(2)</td><td colspan="3"></td><td colspan="3"></td></tr>
<tr><td>(3)</td><td colspan="6"></td></tr>
<tr><td rowspan="4">4</td><td>(1)</td><td>A</td><td></td><td>B</td><td></td><td>C</td><td></td><td rowspan="4"></td></tr>
<tr><td rowspan="2">(2)</td><td>①</td><td colspan="5"></td></tr>
<tr><td>②</td><td colspan="5"></td></tr>
<tr><td>(3)</td><td colspan="2"></td><td colspan="2"></td><td colspan="2"></td></tr>
</table>

※ 125％に拡大していただくと，解答欄は実物大になります。

受検番号	

※

得点	※

令和４年度

奈良県公立高等学校入学者一般選抜学力検査

理　科　　解答用紙

<table>
<tr><th>問題番号</th><th colspan="6">答　　え</th><th>採　点</th></tr>
<tr><td rowspan="2">1</td><td>(1)</td><td colspan="2"></td><td>(2)</td><td colspan="2"></td><td rowspan="2"></td></tr>
<tr><td>(3)</td><td colspan="5"></td></tr>
<tr><td rowspan="4">2</td><td>(1)</td><td colspan="2"></td><td>(2)</td><td colspan="2"></td><td rowspan="4"></td></tr>
<tr><td rowspan="3">(3)</td><td>①</td><td></td><td colspan="3"></td></tr>
<tr><td>②</td><td>位置</td><td></td><td>大きさ</td><td></td></tr>
<tr><td>③</td><td colspan="4"></td></tr>
<tr><td rowspan="5">3</td><td>(1)</td><td colspan="2"></td><td>(2)</td><td colspan="2"></td><td rowspan="5"></td></tr>
<tr><td>(3)</td><td colspan="5"></td></tr>
<tr><td>(4)</td><td colspan="5"></td></tr>
<tr><td rowspan="2">(5)</td><td>①</td><td colspan="4"></td></tr>
<tr><td>②</td><td>%</td><td colspan="3"></td></tr>
</table>

<table>
<tr><th>問題
番号</th><th colspan="5">答　　　　え</th><th>採　点</th></tr>
<tr><td rowspan="2">4</td><td>(1)</td><td>比べる
もの</td><td>と</td><td>音の高さ</td><td></td><td rowspan="2"></td></tr>
<tr><td>(2)</td><td colspan="2">Hz</td><td>(3)</td><td></td></tr>
<tr><td rowspan="5">5</td><td>(1)</td><td colspan="2"></td><td>(2)</td><td></td><td rowspan="5"></td></tr>
<tr><td>(3)</td><td colspan="2"></td><td colspan="2"></td></tr>
<tr><td rowspan="2">(4)</td><td>①</td><td></td><td>②</td><td></td></tr>
<tr><td>③</td><td colspan="3"></td></tr>
<tr><td>(5)</td><td colspan="4"></td></tr>
<tr><td rowspan="4">6</td><td>(1)</td><td colspan="2"></td><td>(2)</td><td>W</td><td rowspan="4"></td></tr>
<tr><td>(3)</td><td colspan="4"></td></tr>
<tr><td>(4)</td><td colspan="2"></td><td colspan="2"></td></tr>
<tr><td>(5)</td><td colspan="4"></td></tr>
</table>

※ 125％に拡大していただくと，解答欄は実物大になります。

受検番号		※	得点	※

令和４年度

奈良県公立高等学校入学者一般選抜学力検査

社　会　　解答用紙

問題番号	答　え				採　点
1	(1)		(2)		
	(3)	①	②		
	(4)				
	(5)				
2	(1)				
	(2)		(3)		
	(4)				
	(5)				
3	(1)				
	(2)	①			
		②			
	(3)				

問題番号	答	え				採点
3	(4)	①		②		
		③				
4	(1)	①				
		②				
	(2)	①		②		
	(3)	①		②		
	(4)					
5	(1)	①				
		②				
	(2)	①				
		②				
	(3)					

※ 128%に拡大していただくと，解答欄は実物大になります。

受検番号	

令和４年度　奈良県公立高等学校入学者一般選抜学力検査

国語解答用紙

問題番号	答え
一	
(一)	A 漢字
	B 読み　らか
	C 漢字
	D 読み　える
(二)	
(三)	
(四)	
(五)	
(六)	
(七)	
採点	

※

得点
※

二

（一）

（二）

（三）

（四）

（五）

（六）

（七）

三

（一）

（二）

吹イテ向カッテ玉階ニ飛バシメヨ

（三）

（四）

四

（一）

（二）

（三）

150字　100字

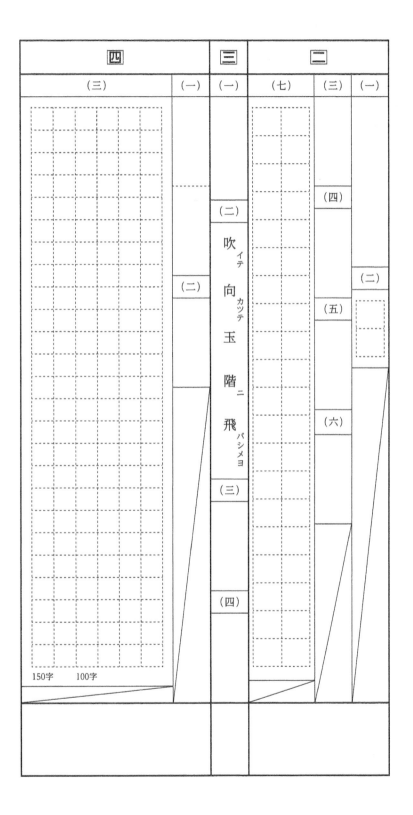

2022年度入試配点表 (奈良県・特色選抜)

数学	[1]	[2]	[3]	計
	(1)　各1点×5 (6),(8)　各3点×2((8)完答) 他　各2点×5	(1)　2点 (2)　3点 (3)　4点	(1)　2点 他　各4点×2	40点

英語	[1]	[2]	[3]	[4]	[5]	計
	各2点×6	各2点×2	(1)　2点 (2)　3点	(1)　各3点×2 他　各2点×4 ((3)完答)	5点	40点

国語	[一]	[二]	[三]	計
	(一)　各1点×2 (二),(三),(四)　各2点×3 (七)　4点　(九)　5点　他　各3点×3	各2点×3	各2点×4	40点

2022年度入試配点表 (奈良県・一般選抜)

数学	1	2	3	4	計
	(1)　各1点×4 (8)　3点 他　各2点×6	(1)②　1点 (3)　3点 他　各2点×3	(1),(2)　各2点×2 他　各3点×2	(1)　2点 他　各3点×3	50点

英語	1	2	3	4	計
	(1)　各1点×2 他　各2点×6	(3)　4点 他　各2点×3	(3)　4点 他　各2点×2	(1)　各2点×3 他　各3点×4	50点

理科	1	2	3	4	5	6	計
	各2点×3	(1),(3)②大きさ 各1点×2 他　各2点×4	各2点×6	(2)　2点 他　各1点×3	(3),(5) 各2点×2 他　各1点×5	(3)　3点 (5)　2点 他　各1点×3	50点

社会	1	2	3	4	5	計
	(3)①,(5) 各2点×2 他　各1点×4	(2)　1点 他　各2点×4	(1),(2)①　各1点×2 他　各2点×5 ((3),(4)②各完答)	(1)①,(3)② 各1点×2 他　各2点×5	(1)①　1点 他　各2点×4	50点

国語	一	二	三	四	計
	(一)　各1点×4 (四)　3点 他　各2点×5	(七)　3点 他　各2点×6	各2点×4	(三)　6点 他　各2点×2 ((一)完答)	50点

※ 128%に拡大していただくと，解答欄は実物大になります。

受検番号		※	得点	※

令和３年度

奈良県公立高等学校入学者特色選抜学力検査

数　学　　解答用紙

問題番号	答え					採点
1	(1)	①		②		
		③		④		
		⑤				
	(2)			(3)		
	(4)			(5)	度	
	(6)	［作図］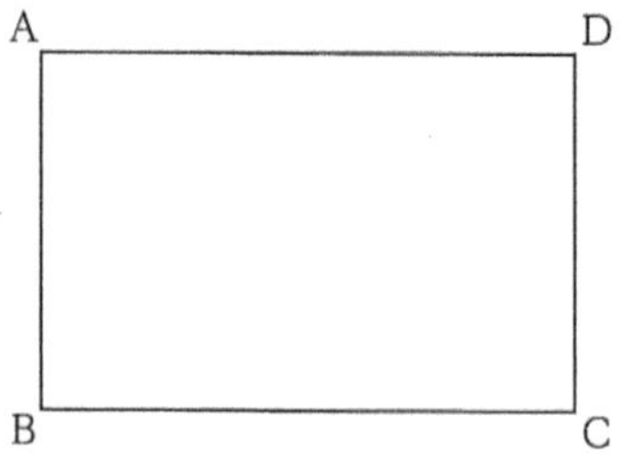				
	(7)			(8)		

<table>
<tr><th>問題
番号</th><th colspan="4">答　　　　　え</th><th>採　点</th></tr>
<tr><td rowspan="2">2</td><td>(1)</td><td></td><td>(2)</td><td>個</td><td rowspan="2"></td></tr>
<tr><td>(3)</td><td></td><td colspan="2"></td></tr>
<tr><td rowspan="2">3</td><td>(1)</td><td colspan="3">[証明]</td><td rowspan="2"></td></tr>
<tr><td>(2)</td><td>cm</td><td>(3)</td><td>倍</td></tr>
</table>

※ 125%に拡大していただくと，解答欄は実物大になります。

受検番号		※	得点	※

令和３年度

奈良県公立高等学校入学者特色選抜学力検査

英語　解答用紙

問題番号		答え			採点
1	(1)	①	②	③	
	(2)	①	②		
2	(1)				
	(2)				
3	(1)	A	B	C	
	(2)	(a)			
		(b)			
	(3)				
	(4)				

問題番号	答　　　え			採　点
4	(1)			
	(2)			

※130%に拡大していただくと，解答欄は実物大になります。

受検番号

令和3年度　奈良県公立高等学校入学者特色選抜学力検査

国語解答用紙

問題番号	一
答え	(一) A 漢字 じて
	(一) B 読み に
	(二)
	(三)
	(四)
	(五)
	(六)
	(七)
採点	

※

得点
※

一

（八）

二

（一）

（二）

（三）

（四）

三

（一）

（二）

（三）

80字

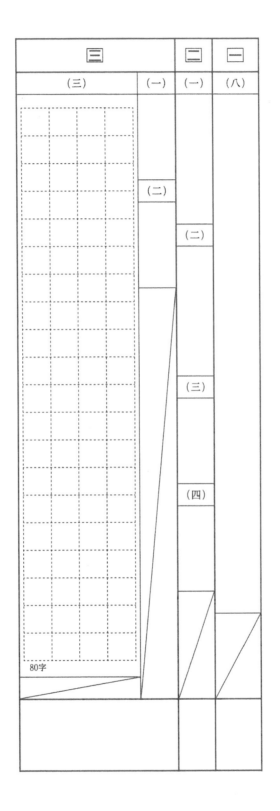

※ 128%に拡大していただくと，解答欄は実物大になります。

受検番号	

※

得点	※

令和3年度

奈良県公立高等学校入学者一般選抜学力検査

数学　解答用紙

問題番号	答　え				採　点
1	(1)	①		②		
		③		④		
	(2)		(3)		
	(4)		(5)		
	(6)				
	(7)	[作図] 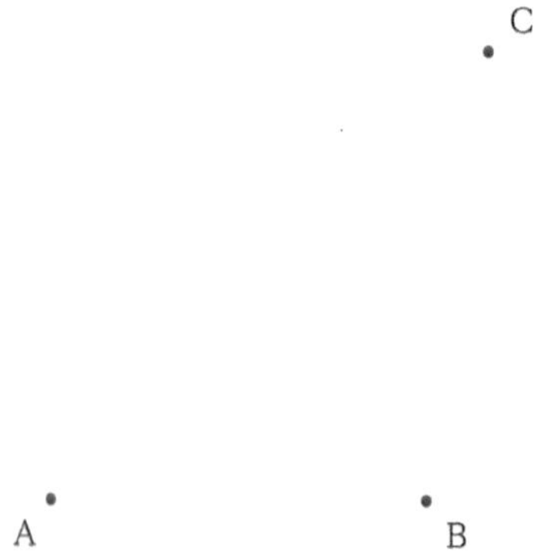			
	(8)	①		②		

<table>
<tr><th>問題番号</th><th colspan="6">答　　え</th><th>採　点</th></tr>
<tr><td rowspan="4">2</td><td rowspan="3">(1)</td><td>①</td><td colspan="2">ⓐ</td><td colspan="2">ⓘ</td><td rowspan="4"></td></tr>
<tr><td>②</td><td colspan="4">(円)</td></tr>
<tr><td>③</td><td colspan="2">ⓤ</td><td colspan="2">記号</td></tr>
<tr><td>(2)</td><td colspan="3"></td><td colspan="2"></td></tr>
<tr><td rowspan="3">3</td><td>(1)</td><td>①</td><td></td><td>②</td><td colspan="2"></td><td rowspan="3"></td></tr>
<tr><td>(2)</td><td colspan="3"></td><td colspan="2"></td></tr>
<tr><td>(3)</td><td>①</td><td></td><td>②</td><td colspan="2"></td></tr>
<tr><td rowspan="3">4</td><td>(1)</td><td colspan="5">[証明]</td><td rowspan="3"></td></tr>
<tr><td>(2)</td><td colspan="2"></td><td>(3)</td><td colspan="2">倍</td></tr>
<tr><td>(4)</td><td colspan="2">cm^2</td><td colspan="3"></td></tr>
</table>

※ 125％に拡大していただくと，解答欄は実物大になります。

受検番号	

※

得点	※

令和３年度

奈良県公立高等学校入学者一般選抜学力検査

英　語　　解答用紙

問題番号	答　え					採　点
1	(1)	①		②		
	(2)	①		②		
	(3)					
	(4)					
2	(1)					
	(2)					
	(3)					
3	(1)					
	(2)	①		②		

問題 番号	答　　え			採　点
4	(1)		→　→　→　→	
	(2)	(a)		
		(b)		
	(3)			
	(4)			
	(5)			

※ 128%に拡大していただくと，解答欄は実物大になります。

受検番号	

※

得点	※

令和３年度

奈良県公立高等学校入学者一般選抜学力検査

理　科　　解答用紙

問題番号	答　え				採　点
1	(1)				
	(2)	①		②	
2	(1)		(2)	秒	
	(3)	①		②	
	(4)	①			
		②	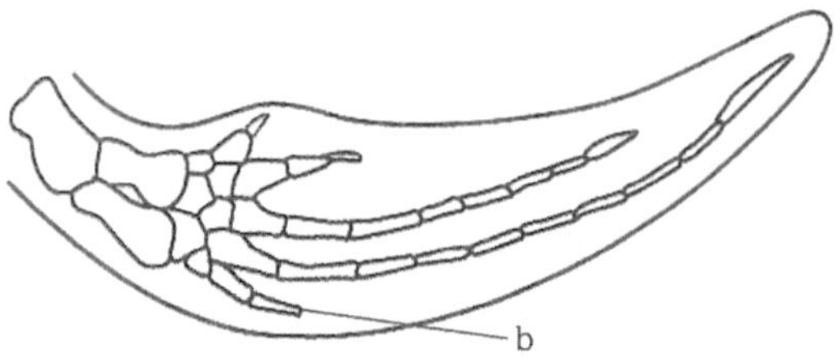		
		③			
3	(1)				
	(2)		(3)		
	(4)	用語			
		反応			

問題番号	答え				採点
4	(1)		(2)	%	
	(3)				
	(4)		(5)		
5	(1)	cm^3			
	(2)	化学式	記号		
	(3)				
6	(1)	①	②		
	(2)				
	(3)	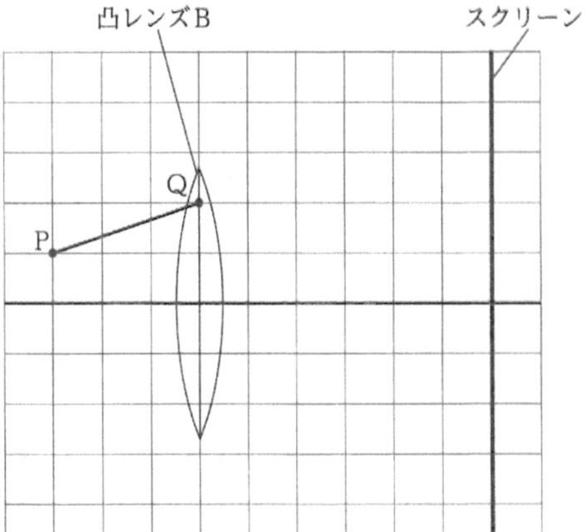			
	(4)				
	(5)				

※ 125%に拡大していただくと，解答欄は実物大になります。

受検番号		※	得点	※

令和３年度

奈良県公立高等学校入学者一般選抜学力検査

社　会　　解答用紙

問題番号		答　え				採　点
1	(1)					
	(2)	①				
		②		③		
	(3)	①		②		
		③				
		④				
	(4)	→	→			
	(5)					
2	(1)					
	(2)					
	(3)			(4)		

問題番号	答　　　　え					採　点
2	(5)					
	(6)	①		②		
		③				
3	(1)	①		②		
	(2)					
	(3)	①		②		
	(4)					
	(5)					
4	(1)					
	(2)	①		②		
		③				
	(3)					

※ 130％に拡大していただくと，解答欄は実物大になります。

受検番号

令和３年度　奈良県公立高等学校入学者一般選抜学力検査

国語解答用紙

問題番号　一

答え

（一）
A　読み　り
B　漢字　らした
C　読み
D　漢字　した

（二）

（三）

（四）

（五）

（六）

（七）

採点

※

得点
※

二

（一）

（二）

（三）

（四）

（五）

（六）

三

四

（一）

（二）

（三）

五

（一）

（二）

（三）

150字　100字

2021年度入試配点表（奈良県・特色選抜）

数学	1	2	3	計
	(1) 各1点×5 (6) 3点 他 各2点×6((7)完答)	(1) 2点 (2) 3点 (3) 4点	(2) 3点 他 各4点×2	40点

英語	1	2	3	4	計
	各2点×5	各3点×2	(2) 各3点×2 他 各2点×6	(1) 2点 (2) 4点	40点

国語	一	二	三	計
	(一) 各1点×2 (二),(三) 各2点×2 (五) 4点 他 各3点×4	各2点×4	(一) 2点 (二) 3点 (三) 5点	40点

2021年度入試配点表（奈良県・一般選抜）

	1	2	3	4	計
数学	(1),(8)①　各1点×5 (7)　3点 他　各2点×6((5)完答)	(1)①　各1点×2 他　各2点×4	(1)　各1点×2 (3)②　3点 他　各2点×2	(2)　2点 他　各3点×3	50点

	1	2	3	4	計
英語	(1)　各1点×2 他　各2点×5	(1)　2点 (2)　3点 (3)　4点	各2点×3	(5)　5点 他　各3点×6	50点

	1	2	3	4	5	6	計
理科	(1)　2点 他　各1点×2	(3)　各1点×2 他　各2点×5	(2),(3) 各2点×2((2)完答) 他　各1点×3	(3)　3点 他　各2点×4	(2)記号　2点 他　各1点×3	(1)　各1点×2 (3)　3点 他　各2点×3	50点

	1	2	3	4	計
社会	(1),(2)③,(3)① 各1点×3 他　各2点×7	(1),(3),(4)　各1点×3 他　各2点×5	(3)　各1点×2 他　各2点×5	(2)①②　各1点×2 他　各2点×3	50点

	一	二	三	四	五	計
国語	(一)　各1点×4 (四),(五)　各3点×2 他　各2点×4	(四),(五)　各3点×2 他　各2点×4	2点	各2点×3	(三)　6点 他　各2点×2	50点

受検番号		※	得点	※

令和２年度

奈良県公立高等学校入学者特色選抜学力検査

数　学　　解答用紙

問題番号		答　え				採　点
1	(1)	①		②		
		③		④		
		⑤				
	(2)			(3)	度	
	(4)			(5)		
	(6)	回		(7)	cm^3	
	(8)	[作図]				

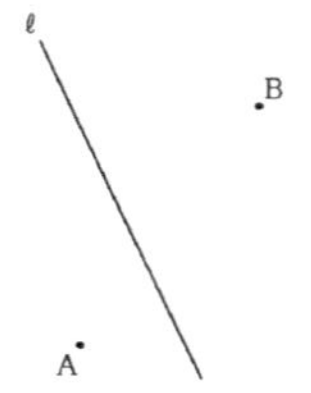

問題番号		答　え			採　点
2	(1)	[証明]			
	(2)	cm	(3)	cm^2	
3	(1)		(2)	倍	
	(3)				

※この解答用紙は189％に拡大していただきますと，実物大になります。

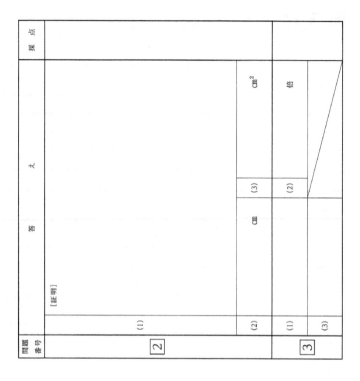

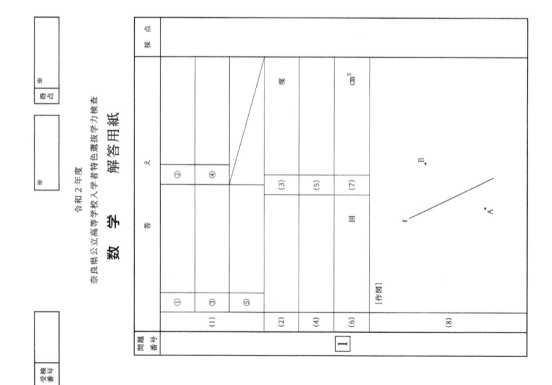

受検番号	

※	

得点	※

令和２年度

奈良県公立高等学校入学者特色選抜学力検査

英　語　　解答用紙

問題番号	答　え							採　点
1	(1)	①		②		③		
	(2)	①		②				
2								
3	(1)							
	(2)							
	(3)							

問題番号	答　え							採　点
4	(1)	A		B		C		
	(2)	(a)						
		(b)						
	(3)							
	(4)							

※この解答用紙は189％に拡大していただきますと，実物大になります。

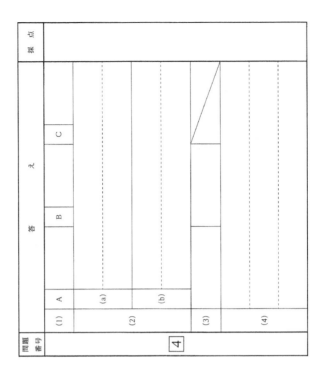

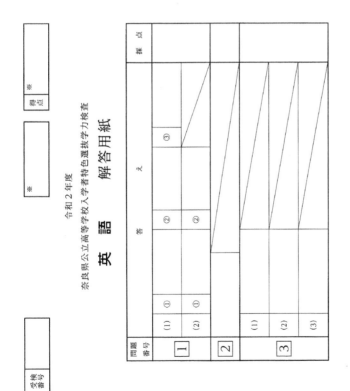

受検番号

令和2年度　奈良県公立高等学校入学者特色選抜学力検査

国語　解答用紙

※

得点
※

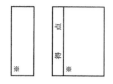

問題番号		答え	採点
一	(一)	A 漢字　　んで　B 読み　　な	
	(二)		
	(三)		
	(四)		
	(五)		
	(六)		
	(七)		
	(八)		
二	(一)		
	(二)		
	(三)		
三	(一)		
	(二)		
	(三)	生徒会から清掃ボランティア活動について連絡をします。　80字	

※この解答用紙は189％に拡大していただきますと、実物大になります。

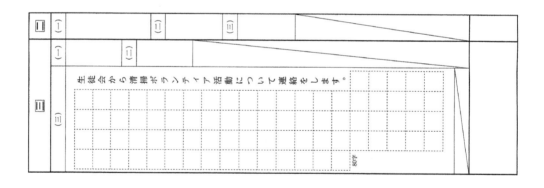

受検番号	

※

得点	※

令和２年度

奈良県公立高等学校入学者一般選抜学力検査

数　学　　解答用紙

問題番号			答		え	採　点
1	(1)	①		②		
		③		④		
	(2)		個	(3)		
	(4)			(5)	度	
	(6)					
	(7)	①		②		
	(8)	①		②		
2	(1)	[作図]				

問題番号			答		え	採　点
2	(2)	①	cm	②	cm²	
	(3)	①		②	%	
3	(1)					
	(2)	記号		変化の割合		
	(3)			(4)		
4	(1)	[証明]				
	(2)					
	(3)	①	cm	②	cm²	

※この解答用紙は189％に拡大していただきますと，実物大になります。

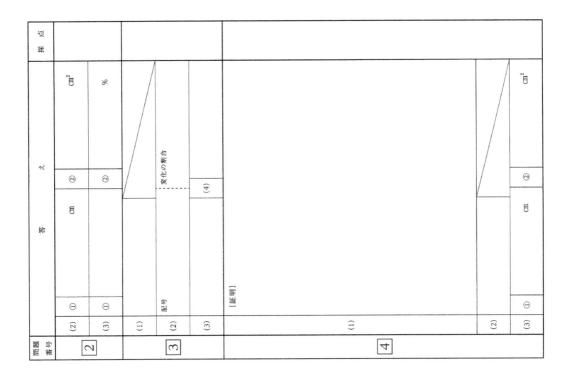

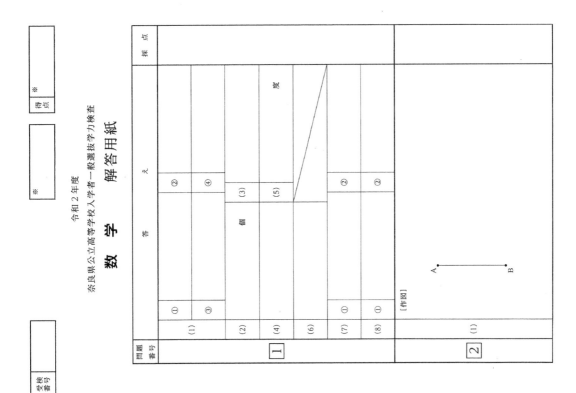

受検番号		※	得点	※

令和２年度

奈良県公立高等学校入学者一般選抜学力検査

英　語　　解答用紙

問題番号		答　　え				採　点
1	(1)	①		②		
	(2)	①		②		
	(3)					
	(4)					
2	(1)					
	(2)					
	(3)	(a)				
		(b)				
	(4)	あ				
		い				

問題番号		答　　え				採　点
3						
4	(1)					
	(2)	①		②		
	(3)	あ		い		
	(4)					
	(5)					

※この解答用紙は189％に拡大していただきますと，実物大になります。

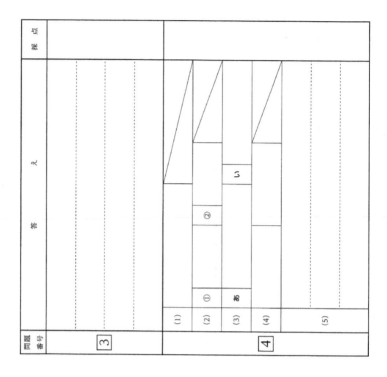

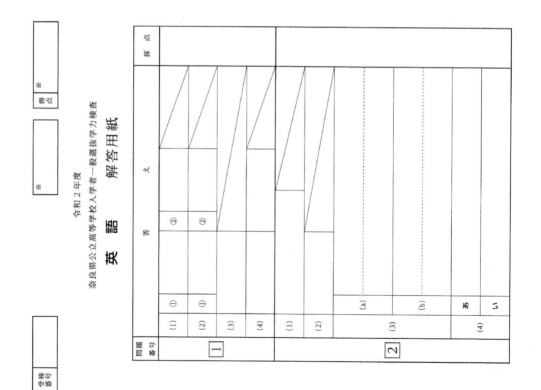

受検番号	

※

得点	※

令和２年度
奈良県公立高等学校入学者一般選抜学力検査

理　科　　解答用紙

問題番号		答　　え			採点
1	(1)				
	(2)	①	②		
2	(1)	cm			
	(2)	圧力　Pa	関係		
	(3)	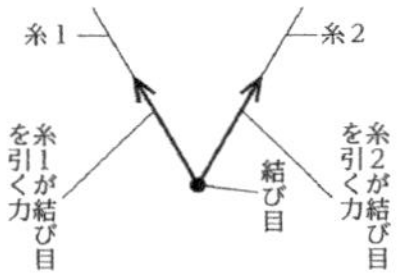	(4)		
3	(1)		(2)		
	(3)		(4)		
	(5)				
4	(1)	用語	理由		
	(2)	15時　分　秒	(3)		

問題番号		答　　え			採点
4	(4)				
	(5)				
5	(1)				
	(2)	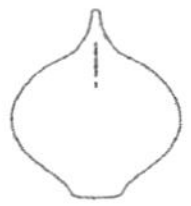	(3)		
6	(1)		(2)		
	(3)				
		考察	(4)	%	
	(5)				

※この解答用紙は189％に拡大していただきますと，実物大になります。

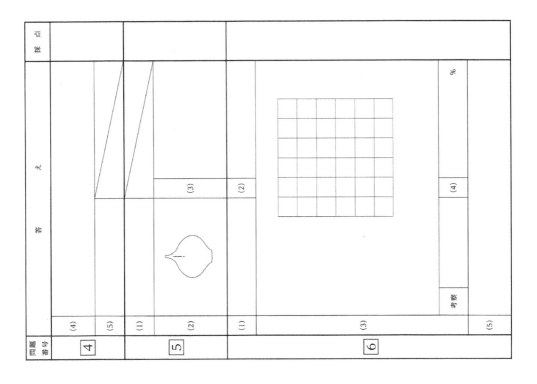

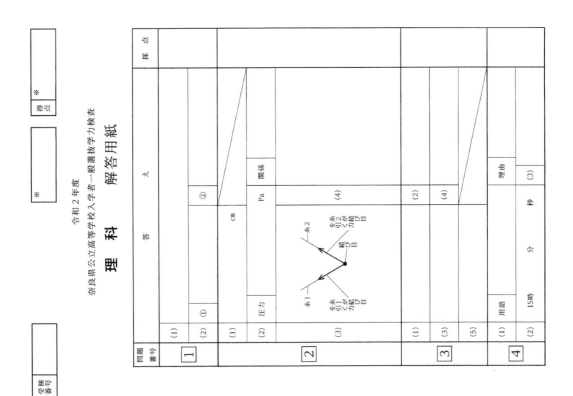

受検番号		※	得点	※

令和２年度

奈良県公立高等学校入学者一般選抜学力検査

社　会　　解答用紙

問題番号			答　　え			採　点
1	(1)	①		②		
		③				
		④				
	(2)					
	(3)	①		②		
		③				
	(4)	①				
		②				
		③				
2	(1)	①		②		
		③				
		④				

問題番号			答　　え			採　点
2	(2)					
	(3)	①				
		②				
3	(1)					
	(2)	①		②		
	(3)					
	(4)	①				
		②				
4	(1)					
	(2)	①	m	②		
	(3)					
	(4)					
	(5)					

※この解答用紙は189％に拡大していただきますと，実物大になります。

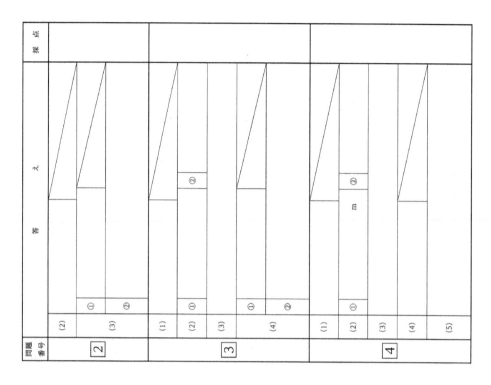

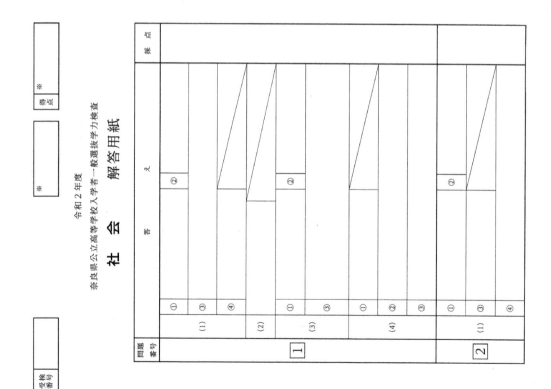

受検番号

令和2年度　奈良県公立高等学校入学者一般選抜学力検査

国語解答用紙

問題番号		答え	採点
一	(一)	A 読み　やかな　B 漢字　じて　C 漢字　ぎ　D 読み	
	(二)	(三)	
	(四)		
	(五)	コケの緑が、	
	(六)	(七) X　Y	
二	(一)	(二)　(三)	
	(四)		
	(五)	(六)	
三			
四	(一)	(二)　(三)	
五	(一)	(二)	
	(三)	100字　150字	

※

得点 ※

※この解答用紙は189%に拡大していただきますと、実物大になります。

2020年度入試配点表 (奈良県・特色選抜)

数学	1	2	3	計
	(1) 各1点×5 (8) 3点 他 各2点×6	(2) 3点 他 各4点×2	(1) 2点 (2) 3点 (3) 4点	40点

英語	1	2	3	4	計
	各2点×5	2点	各2点×3	(1) 各2点×3 (4) 4点 他 各3点×4	40点

国語	一	二	三	計
	(一) 各1点×2 (四) 4点 他 各3点×6	(三) 3点 他 各2点×2	(三) 5点 他 各2点×2	40点

2020年度入試配点表（奈良県・一般選抜）

数学	1	2	3	4	計
	(1),(7),(8)①　各1点×7 他　各2点×6((6)完答)	(2)　各1点×2 (3)①　2点 他　各3点×2	(3),(4)　各3点×2 他　各2点×2((2)完答)	(1)　4点 (3)②　3点 他　各2点×2	50点

英語	1	2	3	4	計
	(1)　各1点×2 他　各2点×5	各2点×6	4点	(1),(2)　各2点×3 (5)　4点 他　各3点×4	50点

理科	1	2	3	4	5	6	計
	(2)①　1点 他　各2点×2	(2)関係　1点 他　各2点×4	(1),(4) 各1点×2 他　各2点×3	各2点×6	(1)　1点 他　各2点×2	(1),(3)考察　各1点×2　(3)図　3点 他　各2点×3	50点

社会	1	2	3	4	計
	(1)①・②,(3)①・②,(4)① 各1点×5 他　各2点×6	(1)①・②　各1点×2 他　各2点×5	各2点×6	(1),(2)①・② 各1点×3 他　各2点×3	50点

国語	一	二	三	四	五	計
	(一),(七)　各1点×6 (五)　3点 他　各2点×4	(二),(四)　各3点×2 他　各2点×4	2点	(三)　3点 他　各2点×2	(三)　6点 他　各2点×2	50点

MEMO

大切なことはメモしておこうネ！

MEMO

大切なことはメモしておこうネ！

MEMO

大切なことはメモしておこうネ！

公立高校入試シリーズ

NEW

長文読解・英作文　公立高校入試対策

実戦問題演習・公立入試の英語　基礎編

- ヒント入りの問題文で「解き方」がわかるように
- 総合読解・英作文問題へのアプローチ手法を出題ジャンル形式別に丁寧に解説
- 全国の公立高校入試から問題を厳選
- 文法・構文・表現の最重要基本事項もしっかりチェック

定価：1,100 円（本体 1,000 円 + 税 10%）／ ISBN：978-4-8141-2123-6　C6300

NEW

旧版「公立入試の英語」をリニューアル！

長文読解・英作文　公立難関・上位校入試対策

実戦問題演習・公立入試の英語　実力錬成編

- 総合読解・英作文問題へのアプローチ手法を出題ジャンル形式別に徹底解説
- 全国の公立高校入試、学校別独自入試から問題を厳選
- 出題形式に合わせた英作文問題の攻略方法で「あと１点」を手にする
- 文法・構文・表現の最重要基本事項もしっかりチェック

定価：1,320 円（本体 1,200 円 + 税 10%）／ ISBN：978-4-8141-2169-4　C6300

脱０点から満点ねらいまでステップアップ構成

目標得点別・公立入試の数学

- 全国の都道府県から選び抜かれた入試問題と詳しくわかりやすい解説
- ステージ問題で実力判定⇒リカバリーコースでテーマごとに復習⇒コースクリア問題で確認⇒ 次のステージへ
- ステージをクリアして確実な得点アップを目指そう
- 実力判定　公立入試対策模擬テスト付き

定価：1,045 円（本体 950 円 + 税 10%）／ ISBN：978-4-8080-6118-0　C6300

解き方がわかる・得点力を上げる分野別トレーニング

実戦問題演習・公立入試の理科

- 全国の公立高校入試過去問からよく出る問題を厳選
- 基本問題から思考・表現を問う問題まで重要項目を実戦学習
- 豊富なヒントで解き方のコツがつかめる
- 弱点補強、総仕上げ……短期間で効果を上げる

定価：1,045 円（本体 950 円 + 税 10%）／ ISBN：978-4-8141-0454-3　C6300

弱点を補強し総合力をつける分野別トレーニング

実戦問題演習・公立入試の社会

- 都道府県公立高校入試から重要問題を精選
- 分野別総合問題、分野複合の融合問題・横断型問題など
- 幅広い出題形式を実戦演習
- 豊富なヒントを手がかりに弱点を確実に補強

定価：1,045 円（本体 950 円 + 税 10%）／ ISBN：978-4-8141-0455-0　C6300

解法＋得点力が身につく出題形式別トレーニング

形式別演習・公立入試の国語

- 全国の都道府県入試から頻出の問題形式を集約
- 基本～標準レベルの問題が中心⇒基礎力の充実により得点力をアップ
- 問題のあとに解法のポイントや考え方を掲載しわかりやすさ、取り組みやすさを重視
- 巻末には総合テスト、基本事項のポイント集を収録

定価：1,045 円（本体 950 円 + 税 10%）／ ISBN：978-4-8141-0453-6　C6300

〈リスニング問題の音声について〉

本問題集掲載のリスニング問題の音声は、弊社ホームページでデータ配信しております。

現在お聞きいただけるのは「2024年度受験用」に対応した音声で、2024年3月末日までダウンロード可能です。弊社ホームページにアクセスの上、ご利用ください。

※本問題集を中古品として購入された場合など、配信期間の終了によりお聞きいただけない年度がございますのでご了承ください。

奈良県公立高校　2024年度

ISBN978-4-8141-2871-6

発行所　東京学参株式会社
〒153-0043　東京都目黒区東山2-6-4
URL　https://www.gakusan.co.jp

編集部　E-mail　hensyu@gakusan.co.jp

※本書の編集責任はすべて弊社にあります。内容に関するお問い合わせ等は、編集部まで、メールにてお願い致します。なお、回答にはしばらくお時間をいただく場合がございます。何卒ご了承くださいませ。

営業部　TEL　03 (3794) 3154
FAX　03 (3794) 3164
E-mail　shoten@gakusan.co.jp

※ご注文・出版予定のお問い合わせ等は営業部までお願い致します。

2023年8月29日　初版